私の剣道修行

〈まえがき〉

『修行』とは辞書によれば「精神をきたえ、学問、技芸などを修めみがくこと」また「鍛え錬ること」(広辞苑・広辞林)とある。これは剣道に限らず、あらゆる道においていえることで、高い理想(一つの頂点)に向かってその道の技と心を鍛え、努力精進することだと解釈できるだろう。そしてその〝頂点〟に到達するためにはさまざまなルートがあるはずである。「高野・中山」と並び称された昭和の剣聖、高野佐三郎・中山博道両範士にしても、その境遇はまったく異なっていた。高野先生が早くも三歳の時から小野派一刀流の中西忠兵衛子正の高弟だった祖父苗正によって一刀流の形をたたき込まれ、天賦の才を発揮していったのに対し、十九歳の時に金沢から上京し根岸信五郎に師事した中山先生は、胸を病んで喀血しながらも稽古をやり通して難病を克服したという。このように求めるところは一つでも、それに至る道程はさまざまであり、ここにご登場いただいた四十八名の先生方もまた、さまざまな修行の〝かたち〟を持っておられるのである。

昔から何事においてもその事に上達する秘訣は「良師を選ぶこと」だといわれる。良師に随いて適切な指導を受け、その教えを忠実に守って精進するのがもっとも大切なことで、上達を早めるのはもちろん、師の人間性にふれ、その感化によって自分自身を人間的に大きく成長させることが出来るというわけである。しかし良師というのはそうザラにいるわけではない。限られた範囲の中で本当に一生涯師事するに足る師をさがすことは至難のわざといってよいかもしれない。本書を企画した意図は実はここにあったのである。

本書は各先生方のお話を出来るだけナマのかたちで収録したため、先生方が読む人一人一人に語りかけるような感じになっている。剣道における技術面、精神面、指導面などで行きづまったとき、あるいは人生での悩みなど、あらゆる場合に本書の先生方があなたの〝良師〟となり、適切なアドバイスや飛躍へのヒントを与えてくれるでしょう。各先生方の永い間の血の滲むような修行のお話が、必ずあなたの剣道と人生における大きな糧となるものと確信しています。

なお本書は月刊「剣道時代」誌に昭和五十四年六月から四年間にわたって連載したものを一部手直しして収録したものです。そのため先生方のお話の中に多少現時点と異なる部分が出てきますが、その旨ご承知おき下さい。

最後に、お仕事および剣道の指導、ご自身の修行などで大変お忙しいところ、斯道の普及発展と剣道を志す多くの修行者のために貴重なお話をしていただいた四十八名の先生方(残念ながらすでに故人になられた先生もいらっしゃいます)に心より感謝の気持を捧げるものであります。

昭和五十九年十二月

月刊「剣道時代」編集部

〈目　次〉

百錬自得

剣道範士　小澤　丘　先生

〈小澤範士の略歴〉

明治33年10月31日、埼玉県羽生市に生まれる。

小野派一刀流、鏡心明智流、直心影流と三流の免許皆伝を受けた父・愛次郎の影響で幼少より剣道を始める。

県立不動岡中学から東京高等師範学校にすすみ本格的に剣道を修行。

大正11年福島県立磐城中学校教諭。同14年上田蚕糸専門学校助教授。昭和9年東京都立上野高校教諭。同14年公立中学校教諭。同18年興亜錬成所錬成官。同22年岩瀬村長に当選。同28年警視庁剣道主任指導官。同29年警察大学校教授兼任。同42年警察大学校名誉師範。同43年日本体育大学教授。同52年日本体育大学名誉師範。その他、埼玉県農業調整委員、埼玉県社会教育委員、財団法人埼玉県体育協会理事、埼玉県武道館嘱託講師などをつとめる。また父の遺した興武館を継いで子弟を教育。

戦後、昭和24年埼玉県撓競技連盟を創立、会長となる。同27年全日本剣道連盟発足にともない常任理事として規約、試合審判規定の作成等創立事務に参画。

昭和38年以来、アメリカ、ブラジル、ハワイ、カナダ、フランス、西ドイツ、イタリア、イギリス、中華民国、香港、シンガポール、マレーシア、韓国、台湾などを歴訪して剣道の宣布にあたる。

昭和43年全国若友会（東京高師、東京文理科大、東京教育大出身者の会）会長。同49年全日本剣道道場連盟会長。全日本剣道連盟副会長。

昭和42年警察功績章、同43年ブラジル剣道連盟より感謝状、同45年勲三等瑞宝章を授与さる。

「剣道教本」「剣道の習い方」「コーチ学」「剣道教室」など著書多数。

昭和30年剣道範士、同37年剣道九段。

羽生市桑崎の県道沿いの田圃の中に、大木の繁っている森に真直ぐに通ずる小径がある。入ってゆくと、古い瓦屋根のついた昔風の門がある。右の柱に「小野派一刀流剣道指南　範士九段　小澤丘」という看板がかかげてあった。更に入ると庭の中に中門があり、右手に道場、左手に母屋がある。茅葺の家は、いかにもこの土地の旧家を思わせるものであった。

小澤範士が和服姿で、「遠いところをごくろうさん」と奥から出てこられた。

父の手ほどき

範士は埼玉県北埼玉郡岩瀬村大字桑崎二十二番地、現羽生市のこの地で父愛次郎、母和佐の五男として生れた。

「日露戦争に入る前の国力が盛んな時でした。家は大百姓の素封家で、田畑が二十町歩以上もあった。村では指折りの地主で、父が代議士であり物質的には恵まれていた。昔は駅から家まで殆んど家がなく、県道とは名ばかりのひどい道だった。それが埼玉国体のとき現在の舗装道路となった」

土地の素封家に生れた範士は、幼少のとき余り丈夫ではなかった。

「明治三十五年(二歳当時)、祖母和志と母と私の三人が肺炎にかかり、子供の方はまたできるであろうと安直に考え、祖母と母には手をかけて、私は死ぬか生きるか判らないという状態だった。小学校入学までは虚弱な子供でした」

当時、範士の父愛次郎氏は、代議士として活躍していた。

明治時代、代議士には財産家でないとなかなかなれなかった。

「父の代議士在任中の大きな活躍は、剣道を中学校の正課とするよう尽力したことであり、後にこれが国会を通過したことです」

そして明治四十四年武道は正課となり随意科としてとり入れられるようになった。この実施までに、父愛次郎氏の努力があった。

しかし明治四十二年、第一線をしりぞいて帰郷してきた。

「私が剣道を始めたのは、父が代議士をやめて帰ってきてからで、六、七歳の頃からだった。家の庭で、竹刀の持ち方と切りかえしばかりやらされ、それを機に病弱だった私は、七十九歳の現在まで、風邪ぐらいで、病気らしい病気には一度もかかっていない。苦労人であった父の剣道は、人間性にあふれ、派手さはなく、むしろ地味な剣道だった。

私に対しては、剣道を始めたからには、勝たなくてはならぬ。それは勝負のことではなく、途中で止めてはいけない。人よりも頭角を表わさなくてはならない、人として勝たなければいけないと厳しくやらされました」

範士は岩瀬小学校に入学し、近所の道場に毎日稽古に通っていた。

「現在の農協の近くに道場があり、毎晩稽古に行っていた。岩瀬小学校の先生で、埼玉師範を卒業された川辺先生、組合長の堀口先生、永橋先生たちに指導をうけ、先生たちによくたたかれて面の中で泣きました」

父愛次郎氏が東京から帰ってきた頃は、家に近所の人々が剣道をやりに集ってきた。

「当時は、剣道をやる人は五、六人しかいなかった。残心などなく、誇張的な剣道で、面……小手……と初歩的なもので、私も剣道って面白いなと見ていました。稽古が終ると風呂に入り、うどんを食べ、酒を呑んで帰ったものです。現在の道場の始まりは、私が警察の教師になった一時期、家の台所を道場としたり、庭を道場として三十名位が稽古にきていたが、雨が降ると庭に砂をまいたり、とにかく天候が問題の道場だった。これでは仕方ないと昭和二十八年に今の道場を創設し、同四十年に増築の運びとなったものです。

剣道に関しては、父の剣道理念である『技術だけでなく精神の修養』には私も同感であり、この理念がなかったら廃刀令のあった当時剣道はできなかったでしょう」

中学時代

範士は岩瀬小学校を卒業し、私立埼玉中学に進学することになった。当時中学に進学できるものは、頭がよくて財産家の家庭の子息に限られていた。

「当時は、埼玉中か熊谷中のどちらかを選ぶわけだが、熊谷中は遠くて下宿をしなくてはならなかったため、私は埼玉中を選んだ。九十数名入学したが、家庭の事情、あるいは全部徒歩で通学するため体を悪くしたり、落第したりで卒業は五十八名と減っていた」

埼玉中学でも剣道は盛んだった。

「当時、剣道は正課ではなかったが、肥留川校長が剣道が好きで、野球を嫌って廃部し、テニスと剣道に力を入れ、自らも指導に当たっていた。校長は五十五、六歳で、剣道は初段だった。私達生徒は、相手が校長だということだけで、上手だと思いこみ、一所懸命にかかって行ったのですが、今思うと初段だったため基本はあまりうまくなく、ただ打ち合う稽古だけだった。

野本、小林先生が近所の有志として剣道の指導にきておられ、野本先生が主として教えられた。近間の稽古で、手元のしっかりした先生でした。

遠くから飛び込んで打ち込むことをあまりしなかったのは、神道無念流であったからだと思う。手首をかえして打つ稽古だが、我々には無念流の形は教えてくれなかった。が、この地方では盛んだった。

地稽古が主で、現在の指導方法は基本、かかり稽古、地稽古と進んでゆくが、私の頃は、最初から地稽古専門でした。

大正七、八年頃の学校に剣道が正課となりつつあった時代で、先生もあまりいなかったし、ただ当たればいいという江戸時代の剣術の観念が残っていた。健康管理、あるいは体力の増進などといった人はいなかった」

中学での二人の先生は学科の先生ではなく有志ということだったので、手当てなどもらっていなかったという。

「防具は今と形態は同じだったが、黒胴とかファイバーのものは勿論なく、竹胴であった。竹刀は、江戸末期の講武所の男谷先生が認定された三尺八寸、中学生はそれより少し短かいのを使用した。

当時、埼玉県に中学大会があり、私が埼玉中学の大将で出場し、浦和中学の大将が高野慶寿さん（高野佐三郎先生の孫）で、まぐれで私が面をとり勝ってしまった。この試合を佐三郎先生が見ておられ、隣で見ていた父に『高等師範に入れたらどうか』とアドバイスをして下さり、その話を父が中学の校長にしたところ、校長も高等師範の卒業生であり、推薦状を書いてくれたのが、私が高等師範に入学した理由でもあります」

中学大会の結果、範士は東京高等師範学校に進むことになるが、当時の試合の思い出について、

「この試合には熊谷農学校の大将小川忠太郎さんなども出場したが、小川さんとの試合の記憶はない。高野さんには勝った私だが、川越中学の星野半平さんには勝てなかった。

星野さんの尊父は直心影流の星野仙蔵先生であり、剣道を正課にと国会に申請された第一回の委員長で功績を残された。私の父は、第二回委員長であった。

当時、試合は三本勝負で審判員は一人。この審判員は絶対権限があり、あまり長くなると引き分けという位簡単なもので、気の長い審判員にあたると二十分もやらされたり、高等学校の試合では一時間位はざらにあり、場外もなかった。これではいけないと戦後時間的ルールを設け、線を引き、審判員三人制ができたが、勝つためにはどんな方法でもと、すり足で線を消してしまう人もいた。だが本当の剣道の修行は前者にあるのではないかと思う」

良き師に恵まれて

範士は中学を卒業し、東京高師に進んだ。

「田舎剣士で、また中学時代の私はあまりいい先生についたわけでもないのに高野さんを負かしたということで、校長から推薦状までもらい高等師範に進んだ。その頃教員は必要なしと三年間募集がなく、ちょうど四年目の募集の時だったので、年齢差があり、二、三歳年上のものもいた。

私は中学から入ったため、まだ筒袖の着物で防具をかついで受験にいったが、他の人は袖のある着物だったので、佐藤卯吉先生に笑われた。

高等師範の校長は嘉納治五郎先生、高野佐三郎先生が教授で、大沢専二、佐藤義遵先生が講師、山本長治、松村素夫先生が助教授でした。

高野先生は、稽古に無理をしないで打突の機会をつかむのが上手で、出鼻、引き鼻の小手、面とか、相手の動きによって、適切な、手に力の入らない打突をする、普通の人ではできない天稟をみせて下さいました。

七十歳を過ぎてからの指導は、相手は若くうまくなっているので、上段をとりなさいといって、そこをポンポンと打っていました。七十歳を過ぎておりましたが、やわらかな無理のないきれいな剣道をされました。

また先生は、相手によって、その人に合った指導をする超一流の先生でした。そして無理のない素直な剣道が高等師範の剣風で、よその人にはまねのできないものであり、道場内はいつも気品がありました。試合などでは国士館のように強くはありませんでしたが、教育者としての剣道を心がけていました。

高野先生は、気位（姿勢、態度）は殿様で、ワザ前は足軽そのもののようにという教えでした。

高等師範には七寮という学生寮があり、剣道、柔道部の学生はそこから通学した。遠山という先生が舎監をしていた。先生は高等師範卒業後、東大社会科専科の聴講生として学び精神的に秀れた人でした。

私は遠山先生に感謝をしていることがある。学生達が碁、将棋、マージャン等をやったり、夜は縁日に出かけたりするのをみて、私に『そんな暇があったら、君は身体が小さいのだから横になって休み、体力を作るように』と教えてくれました」

範士は、高等師範時代よき師に恵まれたばかりか、よき友にも恵まれた。とくに和田晋範士は同級生であり、親友でもあった。

「和田さんとは親友で思い出も沢山あるが、和田さんは、会津若松の家老の出で、ある意味では高野先生に近いと思う。立派な人で常に公平であった。

和田さんの兄さんの和田仙太郎先生も立派な人で、この人の精神的な薫陶を受け、現在の私と剣道があると言っても過言ではない」

範士は後に、上田蚕糸専門学校でこの和田仙太郎先生から大きな影響をうけることになる。

「高等師範は朝稽古はなく、朝九時から勉強があり、三時から五時まで稽古をするのですが、当時私はサッカーでウイングの選手をしておりましたので、遠くの運動場まで練習に行くのですが、高野先生もみておられ、小さくなって運動場に行き練習をしたものです」

百錬自得

高等師範を卒業した範士は、旧制の磐城中学に赴任し、三年間教職につくが、その間一年半、近衛歩兵第四連隊に入隊し、再び磐城中学に帰ってきた。

そして大正十四年一月十日、上田蚕糸専門学校に助教授として赴任することになった。この上田蚕糸時代六年間、範士はいろいろな意味で充実した生活を送ることになる。

「校長は針塚長太郎先生で、文部省の督学官をやり、国粋主義者で、剣道、柔道、漢文、書道、刀剣に明るく純日本主義者であった。群馬県の出身です。

和田仙太郎先生もこの上田におり、武道教育の剣道家はどうあるべきかを身をもって教えられた。クリスチャンでもあったので、キリスト教の精神で人間のあるべき姿はこうであると説き、剣道の先生も人間として立派な人で尊敬されなくてはならないと常にいわれた。

剣道部長をされていて、剣道は余りやらなかったが剣道界のことには詳しかった。一高、東大と進み、仏文科を卒業された。剣道家は足を鍛えなければいけないといわれ、私も上田付近の山へ日曜ごとに登りました。白馬、御嶽山、浅間山、飯縄山、アルプスは殆んど踏破している。

和田先生は、四国高松に植田平太郎先生という立派な先生がおられるから弟（和田晋先生）と二人で行って勉強をしてくるように、と勧めてくれました。

私達二人は二夏、植田先生の指導を受けに行きました。植田先生の剣風は天才的で、面がきたらすかさず横面を打つ、小手がきたら抜いて面を打つというように高野先生と同じで即妙に変化の技がでるような剣道だったので、人に教えることができる技ではなかった。

持田盛二先生も天覧試合で一番おそろしかったのは植田平太郎先生だと言われた。準決勝で両先生が対戦され、植田先生が先に一本とったが、持田先生が返して、持田先生が勝たれた」

範士が精神面で大きな影響をうけた和田先生は、また人をかわいがる先生でもあった。

「私は和田先生に大変かわいがられた。和田先生の教えは、『春風接人 秋霜持己』で、人に接するときはおだやかに、自分には厳しくという教えであった。また、私が応召のとき先生から備前則光の名刀をいただきました」

上田に赴任して二年程たち、範士は岩田丈五郎の長女幸さんと結婚をする。二十八歳のときであった。そして保、愛子、好子の三児をもうける。

「その頃、父愛次郎が夏休みを利用してよく上田、小諸などにきて、私のところ（上田）に寄って剣道を指導した。

私の剣道を見て、『お前の剣道は泥臭い、このままではものにならない』と言った。父に罵倒され、よし俺も男だとふるい立った。そして昭和六年、親子五人で上京をしました」

それから、範士の厳しい剣道の稽古が始まるのである。

「昭和七年より三年間、日本大学文学部漢文科夜間部の学生として漢文の勉強をした。

三十三・四歳頃で、私の人生で一番苦労した時代かも知れない。京都へ行くのに旅費がなく、子供達の貯金を全部おろしてそれに当てる始末だった。

昭和九年一月十日より市立二中（現都立上野高校）の教諭となり、給料も一五〇円になった。二年間は苦しかったが、生活面もやっと楽になり、修道学院、講談社、習成館（四谷の柴田衛守先生の道場）に稽古にでかけた。

当時の持田先生は天覧試合に優勝された三年ぐらい後で、油ののりきった時でした。講談社の朝稽古には、持田先生をはじめ、小野十生先生、柴田万作先生、森正純先生がきておられた」

持田先生は、範士にいつもこう言っておられたという。

「剣道の修行で一番大切なことは、三十歳から四十歳の間に、しっかりと修行することだ。この間に修行した人は大家になれるけれども、この間に稽古を怠った人は、大家にはなれないし、後になってやっても駄目で、この間に勉強しなさいと。私が講談社に行っていた頃がちょうどその年齢にあたり、その教えをいただいてから、毎日先生に稽古をつけてもらいました。

習成館道場は、柴田衛守、勧、鉄男と続いたが、衛守先生が鞍馬流家元の十四代か十五代目を継いだ伝統のある道場でした。沼田保三郎、鈴木鉄範、南里三省、市川阿久里、塩見清太、神田清雄、大久保の各先生がきておられた。

修道学院は、昭和七、八年以降は荒木敬二さんが一番上の方で、高野弘正（塾長）、大村、清水、黒崎、高橋、鶴海、乳井、大沢、滝沢、菅原、高中、菊池、高野、上村、福岡、内山、奥山さんなどがみえておりました」

範士は、このようにして、三十代から四十代にかけて激しい稽古を続けたが、それには父の感化が非常に大きかったという。

「高野先生の修道学院や習成館へ連れていってくれたのも父愛次郎です」

元来虚弱児だった範士が剣道界の最高峰まで到達できた根底にあるものは何だろうか。

『百錬自得』である。私はこれを座右銘としている。直心影流の男谷精一郎先生はこの言葉をモットーとしていた。また山川次朗吉先生も、やることによって自然に会得していく、理屈でなく実行することであるといわれている。中庸に〃人一度すれば、吾十度す〃という言葉があるように、剣道は百錬自得である。

幕府講武所主席師範男谷精一郎（下総守）の門下、島田見山（虎之助）、榊原鍵吉が男谷の直心影流を継承し、榊原鍵吉から山岡鉄舟、香川善治郎等が伝承、山岡鉄舟から山田次朗吉、大森曹玄等の先生が伝承している。

内原の満蒙開拓義勇軍訓練所加藤完治所長は山田次朗吉の大崇拝家で、生徒に百錬自得の話をよくされたことは有名な話で、同所の道場には『百錬自得』の額が掲げてあった。

菊地為之助は壮年の頃、男谷精一郎の塾の塾頭を勤め、後、警視庁に奉職し、退職後は郷里の茨城県古河で悠々自適、晴耕雨読の生活をしていたのを小沢愛次郎が家庭教師として出馬を願いました。

維新当時の剣道家が多く、儒教、仏教（特に禅宗）を人間形成の基盤としており、『読書百遍、意自ら通ず』の如く、ひたすら理屈抜きで師の教えを積み重ねたものです」

〈直心影流伝系〉（日本武道大系第三巻より）

- 男谷精一郎
  - 男谷鉄太郎
  - 島田虎之助―宇野金太郎―二宮久―長谷川弥四郎
  - 榊原鍵吉友善
    - 武田惣角
    - 山岡鉄太郎
      - 一橋剣友会
      - 大西英隆（百錬会）
      - 原治三郎（津軽法定会）
      - 川島亮
      - 大森曹玄（鉄舟会）
    - 香川輝
  - 菊池為之助―小沢愛次郎

明治、大正、昭和、戦後と日本剣道界で最も活躍した多くの先生との交わりの中で、自らに厳しく生き続けられる範士は、三つの時代の剣道そのものを背負った偉大な教育者でもあった。

勇猛精進不退転

剣道範士　小城満睦先生

〈小城範士の略歴〉

明治30年1月28日、福岡県久留米に生れる。

6歳の頃より祖父の感化を受け小、中学校にて浅野彰太先生の門に入り、加藤田神陰流、津田一伝流を学ぶ。久留米商業を卒業後、大正3年大日本武徳会本部に入り、内藤高治、門奈正、斎村五郎、大島治喜太の各先生に指導を受ける。

大正5年京都東山中学剣道師範。同6年武徳会青年大演武会に優勝する。その後、斎村五郎先生の師範代理として上京する。

大正9年福島県立会津中学に赴任。同10年福岡県武道師範に転任。同14年国士館専門学校教授。東京に移住し、興亜専門学校等で指導をする。

昭和16年指定選士として天覧試合に出場する。

戦後、福岡へ帰り、三菱化成、古河鉱業の剣道師範。同28年全日本剣道連盟の設立に参画する。同年、警察庁技官中国管区警察学校教授になり、同41年退職。

全日本剣道連盟相談役、白雲会会長などをつとめる。

昭和32年剣道範士、同40年剣道九段。

瘦形で、端正な小城満睦範士は、どこか昔の武士の姿を思いおこさせる風貌をたたえておられる。

祖父の話

範士は明治三十年、福岡県久留米に生れた。昔の久留米藩である。

「江戸に次いで剣道の盛んなのは、筑後の久留米藩と柳川藩だと言われていました。

私はその久留米藩ですから剣道は盛んでした。私の祖父が、私が六つぐらいのときから、解らんでも剣術の話を聞かせてくれたものです。

私の祖父は半平と言って、よく殿様にお供して、江戸を往復したらしいですから、江戸、京都あたりのことは手にとるように話してもらえると皆喜んでいた。

松崎浪四郎という先生と祖父が昵懇にしていたので、浪さんが言ったと言って、刀の長さは、鍔のところを持って、振ってみて、畳が切れるところがいいとか、あるいは、面を打つときは、額を割るくらいまで踏み込んで打たなければいけないとか、子供のときに聞かされました。

祖父は剣道と砲術をやっていた。私の家の氏神には江戸の藩邸で優勝した砲術の優勝額があった。維新後はあまりやりませんでしたが、話だけは、よく聞かせてくれました。

江戸では、千葉、桃井、斎藤の道場があった。その三大道場で、誰は位がよかった、誰はワザ師であったと話して聞かせるのです。

他流試合には、剣道の道具を釣舟にのせて、かつがせていったと、そして試合が済むと道場でご馳走になったということなども聞かされました。

私が小学校に入る頃から、剣道は盛んにやっていましたが、最初は松崎先生の弟弟子で、梅崎弥一郎、武徳会で出た一番初めの範士、晩年は熊本五高の先生をしていました。

その弟子で、大坪一郎という先生がおりました。この人は後、朝倉中学の先生をしておられました。その先生に初め習いました。

これは、加藤田神陰流です。ここから松崎先生は出られたんです。あとは、津田一伝流の浅野彰太という先生が師範でした。この弟さんが福岡におられた、浅野一摩という先生です。

この先生については、明治天皇が日清戦争のとき、大本営を広島に移されたでしょ。あのときに天覧試合がありまして、最初松崎先生と岡山の奥村左近太先生がやられた。その後で天皇陛下が、お好みで松崎先生とこの浅野一摩先生との試合をご覧になったそうです。

松崎先生は大先輩でしょ。だから浅野先生は、一生の光栄だったらしいですね」

剣道の盛んな土地に育ち、幼児のときから範士は、祖父から剣道の話を聞かされていた。

そして、小学校に入ると剣道を習い始め、小学校を卒業すると、久留米商業に進むことになった。

「私は久留米商業に入りました。先輩の木下新吾という人がいて、これは早稲田大学の木下新吾といって、なかなかの傑物で、斎村先生を早稲田大学師範に推せんしたのもこの人でした。その人が浅野先生に入門して稽古に行っていたので、私も行ったんです。

それで浅野先生に習うようになりました。

これは中学校のときのことですが、久留米商業学校三年のとき、その頃は撃剣部といいましたが、部の副将をしており、夏休みで、学校から剣道具を持って帰ったら、物置の中に防具があって、祖父が稽古をつけてやるというので、じいさんだから何ぞとやってみたら、一本も打てなかった。

もう何十年とやめていた人でしょ。それなのに一本も打てなかった記憶がありますね。昔の人は、よほどしっかりしておったのですね。その頃祖父は八十歳近かったでしょう。

今も覚えているのは、左の小手が鼠に食われて使えないんですよ。だからタオルを左手に巻いて、さあこいというわけです。打てません。祖父に防具をつけて稽古をつけてもらったのは、それが初めで、終りでした。昔の人は強かったと思いますね」

京都本部で修行

久留米商業を出ると、範士は京都で剣道を修行するようになった。

「久留米商業を卒業すると、家では東京の学校へ行けという。ところが、私は英語を勉強してないし、もう自信がないから京都に留まってやることにした。

勤皇攘夷で高山彦九郎は私の近所の森嘉膳の宅で自刃したが、墓も近くにあり、蛤御門の戦いの長州軍総参謀の勤皇真木和泉守も近所の出であったから英語は嫌いでした。

京都に行ってやるようになったのは、浅野先生が故郷で剣道を継いで立つようなものがないからと、しきりに私にすすめられた。

そして、途中で神戸に浅野先生が連れて寄って下さり、高橋赳太郎先生にお話し下さって、あの先生の紹介状を持って内藤高治先生のところに行ったわけです。

京都武徳会は、内藤先生、門奈先生、それから持田先生、斎村先生、大島先生、皆あすこで修行しました。

私らは、中学と師範学校を出たものしか専門学校に入れなかったので、講習科に入った。そして、内藤、門奈、斎村、大島の諸先生に教わりました」

大正三年から五年にかけてのことであった。範士の本格的な剣道の修行が始まった。

範士は、内藤先生の思い出を次のように語っている。

「内藤先生に私がご指導を戴くようになったのは大正三年九月からであった。ある時、皆の竹刀の検査があって、こんな軽い竹刀ではいけませんと叱られた。田舎の商業学校を出て上洛して間もない頃でした。

ある時、京都帝大での大会で三高の副将稲垣某と三本勝負で一本小手を取られた。それが指のところを打たれたので、後で茶話の折に、『あの小手は指のところに当りました』といったら、『指を切り落されたら負けです』と言われて納得した。審判に権威と見識がありました。

内藤先生は、打込み、切り返しを一年間やれと言われた。打込み、切り返しは必ず進んで大きく振り上げて大業でやることを指導されて、決して退いての切り返しはやらせず、元立が引けるだけ引き退って退れなくなったら向きを変えて受ける。寒稽古の三週間は、毎朝五時から六時まで打込み、切り返しだけで地稽古は許されなかった。これで剣道の基本ができた。

へとへとになるまで、打込み、切り返しを繰り返しての最後の正面打ち、これが残る。これが基本中の基本として残る。これが剣家生涯ただ一本の真なるものです。

内藤先生が門奈先生と玉座の東側上席に厳として座っておられた武徳殿は、天下何誰も侵すべからずの感があって、華かな時代はそれからずっと後のことです」

京都時代はまた、範士にとって、勉強するのに最もよい環境であった。

「京都で武徳会創立者の一人、楠正位先生の水南塾と称する、月・水・金の朝六時から七時半までの漢籍の講義がありまして、斎村先生を筆頭に大島治喜太先生、末次哲朗、高田直人等十余人の有志が聴講に通っていて、私にも来いというので、私が末輩で行っていました。

陽明の伝習録が終ると史記開講で、私は講義がむずかしくて退屈すると、講義は半分ぐらいしか聴かないで、楠先生の似顔をスケッチしたり、終って後でだされる茶が楽しみで行っていました。

私は漢籍が好きだし、とにかく母が何かと勉強はしとかんといけないと言ってくるもんですから。それから禅宗の寺で大本山相国寺というのがあります。その頃の管長は橋本独山という有名な老師で、縁があってその寺に行って座らしてもらうことになりましてね。

八代六郎（城山居士）海軍大将等同参の末席に座りました。

よく行って叱られもしたし、たたかれもしたし、非常に可愛がってもらって、その間にその方面の関係の方々にも可愛がってもらいました」

範士は、この頃の勉強が非常にためになったと述懐している。

修行に、勉強に、京都時代は範士の成長に大きな影響を与えた。

「私は大正五年十一月の卒業で、武専では三回と四回の間ぐらいになります。徴兵検査前に卒業したのは、武徳会創始以来、大島治喜太先生と四戸泰助氏と私が三番目ということで、若くても卒業させてもらいました。

大正五年十一月の試験で三段をもらいました。翌年の十一月には四段になりました」

斎村先生宅に高等居候

武徳会を出ると範士は、しばらく久留米に帰っていたが、大正九年一月に上京することになった。

「斎村先生が手紙で、東京にでてこないか（斎村先生はこの時、肺炎を患っていた）、稽古代理かたがた出てこないかということだったので、それでは行きましょうと。そして、あすこに高等居候のようにして修道学院に行ったり、戸山学校や早稲田大学に行ったり、あちこち一緒に稽古に歩きました」

範士のこの頃のことについては、『斎村五郎の遺稿と想い出』に詳しく書かれている。

「恰度その病気の頃、私も東京に出て驥尾に附して一修行しようと考えている矢先に、若し気が向いたら出てこぬかということで、二十歳の十一月（武徳会を卒業した年）四段に昇段しておったことで、家ではもうお前も一人前になったから学費は送れぬというので、高等居候と相成った次第である。

大正九年一月三日に東京に着いた。暮れの十二月下旬京都の蹴上げ大神宮の境内におられた大島治喜太先生の家で新年を迎えて東京にやってきた。その時手土産に密柑一箱買って提げて行ったら、それが安ものでとても酸っぱかったと、後々まで笑われた。

馬場下町の家は玄関二畳に階段が付いていて、奥が六畳の座敷と三畳の茶の間、二階が四畳半の書斎で、これが私の寝室ともなった。家の前に棕梠《しゅろ》縄付けて汲む釣《つる》瓶の井戸があって、二、三軒で使っていた。

ある時、次男の虎雄君が未だ這《は》い回っている頃で顔を瀬戸物火鉢に打ちつけて火がついたように泣きだした。おりてゆくとひどく鼻血を出している。奥さんから『はよう水汲んできてつかわさい』と言うことで、急いで釣瓶の縄を手繰ったことがある」

また、こんなことも書かれてある。

「九段下の明信館などで稽古して二人で牛込見附、神楽坂、横寺町と歩いて帰るとかなり遅くなる。未だ電車賃も節約する頃であったからだ。

時々、家に酒の用意がしてない時は、馬場下の通りの角の、堀部安兵衛が高田の馬場の仇討の助太刀にゆく時に一升桝で冷酒を呑んでいったという小倉屋から、指五本の時は五合、親ゆびの時は一升ときめて酒徳利に詰めてもらって、ブラブラ提げて帰ると千年夫人が夕餉の食膳を用意して待っておられる。竜ちゃん達はもう寝ている。

私の好きな里芋も煮てある。酒となると話がはずむ。京都修行時代、宮崎時代、修猷館時代等々、いつも十二時過ぎる。先生は睡眠三時間主義だから。その間にも奥さんは酒の燗をつけながら子供の着物や足袋など繕《つくろ》ったりしておられた。それから奥さんは食事、後かたづけ。家内はいつ寝るかわからんよと語っておられた。居候三杯目にはそっと出しというが、そっとどころかお給仕してもらって五杯位食う」

会津の中学に赴任

東京に一年三ヵ月、馬場下の斎村先生宅に居候した範士は高野佐三郎範士の紹介で会津の中学に赴任することになった。

「そのうちに、高野先生が会津中学に先生がいないから、何とか行ってくれんかということで、ちょうどその時、大島先生が京都をやめて東京へ出てこられた。

一緒に居らんかということでしたが、月給取りになってもいいなと思いまして、他所でない会津でしょ。白虎隊が好きでしたから行くことにしました。

会津は、あんなところですから、稽古もしっかりやりましょうと。非常に私も愉快でね、折角来たのだから、うんと鍛え上げてと、就任式の日から選手を集めて、今日から稽古をやると言ったら、すっかり喜びましてね。

和田晋範士が東京高師在学中で、冬休み、夏休みに帰ってくると道場へ来て、私の授業を手伝って下さったりした。そして、東京から高野弘正、慶寿先生兄弟、茂義先生の長男の高野孫二郎さんなどが加勢に来たりして、非常に盛んになって……。

あすこは年に一度、県立中等学校が福島で優勝戦をやるんです。それまで二年間ぐらい剣道がブランクになっていたが、成績が振わなかったでしょう。名誉にかけても何とかしなければならないと悲憤慷慨しとったときですから、私が電灯がつくまで毎日やったら、非常に喜んで、秋の大会に行ったら全勝してしまったんです。

校長会議で、会津が余り強いので、来年はやらんということになったんです。そうすると私がおってもしょうがない。福岡で帰ってこんかというので、一年と十ヵ月いて福岡に帰りました」

大正十年、範士は福岡に帰り、福岡武徳会支部の師範として、九州で修行することになった。

「それから、福岡に帰りまして、福岡の警察とか、北九州など武徳会の福岡支部の師範ということで、朝晩集まって稽古をしました。

私は武徳会支部の寒稽古中にも、八幡の中学の授業も毎日、往復してやったものです。他の連中は、そうしないで昼寝している。私は修行だと思ってやりました。

東京の斎村、大島両先生が、しょっちゅう私に手紙をよこし、尻をたたいて、将来を考えて田舎におっても、田舎の人と同じ考えではいかんと言われるので、やりました。そういうことは確かによかったと思います。

それから、一つには、国士館の柴田徳次郎館長が、まだ国士館が専門学校になる前に筑後川の上流で九州の青年を集めて、愛国青年団の剣道の錬成会を三日間やるというので、師団長に頼んで兵舎に寝泊りして錬成をやりました。

第十八師団長金谷範三中将もきまして、明信館の中村定芳、岡野亦一という人が来て、斎村先生は後から来るから、私も行って講師のような立場でやっていてくれというので、河原でやっていました。

下位春吉という当時、吉田松陰の再来とまで云われた人がいますが、元に立ってやっていますと、その下位が、こっちの二人の先生は東京の先生だから有名な先生だが、こちらの先生は北九州の先生だから、なるたけ二人の先生によけい教えてもらえと指示している。

私は、このやろう『下位春吉、今に見ていろ』と思いましたね。それが私の修行をあおった一つです。

福岡県にあって、大島、斎村両先生をほめて、某範士をあまりほめないから、すっかりにくまれまして、それから柴田万策も帰ってきて、これも憎まれ組でいたので、二人で手を握って一生懸命やろうじゃないかと、にくまれ、いじめられたが、それが有り難かった。

今から考えると本当に観音様である。そういうふうにして、修行の機会を与えてくれた人は、考えようによっては、観音様と言える。

斎村先生の話しで、大島先生が急逝されて、その後をうめることになり、上京して国士館専門学校の教授になりました。斎村、大島両先生には、めんどうをみてもらいまして、それは幸せで有り難かったと思います」

戦後の広島時代

範士は、戦後再び福岡に帰り、昭和二十八年、五十八歳のとき、広島に出て警察の剣道を中国、四国九県で指導することになった。

「広島から、警察庁で曲げて来てくれというのでと、斎村先生にも相談して行きました。四国、中国をやってもらえんかというので、管区警察学校教授として、二、三年のつもりが、よくしてくれまして、七十歳までおりました。七十歳までいたのは、私が一番長かったのではないか。

今も剣道連盟の籍は広島にある。各県の会長は変るが、私は中国五県の永久の副会長として……。昭和四十一年に退職して、北九州に帰りました」

福岡県に帰ってからも、範士は悠々会、白雲会という会で稽古を続けている。また縁に随って東西に稽古を楽しんでいる。

「私は剣道は歩ける間はやらなければならないと思う。何とか打とうと思うから出来ない。私は皆にすすめられて、経験のためにもと入院したとき、五輪の書の空の巻と不動智神妙録をじっくりと読み返す機会があった。

これはよかった。自分のことと照らして、間違いはないか、合わせてわかったと思っても、繰り返し、錬りかえしてゆくべきものだと。そこに稽古の楽しみがでてくる」

長い間の修行で得た座右銘は、

「『勇猛精進不退転、諸悪莫作衆善奉行』、剣道の核心はこれしかないと思う。これを心掛けていればよいと思う。

指導をするときよく話す。そして、剣道は昔は打ち込み五年と言ったものだ。終りはただ一本。一生を通じてやって来て、山もあれば谷もある。しかし、一生をかけてやる以上は最後に納まるところはただ一本である」

納まるところはただ一本という心境は、山の頂上に登りつめられた、範士にしてこそ言い切れる、感動的な言葉であった。

京都武徳殿とともに

剣道範士　黒住龍四郎　先生

〈黒住範士の略歴〉

明治32年3月5日、岡山県備前御津郡一宮字山神七九四永代の家に生れる。

明治42年頃より神道無疆《きょう》流を備前一宮吉備津神社宮司、大賀頼母氏の指導を受けた叔父黒住五郎氏に学ぶ。

大正2年、中学岡山黌在学中に岡山武徳会支部に入会し、井上浅太先生に師事。大正7年武専に入学。同12年卒業と同時に、同校研究科にすすみ、剣道部助手をつとめる。昭和2年同校助教授。その後応召、昭和21年8月帰還、京都市警から国警に編入する。

昭和32年剣道範士、同44年剣道九段。

京都駅前からバスで約三十分、銀閣寺道で下車して、南に少し下がると『黒住龍四郎』と表札のかかった瀟洒な家があった。

範士九段黒住龍四郎先生のご自宅である。

奥様に来意を伝えると、部屋に通された。範士が出てこられ、張りのある甲高い声で、昔を想い出されながら話されるのだった。

備前一宮に生れる

「今は岡山の市になっていますが、備前御津郡一宮字山神で生れました。四道将軍、孝霊天皇の子供吉備津彦尊の平定になったところで、吉備津彦尊は岡山では二つ祭ってあります。同格のが備中と備前にあり、ご神体は同じで、備前の吉備津彦神社のよかったのは、茶臼山がありまして、犬養木堂さんが氏子ですから、山に接近して境内が広々として工夫されており、犬養さんが書いておりますが、神随の後裔犬養とある。

神随の後裔となりますと、犬養でしょう。吉備津彦尊が桃太郎ではないが犬を連れてゆかれた。桃太郎と吉備津彦をひっつけたようになるが、岡山では、犬猿とかよくいいます。

私のところは、小さい地区ですけれど、神道と比叡の天台ですね、私の小字だけが。あとはまわりは全部法華です。岡山の一番大きなお宮が吉備津神社です」

範士はこの一宮字山神の黒住家に明治三十二年に生れた。範士の家は代々勤勉な家系であった。

「私の祖父さんと叔父の二人の兄弟がおりまして、祖父さんという人は勤勉でありましてね、私が岡山にぼっと行って、土地の人にあなたはどこの人ですかと言われ、一宮の黒住というと、あんたは九助さんの孫ですかという。

勤勉ということが非常にやかましかった。よく働いた。一宮に行って黒住の九助さんに使ってもろうたら使えると人が言うたくらい精勤だった家で、そこの家で大きくなったのが叔父です。

私の父は身体が弱かったんで、美術骨董が好きだった。私にもその血統がある。それで生活ができたんです。叔父は分家しまして、それより前に養子にいっていた。それが私のおばあさんが、九十三まで生きていたが、私の父、長男は弱いから戻せという。子供があっても戻せといって戻して分家を立てたのです。

その叔父は村でも恰好がよかった。岡山市の写真の展覧会があると必ず撮られているくらいだった」

範士はこの叔父、黒住五郎氏から非常にかわいがられていた。そしてこの叔父さんから剣道の手ほどきをうけるのである。

「その叔父が若いときに剣道を習うておった。その剣道は吉備津彦尊の神社の宮司で大賀頼母という人がおりまして、その人から神道無彊《むきょう》流を習うた。これは、香取、鹿島あたりからきておるのでしょう。だから神道という文字をつかうのではないかと思う。

木刀でやりましたが、柄が長いんです。霞とか、こんな（実際やってみせられて）構えがあるんですね。構えは斜めに構える。十二歳ぐらいのときから習うたんです。

当時武徳会というものが岡山にもできて、各町村をずっと廻ったですね。私は近藤知善という人が同県、同郡で、その人が関西中学校を出て、武徳会にゆき、武徳殿で習って、武専のときに石川県に勤めて、岡山に帰ってきた。招聘されて郷里に戻ってきたんです」

武徳会岡山支部入会

叔父から剣道の手ほどきをうけたのが範士十二歳の頃だった。この頃、京都の武徳会では武術専門学校ができ、四年制の専門学校として再出発した頃である。

また、日本剣道形が形調査委員のもとで再編成されていたときでもあった。

大正二年、範士は中学生のとき、武徳会の岡山支部に入会し、剣道を習い始めた。

「私は、岡山の武徳殿で稽古したんですけど、あの道場ほどよくできた道場はみたことがありません。板が厚く巾が狭い、極端にいうと板が波形になっている。森末先生が考えて作られたと思いますが、道場は狭かったが、ここで稽古にはげみました。

私が武徳殿で剣道の稽古を始めることになったのは、岡山黌という中学に入りましてから、柔道に私の先輩で強い人がおりましてね。お前武徳殿に行かんかというて、二人で必ず武徳殿に行って稽古をしておったのです」

武徳殿に通って剣道を習ううち、武徳殿の先生で井上浅太先生を知り、範士はこの井上先生に師事することになった。

「武徳殿では、井上浅太という先生がいて、教士号でお亡くなりになりましたが、その先生に一番よく師事して習いました。

武徳殿は、大先生がずっと並んでいらっしゃいますから、稽古は充分できました。学校から帰ると、必ず四時からの稽古に行きました。昔の剣道の先生というたら、裁判所の所長とか、医学の先生がおったり、そういう先生でも皆先生方がおりまして、並んで稽古しておったですね。

私は井上浅太先生に一番やっかいになりました。その後武専に入るときも先生のお世話になった。井上先生の稽古は立派な稽古でしたけれど、格は、富山におりました藤井鶴太郎先生あたりと同格でした。

武専に入ってからのことですが、武専の友人が藤井先生に習ったんで、お前のとこの先生とうちの先生と、どちらが強いか見ようと言ったものです。立派ないい人でした」

範士は中学校よりも武徳殿で多く稽古をした。その頃の岡山黌は、剣道部といっても始まったばかりであった。

「中学校では、貧乏学校でしたから、剣道部は、私らのときにこしらえただけで、先生というものがいなかった。

私らは岡山へ出て、武専を出た丹羽李太郎という先生と従弟同志の丹羽左吉という人がおりました。丹羽家は日置藩の指南番でしたが、丹羽李太郎という人は武専へ入っており、丹羽左吉という人は講習生でおった。その二人が岡山に帰っておった。左吉という先生を私らが呼んで、中学で頼んでいたのです。

その当時の三段ぐらいでした。武徳会を出ておりましたから、まあお稽古相手にお願いしておりました」

武専に入学

大正七年、範士は京都にある武術専門学校に入学することになった。武専は、大日本武徳会が設立した武道専門の教師の養成機関で、明治三十六年に武術教員養成所として、吉田山の下に開設されたのが始まりであった。

明治三十八年には、養成科二年、別に講習科があり、稽古は一緒にやっていた。明治四十四年には武徳学校として創設され、翌四十五年には学校令の専門学校として四年制の専門学校になり、その名称も武術専門学校と改められた。

「岡山で叔父に剣道を教えてもらいましたが、打ち明けた話、私は子供のときは、少しも考えずにただ家にじっとして、女ばかりの中に姉とおった。家には男はおりませんでした。

私の兄は朝鮮におりました。日露戦争の始まる一歩手前頃に行って、朝鮮で事業をしておりましたから、私と母が黒住の旧邸をあずかっておったということで、何も考えていなかった。

私は勉強もせず、学問はできませんです。そしたら友人が、お前みたいなものは、武専というところがあるから、行ったらよいではないかと。

ところが、近藤先生が私の郡から京都へ行っていた。叔父の息子と近藤先生は友人ですので、叔父も一緒に力を入れて、私は武専に入ったのです。

そういうことで、私は人から言われたようなもので、自分の身の振り方を考えずにおったという、どうもはずかしい話で大正七年に入ったわけです。

武専は初め寄宿舎ですから、京都の吉田山の下にある寄宿舎に入っていました」

大正七年四月に入学したが、範士はこのとき仮入学であった。

「ちょうど入学する頃、稽古で鎖骨を折ってしまい、鎖骨を折ったものが武専には入れないといったら、近藤先生がおるから行ってみいということで、私は仮入学させてもらいました。

その当時は、前の年と後の年はいい年だったが、私の年（七年）は不景気の年で武専に来るものが少なかった。私のときは通そう、通すが悪かったら落とすぞというので、通ったんです。そのうちに折れた骨もだんだん直ってきました。

近藤先生のお力が非常にあったと思います。その時分には、西久保弘道先生は校長ではなかったんです。龍という支那の系統の人が校長でした。とりあえず入れてもらって、私はその後ずっと武専に残ることになったんです。

武専の試験は、学科と実科があった。前の年はあったが、私のときは不景気で、前の年に入れなかったものが三人ほどきていました」

大正八年、警視庁を退いて、貴族院議員になっていた西久保弘道が武徳会の副会長、武専の校長として迎えられた。そして、西久保弘道の方針として、武術専門学校という名称が、この年に武道専門学校と改称された。

「面白い話がありましてね。岡山から汽車で京都に来ておったが、武専の生徒は角帽ですからね、人があなたどこの学校ですかと、武術専門学校ですというと、はあー、そうですか、そしたら洋画ですか、日本画ですかと。

そういう時代でした。美術と武術を聞き違えて……武術専門学校というと、ああそういう学校があるんですかと。こういうことでした。

私が二年のときでしたか、武徳会に大変革がありまして、持田先生とか、斎村先生とか皆東京にいらして、残るのは小川先生と近藤先生だけのような時代もありました。

そのときに、西久保弘道さんがここへ見えたんです、校長として。西久保弘道さんは、柔道の嘉納治五郎先生などをよくご存知でしたからね。

西久保先生が、とくに武術というようなことを考えたらいかん、武道であるということを非常に強調されたんです。これは武術専門学校ではない、武道専門学校であるということを強調されて、そうなったんです。

柔道でも柔道というのであるから、剣術ではいかん、剣道と言わなければいかんと、そういうことを非常にやかましく言われました」

大正八年一月に武徳会副会長、武術専門学校長に就任した西久保弘道は、剣術を剣道、武術を武道と呼ぶことを提唱し、二月にはそれを実行して、武道の真精神を確立したのだった。

そしてまた、そればかりでなく、竹刀剣術による試合を競う風潮を、剛健な剣風にすることに努力を払った。

「武徳会の中途の精神方面に力を入れたのが西久保弘道さんでした。あの人は、本当にその点では、武徳会としては特筆しなければならない人である。稽古は無刀流ですからね。

私はちょっと考えていますが、無刀流は廃《すた》れるけれど、これはしなければいかんと思っています。

普通の稽古では、当てっこだから、片方ぱっと当たったらぱんととれる。無刀流はそんなものとは違う。無刀流は向こうの打ってきたものを受け流し、返してぱーんとこう打つでしょう。その精神ですね。

西久保弘道さんがいらっしゃる時分にはね、永田幸太郎という、おじいさんですけれど、立派な人格者が校長代理、教頭として武専にいたんです。

その人が無刀流でした。永田幸太郎先生はいつでもそれをやっとったんです。叩くときは、かーんと打つんです。うんというようにやっておった。お年寄りの先生でしたからね、足をぱっぱっという運びの動作はできんですが、ぐーんといってぱーんとか、向こうがきたら変化して応じるんです。こんな大きな鬼小手をはめてやっとったですが、今私らが考えて、年をとって足が動かんようになってきますとね、やっぱりあの精神は必要と思います」

武専での稽古

武道専門学校は終戦とともに解散したが、西久保校長の精神的指導と、主任教授であった内藤高治範士の指導によって黒住範士の入学の頃から、武専の黄金時代といってもよい時代に入るのである。

「武専の日課は、朝六時起床、朝食をとって、九時から学校が始まり、昼まで国語、漢文の勉強、この時間には大学の先生がみえておりました。

午後一時から三時頃まで稽古。入浴して五時が夕食、九時に就寝です。朝・昼・晩、近藤先生は生徒監でしたから北寮、南寮と廻られる。

後は、本部（武徳殿）の稽古に行くか、他所にでて行くこともあります。

寒稽古は、ちょうど一月八日から始まります。それが一月いっぱい、二十三日間続きます。寒稽古の時間は、それほど長くなく、一時間半ぐらいです」

武専の稽古は、先生が多く、逆に生徒は余り多くないので大変だった。

「先生がよけいおるんですからね。湊辺先生、持田先生、小川先生、それからずっと八人ぐらい先生が並んでおるんです。生徒はまだ本当にぽんぽんとゆくような生徒が十人か二十人おったって、それはいかんですよ。先生の方が多い。一人の先生に、どっとどっと、先生に狙われたらゆかななりませんから、二三本やったら、よわってしまう。私の同級に佐藤忠三君と頭のいい今中という、何でもできる人がいた。

今中君は、やんちゃな面白い人ですから、あの中で何本ほどして時間になりたいなどといってやった。

あっちにぱっと逃げるようにゆき、またこっちにきて、一時間のうちに何本、一番最低をいったという、面白い男でね。あっちいってちょっとやって、またこっちきて後ろにきて一時間に何本できるか、それでいいという。佐藤君の親友で、立派な人です。

そういう面白い人もおるけれど、森正純という人は、東京の警視庁におりましたが、私より二期先輩ですが、あの人は掛り稽古のときに二十ぺん、三十ぺんかかったといいます。

私もそうしてかかってみようと思ったから、持田先生だけに十九本いきました。そのかわり、二、三べんいったらえらいですから、また下って、それからまたゆくんです。そして持田先生だけに十九回いったと思います。

武専の稽古は、正月が済むと、八日から始まるのですが、寒稽古が一ヵ月間、打ち込みですね。どっと、どっと、どっと。面と向こうへ、ひっくり返して面と、それをやる。打ち込み稽古、そればかりです。

私はそうなりませんでしたが、稽古の好かん人で、学問できて、漢文の先生にでもなろうと来ている人間は立てんようになるんです。便所に行ってかがめんという、そのくらいやります」

範士は目をつむって、当時を想い起こすように更に語られるのだった。

「私らの組に佐藤忠三がおりまして、あれは私より一つ上だけれど、あの人はそれはよく稽古をした方ですが、いつでも、稽古始める礼をするときは、来ておらんのです。

遅れてきて、簀《す》の子の上をがたがたと走ってくるんです。面の紐をひきずって道場へ入る。やっこらさと礼をする。ところが面付けが早い。ぱっぱっと付けて、私と佐藤君はいつでも競争したものです。

一番後から来て、しゃしゃと面を付けて、その点は早かった。それからまた、あの人の立派なことは、私は後から来たもので近藤先生からよく言われたんですが、山形から来て、本当の田舎稽古でしたが、ずっとやってあれだけになった。

稽古になると、私は先生より強いんだという、先生に抗するというか、なにという気持ちでやった。私たちは、生徒が先生にゆくつもりだから、どうせあかんのやという、どんどんどんとくる、本当の掛り稽古だったが、佐藤君は、それをしなかった。

体も先生と同じように、上背があるんで、ぱっと構えて、いつでも対等の稽古をしておったです。

あの人は、手の内が今で考えてみると、麗的な手というんですかね、優しゅうて、指先がぴっと削り上げたような手をしておった。それは、あの人がシッペをするとき、私らは二本の指でやる。佐藤君は一本でやる。それは痛いんです。

こうやって、人差し指同志と、中指同志を合わせて、ぴんと張り、中指が人差し指の中を張ったままくぐるんです。そういう手をしていた。

勝負は、当時中学へ行って一ぺん負けたことがあるが、それが一ぺんだけでしょ。恐らく負けたことがない。

それで、かつて柔道の磯貝先生が、先生は皆寒稽古のときは、火鉢にあたってゆくんですね。これを止めようではないかというてやったときに、佐藤君はそれをいかんとは言わなかったが、それよりも、上の先生になったら審判をとらないで、拝見ということにしたらどうですかと。

そしたら磯貝先生が、佐藤君、君にしてえらいことを言うんではないか。そしたら佐藤君が、先生方が一杯のお稽古ができる。皆さん拝見して役に立つのではないですかと。『私は勝負に負けたことがないから言えるんだ』と私に静かに言うたことがあった。

先生の立派な技術を皆に披露してもらうようにして、勝負をとらんことにしてと、佐藤君が提案したことがある」

武専の稽古は、打ち込み、掛り稽古が主であった。そして範士は掛り稽古の大切なことを強調されるのであった。

「剣道は、掛り稽古ができなかったら、あきまへんわ。始めから、よっさよっさといいよったら、打たれることは苦になるかも知れんが、そしたら、その稽古に味がでてきておりません。

掛り稽古で、それはもう向こうへいったら押し返し、また返ってゆく。それは相撲取りの胸をかしてやるのと同じことです。それができておらんかったら、稽古にならんですね。

それで剣道の足の早さ、変化ができる。掛り稽古できんようではだめです。今武徳殿の中で稽古している人の中にある道場のものがいるんです。

その人が変な稽古をしてね。一ぺん私がこけたことがあるが、あんたそんな稽古しておったら、子供には力がゆくかも知れんけど、自分も身体一杯使って、動かして稽古しなければあきまへんと言うたんです。

自分が身体が動かんから言うたんじゃないけれども、そしたらその人は翻然と悟って、それから掛り稽古をやり始めました。今ではようなりました。

そういうことなくして、ちょっとこうやって、小手打っても、自分の小手はいい、向こうの小手は問題にせんというのではだめです。小手を打たれたら、ああ打たれたなと、自分には重くして、相手には軽く、いやまだまだ不充分ですと。

こういう稽古をしなければいかんといつでも言うのですがね。

昔の人が面数ということをいった。休んで、面を一ぺんとってまたゆく。面数をいかなければ……。昔は眉の上に垢がつくと、汗がたまった。それぐらいの稽古をしなんだら駄目ですね。

中山先生はこういうことを言われた。小さいものには稽古すすめんのやと、難儀をするからと。ところが、今見て身体の大きなものより、小さいものの方が技がようできる人がありますね。

普通におったら叩かれるんですから、それを変化していかなければ、いけないから、それだけ自分は苦労するけれど、立派な戦いができるわけだと思います。剣道で足がいかんようになってきたらもうあかんですね」

武専の助手、助教授に

大正十二年に武専を卒業した範士は、研究科に残り、助手として内藤高治範士のもとで生徒を指導するようになった。

「その当時、岡山の阿部という先生などは岡山に帰ったらどうかといったが、叔父がどうすると、私は京都に残ると言うて、京都の講習科に残ったのです。

講習科に残ると終いの頃、西久保弘道さんが副会長であり校長であったから、お前は助手に使うてやるからと。昔は助手があったそうだが、この時はなかったんです。それで私が一番最初に助手ということになったんです。

その後、私と同級で、上席にあったけど佐藤君が助手に入った。後から助手制度が拡張されて皆入ってきた。

初め私一人が助手で、叔父が保証人であったから、西久保校長に会って、あんたの子供は助手にするがと言ったら、叔父は、あの子は何も癖がありませんが、一つ刀を拾う癖がありますから、刀を買うことは許してやって下さいと言ったそうです。

私はずっと京都におりまして、初めは鹿が谷に住んでいて、そこで結婚して、今の銀閣寺道へは昭和十五年に来ました。

その年、二千六百年記念大会の天覧試合と宮崎神宮大会に京都からでて、宮崎神宮大会で優勝したのです。宮崎神宮大会は今の東西対抗の最初のときの試合でした。

その決勝の相手は、亡くなりましたが、仙台の乳井さんとやって勝ったんです」

(この時の記録を追ってみると、東西から八名ずつの選出された教士の個人優勝試合であった。決勝戦は宮城の乳井教士と京都の黒住教士の対戦となり、乳井教士が横面を先取したが、黒住教士は小手を返して一本一本の勝負となり、乳井教士が技から体当たりに変化して黒住教士は場外へ突き飛ばされようとした瞬間、捨身の面を打って見事にきまり、黒住教士が優勝し、厚生大臣賞、米内賞が授与された)

範士が四十一歳のときであった。

武専を卒業し、武専に残って助教授として生徒の指導に当たった範士は、武専とともに歩んできたといっても過言ではない。しかしこの大会後、南方方面に応召になり、終戦まで外地にあった。

当時、人格者であり武徳会、及び武専の剣道教授として高名な内藤高治範士についてこう語られるのであった。

「内藤先生は、武徳会の大先生でいらっしゃった。内藤先生は、今でも先生は強かったと、術が強かったと人はいいますが、私は最後まで内藤先生についておったんですからね。あの先生の直弟子ではないですが、助手として残っておりましたから。先生は技術の人ではないんです。人格の人です。

稽古をするんでも、人格の人の稽古と技術だけの人の稽古とは違うんです。心が違う。内藤先生は強かったというのは、ただ内藤先生をよく申し上げるだけであって、本当の内藤先生は、そういうことを余り好かれなかった。

内藤先生は居合も嫌いでした。中山先生とか、そういう先生は術というものに重きをおいていらっしゃったように感じられるんです。湊辺先生あたりは力も強いし、内藤先生のお心にはぴたりこなかったわけですね。

だから武徳会におられるときにも、実力はあるが、この人が分かれて武専の主任教師になった。湊辺邦治先生が主になって、その下に持田先生、近藤先生、私が入ってすぐ湊辺先生は亡くなられまして(大正八年四月)、しばらく先生がなかった。

内藤先生、矢野勝治郎先生がおられた。矢野先生は中山先生と昵懇な方でありまして、主任が矢野先生になりました。矢野先生もお亡くなりになって、内藤先生が本部も武専も受けもたれ、内藤先生がお年をめして、昭和四年四月にお亡くなりになったので、一時奈良の島谷八十八先生がきました。上の先生が次々とお亡くなりになり、小川先生と宮崎先生が主になってなさるようになりました」

昭和二十一年に帰還した範士は、戦後、京都の市警に外勤で勤め、国警に編入された。そのとき宮崎先生と一緒に入ったという。

剣道が復活し、武徳殿での大会も復活したが、範士は戦後からずっと武徳殿の保存に力をそそいできた。

「週に二回少年を教えております。月曜日は少年、金曜日は少年の後、居合をやり、さらに一般の掛り稽古を受けている。私は武徳殿の保存に一所懸命になっておるわけです。一人でいつも市役所に行くが、昨日も電話がかかり、安心して下さい、保存ができるようになってきておりますからと。

稽古のときにいつも少年に訓示する。少年は剣道を面白いからやっておるが、この剣道は、社会にでて、自分の身体を充分に使って、社会のためになる人間になれば、それでいいじゃないか。社会の中に入って、社会人として有能な人間になることこそ、剣道ではないかと言っているんです。

私は子供のようだけれども、ゴーストップの信号がありましょう。止まったときに右足をだして待っている。青がでたら、さっと行こうと思って。それから歩きだしたら、中央線がありますね。向こうのものが、どんなに早いものが来ても、こちらが早く向こうに越さなければいかん。不法なものがきて、やられるかも知れませんが、そういうつもりでいつもいます」

範士の座右銘をうかがったら、即座に返ってきた言葉が、

「『興家在精勤』です。これは私の家の家訓です。これは私のモットーです」

と。

範士は、武徳会と武道専門学校の長い歴史の中で、その約半分を共に歩んでこられた、いわば、生粋の武徳会育ちの人であった。

日本剣道形の成り立ちと変遷、武徳会の歴史と武器庫のこと、多くの著名な剣士のエピソード、刀剣や石像美術のことなど、いろいろ貴重な参考になるお話を伺うことができた。

範士のご趣味の広さに驚きながら、京都の街に出ると、師走の冷気が快よく身を引きしめるのであった。

行雲流水

剣道範士　堀口　清先生

〈堀口範士の略歴〉

明治36年7月12日、群馬県館林に生れる。小学校入学前から群馬師範出身の教育者であり剣道家である父・兼太郎および祖父から剣道の手ほどきを受ける。

大正10年、東京高等師範学校助教授の山本長治先生の口ききで上京し、東京高師、修道学院などで稽古。専修商業（専修大学の前身）の夜間部に通いながら勉学と剣道の修行に励む。同13年警視庁武道講習所に入所、斎村五郎先生の剣風に大きな感化を受ける。

昭和3年斎村先生に入門を許される。斎村先生が師範をつとめる国士館の近くに居を構え、国士館と警察で稽古に明け暮れる。

警視庁剣道首席師範、全日本剣道連盟審議員、東京都剣道連盟副会長などをつとめる。第1回全日本東西対抗に東軍主将として出場。

昭和34年剣道範士、同46年剣道九段。

世田谷の国士館大学近く、萌える若葉に、しっとりと落ちついた住宅街の一角に、堀口範士のお住まいがあった。

「家内が留守をしていまして、失礼いたします。大工が入っていてやかましいかも知れませんが……」

範士自ら記者を居間に招じ入れられて、静かに語られるのだった。

祖父と父と

「私の出身の村は、堀口姓が大半です。新田義貞の系統で、祖先は守がついていました。明治四十三年に利根川が氾濫して大洪水をおこしました。旧の七夕から、十三夜になってもまだ水が引かなかったのを覚えています」

これは範士が小学校一年ごろのことだった。範士は、明治三十六年七月十二日、群馬県館林の在、茂林寺の近くで生れた。村は利根川と渡良瀬川にはさまれた低地だった。

しかし魚はいるし、米は穫れるし、祖先はこの地を選んだ。

「小さいときから私は身体が弱かった。田舎のことですから食べものも余り良くなく、館林まで一里の道を市がたつ日に曾祖父さんがうなぎを買いに行って、私に食べさせた。剣道でもやらせれば身体がよくなるのではないかということで、小学校前から気ままにやるようになったのです」

範士が最初に剣道を教わったのは祖父であった。余り小さいときからやったので、今はその記憶すらなくなっているという。

範士の父は、兼太郎といって剣道家であった。そして群馬師範出身の教育者でもあった。長男である範士が小さいころ、小学校の先生だった。

長ずるにしたがって、小学校時代の剣道の師は、祖父から父に変わっていった。

「小学校でも剣道をやり、家では庭や物置きでもやりました。私は父から、打ち込み稽古、かかり稽古ばかりをやらされ、早朝稽古がすむと、朝食を立ち食いですませ学校へ行きました。私ぐらいかかり稽古をやったものは少ないでしょう。十九歳までかかり稽古ばかりでした。だから試合は警視庁に入ってからです」

父の教えは、いまも範士の心に息づいている。また剣道家、教育者であった父の教えはその後の範士の生き方にも大きな影響を与えている。

「剣道をやるものは、書道と漢籍をやれ、とたばこものまず、書道をやっていい書を残しております。私の父は、人間は天爵に生きることが大切だというのが信念でした。これは後のことですが、父が京都に行って教士号をもらったのも、私が教士号をもらったので、皆からすすめられて、やっともらいに行きました。このときの剣道を私も見ていましたが、父は左上段が得意で、相手を圧し、ずっ、ずっと攻めてゆく。一本も打たずに、また打たれずに引き分けになりました。あの時の父の心境に、私は一生かかってもなれるかどうか。高い心境でした」

剣道家であったお父さんのところには近所から、よく稽古にきた。とくに寒稽古などは、三時頃にもう人が来て稽古をしたという。

「近所の人がくると、三時頃でも父はいやな顔一つしないで、稽古をしました。母もちゃんと起きてお茶を入れる。天爵に生きた人でした」

東京へ

長男である堀口範士を、群馬師範にやることが父の悲願であった。しかし、師範学校を受験すると学科は見ごとパスしたが、体格検査は不合格。青春をかけた師範学校入学は斜頸ということで果たすことができなかった。

また徴兵検査も不合格になり、若い範士は神経衰弱になってしまった。

「そのとき、私は死んでいます。だが、父が魚釣りで私の健康を直してくれました」

大正九年夏、前橋で群馬県の武徳会主催の指導者講習会が開かれた。

父兼太郎氏は講師として出席。このとき堀口青年も一緒に出席をしたのだった。

「当時、高等師範の助教授をしている山本長治先生がいて、高野門下で、背が高く、すらりとして色白で、堂々たる体格の持ち主で神様のように思えました。その山本先生が、田舎におくのはもったいない、東京に出して稽古をさせたらどうかと言われました」

こうして山本先生の導きで、大正十年一月、赤城おろしの寒風をついて、川俣駅頭をお母さんに送られて、範士は上京したのだった。

「山本先生が高等師範の先生だったので、一番始めに稽古をお願いしたのが高等師範の道場でした。その日のうちに高野佐三郎先生の修道学院で稽古をしなさいということで、修道学院へ。しかし高野先生のところへは入門はしていません」

東京の叔父の家にやっかいになりながら、九段の今の専修大学の前身である専修商業の夜間部に通いながら、修道学院にも稽古に通い続けた。

「専修商業で、一緒に机を並べて勉強したのが、東京都の教育長をやり、今、日体大の常任理事をしている従弟の本島寛で、彼は教育方面へ、私は剣道をやったわけです。おにぎりを持っていって、専修商業の水道の水を呑んで過ごしました」

昼は剣道、夜は勉学に若き範士は東京での生活を続けた。その頃、斎村五郎先生が上京し、修道学院で稽古をしていた。ここで範士は生涯の師、斎村五郎先生に出会ったのである。

「斎村先生を東京に呼ばれたのは山本長治先生です。当時斎村先生は、電車賃がなくて、早稲田の弦巻町から修道学院まで歩いて通われました。そのうちに早稲田実業ができて斎村先生は、東京での基礎を固めてゆかれました」

修道学院で初めて斎村先生のご指導をいただいたときの印象を範士はこう語られる。

「とにかく、松の大木にかかるようである。父の教えは、切りかえし、かかり稽古だったが、斎村先生へも切りかえし、かかり稽古でした」

範士が東京へ来て二、三年たち、脚気のような症状が出て、ちょうど田舎に帰っているときに、大正十二年、関東大震災が起こった。

「防具は二組焼いてしまいました。小沢丘先生（範士九段）のお父さんの愛次郎先生（範士、国会議員）が溜池に道場をもっておられ、私はそこへも通いました。ここで一組焼いてしまったのです。私の父は、小沢愛次郎先生を一番尊敬していました。この頃丘先生の兄さんが警視庁に入っておられ、愛次郎先生からも警視庁に入ると給料をもらいながら稽古ができるからとすすめられました」

震災後、大正十三年春、範士は当時の警視庁武道講習所に入所、四月から六月まで講習を受けて、警視庁神楽坂署に配属になった。

そのとき、まわってこられたのが斎村先生だった。また、その後、中山博道先生の上席だった柴田衛守先生もこられた。修道学院での斎村先生の剣風に惚れこんでいた範士だったが、警察まわりにこられた斎村先生に稽古をつけてもらうことはとてもできなかった。

「当時の先生は、私にとって高嶺の花で、お忙しいし、稽古はしてもらえないし、斎村先生の人柄、剣風をしたって入門したいと思っておりました」

わが師斎村五郎

国士館大学が創立された昭和四年、その年の夏、範士は単身世田谷にのりこんだ。勿論、国士館で斎村先生が教えることになったからである。

「自炊をしながら、早朝稽古に通ったものです。国士館大学は一回生で、よそものが来たというので稽古でも、ひどいめにあいました。突きが鎖骨でとまるのです。泣きながら稽古をしました」

昭和三年十二月、範士は斎村先生の弟子になりたくて、田舎からお父さんを呼んで、二人で斎村先生に入門の許しを得に伺うことになった。

「斎村先生は『弟子はとらない』という。おやじは、何かねばっていましたが、とうとう念願がかなって、弟子にしてもらうことができました」

それから範士の厳しい精進が始まるのである。

「無理に弟子にしてもらったのですから、あれでも斎村先生の弟子かと非難を浴びないように、いろいろな意味で節制もし精進もしたつもりです。自分で選んだ先生に迷惑をかけてはいけない。自分が積みかさねてゆくよりも、先生の名前を汚すようなことがあってはいけないと。今でもそう考えています」

修道学院で大正十年に初めて斎村先生を知った範士は、こうして斎村先生の弟子として稽古をつけてもらうことができるようになった。

剣道においては、師を選ぶことがいかに大切なことかは、よく言われることである。

剣を合わせることによって、そこに心が通い合う。一期一会を求めての出会いは剣道家のいのちでもある。

昭和四年一月五日、範士は美代子夫人と結婚をした。

「結婚したのですが、ここ世田谷ですればよかったのですが、事情があり中野の上高田に居を構えました。しかし、国士館の朝稽古には、中野から通いました。世田谷の国士館に着くと稽古は長くて十五分、短かくて十分、仕度をして稽古にでると、もう終わってしまうこともありました。一月の寒いとき、これでは身体も続かないし少し休養をしようと朝稽古は一年ばかり休みました。結婚する前に、警視庁も教師制度ができ、各署をまわるようになっていましたので、時間的にはゆとりができるようになりました。

不思議なもので、私がそろそろと思っていると、斎村先生が『もういいだろう』と言われました。その一言で、あわてて世田谷に越してきました」

堀口範士は、長い間、いや今でも斎村五郎先生を師と仰ぎ、斎村先生から尽きせぬ教え、深い影響をうけておられる。

「先生の教えは、堂々たる風格で、技は教えず、心のことだけしか言われなかった。何かのときに、ちょっ、ちょっと言われるだけ。一番印象に深く残っていることは、『どんな巧妙な技でも、心からでるのだ。もとの心を制すれば、何もできないのだよ』と言われたことです。

先生は、細かいことは言われなかった。心の問題ですね。『僕は無器用だから、技は何もできないよ』と

また自分の弟子についても、こんなことを範士にもらされている。

「君だけだね。段や称号の欲しい人、職の欲しい人は、皆去ってゆくよ」

範士は更に続けて、

「私は先生から、剣道ばかりでなく、先生の常住坐臥、生活がまねしたい、教えてもらいたい、だから、先生の住まわれている世田谷にきたのです。全人格、普段の生活を通してご指導いただきたいと思っていました。

先生は道場をもつと〝私〟が働くので道場をもちませんでした。後に白雲館という道場を庭に作り、他人には使わせませんでした。私は弟子ですから、寒稽古をさせてもらいました。毎朝形を合わせてもらいました。余り私がゆくもので『もういいや』と門前払いをくったこともあります」

範士が斎村先生のことを語ると、熱気さえ帯びてくる。生涯を通じての師をもつことは、こんなにもすばらしいことであろうか。

「技は、いろいろあるが—結局は万刀を生じるが、一刀に帰す。斎村先生は、面これ一つでいいのだと教えられた。そして剣道即生活です。生活そのものが剣道だから、ゆるがせにしてはいけない。剣道は一日に二時間、多くて三時間、後の時間をどう過ごすか、これも剣道で過ごしなさいと。

宮本武蔵は剣道ばかりでなく、その他のいろいろなものを学んだ。斎村先生も、書道をやる、絵を書く、何でも勉強して心の糧にしなさいと言われています。生活そのものではないでしょうか。心の豊かな生活をしないと剣道そのものもゆとりがなくなってしまいます。余韻嫋々ということがありますが、打ったり突いたりすることだけでなく、切った後までみてやる、豊かなもの、温いものが人間形成に通ずる剣道の道ではないでしょうか」

範士の座右銘は『行雲流水』である。七十歳になんなんとする頃、夢で悟りを開かれたという。

「私は、私なりのものをもったんです。六十五歳を過ぎてよく夢をみました。刃物、ときには日本刀、合口、そういうもので襲われる夢を。こわくて、汗がでる。寝ごとを言うし、ときに動気がはげしくなって目が覚める。相手はいろいろ変わりますが、目を覚まして考えると何でもないんです。またあるとき夢をみた。相手が踏みかかれば、跳びかわればよいではないか、遅れた場合には流して小手がえし、そう気がついたわけです。それからもう一度夢をみたいがみないんです。そういう体験を得たのです。行雲流水、剣道では敵に従うの勝ちです」

範士の話しは、日本剣道の再建、正しい剣道の在り方、今の乱れた剣道を正しく子孫に残そうと、日本剣道の将来にも及ぶのだった。

「今剣道は乱れていますので、どういうふうにして、剣道を正しく納めるか。澤庵禅師も言っているように、納まる—どこへ—正しく—それは万刀一刀に帰す。一刀は正しいものなんです。これが剣道なんです。これが課題でもあるんです。

位詰めというのがある。形にも三本目にある。そういう高いところが剣道にはあるんだから、合わせなくても、合わせるまでに、合った瞬間に心で勝ったものを、技で現わす。こういうふうに私たちは考えたいんです。

正しい技から入って、それから心、積み重ねて段々わかってくるのが心である。理業一致、後は何もない。こういう境地までいかなければ、剣道の値打ちがありません、人間形成といったって……。

正しいものの積み重ねによって、求めるところによって、剣道としてもつ高い位にいったときの心境というのが斎村五郎先生みたいな人ではないでしょうか。斎村先生のお書きになることばが『不動心』から『平常心』そして『無』になりましたね。私は青梅の人からいただいた先生の『露堂々』という額をもっていますが、いつ落ちるかも知れない生死の関頭に立って、なお堂々としている。騒がない、平常心を失なわない、静かな心境、これが先生の無心に通ずるものだろうと思います」

いい師と、いい父と、いい女房と、いい子供、いい孫に恵まれたと言い切れる範士に、人間としての最高のものを感じた。

理よりも事を先に

剣道範士　佐藤　貞雄　先生

〈佐藤範士の略歴〉

明治37年1月5日、新潟県中蒲原郡横越村に生れる。

明治45年正月、9歳にして父・七三および新発田藩剣道師範今井常固先生より直心影流（法定）の指導を受ける。

大正10年3月、17歳のとき明信館本部修道学院高野佐三郎先生の門に入り一刀流を修行する。

昭和2年4月、宮内省皇宮警察部皇宮警手および剣道専修員となる。同6年皇宮警手部長および剣道助手。同10年剣道助教、同19年剣道教師、同27年剣道首席師範、同42年首席師範辞職とともに名誉師範を委嘱さる。

昭和35年剣道範士、同47年剣道九段。

まだ森や畑がそこ、ここに残っている、東京の郊外。世田谷区瀬田の範士の自宅に伺うと、範士は陣平姿で、歯切れのよい口調で話されるのだった。

鍬を担いで剣を語る

新潟県中蒲原郡横越村二本木の農家に生れた範士は、九歳になると父から剣道の指導をうけた。

「私の家は、代々剣道をやったんです。農村ですから、鍬をになって剣を語るというのが、私の家の家系です。父が直心影流の免許です。免許皆伝といえば、形を全部おぼえたのが皆伝なんですが、今でいえば五・六段程度のものか。九歳のときから父に習ったが、私の父の先生というのが、新発田藩の剣道師範の今井常固先生で、やはり直心影流だったんです。この先生が、月に一度私の家においでになったんです」

範士は法定、つまり直心影流の組太刀を小さいときから教え込まれた。

「家で指導をうけた。これは組太刀で、今でも東京に使う人がいます。大森曹玄さん、あれが法定の形です。形は、その流儀流儀によって、名称が変るんです。たとえば一刀流で五行の構えというのがある。上段、中段、下段、八相、脇構え。中山博道先生の神道無念流などは五加という。これもやはり構えです。

法定というのは、昔の武家時代の実戦に備えた形で、非常に素朴であって、しかも気分の充実したものである。これが直心影流の基礎です。柳生流でいう三学円之太刀。こういうものが直心影流を形成している。直心影流は上泉伊勢守から伝わってきたものです。柳生家にいって柳生新陰流、小笠原家へいって直心影流になった。分類されていても、基は一つなんです。

私は、直心影流の法定から指導をうけたというわけです。直心影流と命名したのは、これは新陰流の五代目ぐらいの人ですか。非常に偉い人です。今の剣道は勝つことのみに重きをおくものとするならば、これは本当に地獄の世界をゆくものので逆法である。剣道の重大なものは、柳生流でも、伊勢守もいっているが、殺人剣でなく活人剣でなくては……。人を斬るにあらず、活人剣―これが柳生家では貴ばれている。斬るということになると外道のすることである。剣道は、斬る突くを根本として修行をするものであるが、本当の内容は、人を活かす剣道である。そうなってきますと、今、全日本剣道連盟が普及徹底をはかっている剣道理念に一致してくるわけです。人格形成ということですから。

どんな剣道でも、その剣道そのものが大きな理念をもっているのです。この直心影流の根本というものは、私が今井先生から指導をうけたときに、こういったことを指導された。大きな剣道をつかわなければならない。どこまでも活人剣でなければならない。人を殺すんでない。一番心にとめていることは、上泉伊勢守がいった言葉で残っているんですが、新陰流の極意は、心の持ちようであると。まず、火にも燃されず、水にも流されず、盤石落つれども動ぜざる心を養うのが新陰流の精神的極意である。貴いものなんです。

それから柳生家へいきまして、これは恐らく沢庵禅師が宗矩に説かれたことと思いますが、これが慶長五年の関ヶ原の戦いになる前なんです。徳川家康が石舟斎を伏見に招いて石舟斎とお会いになったことがある。そして貴殿の学びし兵法はといったら、わが家の兵法は治国平天下の剣であると、これは貴いですよ。天下を平げる剣であるといったところが、家康公が、うん俺が望むのはそれなんだ。俺の幕下にきて指導してくれないかといったら、私はもう八十歳の高齢で、とてもお仕えすることはできませんが、私の三男宗矩をと言って、二十六歳の宗矩を推挙した。宗矩は直ぐ家康の幕下に入れられて、関ヶ原の前哨戦。東国に下って上杉に備えて攻撃、そして西国の動き、石田三成の動きを監視して、大阪の動きによって小山に止まって引きかえされたでしょう。これが柳生新陰流の根本になってくるわけです。要は治国平天下の剣。それをわれわれが指導うけたのは、火にも燃されず、水にも流されず、盤石落つれども動ぜざるその心を執して治国平天下の剣を学ぶと。それを即ち無刀取りという。それで活人剣。殺人剣はこれ外道のなすべき剣である。

こういったことが直心影流には連綿として生きております。これが私が学んだ根本理念でありました」

一刀流を学ぶ

中学校を卒業すると、範士は十七歳で東京に出て、高野佐三郎先生の明信館本部修道学院に入門することになった。時に大正十年であった。

「高野佐三郎先生の門下に入って小野派一刀流を修行したわけです。これは一刀流でいい。中西派一刀流と言うが一刀流は一つである。

小野派一刀流は、これは巧妙な剣である。私の子供の時代によく今井先生が、今の高野先生の剣道は魔法みたいな剣道だよといっておられました。

これには面白い話があるんです。小野次郎右衛門忠明が初めて徳川家にかかえられるとき、将軍の御前にでて、剣を見せろといわれたので、どなたでもお相手に、一人でも二人でも三人でもいいですといったものですから、これはつけあがっているからたたきつけてやろうと、柳生流の色々の方々が集まってやったが、どうにも、こうにもしょうがない。たちどころに皆とりおさえられるような様子であった。

これは本当の剣ではなく、魔法ではないかといわれたということが残っている。

また、板橋在に賊がいて、子供を人質にとって民家にたてこもった。北条安房守が、このときこそは忠明をためすときだといってお連れした。そのとき忠明は、今少し風邪を引いて寝ているんですが仰せかしこまりましたといって、しばらくお待ち下さいと、ひげをあたります。急ぐんだがなぜひげをそるか。侍の心、ひげをそってのぞみたいと。用心がよいですね。それから板橋にいって曰く、なんじ、子供を質として暴逆を働くは言語道断である。小野忠明、君命によりまかりきたが、中へはいって勝負するか、出て勝負するかといったら、待っておったとばかり、相手が飛びだしてきた。あまり勢いがいいので忠明は足をすべらして、側の溝へ足をとられてひっくりかえった。ところが賊はここぞとばかりに、真向うから斬りおろしてきた。忠明は刀で両腕を切っておとした。これは今でも語り残っております。

払捨刀です。構えていた刀が両腕を切られたために落ちてきて忠明の頭に傷がついた。これが将軍家へきこえた。徳川家で師範としてかかえられたわけです。二千石をいただいたということです」

範士の話はよどみなく続けられる。

「そういったことから、忠明の働きが評価された。魔法ではなくなった。一刀流という流儀は、巧妙というか、何といっても、勝つことに関しては一刀流なんですよ。

一刀流では、一刀より万刀生じ、万刀すたって一刀に帰す。帰一の問題、ここから一刀流と名称づけられた。伊藤一刀斎の一刀斎という名も一に帰するということからきたのでしょう。

私が上京して、高野門下になって学んだのが、これです」

北面の武士の誇り

範士は高野佐三郎先生門下として修行し、昭和二年、宮内省、皇宮警察に警手として勤務することになった。

「これは剣道人としては、最高に恵まれたことなんです。先生がよかったですね。直心影流の色々な理念的な問題の教義をうけて、そして法定を学んだ。高野先生門下に入って一刀流を学んで、一つに帰するという修行をしてきたわけです。

それが幸いにして宮内省の皇宮へ入ったら今度はまた先生が多かった。明治十六年、天皇の思召しによって、済寧館ができ、皇宮の宮内官、皇宮警察というのは、陛下をお護りする、即ち昔でいえば北面の武士ですよね。いつでも北面をしていた武士としての誇りをもっていました。

そこで、何といっても、脆弱ではいけない、武道である、と剣道をとり入れて大いに修行させられたわけです。柔道が入ったのが大正十二年から、剣道は明治十六年の済寧館ができたときから高く評価されてきました。

私の恵まれたことは中山先生、神道無念流です。それから、持田先生、斎村先生、大島先生という武術専門学校出身の、要するに北辰一刀流系統の人です。この先生方の指導をうけることができました。

だいたい今の剣道は北辰一刀流系統です。直心影流はそのまま残っているものはないんです。日本剣道形の五本目の打太刀が上段にとっているのに対して、仕太刀は上正眼にとっている。霞の構え、あれが神道無念流です。

そういうことで、実に私はよい先生に恵まれました。幸い丈夫な身体をもっていたので、立派な修行をさせられました。それが現在の私があるもとなんです」

範士がよい先生に恵まれ、よい環境で修行ができたことは剣道人として最高といえる。しかし勿論、そこには範士自身の努力があったことはいうまでもない。

「私は、昭和二年から四十二年まで、四十年間というもの、助手、助教、教師、師範と長い間済寧館で剣道をやってきました」

この間に、範士は貴重な剣道に対する体験をしている。

「剣道の修行というのは、一も稽古、二も稽古、三も稽古ですね。だから理論を先にしてはいけません。自然に稽古が到達してくれば、理論は自分で解明してきます。それが、本当のものだと思うんです。

理論から入って、理論にもとづいて稽古すると、つい馬鹿馬鹿しくなる。実際やると理論ではこうなっているがと、それで馬鹿馬鹿しくなる。実際に稽古でたたき上げてこそ本当の理論がわかってきます。これが後世の指導者に対して申し上げたいことです」

まさに範士の語られることは、百錬自得、剣道の本質を明示されている。

「とかく、今はよい本がでておりますから、本を読んで理論的なものを余り研究していると、理論にはしってしまって、大成しません。何といっても、剣道は事理一致です。事を先にして理を後にするということを後世の人にお願いしたいと思います。これが、大成した高い剣道を作ってもらう意味で、大事なことです。

立派な学府をでられた方々は、理が先になって、事が後になる恐れがあります。これが現在の時代、ことさら理を先にするような傾向がございますね。

たとえていえば、理論が多くなってきた。今色々なことを学校でも説明するんですが、高い説明をしても、低い段位の人には解らないことが多い場合があります。

ですから、事理の事を先にして、一も稽古、二も稽古、三も稽古、それからやっていただきたい。

もう一つ申し上げたいことは、とかく肩をいからして、おれはいかにも剣道家だというような無骨一辺の方々でなく、本当に立派な紳士であって、しかも外柔内剛、形ともに整った、調和した人ができあがっていただきたい。こう思っております。

学生剣道にしても、無骨な片寄ったものを作らない、本当に立派な紳士を作ることに全力を尽してほしい。玉川学園の剣道もそれなんです。

亡くなられた小原國芳学長は、ちょうど私が玉川学園にいったのが、昭和十二年からで、中学部を指導したわけですが、その時から曰く、小原先生は、片寄った教育をせずに全人教育をしていく、その一端を果たす教育であって欲しいということでした」

範士は、昭和十二年から玉川学園の小原國芳学長のもとで、学生に剣道を教えることになり、全人教育の一端を剣道を通じて担うことになった。

「私は剣道人としてのいろいろな理論は、小原先生の学説を多くいただいていますね。小原先生は、全人教育を打ちだされた先生ですから、常にこの先生の教育思想、人間思想が、私を大きく育ててくれました。それと皇宮における色々な剣道生活の時代です。

私は負けるのが上手で、勝ったのは忘れてしまうが、負けたのは忘れられませんね。負けたのがよい教訓になっているのです。勝つことを誇りにしていると退歩するでしょう。負けると精神的に鞭うってゆきますから、ここ一番という大事なときに負けると、また新しい意欲が燃えてきますね。

剣道の負けというのは、相手が強いということよりも、自分の間違いを指摘されるんですから。

礼儀も、頭をたたかれて、有難うございましたというのはおかしなもんだと思うでしょう。が、あれは自分のいたらざるところを指摘していただいたという感謝の念から、有難うございましたということになるわけですね」

範士の鍛え抜かれた心と身体から滲みでてくる一言一句は、人間としての高い境地を示されていた。そして範士は、常に心がけていることとして、

「私は先ず、どんな方にお会いしても、本当にその人の人格を尊重して、お会いしています。剣道家は、段が高ければ偉いなどと思ったら大間違いです。剣道をやらない方でも偉い人がおります。剣道人の悪いところは、段が高いと偉いと思っていることです。そういうところを常に考えています。

どんな人でも対等にお願いして、尊敬してお会いすることが、いつも忘れてはならないことだと思っています」と。

範士は、矍鑠《かくしゃく》として、剣の道で最高位を極められ、また人間としての高い境地に到達されているのだった。

日常茶飯事是剣道

剣道範士　小島　主　先生

〈小島範士の略歴〉

明治39年11月1日長崎県対馬に生れる。対馬中学を卒業後、満州へ渡り、大正12年11月より範士高野茂義先生の指導を受ける。昭和4年上京、範士高野佐三郎先生に師事。昭和7年東京巣鴨学園剣道教諭。同14年南満州鉄道株式会社剣道主任師範。同29年1月長崎県警察本部剣道師範、同45年依願退職。同46年5月天道館小島道場を創設し、少年指導を開始。

昭和36年剣道範士、同49年剣道九段。

少年時代の剣道

長崎県対馬で明治三十九年に生まれた範士は、剣道家の血筋をひいて小さいときから剣道を始めていた。「我々の時代は旧制中学が正課だったので学校ではやったが、先生がいなかった。自分たちで勝手にやっていたといった方がいい。

防具は、兄貴がやったので家にあった。親父は坊主だったのでやらなかったが、親父の兄さん、私の伯父さんが昔でいう免許皆伝で、東軍流をやっていた関係で、直接みたことはないが、親父から話はよく聞いていた。

非常に力の強い人だった。昔の米俵を両手に一俵ずつ持って、高下駄《げた》をはいて歩きながら、人に会って話をすれば、十分でもそのまま立って話をするというほど力の強い人だったようです。

剣道はある程度血筋をひくんではないかと思う。親がやっているとか、伯父さんがやっているとか、お祖父さんがやっているというと自然に日常話などにでて引きつけられる」

東軍流の免許皆伝を伯父に持つ範士が剣道にはしったのは自然であった。最近、よく教え子の親が範士に剣道は何歳ぐらいからやったらよいかと尋ねることがあるという。そのとき範士は次のように答える。

「剣道は年齢《とし》ではない。うちの子供たちは、おふくろのお腹におるときから剣道を習っているというんです。来るお客さんは皆剣道の人ばかりだから当然、話は剣道の話ばかりになる。だからうちの子供たちは母親のお腹にいるときから剣道を習っていると。

私は、対馬中学で、自分たちだけでやった。いまの先生たちは、最初から極意を説いて教えるけど、我々の時代にはそういうことはなかった。百錬自得するしか剣道はないということだ」

高野茂義範士に師事

対馬中学を卒業すると、範士は十八歳で満州へ旅立った。満鉄に入るため、大正十二年十一月のことだった。

「兄貴が満鉄にいっていたので、私も中学から満鉄にいった。私はその頃運動は何でもやっていた。剣道も、相撲も、陸上も、野球もキャプテンで通した。

兄貴のところにいったら、将来何をやるかと。中学でて満鉄に入ったからといって、偉くも何もならない。将来のことを考えて何をやるかと。いろいろ研究して、その結果、剣道をやれということになっちゃったわけです。

それから満鉄には、主任師範で高野茂義範士がおられた。その高野範士のもとで本格的に剣道を始めたのが十八の年でした」

範士の本格的な剣道の出発だった。

「それからは稽古というと、私のことを皆が、山でカラスの啼《な》かないときはあっても、小島が道場で稽古を休む日はないなんて、会社の勤務以外は剣道だけに打ち込んだ。

毎日四時に会社をひけて、道場に行って高野先生に習う。習うといってもいやというほど敲《たた》かれる。昔の先生は竹刀の持ち方が悪いなどと教えるわけでも何でもない。やっているうちに、そこがいかんという程度しかいわない。それでかえって自分が研究するからよくなる。

今は、最初から極意を分からない子供たちに説いて教える。何が分かるものですか。

我々の時代は、試合稽古なんていうものは一切したことがない。かかり稽古、打ち込みかかり稽古ばかりです。一時間、二時間の稽古のうち、二回でも三回でもやった。今は、二十分も、三十分も試合の真似ごとなどをやっている。あんなものでは地力がつくものではない」

高野茂義先生のエピソード

毎日、明けても暮れてもかかり稽古、打ち込み稽古で先生にぶつかっていく。昔の稽古はこの稽古に徹していた。

「かかり稽古ばかりです。茂義先生は体重が百キロぐらい、上背は私よりちょっと低いぐらいで五尺五寸ぐらい。体格はよく、手なんて、我々の親指より先生の小指の方が太い。

それで、昔の陸軍の持っていた三八式歩兵銃の引き金の中に指が入らないので、兵隊が免除になったというエピソードがあるくらいです。

タバコなども指に爪がなく肉が盛りあがっているので、箱からつまみ出すことができない。箱を半分以上も破ってしまわないととれない。よく佐三郎先生が笑って話されたが、茂義を困らせるには、道場の床に針を落として拾わせるのが一番滑稽だと。とれないから、しまいには嘗《な》めてとらなければと。

ところが、そんな大きな身体で歩くのに絶対足音をさせたことがなかった。先生が後にきているのか、横にきているのか、分からなかった。

それで体力があるから、我々も今よりも太っていたから元気一杯だったが、いくらぶつかっていっても微動だにしなかった。弾《はじ》きとばされてしまって、それで揉《も》んで、揉みぬかれました」

剣道留学で東京へ

範士は二十歳のとき、兵役についた。範士は、これで剣道生活は無駄になったと思った。ところが、兵隊での成績が抜群で、二年のところを一年で除隊になった。再び師のもとに帰った範士はまた厳しい稽古を続けた。

「二、三年また先生に鍛えなおされた。今は段などを勝手に自分で受けるが、我々のときは、君は初段を受けてよし、君は二段を受けてよし、とお許しがない間は受けられなかった。

そのかわり、先生のお許しがでて、よしとなると、先生が審査委員長だから落ちるということはなかった。その当時の我々の初段というのは、今の五段ぐらいの実力があっただろうか。私は三段ぐらいまでしか試験を受けた記憶がない。後はいつの間にか誰かがくれて上がってしまった」

昭和四年、範士が二十四歳の年に、満鉄から東京へ剣道留学を命ぜられた。これは例のないことだった。

「当時、満鉄の社員が二十五万人、その中から後にも先にも一人だけ、東京に剣道留学をさせられた。内地留学になった。東京支社に勤務になるわけです。

東京支社は、旧丸ビルの四階にあった。私は会社にいって判を押すと、仕事などは満足にできないから、後は稽古に直ぐでてゆくんです。昼は三菱、高師、もう高野先生からの連絡が通っているので、どこへ行ってもフリーパスで、警視庁の朝稽古など早朝六時頃から始まるんです。

今の警視庁の裏に四階建ての建物があって四階が剣道の道場だった。そこに会社に行く前に稽古に行って、それから会社に出る。すると女の社員なんかが、私がゆくと足が臭いという。私も若いもんですから、こんちくしょうと思って、香水を買っておいて、頭からぶっかけて行く。これでも臭いかと。

恋の丸ビルというくらい派手なところだったんだ。私だけです。詰襟で、靴は兵隊靴、その靴も九段下のところにゆけば、兵隊の古いのを売っている店があり、片方別の靴を買ってくる。五十銭だせば買えた。右と左の違うのをはいている時代もあった。

身なりもかまうもんじゃない、稽古に打ち込んだ。今の人たちの稽古とは、やっている時間は一時間なり、二時間なり変らないが、内容が違う。一本一本が命掛けということだった」

修道学院の塾生として

昭和四年、東京にきてからの範士は一年ほど下宿をして、修道学院の稽古を中心に東京中の有名な道場に稽古に通った。修道学院は、もちろん高野佐三郎範士の道場である。

「当時の修道学院といったら、皆強いのがおった。始め下宿していたが、皆がきて荷物を修道学院に持っていってしまった。修道学院の塾生として、修道学院に入って修行したが、その時の同部屋に、亡くなった鶴海岩夫がいた。一緒だった。

修道学院に塾生として三年ばかりおりましたか。

今道場の後はあるけれども、三階建てで、三階に塾生が六畳の部屋に二人ずつおるんです。十人近くおりましたが、その頃、滝沢光三、菊池伝、高野武、奥山直文などおった。

一番強いのに黒崎というのがおった。黒崎稔というのが、まるで何といおうか頭の毛がちぢれて、鍾馗《しょうき》さんのようであった。これは強かった。上背も私より三寸ばかり高かった。年も二つ三つ上で、これと私は張り合って稽古したので、どちらもより以上強くなった。

二人で稽古するときはかかり稽古ではなくお互い稽古です。一時間でも、二時間でも、誰かが仲裁に入るまでやめるものではなかった。

今日はそのくらいでよさんかと先輩が仲裁に入る。私と黒崎が稽古を始めると、皆稽古をやめてしまい、見ているだけ。終ると私の鼓膜がぶち抜けている。鼓膜が抜けたなどといえるものではないから黙っている。そのかわり黒崎がどこかにいって、居なくなってしまった。

しばらくしていると、手を包帯で吊ってきてべそをかいている。何だそれはというと、お前にやられて医者に行ったら骨がくじけているといったと。だが、俺の耳は抜けているんだよと。

そういうような荒稽古を、しょっちゅうやったですよ。人が止めなければどちらも意地を張ってやめるもんじゃない。黒崎という人は、後ろに誰かついていて、やれやれというと強い。けしかける人がいないとしゅんとしている。日華事変で大手柄を立てて死んだ。これが生きておったら大したもんですよ。本当に強かった。新潟出身でした」

塾生として修道学院の稽古は毎日五時から二時間ぐらい。それ以外に範士は三菱、警視庁、高等師範と剣道一筋に打ち込んだ。

「当時三菱では、武藤秀三さんなんかが大将だった。先生は中山先生だった。持田先生は後からで、橋本先生がおられた。高等師範は高野佐三郎先生、菅原融先生、富永という先生、佐藤卯吉先生が一番若い先生だった。

警視庁には、中山、斎村、掘田など大家の先生がおられた。しかし朝稽古には余り大家の先生は見えていないようだった。

稽古は、打ち込みかかり稽古で、たまに、くたくたになったところで、三本といって先生が声をかけられて、一、二本やるくらいだった。試合だといっても、試合稽古などしたことはなかった」

巣鴨学園と野間寅雄

昭和七年、範士は巣鴨学園に剣道教師として奉職することになった。巣鴨学園にはすでに大野操一郎先生が教師として指導にあたっていた。

「巣鴨学園は、高商と中学と商業があって三つ合わせたものが学園。大野君が、中学を担当して、私が商業を担当して高商は二人でやった。

そのときから私は修道学院をでたわけです。巣鴨は日本一だった。野間寅雄が四年のときに、あれを押える先生がいなくて、てんぐになってしまう。それで遠藤隆吉という校長が物色して、私が行ったんです。

授業が終って直ぐ部の稽古、それが四時半頃まで、その足で直ぐ修道学院に稽古に行くんですから、家に帰ってくるのが早くて九時頃でした。

野間は強かった。力は殆どわれわれなみだった。だいたい東京の一流の先生たちに、先生面だけで勝ちますよ、小手だけで勝ちますよ、といっておいてやって、その通り勝っているくらい強かったですから。あんなのは、百年に一人でるかでないかというものだ。天才でもあったが、人の知らん努力をしておったね。

いつも稽古の前後には、鏡と勝負しとったね。天才に本当の磨きをかけたんでしょうね」

昭和七年から十四年まで、巣鴨学園の教師をした範士は、再び満鉄に帰ることになった。

「十四年に満鉄の本社が大連から新京に移った。高野先生は新京にはいかないということで、私が主任師範として呼びかえされた。

このときです、錬士をとって六年ぐらいだったか、教士になった。教士号を持った人が各県に一人いるかいないかのときであった。

私が三十三歳のときだった。嬉しかったですね、範士の先生はそれこそ何人もいなかった時代ですから。

満鉄は、私が教士になるのを待っていたように、五月に教士になると、九月に話が始まって、十一月に赴任した。大満鉄の先生には教士でもなければと、しかも範士高野茂義先生の後でしょう。私の臆測であるがそうではなかったかと思う。

それから終戦まで満鉄におったわけです」

開拓の苦難

満州で終戦を迎えた範士は、八人の家族と内地へ引きあげてきた。荒廃した日本は食糧難の時代である。剣道一筋に生きてきた範士には、戦後の生活は厳しいものであった。

「八人の家族を養わなければならないんだから、大苦労だった。旧制女学校一年を頭に子供六人と女房、それを養なってゆかなければならない。

鬼怒川温泉の奥、海抜千二百米の山奥で開拓百姓をやりました。満七年間やった。朝喰ったら、昼何を喰おうか、晩めしをなに喰おうか、という生活だった。

それで開拓地に馬鈴薯を作る。馬鈴薯だって農薬のいいものがないからうまくできない。それで苦労したです。

満七年間、清く正しく生きてきた。戦後の腐敗したヤミ屋の生活は私にはできない。その間晴耕雨読の毎日であったが、朝夕必ず立木を相手に剣道形を独習することを欠かしたことがなかった。

立木を伐採して畑をおこすのだが、物を切るということになると人の三倍も早い。だが畑をおこすということになると、腰を曲げなければ、畑はおこされない。剣道は腰を伸ばす、そこでいろいろ研究してね。

柄をとっかえたりして、腰を曲げずに畑をおこす柄をこしらえたりした。そしたら、部落のお百姓さんから笑われた。百姓というものは、いかに深く腰を曲げてやるかというのに、先生は腰を立ててやる鍬を発明したなんて……」

苦しい生活の中にあっても、範士は一日も剣道を忘れることはなかった。そればかりか開拓の中で、剣道に役立つものを研究し、稽古を積んだ。

「開拓農業組合長をしていたから、宇都宮によく出ていかなければならなかった。そのときを利用して、行ったときには必ず稽古した。

今の小笠原三郎先生とか、佐藤才吉、金作兄弟などに、私がいつでていくということを連絡して皆に集まってもらっては稽古をした。

開拓は平地でないですから、一尾根一尾根谷間がある。向こうの尾根ではやっぱり開拓者が開墾している。満鉄社員ばかり五十家族を連れて開拓に入ったから、私の批評を皆がするんだ。

こちらの尾根の鍬の音が、最初から最後まで一つも変わらんというんです。さくり、さくりと切ってゆくのが……。俺は剣道の切り返しをやっているんだと。

昭和の宮本武蔵、磯畑伴造だというわけで、山に磯畑半造がおるなどと新聞に書かれたことがある」

剣道は復活し、各団体も活発に剣道をやるようになった昭和二十九年、範士は長崎県警本部の主任師範に赴任した。

「四十五年の二月まで県警本部におりました。四十四年に長崎国体があり、その国体を終えてその日に辞表を出して、翌年の二月付で退職した。六十六歳だった」

道場をつくり子弟を育成

範士は退職後、長崎県諫早に天道館道場を創設し、子弟の育成、指導にあたっている。そして指導の信念として次のことを目標にした。

「最も大切なのは、清く正しくですね。うちの子供たちには、試合稽古などは一切やらせない。全部かかり稽古です。選手だけが、特訓といって、試合のためにやる場合に、指導にあたっている五、六段に試合練習なんかさせ、私は一切タッチしない。

今の子供は、目がいかんです。私にいわせれば、先生の目、親の目を直視するくせをつけなければいかん。悪いことをしたときには、親の目、先生の目を見れないですよ。相手の目をぴたっと見て挨拶すること。私は毎日、稽古が終わったあと、さあ、先生とにらめっこだと。

子供たちの目に大分力が入ってくると、家へ帰っても、只今《ただいま》というときに、お父さんの顔を、ぴしゃっとみていいなさいと。親がびっくりする。目が人間の本当の姿を現わす。

ただぴょこんと頭をさげるのが礼と考えてはいけないんだと。礼というものは、心の敬を形に現わしたものなんだ、相手を敬愛する気持ちがあって、初めて相手の目を見て挨拶ができる」

三人の恩師

範士の天道館道場には、三人の先生の写真額がかかげてある。それは範士が今までの剣道生活の中で、最も影響をうけた三人の恩師である。

「高野茂義先生の助教をしていた波多江先生は、私が精神的な面で影響を非常にうけた先生です。この先生はどちらかというと強くはなかった。無器用な先生だったが熱心で、稽古が終った後、いろいろな精神面の話をしてくれました。

剣道では、佐三郎先生、茂義先生です。こういう先生は二度とでてこないでしょう。ですから私の道場の正面には、恩師高野佐三郎、恩師高野茂義、恩師波多江知路と三人の先生の写真がかかげてある」

よき師を得て、範士が長い間の剣道生活で得た座右銘は、

「『日常茶飯事是剣道』です。私は道を歩くときも、家でご飯をたべるときも、何をしても、何時でも剣道やっている気持ち、いつでも隙のない体勢というのが私のモットーなんです。

今の八段以下の人は皆陰でいうんですよ、おっかないと。私はおっかなくもなんでもないんですよ。やっぱり長年の修錬で、ちょっと見た瞬間に、ぴしゃっとする、これがいかんですね。相手の顔を見たらニコッと笑う気持ちでと考えておるんですが、隙のない気持ちでいるから……。たまには隙もこしらえないといけないんですね」

修錬によって鍛えに鍛えられた範士は、剣道即生活、生活即剣道を実践されているのだった。

高野範士を師と仰いで

剣道範士　大野操一郎　先生

〈大野範士の略歴〉

明治34年2月25日、島根県に生れる。

大正6年県立松江中学に入学し芦田長一師範に剣道の指導を受ける。芦田先生のすすめで大正11年、東京高等師範学校に入学。高野佐三郎師範のもとで修行に励む。同15年東京高師を卒業し、1年間兵役についてから熊本県立八代中学に赴任。

昭和4年八代中学を退職し東京高師研究科に入学。同時に東京巣鴨中学の教諭となり剣道を指導。戦後は昭和21年島根県立産業高校教諭、同31年国士館大学教授。昭和4年以来野間道場で持田盛二範士の指導を受ける。

国士館大学剣道部長、全日本剣道連盟審議員をつとめる。

昭和36年剣道範士、同52年剣道九段。

世田谷の国士館大学の真北、住宅街の一角に範士の自宅がある。範士の自宅からは、南にある国士館大学剣道部の道場がよく見える。

昭和三十一年、範士が国士館大学体育学部教授になったときから、この住まいは変っていない。訪ねると「やあー」と特徴のある声で迎えて下さり、気さくに修行時代の話をされるのだった。

万能スポーツマン

範士は、島根県松江市から十キロ離れた玉造という温泉街に生れた。家は代々医者で、祖父、父、兄と医者の家系だった。

「代々医者ですから、村では一番学問をした方でしょう。昔寺小屋などをやったので、物置に机などたくさんあった。私の祖父さんも医者、おやじも医者、兄も金沢四高から東大へ入り、医者になりました。島根県で東大に入った第一号です」

小学校を終えると、範士は県立松江中学校に入学した。

「松江中に入り、勉強させられました。この中学校は、学期ごとに成績を発表し、成績の順に席順を決めました。中学のときから剣道をやりましたが、当時、山陰オリンピック（島根、鳥取、山口の三県合同）というのがあって、一年生から八百メートルへ出ました。三年生の頃から八百はやめて五種競技に変り、三年、四年、五年と優勝しました。その他にボートの選手もしていたし、野球もやりました。庭球と剣道、柔道もやっていました」

大正六年から十一年まで、範士は松江中学校でスポーツ万能選手として活躍した。勿論剣道も一年生のときから始めたが、三年生になると大将になっていた。

「中学で昔の二段、今の三段ぐらいの実力がありましたからね。松江中学は、柔道、剣道は強かった。ところが運動のみやっていて、勉強するひまがないので、成績がだんだん悪くなる。

私の兄は頭が良く、勉強ばかりしていましたが、兄が、『お前、こんなに遊んでいると医者になれないぞ』というんです。『俺は、医者は嫌いだから。医者は患者を相手にするが、皆朗かな顔していないので、あの顔を見るのはいやだ』といったら、『何になるのだ』『俺は運動が好きだから』と。

そんなことがあって、運動を少しやめて勉強を始めたら、剣道の先生が私の下宿にきましてね、『君は剣道の才能があるから剣道家になった方がいいんじゃないか』と。剣道家といったって私には何がどういうものか全然わからない。そういってくれたのが、俳優の芦田伸介のお父さんで、芦田長一先生だったのです。芦田先生は、昔の武徳会の講習科出身で、私の剣道の先生だったんです。

卒業前になりまして、中学に高等師範をでた化学の先生がおりまして、東京の高師へ入れ、あそこは高野佐三郎先生という名人がおるからいけよ。そして中山先生の話などしてくれまして、剣道家はいいよと。

また、高師の柔道部をでて、近くの小学校の校長をしておった先生が、結核で私の家に入院しており、この先生も、お前剣道がうまいんならば、高等師範に入れとすすめてくれました。

ところが昔は入学試験が十二月でしたから、五年生になって一生懸命勉強しました。

中学の先生がよかったですね。漢文の先生、国語の先生、今から考えると皆優秀な先生で、高師の科目は国語、漢文、英語。数学はなかったですから、そういう先生に教わったから入れたんでしょう」

高野佐三郎師範に師事

範士は、大正十一年四月、東京高等師範学校へ入学。当時高師で剣道師範をしていた高野佐三郎先生の指導を受けることになった。

剣道家になる志を抱いて、島根から青年の意気と希望をもって上京したのである。

「俺をとらないような学校は、こちらから相手にしないというつもりで受験したものです。

入ってみると、関西の剣道と関東の剣道が違うんです。関西は遠間から飛び込んで打つだけです。東京は応じ技がある。私はそれまで応じ技は知らなかった。

小手を打って、小手を返されることなど知らなかった。東京へ来て初めてわかったんですが、自分が打ったと思ったら、相手から打たれている。それが東京と関西の技の違いだった。

関西ではそんな技をやると叱られたものです。内藤高治先生が中学へ来られたとき、芦田先生が呼んだんですが、そのときなど小さい技などパンパンとやったら叱られたものです。遠間からパーンとゆくと、よし参ったと。

中学時代の大きな技、今から考えるとそれがよかったですね。

東京へ来て小技を習った。自分は幸福だったなと思うんです。そして、高野先生について一所懸命にやりました」

東京高等師範学校が体育科を新設したのは大正四年四月。この時体操、柔道、剣道の専門の学生の養成が始まった。

翌大正五年四月には、高野佐三郎は東京高等師範学校教授に任命されているが、武徳会武術専門学校の教師をしていた持田盛二が、大正八年に京都から千葉に移ってきていた。そして東京高等師範学校の講師として招聘された。

高師の体育科に入った大野範士は、ちょうどこのとき学生であった。

「持田先生が東京に帰ってこられ、私が高師の一年から三年まで講師をされました。四年のとき、朝鮮にゆきました。あの威勢のいい先生を朝鮮にやるのはもったいないから、こちらに留まってもらおうと思ったが、月給が全然違う。高師は十円、あっちは大変な年俸です。これでは留めるわけにはいかないと。

高師の同期は石田一郎などですが、皆死にました。私が一年のときの四年生で高野弘正先生がいます。この人は天才で、頭もよかったですね。姿勢、態度、技は惚れ惚れしたくらいでしたが、その当時、持田先生とは余り稽古をやらなかった。

両方が張っているんだから。終ってから時たま、高野先生が、甲子雄（弘正先生の当時の名前）持田先生に一本お願いせいと。二人でやると五分五分でした。姿勢、態度、どちらがよいか……その当時持田先生も元気がよかった。掛声なども、後から道場にゆくと、持田先生の声は別だった。いい声で、先生きているなと分かったくらい元気がよかった」

範士は師として高野先生、講師の持田先生と明治・大正・昭和の剣聖といわれた両先生に指導をうけた幸運児である。

「高野先生は昔の人ですから、教え方は今と全然違うんです。俺はこういう風にやるから、俺のやるのを見ていて覚えろと。そして、ああ少しよくなったな……。

私はいま、国士館で自分の知っていることは全部教えるんですよ。お前はここが悪い、全体としてどこが悪いとかいろいろというのですよ。お前の姿勢はどうだの、打ちはどうだのと。昔の先生は一言もいわない。俺はいわんけど俺のやるのを見て学べと。そのかわり上手だった。

そのやり口をみていると、上段なんか、今の上段は本当に冗談だ。高野先生の上段は上段が違う。そして、いつもいわれたことは、上段とるなら加賀百万石の殿様の気持ちで上段をとれと。下品では駄目だ。上品なとり方でと。

正眼の構えは三角矩の構え、これは本当に知っているものは余りいない。それが先生の説明がしっかり受けとれないいんです。

我々だとこうだと詳しくいうが、そこまでおっしゃらないから。そして声が小さくて、私など何十回聞いたかわからないんですが。

甲子雄先生に三角矩の構えはどういう構えだと聞くと、俺もわからない……」

範士は、高等師範時代から上段をとっていた。高野先生譲りの上段を。

「昔の稽古は、私たちのときはかかり稽古、切り返しは少なかった。本当の切り返しは覚えなかった。

ところが高野先生を真似て、高師は姿勢態度がいいですね。打ちは真直ぐな打ちでして、立派な打ちです。しかし、それだけ勝負は弱かった。姿勢、態度、技も勝負に勝つような技は覚えさせなかった。先生になるんだから立派な稽古をと。その伝統が今でも残っています。

私のときは、地稽古が主でした。技なんか全然教えてくれなかった。高野先生自身が技をこうしろなどとはいわなかった。かかっていっても、先生はうまかったですね。

高野孫二郎という人がいて、浦和中学で孫二郎時代を作った。茂義先生の次男です。それが高師では陸上にいってしまった。これが天才的でした。小手がうまかったが、さっさと攻めていって、すぱっと打つんです。

高野佐三郎先生は気品のある剣道で、立っていられないで皆座って見る。自然に手をついて見る。そのくらいうまかったですね。

ああいうのは、稽古だけではない生まれつきなんですね。それが、弘正先生が似ているんです。あの品のいいところが。あの品というものは、誰ももっていない、天性のものです。

稽古をすれば、自然にああいう品がでるというが、あれだけの品はでない。生まれつきですね。我々などは真似できないものです」

中学の教員として

範士は大正十五年に東京高等師範を卒業すると、鳥取に一年兵隊にいき、熊本県の八代中学に赴任することになった。今の八代高校である。満二年、八代中学で剣道を教えることになった。

「四月に赴任して、五月頃中学の大会があった。熊本県下の大会で、いってみると他の中学は強いんです。済々黌や熊中など強豪がいて、八代は落ちるんです。

それから三年生から鍛えてやるとものになると思って力を入れました。四年と五年で武専に一人ずつ入りました。そのときの三年生が今熊本で一流になっています。一川格治、井上公義、増田英夫君です。

その当時、熊本には亡くなった大麻十段の一番弟子で池田隆というのがいて、私と同年で県の大会で組みました。私は上段をとって池田に勝ちました。

沢先生や和田正という人がいて、早く東京へ行って修行した方がいいといってくれました。それで東京にでる気になりました」

昭和四年のことである。熊本から上京し、巣鴨中学に教員として赴任することになった。範士二十八歳のときである。

「昔は就職のことも考えないで東京へ出るんですから呑気なものです。巣鴨中学は、高等師範にも近くて稽古ができるからと。巣鴨中学はどんな学校ですか、と聞いたら、あすこは強い学校だからと。それならいってみようということで入ったようなわけです。

いってみると野間寅雄がいるんですね。野間が三年、浦田、伊藤が五年生にいる。浦田の兄は画家で、私が九段になったとき、絵をもらいました。

浦田勝は勝負師で、絶対に負けない。身体は小さいんですがね。野間寅雄がたまに負けると叱られておった。伊藤も強かった。その後、全国の大学、専門学校の試合で、伊藤が一位、浦田が二位になっている。

伊藤は医者になったが、戦地で盲腸で死に、浦田は弾にあたって死んだ。そういうのがおるところへ行ったのです」

範士は、この時代高師の研究科に二年入り、二年間で宮本武蔵の五輪の書を訳して論文を提出した。

「その当時、この辺の優勝旗を皆とってしまった。東京、水戸、横浜、浦和、それに明治、早稲田、高師など。

昭和五年、天覧試合で優勝した持田盛二先生が、朝鮮から東京に帰ってきて、野間道場の師範になられた。私は野間の関係があるものですから、朝稽古に毎日通いましたよ。

高野先生に教わった技の仕上げですね。持田先生をお相手に仕上げをしていただいたわけです。これがよかったです。毎朝ですから。あそこで仕上げしていただいた。夏は伊香保、千葉にも道場がありまして、全国からいい人が集まった。そういうところへ行って練習させてもらった」

巣鴨中学の教員として、また野間道場で毎日稽古をして剣道で明け暮れた。

「戦争（日華事変）が始まる前ですね。よく稽古をしました。毎日朝稽古。それから巣鴨中学で毎日放課後。荒木という先生もいて、当時は、中学と商業と両方ありまして、荒木先生と私が二人でやっていました。

人数は多くなりますし、道場も一杯になりますし、私は巣鴨に十七年勤めたことになりますが、その間に道場の板が、ふしが高くなるんです。杉の板はふしがでるんですよ。二度変えましたよ。朝の一時間目からやって、クラス毎日ですから、夜六時頃までずっとやるんです。二人でやっておったが、大変だからというので、修道学院から小島先生を呼んだらいいんではないかと。小島主先生が商業の方をやって、私が中学の方を、それでもまだ足らないので、鶴海先生を呼んで、鶴海先生が講師で、それでもまだ足らないので、修道学院の塾長をやっておった大村隆先生を呼んで鍛えたので強くなりました。

巣鴨中をでたので専門家になっているのが今井三郎、故石川昇長、小柳津尚、望月元一、一番惜しいのは、野島、高橋というのです。これは、後で全国で優勝したときの大将ですが、二人とも戦争で死んでしまった。いいのが死んで、私は片腕をとられたような気がするんです」

持田盛二範士で仕上げを

戦争では将来有望な剣士が多く死んでいるが、範士は昭和十二年七月七日、日華事変が起こるとすぐ召集されて中国におもむいた。

「十三年の四月に、天津から徐州に向かったとき、激戦がありまして、私の連隊が殆どやられました。私は小隊長でしたが、右の向脛を撃たれて貫通しましてね、立とうと思ったら、膝とその下がもう一つ曲がりました。初めは金棒でなぐられたようだった。向脛だから痛いんです。

私は負傷して後に下がったので幸運児だったですよ。私の前の小隊長も死にますし、私の代わりにいった小隊長も死にました。

日本に帰りまして、巣鴨中学に入りましたが、その頃は教練が盛んで剣道はやらないで、教練をやっていました。

この頃です。剣道の早慶戦で早稲田が負けてばかりいるので、早稲田にいって三年ばかり教えていましたが、学徒動員で皆出てゆきました。

また、日比谷中学にも講師でいっていましたが、専任にならないで先生をしました。日比谷だったら皆ゆきたがるが、そういうところは変っているんです。日比谷では剣道はできませんからね。

巣鴨にいて剣道一点張りで、自分の修行のために一生懸命でした」

範士は、戦争で負傷するまで上段の構えをとっていた。右足を負傷したために右足のふん張りがきかなくなり、中段にかえった。範士はまた、修行のためにいろいろな道場へも通った。

「修道学院にもたまには稽古にゆきました。その頃は強いのがいました。黒崎というのがいて、六尺ぐらいあり戦争で死にました。

乳井、これも強かった。その当時は、片方は修道学院、片方は有信館で、両方が稽古をやることはなかった。試合もやらなかった。

野間道場は、有信館でした。これはいろいろな道場で修行しなければいけないと考えまして、三橋秀三、あれが私が四年のとき一年でしたから、高師だけではだめだと連れて野間道場にゆきました。

佐藤卯吉先生も引っぱっていった。持田先生が強いから、皆持田先生を目標にしていったものです。

そのうち話をしてみると、有信館の剣士もいいじゃないか、皆同じでないか。だんだん心易くなって、ですから持田先生の力は大したものですよ。

東京のものが皆融和したのは、持田先生のお陰です。国士館のものもゆくし、警視庁も皆ゆくようになった」

戦争は激しくなり、東京も空襲で焼けるようになった。範士は、子供を連れて故郷の島根県に身を寄せていた。そして終戦を迎え、戦後島根県の産業高等学校に入って八年、教鞭をとっていたが、文部省に高師時代の同級生がおり、東京の国士館で剣道の先生がなくて困っているということで、昭和三十一年に再び東京へ。姉さんのすすめもあって、国士館大学の真北に居を構えることになった。

「三十一年、新制大学になって、体育学部ができ、館長が君の生涯は俺がみると。この年になっても、まだ教師として勤めていられるわけです。

初めは部員が二十名ぐらいでしたが、今全部揃えると四五〇名です。剣道部を卒業したものが千五百人はいます。私はここにきて二十三年になります。

私は雨の日、雪の日、人のやらないときに稽古をしないと差がつかないと学生にも言っています。ですから、雨の日や雪の日は、生徒は皆でます。私がでますから。

朝六時から七時、午後四時半から六時と毎日やっています。私の年でこれだけ稽古やっている方はいないでしょう。身体が健康だからです。私の剣道は高野先生で指針を教えてもらい、持田先生に打たれて悪いところをなおし、仕上げていったわけです」

範士は国士館大学の教授、剣道部長として学生の指導にあたるかたわら、外国へも精力的に指導に出かけている。

「昭和四十七年二月、剣道のデモンストレーションのために故小川政之先生、故笠原利章先生、それに須郷智先生と四人で欧州のフランス、イギリス、スウェーデン、ベルギー、オランダ、ドイツ、スイス、イタリアを巡廻して、アフリカのカサブランカとスペインに立ち寄って剣道を指導し、その後大西洋を横断してアメリカのニューヨークで剣道の指導、またカナダのトロントでも指導をし、ロッキー山脈を横断して太平洋海岸に出て、バンクーバーで指導。サンフランシスコで第二回世界剣道大会の会場を決定し、ハワイに飛んで最後の指導をして一ヵ月ぶりで帰国しました。

昭和五十六年には国士館卒業生ブラジル移民五十周年記念式典があり、五十七年には世界大会があるので剣道のデモンストレーションとサンパウロで指導を行なった。

五十七年にはフランスの剣道雑誌「ボア剣道」の招聘によって助教授の矢野博志を連れてパリに二週間滞在し、フランス各地の道場を巡廻して剣道と形の指導、そして五段までの段級審査をして、最後にオルレアンにてフランス全土の講習会を行いました。講習会というと普通は三十名ぐらいが最大限度だったが、私達の講習会は人気があったので一六〇名の参加があり、講習会始まって以来の盛会でした。

昭和五十七年七月にはブラジル・サンパウロで第五回世界剣道大会が開催され、私は審判長として日本から参加した。もちろん日本が団体、個人ともに優勝し、ブラジルは第二位だった。その時、前年以来の剣道指導と審判長としての功績によって、ブラジル国より最高の文化勲章を授与され、我が家の家宝として大切に保存しております。

昭和五十七年十月にはサイパンに行き、剣道の稽古や剣道形などを島民の前でデモンストレートしました。

五十八年二月には再び「ボア剣道」雑誌社の招聘でフランスに行きました。欧州全土の剣道講習会を行うのが目的でした。

フランスに到着すると直ちにパリ市内の道場で指導を行い、つづいてオルレアンの体育館で欧州全域の第一回剣道講習会を実施しました。フランス全土はもちろん、イギリス、ベルギー、ドイツ、オランダ各国より指導者級の講習生一六〇名が参加し、二日間の講習を無事終了しました。

その一月二十八日、リル市長ピエール・モロア氏（後フランス首相）より市役所に行くようにとの通知があったので小雨の中を行ってみると、玄関には日本の国旗とフランス国旗、それにリル市の市旗が三本立ち並んでいた。助役の案内で貴賓室に行くと、日本最高段の剣道家がフランスに来て正しい剣道の指導をしておられることに感謝するとのことで次のような名誉の証書を助役より受けた。

リル市　名誉の証書

大野操一郎先生へリル市よりブロンズのメダルを贈り表彰いたします

一九八三年一月二十八日　リル市にて

リル市長　ピエール　モロア

モロア首相の自筆のサインがある。フランスでは市長が首相になった場合は市長を兼任することになっているそうです。

この名誉の証書は日本人が初めて授与されたもので、日本剣道界の名誉であり、私の生涯最高の名誉として永く家宝として保存しています」

国士館大学の北に面した急斜面の坂道を、毎日自宅から防具を自転車にのせて登ってゆくという範士の姿には、限りない修練への情熱が感じられる。

生涯求道の剣道生活

剣道範士　長谷川　壽　先生

〈長谷川範士の略歴〉

明治39年2月4日、新潟県新発田市早道場に生れる。

新発田中学に入り、武内重六郎先生より正課剣道の指導を受ける。

大正14年7月、上京して金谷為吉先生の紹介で中山博道範士の「有信館」門下生となる。大正15年4月、兄のすすめで京都の武術専門学校に入学。内藤高治先生をはじめ、多くの優秀な先生のもとで連日猛稽古を続ける。

昭和4年5月、皇居内済寧館で行われた御大典記念武道大会（天覧試合）に京都府代表として出場。昭和5年武専を卒業し、同校研究科にすすむ。昭和7年彦根商業教諭となる。昭和14年同校退職。同年大阪府巡査を拝命し、中津警察署剣道教導となる。昭和18年大阪府警察本部の剣道師範。同42年大阪府警察本部剣道主任師範を退職。

全日本剣道連盟審議員、日立造船築港工場剣道師範、大阪修道館剣道非常勤講師などをつとめる。

昭和38年剣道範士、同52年剣道九段。

名剣士を育てた風土

範士は明治三十九年、新潟県新発田市早道場《はやみちば》に生れた。

新潟と言えば、佐藤貞雄範士九段、中野八十二範士九段、岡田守弘範士八段等の、現代剣道界の名剣士を生んだ土地である。

そして範士は、中野八十二範士と同じ新発田中学の出身である。

「私は、中学に入って、学校の正課で剣道を習ったのです。クラブには入っていず、陸上競技をやっていたんです。剣道との出合いは、中学の正課からでした。

武内重六郎先生に四年まで習いました。中野先生も新発田中学の学生で、四年ぐらい下にいました。

武内先生は、基本をよくやられました。四段でしたが、立派な稽古でした。出身は戸山学校だと思いましたが、武内先生は、佐藤貞雄先生が習われた、新発田藩の今井常固先生に習った方です」

範士は大正十四年、新発田中学を卒業すると、京都の武術専門学校に入学する予定もあり、入学前の修行として、東京に出て、有信館の中山博道門下生となった。

「私は体操の方をやるつもりでしたが、兄が反対して、剣道がいいと言われまして。ところが父は、剣道は今井常固先生を見ても、立派な先生だったけれど、亡くなられたときは、何もなかった。人格者だったので、新発田の町葬になったが、飯を食えなかったら駄目だよ、と言って、武専へ入るのを反対しました。

それを兄が説き伏せて、武専へ入ることになった。兄は家が農家ですから、県立の加茂農林学校にいっていた。実は、私もそこへ行くつもりだった。

兄の方が中学へ行けと言って、恐る恐る入ったいきさつがあった。そして、私は体操にゆくつもりが、兄に反対されて、剣道の方がよいとすすめられました。剣道好きだったものですから。しかし、中学を卒業して、金谷為吉先生から紹介してもらい、中山先生の有信館に、大正十四年七月から十五年三月までやっかいになりました。

東京で武専に入るための修行をしていたわけです。そして、大正十五年四月に京都の武専に入りました」

武専に入学

父の反対にあったが、兄の説得で範士は、剣道専門家の道を選ぶことになった。

「武専では、同期に斉藤正利、亡くなりましたが、あの方がいました。中学は私より一年上でしたが。

入った当時は苦しかったですね。勝負稽古などやったら叱られた。小手、面、体当たり、突き、それば かり。でもそれが非常に役立ったですね。

基本をしっかりやったので、よかった。

寒稽古でも、土用稽古でも、打ち込み、切り返し、体当たりばかり。稽古なしです。それが今日でも役立っていると思います。

当時の先生は、内藤高治先生、矢野勝治郎先生、小川金之助先生、近藤知善先生、皆亡くなられました。

宮崎茂三郎先生、四戸泰助先生、津崎兼敬先生、佐藤忠三先生、黒住龍四郎先生等その頃はまだ助手でしたが、菅三郎先生、唯要一先生、こういった先生でした。

校長は西久保弘道先生で、〝片手突き、片手打ちはせざる〟を原則としていました」

範士が入学したときの武専は、武専の黄金時代であった。面白いエピソードもある。

「一年生の初めての稽古のときに、西久保先生が見にきていて、私が四年生にお願いし、いきなり横面を出したら、えらい叱られましてね。

あの大きな身体で寄ってきて、あれ程注意したのに、なぜ片手打ちをするのかと、えらい叱られました。

それから片手打ちは、ほとんどやらずじまいでした。上段なんかもやりたかったんですが、身にしみまして、片手打ちは殆どやらなくなってしまった。

今考えてみますと、どんな技でもやらなければならないんじゃないかと思いますが……。

内藤先生にも稽古をお願いしました。私たちが学生時代には〝技の門奈に気の内藤〟とよくきかされました」

範士が武専に入学したときは全寮制ではなく、各自が下宿して通うようになっていた。

「武専に入ったときは、下宿でした。私らが入る前までは全寮制でした。私は、武徳殿の周囲、歩いて五、六分のところに下宿していました。転々と下宿を変わりましたが。

武専は、朝八時から始まり、午前中は国漢、生理、衛生などの学科を勉強し、午後一時半から稽古です。水曜日と金曜日は形でした。形と切り返し、月、火、木、土は稽古でした。土曜日は午前中で稽古だけ。稽古は、一時半から三時までで、三時から四時まで講習生の稽古がありました。

だから、稽古は一日一時間半ぐらいで三時の稽古が終るとそれで一日が終りです。その後は、ぶらぶらしていました。今考えてみると、もっと勉強しておけばよかったと思いますが。

稽古は、一年生から四年生まで一緒で、四年生が元に立って、それに一年生がかかっていくわけです。

稽古は、ほとんどかかり稽古でしたが、土曜日に試合をやることもありました。一年生は一年生、二年生、また、一年生と二年生、三年生と四年生がやるようなこともありました。

私たちのクラスは、もう基本的なものばかりやっていたものですから、下のものに試合はよく負けました。下のクラスに勝ったことがなかった。分を争う稽古はしなかったですから。それが結局かえって、よかったですね。小さく固まらずに、基本的な伸び伸びとした稽古ばかりやらされましたから……」

天覧試合に出場

昭和四年五月、範士にとって忘れられない大きな大会に出場することになった。それは天覧試合である。

正確には、御大典記念武道大会で、二月の京都府の予選会について、五月に皇居内済寧館で催された。

「京都の場合予選会は、学生、警察官、一般、教職員の四つの分野に分けまして、各分野から四名ずつ選手が出て、それぞれリーグ戦をやりました。

そのとき、私は二十四歳で、武専の三年生でした。四年生が卒業を控えているということで、二月に予選をやりました。武専からは、私と島村喜八の二名が出ました。

結局、一般からは大野久磨夫、警察は神社国治、教職員では野入貞雄、それに学生の私の四人が残りました。

そして、四人でリーグ戦をやって、私が全勝でトップ、二位が野入さんで、私が代表となりました。どなたも強い人ばかりでしたが、とくに大野さんが残念がっておりましたね」

京都の予選会で、範士は学生で代表になり五月四日、五日に行なわれた本大会に出場した。

「本大会では、一回目は森田さんの逆二刀に勝ったんですが、警視庁の丸山さんに負けて、森田さん、丸山さん、私がともに五勝一敗で、三すくみになってしまいました。

三人のリーグ戦は、丸山さんと私が、ともに森田さんに敗れ、森田さんが準々決勝に進みました。

結果はともかく、この大会が私の生涯で、もっとも思い出に残る大会ですね」

当時の記録を繙いてみると、大会の様子が彷彿と再現されてくる。

――第二部、第二試合場、審判は小関、斎村、高野（佐）の三範士。

出場選手は、森田可夫（二十二、二段、松山高商生、愛媛）、丸山匠（三十七、精錬証、巡査、東京）、芦沢喜六（二十五、三段、測量技師、静岡）、石原昌直（三十一、初段、警部補、沖縄）、松尾角一（三十三、二段、巡査、大分）、長谷川壽（二十四、三段、学生、京都）、鈴木克巳（二十三、三段、製造業、和歌山）の七人であった。

リーグ戦の結果は、森田可夫、丸山匠、長谷川壽がそれぞれ五勝一負で、三つ巴となり、三優者の決勝は、ついに森田可夫の勝に帰し、森田可夫、第二部の優勝の栄誉に輝いた――

講談社出版の『昭和天覧試合』には、剣道府県選士の感想として、範士の当時の談話が載っている。

――私の試合の敗因は、勿論実力の致す所でありますが、又敵を侮ったという事も、大きな敗因だと痛切に感じます。斯様な試合を致したことは、寔に慚愧な次第で御座います。試合方法も、審判方法も実に周到な方法で御座いました。武道専門学校卒業後も、一向剣道の研鑽に精進して、斯道本来の趣旨に添う様に努力する覚悟で御座います。――


範士は昭和五年三月、武専を卒業すると研究科に入った。武専の研究科は二年間であった。

「昭和五年の三月卒業すると、四月に研究科に入り、二年おりました。昭和七年に卒業したことになりますか。研究科は自分で研究するわけです。武専は学費は無く、私らのころで、一年間に学生一人で六百円かかっていると聞いていました。

月謝が無いので、下宿代と小遣いと、それだけ自費です。下宿代は家の方から仕送りしてもらって、月三十円ですね。そのくらいでできました。

春、夏休みもありました。寒稽古は一月ひと月、土用稽古もひと月、七月いっぱいありました。

寒稽古は朝六時から七時十五分まででしたかな。切り返し、体当たりばかりで、稽古なしです。へとへとになりました。もう夜が早く明けないかと、それればかりで、窓際を見ておった。稽古が終って、食事をして、学校にでるわけです。

武専の稽古は、基本の稽古ばかりでした」

武専から商業学校教諭に

専門四年と研究科二年、合計六年間剣道一筋にはげんできた範士は、その当時を述懐して、

「高野先生、中山先生とか、持田先生、小川金之助先生とか、ああいう先生方の剣に憧れまして、あんな風になりたいも

のだなと、そういうことを夢に描いておりました。

勿論、とてもとても足許にも寄れませんですが……。

内藤先生とか門奈先生とか、よく分かりませんが、高野茂義先生の上段なんか、すごいものでした。

今の上段とは、ぜんぜん違う。やろうと思ったが、片手は打たざるという教育を受けたですから、もう気がついたときには遅かったですね。素晴らしいものでしたね。

私は、武専の前は中山先生に教わりましたが、武専では別に、先生に師事することはありませんでした。

自分から、見よう見まねで稽古をやってきました。別に、これという先生に師事していませんでした。

有信館の稽古は、武専の稽古と全然違いましてね、苦労しました。今でもまだ直りませんですからね。有信館の一つの形がありましてね。

武専に入ってから、それが違いまして、今でもまだ有信館の形がとれないように思います。わずか一年ぐらいでしたが、中山先生から、武専に行かずにうちの道場におれと言われまして、止められましたが、兄が学校があるのだから、学校を出なければいかんと言いまして、先生が止められるのを振り切って武専に入りました。

武専を卒業してからも、講談社の方へも来いと、増田真助先生、野間恒先生などにすすめられましたが、それを断って、研究科に入ったわけです」

範士は、研究科を卒業すると、彦根商業に教諭として奉職することになった。

「彦根城の下にあった彦根商業に行きました。昭和六年に嘱託で一週間に二回ほど行っていましたが、卒業すると教諭として残ってくれと校長にひきとめられて昭和十四年に退職するまで、八年ほどいました。

武専を出たのが二十五歳。彦根商業に勤めているとき、二十八歳で結婚しました」

再び修行に

範士は剣道修行のためには警察へ行くのがよいと判断し、商業学校教諭の職を捨てて大阪の警察署の巡査になり、再び剣道の修行を志すのであった。

「大阪府の巡査を拝命し、中津警察署の剣道教導をやりました。月給は学校の半分でした。家内は苦労しました。月々五・六円の赤字で、家内は泣きおったです。なんとかならんかと。子供が一人だったですから、思い切って修行に出たんですが、学校の月給が百八円ぐらいで、それが巡査になったら五十円でした。

大阪の巡査拝命は、佐藤忠三先生に頼みまして、警察の方へお願いしました。関西ですから、大阪には酒匂、重岡、六反田など若い連中がおりまして、一緒に稽古させてもらおうと思いました。三十四歳のときでした。

父親がよく言いました。剣道では飯食えないから、やってはいかんと……。

稽古は充分できました。午前中は一時間警察でやり、そのあと有志だけでまた一時間、合わせて二時間やりました。午後は五時から六時まで、天王寺にありました大阪の武徳殿でやりました。

その当時、大阪には、志賀矩、高田直人、土田友助、原田賢蔵、越川秀之助などの先生方がいました」

昭和十八年、範士は大阪府警察本部の剣道師範に抜てきされた。戦争も激しさを増し、警察も機構が改革された時である。

「四十歳以上の先生は辞めてもらおうということになって、前の師範の先生が辞められて、私ら若いのが抜てきされました。私が三十八歳のときでした。入って四年目に師範になりました。

前の先生で残ったのは、越川秀之助先生一人だけでした。若林信治先生、指宿鉄盛先生、それに私と土田博吉先生、その五名が師範になりました。

昭和二十年の八月十五日敗戦となり、二十三年に国警と自治体警察に分かれ、私は大阪の国家警察に廻されました。一人だけ、国警で欲しいというので行ったのです。

それから三十年頃、国警と自治体警察が一緒になり、それがそのまま続いて、四十二年に退職しました」

退職後一年ほど経って、範士は日立造船築港工場に師範として通うことになる。

「日立造船に週二回ほど稽古に行った。斉藤先生が亡くなって、修道館の後を、師範をやり、現在も日立造船の師範と修道館の非常勤講師をやっています。

修道館の方は、高段者相手にやってくれと言われましてね、七段、八段の連中と稽古しています。

日立も大人です。造船不況で、あまり剣道をやらなくなるのではないかと思っていたが、十名ほど集ってやっています。

稽古は、月、木が日立造船で、火、金が修道館で、週四日やっています」

長い剣道生活で得た心境を範士は、古歌をもじった歌に託して、

「彼もなく　我も渚の捨小舟
　　漕ぎゆく先は　波のまにまに
というのが、七十歳前後からの心境であり念願であります。そんな境地で稽古をやりたいものだと思っています。が、なかなかそうはいかないものです。

また、私が日立造船で教えるのですが、柳生の極意に〝放つ位〟がある。

　張れや張れ　ただゆるみなき梓弓
　　放つ矢先を知らぬなりけり
というのです。これを指導のモットーとしています。気を張って、無心になって行なわなければならないということです。

剣道は気魄ですね。技は気魄から生れる。いつもそう指導しています」

範士の長い剣道生活は、求道の修行であったとお見うけした。そして現在、歌に託された心境は、無心で没我の境地に到達されているのだった。

一剣以貫

剣道範士　中倉　清　先生

〈中倉範士の略歴〉

明治43年9月24日、鹿児島県肝属郡東串良村に生れる。

小学校6年のとき剣道を始め、兄のすすめで鹿児島の大道館武道専修学校に入学。丸田先生の指導で一日3回の荒稽古を積む。

昭和4年大道館武道専修学校を卒業、福岡の工芸塾（高校）に赴任するが同5年、上京して中山博道先生の有信館に入門。塾生として一年余、本格的に剣道を修行。

昭和6年皇宮警察に入り、同14年教師。同9年一橋大学剣道師範。

戦後は鹿児島に帰り、剣道が復活した昭和28年、鹿児島警察に入り、同30年同警察本部剣道師範。同41年関東管区警察学校教授。

その後、関東管区警察学校名誉師範、一橋大学師範、中央大学師範、全日本剣道連盟審議員、東京都剣道連盟審議員などをつとめる。

昭和37年剣道範士、同53年剣道九段。

武蔵野台地の中央、東村山には到るところに大きな欅が残り、都心とは違った趣きがある。市内久米川にある中倉清範士の自宅に伺うと、長身の範士が玄関に迎えて下さった。

兄にすすめられて

明治四十三年、大隅半島の志布志湾に面した肝属郡東串良村に生れた範士は、小学校を終え、青年学校を卒業する前年、大正十五年六月頃、村から近い鹿屋の小学校に勤めている兄のところに、自転車に乗って蚊帳《かや》をとどけに行った。

「兄の下宿に行ったら、俺と剣道やろうかということになり、やってもいいよと二人で小学校の教室をかたずけてやったんです。兄は自分が相当強いと思っていたらしいが、やってみると私にやられてびっくりしていた。そして、私が学校を卒業する年の二月頃、鹿児島市に出来た大道館武道専修学校へ行けというんです。私はあまりそこには行きたくなかったんですが、兄と私の担任の中原先生が行った方がいいと家にこられてすすめてくれました」

範士の剣道は小学校六年生の頃から始まった。当時小学校に誰かが寄贈してくれた道具が五組あり、学校の先生に話してそれを借りてやったが、剣道といってもたたき合いだったという。

「稽古を始めたといっても、教える先生もいない。従って道具のつけ方も知らないが、お互い何んとかつけてたたき合いです。今は稽古の前に充分基本をやり、打ち込みから、かかり稽古という順序で稽古が始まるので、正しい打突が最初から出来て打たれても痛いこともない。ところが私どもの稽古は全くなぐり合いであったから相当痛い思いをした。その頃、警察などでも今のように手とり足とりして教えてくれる先生はなかった。昔の警察官は大抵、兵隊検査を終えて、警察官となってからの稽古で、従って、稽古は固くて痛くて、竹刀と竹刀の摩擦できな臭いにおいがぷーんとするので、剣道がいやになったものでした。

私は四歳にして父が破傷風で亡くなった。当時、祖父母が健在で家の実権は祖父が握っていた。従って大道館武道専修学校に行くには先づ祖父の承諾がなければならなかった。そこで、中原先生と兄が祖父に交渉したけれど、なかなか承諾してくれない。その時、ちょうど兄も高等農林学校へ行くことになっていたので、二人の仕送りは出来ないということであった。それでは僕は進学を待ってもよいから弟から先にやろうと兄がいって、ようやく武道専修学校に行くことになったのです」

こうして範士は、大道館武道専修学校に行くことになるのだが、ここで祖父に厳しい話を聞かされるのだった。

「いったんやるということになったら、お前に不自由はさせない。お金はお前がこれだけ必要だといえば、必らず送ってやるといわれた。その通りで全く間違いはなかった。だが祖父はこうも言った。もしお前が間違いでも起したら、もう少しお金があれば卒業出来るといっても絶対、送金しないと、きびしい言葉でした。そして剣道の専門家を志して家を出た以上、三段になるまでは、家の敷居はまたごうと思うなと。

今でこそ、剣道の五段、六段は山ほどいるけれど、昭和の初め頃、特に鹿児島では三段というのは中学の先生くらいのものであった。昭和二年頃、鹿児島県警に二段が二人位のものであったから、如何に三段取得がむずかしいものか想像出来ると思う。私の子供の頃、あのお巡りさんは初段だそうだといってびっくりしたもので、今の八段、九段のようなものだった。五段といえば、県に三、四人位のものでした」

大道館の厳しい稽古

昭和二年創立の大道館武道専修学校は、剣道を専門に教える学校であった。

校長は〝今西郷〟と呼ばれる、西郷隆盛そっくりの、今村真治であった。そして、剣道の先生は丸田兼弘といった。

「大道館に行くことになって、田舎のことですから、鹿児島に出て行くということで部落の人々が、皆何がしかのお餞別を持って、お祝いに来てくれたのです。私が途中で何べんか学校をやめて帰ろうかと思ったとき、田舎の人々に餞別をもらったのと祖父の厳しい言葉から思いとどまったのです」

武道専修学校の日課は、朝、五時半起床で太鼓の音とともに起きて、道場と寄宿舎を結ぶ渡り廊下を、稽古着を着け道場に走って集合。道場の片隅にかけてある赤札になっている名札を、駆けつけた順番に黒札にかけなおし、そして稽古が始まる。それが、今まで自分達で楽しくやっていたのに稽古も、切り返しと体当りだけでお互いの稽古は全然なく、その切り返しが三ヵ月続いた。稽古が終ると六時三十分、袴《はかま》の股立《ももだち》をとって跣《はだし》で近くの大久保、西郷の誕生地を掃除にゆく。帰って来て足を洗い、顔を洗って、道場に正座して、校長の日本外史の講義が一時間ある。

それから朝食。八時三十分から授業があり、十二時から一時まで昼食。一時から授業があり、三時から四時までまた一時間稽古があり終って夕食。夕食が終ると外出が一時間あるが、これは学校から道具屋に竹刀や小手の修理に行くだけである。道具屋にゆかないものは、鹿児島の中央を流れる甲突川の西郷誕生地の下の岸に行って詩吟をやることになっていた。

夜、七時から八時までまた稽古。一日三回の稽古はいかに若い者でもつらいものであった。稽古後、学校に風呂がなく学校が契約している高麗橋の袂《たもと》にある風呂屋にとんで行く。それが一日中で最も楽しい時間であった。風呂はそこそこに風呂屋をとび出し、うどんを食べたりして寄宿舎に帰って十時まで自習、十時半消燈、これが一日の日課であった。剣道修行は、一通りのことではないと覚悟はして来たものの、このような苦労をするなら、どんな仕事をやっても一流になれる、と思ったことも一度ならず再々であったとか。

範士の青春時代の、この大道館の荒稽古は、その後の範士を大きく育てることになった。三ヵ月が終って、切り返しの次は稽古が出来るかと思ったら、今度は、打ち込みばかり。鶏の喧嘩《けんか》のようにやれといわれるから今までの切り返し以上に苦しい稽古である。かかり稽古を一時間も軍鶏《しゃも》の喧嘩のようにやると、目も見えなくなり、へどをはきたくなる。それでも先生は容赦しない。勇を鼓《こ》して打って行くと、はずされて道場のはめ板にドンとぶつけられる。とうとうはめ板ががたがたになってはがれた。そこへ孟宗竹《もうそう》を三本とりつけたため、今度は、それに当るからたまらない。気絶する者もいる。

そんな稽古だから楽しいどころか、苦しいだけだった。

「丸田先生が、そんな稽古で私たちを本当に鍛えてくれたのです。今、考えてみると三十六歳位の年齢だったのですが、今村校長と同年で、酒呑みでした。稽古に来ると、夕方四時頃から酒が始まる。十二時過ぎまで呑んでいて、みんなが、今夜まだ呑んでいるから、明日の朝はこないぞという。ところが朝になってみると、真暗い道場に正座しておられるのに、当番がおどろいてとんで来て知らせると皆、道場に走って行くのです。一番、後にでも行こうものなら稽古で徹底的にやられる。打って打って、突いて突きまくり、ひっくりかえって脳震蕩《のうしんとう》をおこす。今、大分の宇佐市にいる相川正盛などは、道場の外に突き出され、廊下の縁板《えんいた》が折れて、片足を股のところまで踏み込んで動けないのを、それこい、それこいといって打たれたものでした。とにかく言語に絶するような荒稽古でしたが、今、考えると丸田先生は、偉大なる指導者であったと思うのです」

中山博道範士を訪ねて

厳しい稽古に明け暮れた二年間は、あっという間に過ぎた。範士は卒業してから勤める小学校が決っていたが、兄が出て来て小学校の先生になっても将来性がないからもっと他の方面へ行くようにとすすめるので迷っていた。そこへ福岡の工芸塾（工業高校）から剣道教師が欲しいということで校長より話があり、一も二もなく行くことに決めた。昭和四年四月に就職。十月に東京旅行があり、初めての東京旅行であるから楽しくてたまらない。それに東京には、中山博道先生がおられる。是非ともこの機会に先生を訪ねて見たい気持で一杯であったという。生徒と一緒であったが、東京に着くと、矢も楯《たて》もたまらず、中山先生の道場に先生を訪問。ひとりで、顔も知らない中山先生を訪ねた範士には、大道館での丸田先生の話が強く印象に残っていた。東京に中山博道という強い範士の先生がおられる。身の丈は五尺三寸、体重十三貫位のまことに貧弱な体格の先生である。京都に於ける右武会の稽古で、丸田先生が、こんなちっぽけな先生がなんで天下の名人か、自分がひっくりかえしてやろうとかかって行った。ところが、押せども、突けども、ひょいひょいと身体をかわされて、一分ともたなかった。全然、竹刀が中山先生の身体にかすりもしなかったという話である。

「私達は丸田先生が日本で一番強い先生と思っていたし、剣道界のことなど、なんにも知らないわけですから、丸田先生の話におどろいて、世の中には、そんな強い先生がいるのかとほとほと感心したものです」

そして、そんな強い先生に一度、会ってみたいという気持だけで訪ねたのだった。

「幸い、先生がおられ、書生に、福岡から来た中倉という者だが、学生時代に中山先生の話を聞いたので、今日は是非中山先生にお会いしたいといったら、紹介状を持って来たかといわれたが、そんなものを持っていくことも知らなかった。でもどうしても先生に取りついでもらいたいとお願いしたところ、ようやく道場に上げてもらい、待っていたら先生が出てこられた。そして先生が、君が中倉か、今、何をしているんだ、と聞かれ、工業学校で剣道の先生をしていますといったら、今日は一つ稽古をやったらどうだといわれた。

何も持ってきていないからといったら、うちにあるよと、書生に指図して稽古着から袴、防具まで借してもらい、稽古をしました。

今考えても、その頃はいい稽古のはずです。試合稽古などしないで、小手から面に伸びていって、さっさっと出てゆく稽古ですから。

中山先生が、田舎でそんな先生などしているのはもったいない。もう一ぺん東京にでてやる気はないかといわれたんです。天下の中山先生というイメージもっているんですから矢も楯もたまらない」

範士は、福岡に帰ってから翌年の正月（昭和五年）郷里に帰ったとき祖父と交渉を始めた。聞きわけのいい祖父だった。一度やろうといった道だから、東京へでてやれという許しがでた。

「一月学校に帰っていって、学校をやめたいといったら、それは困るといわれた。私の後輩の丸田が、同じ学校にきていたが、理事長に聞いたら、これも困るというんです。鹿児島の大道館長の話しで来ているのに、館長にいっても困るというにきまっている。

私も困って、もう野となれ、山となれと勝手にやめて東京にゆこうと腹を決めた。その夜、皆寝静まったときに一人で飛びだした。丸田は朝起きてみて私がいないのでびっくりしたという」

有信館塾生として

昭和五年の一月だった。範士はこうして上京し、小石川の春日町にある有信館道場の塾生となった。昭和六年四月まで一年と三ヵ月半、有信館での修行が始まった。

「有信館は夜の稽古でした。夕方から、警視庁とか会社とかの人々がどっとくる。八十人ぐらいは毎晩きました。当時剣道の道場でなりたったのは中山先生と高野先生の道場ぐらいではなかったか。

春日町の交叉点の近くにあった有信館は、狭かったので、芋《いも》を洗うような稽古でした。横面、足がら、突きは突くし、横面をやるから耳の鼓膜は破れるし、荒稽古でした。警視庁の助教、師範クラスが皆くるんですから。

鹿児島には五段などいなかったので警察官にはそんなのはいないと思っていた。ところが後で聞くと、あれも五段、これも五段、教えてもらった丸田先生なんかと同じなんです。

知らないものですから、官服着たのがきて『おい君、一つやろう』なんかいう。『このずんさ（巡査）が』と、せっかく専門家になろうと思ってきたのだから巡査には負けられん。それは踏んばったものです。

そういう気持ちでやったのが私のためになったようです。これに負けられるものかと歯ぎしりしてやったのが、ぐんぐん伸びた原因のように思います。何も知らなすぎて、かえってよかったんです。」

有信館の稽古も、荒稽古で有名だった。昭和六年、春日町の下にあった道場が、上の方にうつって広くなった。範士は、その頃の兄弟子である羽賀準一、中島五郎蔵両氏のエピソードを笑って話される。

「中島君、羽賀君は、私より二つ年上で警視庁と皇宮警察に勤めていた。有信館に二人が夕方稽古にくる。おい中倉君いこうというので私もついてゆく。あるとき、私が着ていたインバネスを二人が質屋に入れようというんです。

私は田舎から出てきて質屋など知らない。質屋ってなんだい。金を借りるんだ。金を何すんだというと呑むんだという。よし、とぬいで入れたら五円貸してくれた。五円皆使ってしまった。

それから十一月頃になって、なかなかもってこないんです。寒くてしょうがないから、あのマントもってこいよといったら、あれは流れたよ。流れたとは何だ。利息入れないと向こうへとられてしまうんだ。それじゃあしょうがないというようなこともあった」

しかし、範士は若いときから酒とタバコは呑まなかった。それには理由があった。剣道を修行する者にとって、酒とタバコはよくないことを早くから悟って注意をしていた。

「私は、当時呑もうと思えば呑めたんです。おじいさんも兄貴も呑めたので、呑めば呑める素質はあったが、私が酒をやめたのは、皇宮警察に勤めていたとき、柔道の牛島先生が、私と一緒に一橋大学の師範をしていたんですが、あんた東京へでてきて修行をしているんだから、修行には酒とタバコが一番いけないよ。将来剣道の専門家になるのには、酒とタバコはやめた方がいいですよといわれた。そこで、そうですね、今日きりやめましょう。それ以来酒もタバコも呑まないのです。一滴も……。

昔の先生方は、酒を呑まなければ大成しないようなことをいったんです。

私が鹿児島におるとき機動隊の連中に深酒を呑むなとよくいいました。というのは稽古をしていて、良くなったなと思っていると明くる日稽古やってみると、全然駄目なんです、昨日の稽古とは全然違うんですよ。

お前たち焼酎呑んだなというと頭をかいている。それが深酒なんです。がたっと落ちているんです。折角《せっかく》、上がったのに、がたんと落ちる。それからまた三、四日して上がってくる。また呑むから落ちる。同じところを上下している。だから私は酒は適当に呑めと、深酒はいかんと」

昭和六年四月十五日、範士は皇宮警察に勤めるようになった。そして昭和九年には一橋大学の剣道師範になった。

上京してからの範士の稽古は大変なものであった。

「東京では、白転車を買いまして、朝は警視庁の自警会の朝稽古。そのときの自警会の助教が岡田守弘先生、山本忠治郎先生が師範です。帰りは皇宮警察にいって十時からの稽古。皇宮にゆかないときは戸山学校にいったり、講談社の野間道場にいったり、東京中の道場を廻ってあるいた。金がないから自転車で、一日中稽古ですね。

昔は、各道場、各大学、会社などで招待大会というのがあって、有信館にも二名の招待がくるんです。いつも私がでていました。

昭和六年皇宮に入って、講談社の大会にも皇宮としてでて優勝しました。上野の美術館の大会では、優勝すると絵をくれるんです。戦災で焼いてしまいましたが、おしいことをしました」

中山先生の稽古

範士は、有信館の塾生として、中山博道範士に指導をうけた。昭和五年範士が上京したとき、中山博道範士は六十歳であった。

「先生の稽古は、老境に入った稽古ですから、ぽーんとゆく稽古ではなかった。いわゆる三殺法で、竹刀を殺し、気を殺し、技を殺すという稽古だった。

歩いてこられて、竹刀を抑《おさ》えて打たれる。見ていてきれいな稽古だというのではなかった。誰がいっても、同じような稽古で、三殺法でやるのでどうにもならない。

だから直ぐかかり稽古になってしまう。対等の稽古ができない。そこが私が今考えて大家だったと思うんです。

誰とやっても、どんな強い人でも、かかり稽古になってしまう。持田先生が言ったことがある。警視庁では私（持田先生）が三人つかうときは、中山先生は五人つかうと。私が五人つかうときは、中山先生は八人も九人もつかうと。

なぜそうなるかというと、立ち上がると竹刀を抑えて打つでしょう。相手はかかり稽古になってしまう。直ぐ息が上がるから、相手がどんどん代わる。持田先生は対等につかうから相手がいつまでももつでしょう。そういう稽古でした。歩み足です。送り足、継ぎ足ではない。

私がいった頃の剣道と居合を比較すると居合は天下一品です。今でも居合をやる人は、八段、九段がいっぱいいますが、中山先生のような居合を抜く人はいません。

中山先生の居合は切れる居合です。小技でなく大技です。気合いがかかっている。試し切りもやっておられたが、切ると落ちないでそのまま乗っている。とくに右は切れました。

私は一度岐阜で講習があり、ついていったことがある。そのとき中山先生は、居合は大技でないといわれました。

私は、その後いろいろ中山先生のおっしゃったことを考えてみますと、居合だけでなく、剣道もそうですね。大技でないと大成しませんね。大物になりません。

たとえば、小学生の頃、天才みたいに器用な稽古をする子供がいます。ああいうのは大成しない。大技の方が大成する」

帰郷と事故

戦後の昭和二十二年七月、範士は鹿児島に一度帰郷した。ちょうど食糧難の時代であった。また剣道も禁止された時代であった。

田舎に帰った範士は、精米所をやったり、農業をやって生活していたが、昭和二十六年のことだった。思わぬ左足の複雑骨折をしてしまった。

「百姓の真似ごとをしておったものですから、菜種《なたね》の殻《から》を畑にとりにいったときのこと。牛を離して車に積んでいたとき、ロープでその殻をしめようとして、上に乗ってしめていたら、ロープがぷっつりと切れた。そのままだと後ろにひっくりかえるから後方に飛んだんです。右足は地面についたが、左足が牛車のかたっぽに乗って左足首の上のひ骨の大きいのがナタで切ったように折れて、皮も破って外にでてしまった。

足首がふらふらでどちらにも廻るんです。家族のものを呼んで、戸板で医者にかつぎ込まれた。医者に手当てをうけて、四十五日過ぎてもういいから歩いてくださいというが、足を持ち上げると骨が持ち上がってくる。医者を呼んでもう一ぺん固定したが、一週間ぐらいして東京の伊藤京逸先生に手紙を出したら、専門医にかかるように返事がきました。

鹿児島の整形外科へいって、六ヵ所も切ってドリルで穴をあけて手当てをしました。九日目に医者が回診にきて、ああこれはつながりましたといったときは、うれしかったですね」

退院してから高山《こうやま》の町にソロバンを作る工場があり、百人ぐらいの工員がいた。工場の社長が剣道好きで、工員に剣道を教えてもらいたいという勧誘があり、名前は庶務課長ということで、指導をするようになった。

昭和二十八年五月、剣道が復活すると範士は鹿児島署に勤めるようになった。そして、三十年には鹿児島県警に師範として移った。

「東京におる頃から上段をとることもあった。七分、三分ぐらいだった。試合のときは大抵中段で一本取り、それから上段をとって一本取っていた。足を怪我してから、何としてもころぶんです。今でも左ひざを曲げるとかかとが上がってしまう。ですから後ろにさがると直ぐひっくりかえる。東西対抗のときも大分ひっくりかえりましたよ。これにはまいりました。

それから上段が多くなった。試合というと殆ど上段です。自分で工夫して上段をとった。私が上段をやめたのは範士になったときからです。

三十七年の京都大会で中京大学の三橋さんと試合をやりました。この時は、始め中段で後に相上段になり勝ちました。それが最後ぐらいで後は中段になりました。

しかし、三十七年の岡山国体のとき、範士で試合にでることはむずかしかったが、でる破目になってしまった。そのときの試合で上段をとりました。優勝をしましたが、それが最後だったと思います」

昭和四十一年、範士は鹿児島県警から関東管区警察学校に移り、東京を中心に中央剣道界に復帰した。

「私たちの若い頃は、京都の右武会の稽古とか、東京の右武会の稽古とか、大家の先生の集っての講習会とかでは、今日名をなしている、佐藤先生とか大野先生、亡くなられたが乳井先生とか、こういう人は、そういう集りのときには、強い先生、強い先生と狙っていったものです。

これといった先生には、どこでも訪ねていって稽古したものです。いまそういう馬鹿がいないようですね。剣道は足が一番大切です。足さばきは、歩み足も、送り足も、左右もある。剣道が上達するかしないかというのは、その人の足をみればわかる。

とにかく、いつまでも健康で若いものを相手に稽古することを心がけてやっている。

私は、剣一筋に何も考えないで生きてゆこうというところから『一剣以貫』というのを座右銘としています」

話術の巧みなこと、面白い話に時間のたつのも忘れるほどだった。その範士の話から尽きせぬ剣道についての教訓を教えられるのだった。

細心而剛胆

剣道範士　中野八十二　先生

〈中野範士の略歴〉

明治44年5月7日新潟県北蒲原郡加治川村に生れる。

大正12年新発田中学に入り剣道を始め、金谷為吉先生に手ほどきを受ける。

昭和4年東京高等師範学校に入学、高野佐三郎範士をはじめ、佐藤卯吉、菅原融、森田文十郎の各先生方に指導を受ける。昭和8年高師を卒業、千葉県木更津の公立中学に赴任するが、同12年上京して慶応大学に就職。講談社野間道場に通って持田盛二（義父）、柴田万作、森正純、増田真助等の先生方に指導を受ける。昭和17年東京高師（終戦後東京教育大に移行）に勤務。また拓殖大学武道科講師、第一高等学校講師をつとめる。昭和50年東京教育大学（教授）を退職し、日本体育大学教授となる。

昭和13年錬士選抜優勝試合に優勝したのをはじめ、同29年第一回東西対抗剣道大会特別選抜個人戦優勝、同33年第一回全日本剣道七段指定選手優勝大会優勝、同35年皇孫誕生奉祝記念全日本剣道七、八段指定選手優勝大会優勝など、数々の輝かしい戦歴をもっている。

日本武道館武道学園講師、慶応大学師範、三菱道場師範、東京教育大学名誉教授、全日本剣道連盟審議員、東京都剣道連盟副会長、関東学生剣道連盟副会長、全日本学校剣道連盟専務理事などをつとめる。

昭和37年剣道範士、同53年剣道九段。

世田谷の深沢にある日体大の教授室に中野八十二範士をお訪ねし、忙しいスケジュールの合い間を縫っていろいろお話しを伺った。

中学からの剣道

範士は新潟県北蒲原郡加治川村に生れた。家は地主で、秋の収穫時になると近所のお百姓が米俵を運んできた。範士の父は、剣道には全く関係のない存在であった。

「父は剣道は全くやらない。私も剣道については、名前は知っていたが、子供の頃防具を手にしたことは一回きりでした。親類に中学で一緒のものがおり、これと子供の頃村の集会所に遊びにいったら、防具が束ねて置いてあった。二人で上がって、それをつけて打ち合いをしたのが始めでした。

それから、剣道はいいものだなあと思ったのは、青年が村で黒の革胴ですね、それをつけて試合をしたんです。小学校の体育館で、それを見ていたら、サーッと折り敷き胴をやったんですね。それを見て剣道はいいもんだなと、それが子供のときの印象ですね。

実際に剣道を教えてくれたとか、話をしてくれたとかいうことが全然なかった。むしろ、我々が小学校時代には、陸上競技が盛んでして、村の青年が年に一度、陸上競技大会をやる。それをよく見にゆき、走ったり、跳んだりということは、金がかかりませんから、自分たちでやったりしていたものです」

範士の剣道との出会いは、中学校に入ってからであった。しかし、範士は剣道だけでなく、万能のスポーツマンであった。

「中学に入って剣道をやるようになった。中学は新発田中学（旧制）で、剣道部があったので、一つやってみるかというので入った。

当時、陸軍記念日（春）と海軍記念日（秋）に校内マラソンがあって、上級班と下級班では距離は違うが、私は一年のとき、春にやったマラソンで五番以内だったと思う。秋は一番になった。二年のときも一番で、上級班になって、三年生でも一番だった。

マラソンは得意だった。それをやった方が名を売ったかなと思っているくらいです（笑）」

範士が中学に入学したのは大正十二年だった。範士の中学時代は、剣道に、マラソンに、ボートに、運動は何でもやった。

「剣道部は初め入ったときは、ゼッペ、ゼッペといっていた先生で、直ぐ酒田の方へ転勤になり、二学期から金谷為吉という先生がこられた。

お年寄りで、居合を抜いたというので、武徳会などでも名が知られておりました。中山博道先生の道場で剣道をやられ、中山先生の紹介で新発田中学に転任されてこられた。その先生に四年まで教わりました。

四年のときに京都の大会に連れていってくれました。五年のときは、有信館に連れていってくれたり、三菱の道場、済寧館などにも連れていってもらった経験があります。

京都では武徳会主催の夏の講習会があり、中学大会もあって参加して、一回戦かなんかで負けて、帰りに金沢の四高主催の大会があり、また負けて帰ってきたことがあります」

万能運動選手

昭和四年、範士は東京高等師範学校へ入ることになった。剣道をやるためというより、別の動機であった。

「剣道は好きだったが、剣道が本当にわかっていなかった。今みたいに書いたものはありませんし、中学のときに剣道の参考書がないかとさがしたら、小沢愛次郎さんの『剣道の手引き』というのがあり、技のところの写真をみて文章を読んだ。これなど教えてくれる最たるものだった。他に教えてくれるものがない。今の方がよほど色々ある。もしあったら、もっと強くなったと思う（笑）。

剣道については全く細かい魅力的なものは感じてなかった。だから親父は銀行員にしようという考えをもっていた。親父は、しみったれというか、悪くいえばけちで、しまるということから、銀行に行かせようという頭があった。

それで、受験勉強しておったんです。私は慶応でも行こうと思っていたんです。慶応は理財科というのがありましたからね。

そしたら、親戚に高師に行っているのがいた。四年生で吉田というのがいて高師に来いというので、私は余り乗り気でなかったが、あの頃は、高師の試験が十二月にあった。

他は三月でしたが、十二月にまあいいじゃないか試しに受けてみたらと。その頃は、昭和四年ですから、大正の自由主義が入っていた頃で、村でも夜遅く酒を飲んできて、青年など大きな声で歌って歩いているんです。それを勉強しながら聞いていて、農村でこんな風で大丈夫かという気持ちが出たのを覚えています。

そんなら高師に行って先生にでもなるかということで行くことにした。受けたら合格したというから、他の勉強も面倒になって、入ってずっと来たんです。ですから今の連中とは違うんですよ。本当に剣道、それだけでという気持ちはなくて……」

高師では剣道以外にも運動をしていた。剣道部ではなくて、水泳部の部員で、またマラソンも得意だった。

「当時は寮に入らなければならなかった。二年になると自由になるが、寮は文科、理科、体育科と皆が入り、その中で柔道と剣道の部屋は二つずつあったけれど、私らそんなに剣道強くないので、剣道部の部屋には入れなかった。

剣道は正課として三時から必ずある。三時前は、いろいろ実技があったり、学科があったりして、三時から道場に行って稽古をしました。

そういうことでしたから、水泳部に入って、どうもやり出すと中途半端なことは嫌いな方で、スポーツは好きな方だったから何でもやりました。正課では剣道をちゃんとやりましたが、クラブ活動は水泳部だった。

プールが学校に無くて、石神井にある百メートルのプールに泳ぎに行った。今つり堀になっているところです。高師ばかりでなく、立教なども来ておりましたね」

範士の高師時代には、錚々たる剣道の先生が顔を揃えていた。正課だけといっても、一流の先生方のもとで、真面目に稽古に励んだ。

「当時の先生は、高野佐三郎先生が教授で、佐藤卯吉先生が助教授。講師で菅原融先生、森田文十郎先生。三橋秀三先生は、私が入ったときにはまだ来ていなくて、富永先生が郷里に帰られて、その年に来られた。

私たちの担当は、佐藤先生がやられた。高野先生は稽古にみえられていたが、先生といえば高野先生だけ区別していたわけでなく、師範室に行くと机の前に座っておられ、挨拶すると、手を出されて、さわってみろという。左手を出されて、とても柔かいんですね。手の内の柔かさを教わるわけですよ。

これは後の話ですが、中山先生にも中野君手を出してみろというから、手の内をみられると思い、左手を出そうと思ったが豆だらけだから、右手を出したら、さわってみて、まだ堅いねといわれたこともあります」

高師時代の剣道の先生方の特徴を範士はこう語る。

「高野先生のお稽古は、最初は構えておられて、ワーッと一本打たれる。こんどはワーッと入って二本ぐらい打たれる。それから上段をとれといわれる。先生に向かって上段なんか打つと竹刀が床をたたいて、打たれる。それで終りです。どんどん相手を変えられる。

佐藤先生は、かかってゆくと、左、右、今度は上からゆくと下から突き上げられてしまって。

菅原先生はどちらかというと理論派の人です。顔も大きい、背も高い。でも非常に技が合理的で、だから非論理的な無茶な剣道やる人はごめん、ごめんとやらない。

先生は打ったとき手の内の指を延ばしてみろ、そうしたら左・右の指が平行になる。手が曲ったりしない。そういう理論をよく教えた。私はその理論を発展させて、相手を打ち込むときには、構えに対して平行に打て、そうしたらおさえられることはないと。だから無理する剣道は大嫌いです」

範士の高師の同級生には井上正孝範士がいる。いずれも正課の剣道をやって、範士は水泳部で、井上範士はマラソンで陸上をやっていた。大学駅伝で走ったほど二人ともマラソンが強かった。

「あれは雲助ですから、箱根の山を登るときの記録を持っている。強かった。昭和七年一月の駅伝で、私は鶴見から走り、あれは山の方を走ったことがある。二部では陸上で私も優勝をしています」

結婚そして東京へ

範士は高師を卒業すると千葉県木更津の公立中学校へ赴任した。昭和八年のことだった。そして昭和十年、持田盛二範士の娘さんと結婚することになった。

「これは私の祭しですが、私は木更津に行った当時、稽古をやるところがないから、毎日曜の朝、千葉まで稽古にでていました。

朝五時過ぎの汽車で行って稽古をして帰ってきた。

義父（持田範士）が千葉の警察におったとき、その下にいた栗崎小三郎さんが幕張に道場を持っていた。道場に大会があるんで、来ないかと言われ、行ってやったらおやじが来ておったんだと思う。私は終って直ぐ帰った。

結婚の話が、木更津の警察の先生から、私の勤めている中学校の図画の先生のところに来た。私は剣道もやらんのに結婚どころではないと、相手にしないでおったんです。

そうしていたら町に滋恵医大卒業の先生がいて、そこへ話が来た。そして先生の学校の学生が剣道の合宿に来た。その納会を木更津の料亭でやって飲んでいたら、ちょっと来いと呼ばれて、酒を飲んでいたので勢いがついて、そうですかと承諾したのがそもそもです。

それから見合いですよ。あの頃は大塚におったんですがね。そこまで行ったんです。天下の大先生の娘を僕にくれるなんて、おかしいと思っておったんですが……。二人で散歩に行ってこいといわれ、そうして結婚しました」

範士が高師を卒業してから二年目であった。持田範士と会ったのはそのときが初めてだった。

昭和十二年、範士は木更津の中学を辞めて慶応大学に移った。

「慶応に来たのは、自分自身の考えで、中学で二年ぐらい夢中でやったが、これでいいのかという反省があり、もう一度東京へ帰って勉強しようかなと。ちょうど田舎のおやじが亡くなったりして、とことんやってから自分の見切りをつけた方がいい、やらんで剣道がどうのこうのと言えないと。やるところまでやってということで東京（慶応）へ来た。だから、慶応へ骨を埋めるつもりだった」

慶応大学に就職して、範士のより厳しい稽古が始まるのである。

「最初は京王線沿線にいたんですが、そこから講談社の朝稽古に行って、慶応に行くのは、とてもたまらない。十三年に音羽に越した。野間道場に近いし、そこから慶応に行きました」

当時、野間道場の朝稽古は、持田範士を筆頭に一流の先生方がずらりと並ぶ壮観であった。

「西の武徳殿、東の講談社で、おやじは毎日来てますし、大先生がずっと並んでいた。こっちは、端からやってゆく。だから余り疲れないですよ。やっているときは大変だが、休んでまたゆくから疲れない、だから続いたのです。

今は、我々は元に立つから何人も相手にし、最後までずっと相手にしなければならないが、かかる方は、その時の運動量は大きいが、ちょっと休める。元はそれができない。

当時の講談社は、持田盛二、柴田万策、江口卯吉、増田真助、森正純、それに警視庁の八木参三郎、大野友規など難剣の先生もいました。

朝稽古が終って、三時から五時が慶応の稽古です。学校が休みのときは、警視庁に行ってやりました。

あの頃は、朝稽古して、ごろっと寝ると体が回復する。今は朝、ここへ（日体大）来て講義していると足が疲れてしまう。

しかし、あの頃はまだ剣道がわかってなかったですね」

義父の教えと武蔵の兵法

昭和十七年、範士は慶応から東京高等師範学校に勤務を変えることになったが、その頃から戦争も激しくなり、学生を連れて勤労動員で、剣道も余りできなくなる。

そして終戦。戦後は範士にとっても苦難の時代であった。剣道は禁止され、その復活に努力した。戦前にできた思斉会を戦後も集まって続けるようになった。同志会でも剣道を続ける努力が払われた。

剣道復活のステップとして、何とか剣道の命脈を保とうと、しない競技も考えられた。

学校剣道の復活に尽した範士の努力も大きかった。そして昭和二十八年、ようやく剣道も再び日の当たる場所に登場することができた。

戦後、高師は教育大学に変り、武道学科創設のために文部省に大臣を訪れ、交渉したり、この面でも活躍をし先鞭をつけたのだった。

戦前、戦後と教育者としての道を歩み続けた範士にとって、剣道で大きな影響を受けたのは、高野範士であり、また義父の持田範士であった。

「おやじは、言葉では教えませんでした。だが聞こうと思いましてね。技術的な面で、剣道は人によって剣風が違いますから、その人に即応した使い方がある。そこで、雛形があれば、こういう人にはこういう風にということで、資料ができる。そういう意味で聞こうと思った。

ある私たちの先輩で、変った稽古の人の名前を出して聞いたわけです。絶対に言わなかった。テープ持って行ってやったが、人のことは言わない。ただ気がついたときに、ぽつぽつと言うようなことは、側におる人たちにはあった。

宮本武蔵が言っているけれども、剣の理を探究したのではないかと。その理由は、基本に現われている。変なことをしないで基本を相手に一つ一つ出してゆくような剣道の仕方。だから余り姿勢を崩すとか、変な技を出すとかということはやらない。

小手なら小手をしっかりやる。突きなら突きをしっかりやる。それを修練して一回にそれを出すような考え方に私は影響をうけたような気がするんです。

大体、私も無器用だから、正しい技、正しい姿勢、それを強化して、それをいかに相手に当てはめていって、弱いところを制するか、という考え方。そういうことが五輪の書を読みましても書いてあります。

もう一つは、相手の悪口を言わない。そういうことを努めて避ける。おやじはそういうことを言わない、聞いたことがない。

これはやっぱり、言わないということは、言えばどこかで跳ね返ってきますから、悪い理由のあるところなら別ですが、余り無駄口で、そういうことを言わない。非常に慎重なところを学びました。

冗談は言いますけれども、相手の核心に触れるようなことは言わない。遠廻しに言う。私は耳で聞いて覚えたというよりり、見て覚えたといってよかろうと思います」

範士は、自分のことを無器用だという。しかし、戦後行なわれた大きな大会で数々の優勝を勝ちとっているその剣道は、正剣と表現され、竜の姿にたとえられている。

昭和二十九年十一月二十八日に宮崎市で行なわれた第一回全日本東西対抗剣道大会の特別選抜個人戦で優勝。昭和三十三年四月二十日に行なわれた第一回全日本剣道七段指定選手優勝大会においても優勝。昭和三十五年皇孫誕生奉祝記念全日本剣道七、八段指定選手優勝大会においても優勝の栄冠を獲得している。

その試合の強さの秘密はどこからくるのであろうか。範士は、試合に臨む心構えについて次のように語っている。

「私はやっぱり武蔵の考え方、相手によってどういうふうにやったらよいか考えています。

事前に考える。事前に考えられなければ、立会ってから相手の癖を見て、対応するということを考えていたと思うんです。

具体的に相手の癖が分からなくても、過去の試合はどういうものだったか、例えば、七、八段戦で考えていたことは、若い者の試合ではない、年寄りの試合であるということです。

私は中ごろの年齢だったが、若い者のようにスピーディな動きはできない。その点においては、警戒しないわけではないが、そう心配することはない。若い者はどこから飛んでくるかわからない。

年とった人はスピーディなものはないが、一つの個性、長い間鍛え上げてきた技というものがある。それを注意しなければいけない。そういう点を考えて臨んだ。

年とった人だから相手が攻めてきても、間を切れば、そう簡単につけこまれることはないと考えて。その日は小手技が多かったですが。

新聞の評に引くというのはどうかと書いてありましたが、それはこちらの計算です。打とうと思って、ひょっといったところを、すっと間を切り、出ようとしたところを打つ。

技を警戒したというのは、全体的なことを考えて見ておったのですが、各個人については分っていた。

京都の杉江君なんていうのは、体は小さいが、どんどーんと来る。あれは絶対に引いてはいかん。引いたら打たれると思って、目をつぶって出てやれと思ってやって、初太刀の小手をとったら、向こうはやっきになってきたところをパッとやったら深くて当たらなかった。それから体当たりをくらわせておいて、引きながら胴を打って二本とった。

そういうふうに対応した技をできるようにしないと。そういうことを勉強したんだと思う。いろいろな人と、いい加減にやるということではなく、この人にはどうだと考えながらいつも稽古をする。兵法というか、私は五輪の書から大分教えられたですね」

範士の自宅の部屋には今でも高野佐三郎範士からもらった書がかけてあるという。

「私は、今まで自分の性格をみてみると粗野なところもありますし、あわてるところもありますから、高野先生が卒業するときに『細心にして剛胆』という言葉を書いて下さったが、これは私の場合は大事なことで、部屋にもかかげて座右銘にしています」

範士の話を伺っていると、実技と理論が一体となって、実に明晰である。そして柔軟な考え方に範士の剣道に対する深さを感ずるのだった。

流水浮木

剣道範士　和田　晋　先生

〈和田範士の略歴〉

明治31年4月6日、福島県会津若松の士族の家に生れる。

幼少より、父・又四郎茂弘から剣道の手ほどきをうける。とくに小学校4、5年頃に溝口派一刀流の『左右転化出身之秘太刀』を習う。会津中学にすすみ、高野佐三郎範士の秘蔵弟子といわれた菅原融先生から厳しい指導を受ける。中学時代は各種の大会に優勝。

大正7年、周囲のすすめにより東京高師体育科に入学、高野佐三郎先生に師事。小沢丘範士も同級だった。東京高師卒業後、大正11年に石川県師範学校に赴任し、7カ月間指導を行う。その間金沢第四高等学校からも請われて指導を行い、全国優勝をさせている。大正11年11月歩兵第六十五連隊入隊。大正13年除隊し東京高師の研究科に入学、府立第七中学、攻玉舎中学の剣道師範もつとめる。

昭和7年満州にわたり、南満州工業専門学校剣道部師範となる。満州では高野茂義先生に指導を受ける。

戦後、郷里の会津若松に引揚げ、同好の士とともに剣道復活に奔走。昭和22年若松商業高校奉職。同23年より会津若松市体育協会等役員。同26年剣道しない競技連盟会津若松支部結成、副会長となる。会津短期大学に転任、会津武徳殿師範、福島県剣道連盟副会長。昭和42年会津若松市文化功労賞。同43年白虎少年剣士会初代会長。同50年、52年福島県文化功労賞。

昭和37年剣道範士、同53年剣道九段。

名門の家系

和田範士は明治三十一年、福島県会津若松市の士族の家に生れた。

「私の家は会津藩の士族で、武芸家と学者の家柄です。いままでも、学者と武芸家として、なかなか傑出したものがあるわけです。

祖父は会津戦争で亡くなったんです。非常に武芸達者で、馬術、槍術、とくにこの二つは秀れていた。もちろん剣道でも武芸百般に通じておったが、会津藩のご守護職に松平家がなりましたね。

その松平家の容保公が、ご守護職になって郷土にくる。そのとき藩士の中から抜擢されてお側役になった。今で言えば、ボディガードでしょう。主君の身を常に守っておった。この祖父が敵弾にあたり鶴ヶ城で亡くなって、その長男、私の父であるが、又四郎茂弘、この父から剣道を教えられました」

範士のこの話を聞いていると、幕末の会津戦争の場面が彷彿と甦ってくる。

「とくに、小学校四年、五年頃に溝口派一刀流の奥儀にある左右転化出身之秘太刀を習いました。先をかけて、ずーといって、たんと打つ、その教えを受けたわけです。ちょうど、いい相手がおった。それは私の兄ですね。すぐ上の兄（陸軍中将で、満州にいた）と二人に教えてくれた。

この形によって、剣道の素地ができた。昔は形から入っていった。形を身につけてから始まるわけです。すぐ上の兄は、私と違って体が丈夫でして、幼年学校から陸士に行きました。私は兄とは違って、余り丈夫ではなかった」

小学校のとき、溝口派一刀流の組太刀を習って、剣道の素地を十分につくり、やがて範士は、会津中学に入学するのだった。

「会津中学で剣道をやりましたが、学校に菅原融という先生がきまして、その先生が剣道の達人で、高野佐三郎先生の第一弟子ですよ。秘蔵ッ子です。その秘蔵弟子を会津中学に立派な校長がいまして、加納先生の愛弟子で、武道に熱心な校長で、立派な剣道の先生が欲しいということで、高師に依頼して、高野先生の秘蔵弟子だが、会津に送ろうということで、菅原先生がこられた。

小さいときは父に習い、中学で菅原先生に習って、非常にきびしく教えられました。

菅原先生は、元来は英語の先生でしてね、英文科出で、英語と剣道の両方教えてくれました。

高師では、佐藤卯吉、森田文十郎先生達もよく知っておられる。他の先生は剣道が専門でしたが、菅原先生は英文でも、他の先生に負けなかったくらいでした。たいした先生です。五十五歳かで若くして亡くなりました」

専門家への道

範士は、中学を卒業すると、父や兄のすすめで東京高師に入学するが、高野佐三郎先生からも素質をかわれて、すすめられた。

「会津では、剣道の大将で、菅原先生から非常に厳しく指導された。お前、専門家になれ、高師に入れということで、高師に入った。

入る前に、本当は軍人になりたくて陸士を受けたが、はずれましてね。来年というわけで、もう一度勉強しようというので、会津では駄目だから、兄のところに行けというので、上田の兄のところに行きました。

私の一番上の兄が、上田蚕糸専門学校にいて先生をしていました。剣道部長をして英語とかフランス語を教えておった。そこに行ったわけです。

兄から厳しく教えられ、また精神的な教えを受けました。勉強していたので、高師には一年おくれたわけです」

中学で指導を受けた菅原先生が、熱心に専門家になることをすすめるのだった。

「菅原先生が、お前は専門家になれと言われた。うちの兄も、そうだお前、陸士よりも剣道の専門家になった方がいい。

会津の和田家というのは、学者とか武芸者の家柄だから、高師へ入って、剣道の専門家になれと。兄からも更にすすめられましてね。高野先生に習うのが一番だということで、高師に入ったわけです。そして高野先生に習ったんです。

実は、上田蚕糸の兄のところに行きましたね。そのときに、高野先生が上田に剣道のコーチに来られた。そして、上田中の剣客が皆集まって、学生も集まり、ご指導受けたのですが、そのとき、お前もご指導受けろといって、私も高野先生に稽古をお願いした。

そうしたら高野先生に非常に賞められましてね。何だ君は、会津の和田じゃないか。はいそうです。高野先生に福島の中学で優勝したときも非常に賞められましてね。

大したものだ、中学でこれくらいの腕前なら、専門家になれと言われたものです。それが上田で再会したものだから、お前は俺の孫弟子だと。菅原の弟子で、孫弟子だ、是非高師に入れと、高野先生からもすすめられたんです。激励の言葉と将来性がある、将来自分の後をとる素質をもっているからとすすめられ、兄さんにも頼むということで、高師に入ったわけです」

範士の兄弟は四人で、いずれも学者か武芸家になり、それぞれ活躍をした。

「私は、男ばかりの四人兄弟で、一番上が東大の仏文を出て上田蚕糸の先生をしていた。二番目の兄は上海の東亜国文書院にいて、風雲急であったので、支那、蒙古語を習っていた。この兄も武芸家になっても、学者になってもどちらでもよかった。英語も露語もやり、日露戦争で活躍した。この兄は学者肌であった。

三番目の兄と私が、武芸家でして、兄は戸山学校で、恩賜のピストルを貰いました。これは剣道がうまかったです。盛んに習いましたが、何でも堪能でした。水泳、柔道、相撲と何でもうまかった。

私はこの兄から得ることがたくさんありました。三人の兄の中で、精神的訓練を受けたのは、一番上の兄でした」

高等師範へ

大正七年四月、高等師範へ進んだ範士は、高野佐三郎先生に教えを受けるのだが、そこには、小沢丘範士が同級生でいた。

「菅原先生は高野先生の愛弟子ですが、背が高くて、立派な稽古でした。非常に無器用だったそうです。剣道は好きだったが、無器用だった。しかし剣道が飯より好きだったので、英文科でしたから、英語の授業が終ると、すぐ道場に来て、高野先生に稽古を一所懸命にお願いして、専門家の連中と一緒に稽古をする。無器用な稽古を積み上げたのが自分だと言っていました。

本当に言うと、小沢丘さんもそうです。無器用だった。私の目から見て……。熱心で、素直でね。先生に言われたことは正直に一生懸命にやったんです。その熱心さと努力が実ったんです。

兄が私に、お前の見た最もいい先生を上田蚕糸に世話してくれといった。

高師を卒業し、小沢先生は磐城中学におったんです。上田に来ないかといっているが、行ってくれるかと言ったところ、それでは行こうと上田に行ったんです。

そうしたところが、兄貴が、小沢丘さんを非常に可愛いがってね。こんないい先生が来てくれて、非常にうれしいと。真面目で、熱心でね。生徒の指導はうまいし、大したもんだと。剣道部長をしておったので、精神的訓練を一所懸命にした」

小沢丘範士は、高師時代、上田蚕糸時代のことについて、次のように語っている。

「和田さんとは親友で、思い出もたくさんあるが、和田さんは会津若松の家老の出で、ある意味では高野先生に近いと思う。立派な人で常に公平であった。

和田さんの兄さんの和田仙太郎先生も立派な人で、この人の精神的な薫陶を受け、現在の剣道、そして私があると言っても過言ではない。

和田仙太郎先生は、武道教育の剣道家はどうあるべきかを身をもって教えられた。クリスチャンでもあったので、キリスト教の精神で、人間のあるべき姿はこうであると説き、剣道の先生も、人間として立派な人で、尊敬されなくてはならないと常にいわれた。

剣道部長をされていて、剣道はやらなかったが、剣道界には詳しかった。一高、東大と進み、仏文科を卒業され、剣道家は足を鍛えなければいけないといわれ、私も上田付近の山へ日曜ごとに登りました。

私は和田先生に大変可愛がられた。和田先生の教えは、『春風接人、秋霜持己』で、人に接するときは、おだやかに、自分には厳しくという教えであった」と。

親友である小沢範士と和田範士が、二人とも、仙太郎先生に精神的な面で影響を受けているのであった。

「私より小沢丘さんの方を可愛がりまして、本当です。小沢丘さんは真面目で、素直に人の言うことを聞いて努力する。お前は、我があってどうも。いったん受けとめて、後から批評すべきところは批評して、いいところは取って、悪いところは捨てる、そういうふうにしてゆかなければいけないぞ。

お前は、はい、はいと聞かないで、直ぐそれはなんて言う。それはうまくないぞと」

満州へ

高師を卒業すると、範士は大正十一年四月、石川県師範学校に赴任した。

「四月に行って、四・五・六・七・八・九・十月と七ヵ月です。短い期間だったが、指導しました。十一月一日に志願して入隊したんです。

そのとき、第四高等学校の校長が、是非和田を借りたいということで、剣道の方で、四高を教えました。

ちょうど、土川元夫名鉄社長、大谷一雄、そんな人たちが学生でいて、全国優勝をさせました。

そんなことで、四高の人たちも私のことを慕ってくれました」

四高は、範士が行って剣道を教えたとき、ちょうど全国制覇したのだった。このときのエピソードに、学生たちは毎日、海岸に出て海に向かい、波をめがけて面打ちを研究したということであった。

大正十三年に除隊すると、範士は東京高師の研究科に入学し、東京の府立第七中学校（現在の上野高校）と攻玉舎中学校の剣道師範をするのだった。

「私が府立七中を辞めるときに、上田にいる小沢丘さんを呼んで、師範として小沢丘さんが東京に出てこられた。東京に出てこられた小沢丘さんは、剣道を一生懸命にやって、夜は日大に行き漢学を勉強した。また、上田の兄も心よく許してくれた。君のためには、こんな田舎にいるより、東京でやった方がいい、勉強もして、剣道の修行もしっかりとやってくれと。それで、一家でできたんです（小沢範士は上田で結婚し、三人の子供がいた）。私は満州に兄がいて、来いというので、満鉄で作っている南満州工業専門学校にひとまず落ち着くことになった。

昭和七年四月に行ったが、六年に満州事変が起きた。満州では高野茂義先生に教わりました。茂義先生は満州王と言われ、私も満鉄でしたから……。

その頃の先生に、藤原という先生、波多江という先生がいました。

師範では高野先生に、満州では茂義先生に教わり、満鉄で茂義先生の長男慶寿さん、奉天の医大に孫二郎さんがおって、二人とは非常に親交があった。

お互いに行ったり来たりしておりました。まあ、大した人でした」

範士は中学では高野先生の愛弟子に指導を受け、高師では高野先生に指導を受け、満州では高野茂義先生に指導を受けるという、いわば生粋の高野派であった。

「茂義先生の稽古は上段で、この上段は日本一でした。身体も大きかったが、剣もすごかった。戦後、私は引き上げてきて、会津に帰って剣道やろうと思っても、剣道ができなかった。

何とかやりたくて、やりたくてたまらずに、われわれ会津の連中、剣道の愛好者が、昭和二十四年に集って、何とか復活しようじゃないかと、昭和二十五年から警察道場を借りて始めた。非常に早かった」

父と高野先生の教え

範士は幼ないときから父に剣道の手ほどきを受けたが、これが、その後の剣道の大きな素地となった。

「私の父は若いときだいぶやりました。武芸家になるか、学者になるか迷い、東京に出たいと思ったが、会津が斗南に流されたとき、殿様の後を慕って斗南にいって、会津に帰って来た。

父が戦死する。母がおる。幼ない弟と妹もいる。三人を養っていかなければいけない。どうしても東京に出るわけにはゆかない。上京して勉強したいという心があったんですが、それが出来なくなって、残念ながら会津にうずもれてしまった。

だから自分の子供からは学者、武芸家を作りだしたい。そして常にしっかり勉強しろ、しっかり稽古をしろということで、兄弟二人が学者で、二人が武芸家になった。

（範士の兄弟は、長男が仙太郎、次男が俊男、三男が警、四男が晋であった）

私が一番長生きして、役立たずが生き残っているわけです」

範士は、父から習った溝口派一刀流の組太刀についてこう語るのだった。

「出身之秘太刀は、仕太刀が打太刀の打ってきたのを受け流して打つとか、打ってきたのを抜くとか、打ってきたのをはずして打つとか、そういう形が多いが、そうではなく、打太刀が勝つ、そういう形です。

これを父が教えてくれた。普通は仕太刀が勝つが、出身之秘太刀は打太刀が勝つ。攻めていって打太刀が勝つ。

打太刀が攻めていって、相手が受けても、そこを打つ。常に出てゆくんです。だからちょっと変っているんです。他の形には見られません。

しかも、左右転化とあるように、右と左に転化して打つ。これも、初めは左に変ることばかりやった。それが終ると右に変って打つことばかりやる。

それを合わせたのが五点の形。左に変って打つのが五本、右に変って打つのが五本。合わせて好川忠さんと二人でやったんです。

私の兄とやるときにはいつも左ばかり、右ばかりやった」

やはり、範士が一番稽古をしたのは、高師と満州時代だった。そして、高野佐三郎先生から、常に教訓として言われた言葉は今でも覚えている。

「剣道は、広くて深いもんだ。奥が知れないほど広いものである。お前たちは、このくらいでうぬぼれちゃ駄目だと、いつも言われていました」

また範士は父と兄に精神的訓話として、言われたことは、

「昔は、見採り稽古が稽古だった。今は見学といっているが、常に名人、達人の稽古を拝見して、いいところをとらなくてはいけない。それをしなくてはいけない。

そして、独り稽古が大切だと。自分で工夫研究して、突くときはどういうふうに突くか、その独り稽古が大切である。見採りと独り稽古が必要である。これを忘れてはいけないぞと教えられた。

忙しいときは稽古ができないから、なお更そういう稽古が必要ですね。がむしゃらに数をかけるというだけでは……。宮本武蔵でも、自分で工夫研究して行なった。この忙しい世の中に立ってゆくためには、数かけたくても、数かけられないこともある。

だから工夫研究して、稽古に現わすことが大切である。本当に剣道だけで生きているなら、道場持ってやっているんなら別ですが、学生などを教えるにおいては、ただ数だけかけるのでは駄目ですね」

範士は、最近、雪ですべって、腰と足を痛めた。

「八十過ぎたから、無理をしてはいけない。無理をしないで稽古するようにして、長生きです。腰と足をいため、神経痛で稽古ができなかった。

その上、長男を亡くしまして、親を失ったより、もっとがっかりしました。そんな関係で稽古が少し出来ないでいました。剣道のためには相済まんと思っています」

範士は、会津ばかりでなく、福島県剣道界の長老として数々の役や会長を勤め、剣道発展のために活躍している。

範士の長い剣道生活で得た座右銘を聞くと、

『流水浮木』です。水の低きに流れるがごとく。水の心です。いかに激流にもまれても、抵抗しない。剣道でも、打ってきたら、はずす、左右に転化する。それにぶつかれば、どちらかがやられる。

それがないように、人生においてもかわす、流す、そういうふうに、年をとったら、ますます流水浮木の境地でいかなければならない。これが私のモットーです」と。

淡々と語られる範士の言葉には、八十年という歳月を、激流にもまれながら乗り越えて生きてこられた年輪が感じられるのだった。

警視庁剣道一筋に

剣道範士　伊藤雅二先生

〈伊藤範士の略歴〉

明治38年8月29日、千葉県匝瑳郡野栄町栢田に生れる。

小学校6年のとき、伊藤吉勝氏より不二心流を学ぶ。

大正9年匝瑳普通学校に入学し、高野佐三郎範士の門弟細井寿作氏より剣道の指導を受ける。大正15年上京して警視庁に入る。中山、堀田、檜山、斎村、持田等の先生方から本格的な指導を受け各種の大会で活躍。昭和7年全国警察官大会、昭和11年皇宮警察武道大会優秀錬士選抜試合で優勝。

昭和5年警視庁剣道助教を拝命、現在も引きつがれている『警視庁基本』の作製に尽力。昭和11年警視庁剣道教師、同18年剣道師範、同38年副主席師範、同43年退職。

全日本剣道連盟審議員、東京都剣道連盟審議員、目黒区剣道連盟会長、目黒区体育館剣道主任師範をつとめる。

昭和40年剣道範七、同54年剣道九段。

目黒区剣道連盟会長の伊藤雅二範士を、区立体育館内の道場にお訪ねすると、ちょうど少年の稽古が始まるところであった。

少年時代

「私は、千葉県匝瑳《そうさ》郡野栄町栢田で生れました。姉一人、兄二人の末子でした。長男は四十歳ぐらいで亡くなりましたが、次男は現在も元気です。

私の村で、小学校の六年頃でしたか、伊藤吉勝というお爺さんがおりまして、不二心流という流儀の目録を持っていて、村の道場で、近所の子供らを集めて剣道を教えていました。

その道場で、私の兄貴がやっておりましたので、行って見ておりました。それで私もやろうという気になって始めたわけです。それがきっかけになりました」

小学校を出ると、範士は八日市場にある匝瑳普通学校に入学することになった。

匝瑳普通学校は、私立の実業学校であった。

「三年制の学校でしたが、そこへ入学しました。大正九年です。

学校へ入ると、剣道は正課でやっていましたが、剣道を教えている先生が東京の明信館の高野佐三郎先生の門弟で、非常に教えることが上手な先生で、部にも入って、その先生の指導をずっと受けました。

先生は細井寿作といって武徳会の精錬証を持っていました。私が卒業するときは、二段を貰いました。

部員は二十名ぐらいでしたが、放課後、校庭に出て、屋外道場で、毎日一時間ぐらいやりました。

私は、この細井先生によく面倒を見てもらいました。身体は私より小さいぐらいでしたから、私はとても参考になり、指導は最高でした。

今考えて、あの先生に指導されたことを真似ているところが多分にあります。

ことに、私のように身体の小さいものは、大きい人と対等にやってゆこうとしてゆくためには、これは普通の努力ではいけませんね。

ああいう、小さい先生に指導されたことがよかったですね。そして、それを見習うことが大切だと思います。自分に似通った体格の人のように稽古をすることですね」

警視庁へ

範士は大正十二年に普通学校を卒業し、家の手伝いをしていたが、そこへ細井先生が現われて、範士に剣道修行をすることをすすめるのだった。

「学校を卒業してから、家が農家ですから、百姓の手伝いをしていました。

徴兵検査があり、それを過ぎたころ、たまたま細井先生が訪ねてきた。『伊藤君、君は百姓をやっているより東京へ出て、剣道の修行をしないか』と言われ、東京へ出て修行するといっても、あてがなくては、しょうがないと言うと、『警視庁に入ればいい。入れば剣道ができる』と言うから、兄貴と相談しました。

私も、田舎で百姓やっていても三男坊で、しょうがないから、それでは行って、やろうかなという気持ちもあって相談したんです。

私の父は四十一歳で若くして死んだものですから、母親の手で育てられていました。兄貴が父がわりのようになっていたので、相談したら、やったらいいだろうということで、承諾を得たので、警視庁に入りました。

一般巡査として拝命したのですが、入って、かたわら剣道をやっていたのです」

それはちょうど、大正十五年五月のことだった。その頃の警視庁には錚々たる先生方が揃っていた。

「その時の警視庁の先生は、中山博道先生、檜山義質先生、斎村五郎先生、堀田捨次郎先生、持田先生は後からこられましたが、立派な先生方が大勢いました。

巡回師範としては中山、檜山、斎村の各先生で、全区域を巡回していました。その下に担当師範が十二名おりました。都合十五名の師範がおり、その下に助教といったが、（その後は教師という名称になる）十二名いました。

私は最初、品川署に入りまして、品川でやっておったのですが、君はいいから方面試合とか、よそとの対抗試合の要員として、少し練習をしなさいといって、巡査のときから召集されて、警視庁の選手として練習をやっていました」

警視庁には、各警察署対抗の試合が大正時代からあった。第一回の対署試合は大正十一年七月に行なわれ、以来現在まで連綿として続くことになる。

また、部外との対抗試合も行なわれていた。大正十三年、第一回明治神宮大会が開催された頃から盛んに行なわれるようになった。

範士が警視庁に入った大正十五年には、対署試合も対外試合も多く催されていたので、それらの選手養成が行なわれていた。

警視庁では、その頃剣道は級位制度であり、範士は、この級を受けることになった。

「私は最初受けたら、五級の中にしかならなかった。（当時、警視庁の級位は五級下から始まり、五級の中、五級の上、四級の下、四級の中、四級の上と進んでゆく）

中山先生なんか、君はよくやるな、と言ってくれたが、私は自分自身では二段を持っているから、四級の下にはしてくれると思ったが、五級の中しかいかなかったので、がっかりして、よし、それならやってやろうと、それから毎年試験を受けるたびに、一つずつ上がっていって、元立をやっていた先生より先に三級までいってしまいました」

発奮した範士は、その時から剣道により熱が入るようになった。

警視庁においては、その後、昭和八年に新しい武道級位規程ができ、級位もしっかりしたものになった。

四級の下は、段位と比較すると三段であり、中が四段、上が五段に相当するものだった。

「そんなこともあって、殆ど警視庁の対外試合にひっぱりだされて、やっておりました。戦前は、警察官大会は五人一組の府県対抗があって、昭和四年から始まりましたが、この大会には初めから優勝するまで出場していました。

その当時は、優勝すると勇退ということで出られなくなりましたが、そうしませんと、警視庁は大きいでしょう、いいものばかり出されたら、他の県では対抗できなくなるので。もっとも大阪、京都など大きいところは、やはり優勝すれば、勇退ということになっていましたが。

昭和四年から、警視庁五人の選手でも、なかなか優勝できなくて、四回続けてでました。昭和七年に優勝して勇退し、それから警察官大会には選手としてでなくなりましたが、その他の大会には、いつでもひっぱりだされて、最後には大将までやりました」

皇宮大会で優勝

昭和五年、範士は警視庁助教となり大森署に出るが、六年の六月には教養課勤務となり、本庁に助教として勤めるようになった。

「警視庁では、昔の助手（今は助教と名前が変る）までは対外試合に出られるが、その上の教師は対外試合には出さない。今の各警察の助教までしか対外試合には出さないシステムになっていました。

だから、今の有名な先生、堀口清先生などは、もう警視庁の第一人者なんですが、あの人は早く偉くなってしまいましたものですから、警察大会が始まる頃はもう試合に出られなくなり、試合には余り出ていません。

しかし、他所で教師が出るような試合には、出ることができましたが。

私はその時、まだ助教でしたから出られたのです。そして優勝し、その後は監督やったり、世話役の方に回りまして、昭和十一年に教師になりました」

対外試合と言えば、範士は昭和六年に行なわれた明治神宮大会に、警視庁の代表として出場し、優勝を果している。

また、昭和十一年に皇居内、斉寧館において行なわれた宮内省皇宮警察部武道大会剣道試合にも出場し、優秀錬士五人の選抜総当り試合でも見事優勝した。

「その時に恩賜の短刀を授与されました。対外試合では、昭和六年の明治神宮大会と、この皇宮の大会が一番印象に強く残っているものですね」

この総当り試合は、皇宮警察から高橋英錬士（三十二）、警視庁伊藤雅二錬士（三十二）、戸山学校細川寿治錬士（三十六）、修道学院黒崎稔錬士（三十三）、神奈川県警小野政蔵錬士（三十五）の五人であった。

結果、伊藤三、細川三、高橋二、黒崎二、小野〇で、伊藤、細川の決勝戦になった。当時の新聞は〝伊藤錬士優勝す〟という見出しで、大会の内容を伝えている。

―本大会の呼び物として期待された錬士五人の総当試合は、流石若手の一流選士を選抜しただけに、その試合振りといい、態度、技共に申し分がなかった。

神奈川の小野選士が幾分見劣りした外は、一進一退の接戦を続け、最後の戦いで、伊藤が細川に惜敗したため、伊藤、細川が三勝同士の同点となり、決勝を行なったところ、伊藤は一本一本の後、細川の出端を狙って絶好の面を打ち、遂に優勝した。

伊藤は流石警視庁で鍛えた試合巧者だけに、少しも無理がなく、機を見るに敏で、打つべき機会を逃さずつかんでいた―

「警視庁基本」作成に活躍

範士は試合にも強かったが、また、昭和六年教養課にいき、助教として当時の警視庁武道改革の陰の力として活躍するのであった。

「それまで警視庁には規程がなかった。従来やってきた伝統を、そのまま引き継いでやっていた。たとえば、服務規程とか、勤務規程というものはなかった。

それを、当時の武道主任であった頭のいい下野忠夫警部補が、こんなことではいかん、規程もなくてやっているのはおかしいと、あの人が作成しました。

先ず、武道の基本を作った。それから服務規程、勤務規程を作り、たとえば、助教の服務規程、指導はこういう風にしなければいけない、と。

管下を方面に分け、師範一名、助教一名を置き、受け持たせて指導する。各署には助手がいて指導するという勤務制度を作った。

ちょうど私は、そのときに教養課にいたものですから、その手伝いをしました。たとえば、基本を作るにしても下野警部補は素人ですので、いろいろアドバイスを求められた。

勿論専門の先生方が作るんですが、その基礎を作成するまでは、素案は私の言ったことを書きとって、案を作って先生方に、これはどうだろう、これはどうだろうと。こうして基本を作ったわけです。

警視庁基本を作るについては、ずい分貢献したつもりです」

これが、現在まで続いている警視庁剣道基本である。第一基本から第三基本まであるこの基本の誕生には、範士の陰の活躍があったのである。

当時、警視庁武道は、このようにいろいろな面で改革が行なわれ、内容、実施規程の面でも充実がはかられた。

そのときの諸規程は昭和八年に発表されているが「武道教養担当者服務規程」「武道および柔道試合審判規程」「演武規律保持の強調」「武道級位規程」「武道基本」などはいずれも、このとき立案作成されたものである。

戦後の道

範士は昭和十一年、警視庁剣道教師になり、昭和十五年、武徳会の教士の称号を授与され、昭和十八年には警視庁師範に任命された。

戦争も激しくなる頃であった。そして終戦を迎え、警察制度も変った。

「敗戦により警察制度も変り、自治体と国警と二つに分かれました。三多摩方面は国警といいまして、国警の方から要請があり、師範になりたての私に、来てもらえないだろうかと、時の高橋和市という教養課長が人をよこして、何とかこちらに回ってもらえないだろうかと。

私も考えたんだが、人間やっぱり要望されるときに行くのがいいのではないか。ただ損得ばかり考えていては世の中渡れるものではないと思い、国警の方にいったんです。それが、必ずしも私にとって、よかったか、悪かったか分かりませんが、行ったわけです。

自治体と国警が一緒になったのが二十八年頃でしたか、また警視庁に帰ってきたら、前の立場で、階級に応じて扱っていただきました。

最初のうちは、大分俸給が違っていたんですよ。だけど、それは徐々によくなりました。前にやっていたものと同じような扱いをしてくれました。二級師範ということで、堀口先生の次に私がくるようなことになりました」

範士は警視庁剣道一筋に歩いた人であるが、特別一人の先生に師事したことはないという。

「私は先生といったら、警視庁の先生は皆自分の師匠という感じです。とくにこの人、この先生に師事したということはありませんね。全部の先生が自分の先生という形でやってきました。

ただ、その中でしいて上げれば檜山義質先生、この先生が非常に私を可愛がってくれましてね。

『伊藤君、たまには、家の道場に遊びにこないか』と言ってくれまして、私の先輩で、飯田昌隆という先生（亡くなりましたが）が、同郷の弟子（千葉県）で、その先生が行っているものですから、誘われるままに、道場にも時々顔を出しました。

そういう関係でして、しいて言えば檜山先生が一番面倒を見てくれたといえます。檜山先生は本郷の動坂に道場を持っていて、警視庁で教え、道場でも指導していたのです。

とてもおだやかな、いい先生でしてね。先生を慕っていく人は多かったんですよ。年は中山先生よりも上だったですが……」

こういう関係から、範士は檜山先生のあとを継いで日本医大の師範をつとめるようになった。

警視庁では、昭和三十九年四月、剣道指導室を発足させることになった。勿論これは、柔道も同じであるが、これは警視庁武道にとって画期的なことであった。

指導室の発足によって、師範、教師の職が組織上確立され、責任の所在が明確になった。

これにより、師範、教師間の上下関係が明らかになり、地位の向上がはかられた。このときの指導室長は、主席師範の堀口範士であり、副主席師範が伊藤雅二、増田貞之輔の両先生であった。

範士は、昭和四十年に範士の称号を受け、四十一年には警視庁剣道主幹となり、警視庁剣道の総指揮をとることになった。

そして、昭和四十三年警視庁を退職するまで、後進の指導に当ってきた。

現在は、昭和九年から居住している目黒区で、区剣道連盟会長の要職にあり、少年指導に情熱をそそいでいる。

「少年の躾が、いまはなっていない。剣道で大切なのは躾である。

こうしなさいと言っても、直ぐやらない。なかなか扱いにくくなっている。だから技のことよりも、躾を中心にやる気を起こさせることです。

剣道は、礼に始まって、礼に終る。それができればいいと思っています。それと、大勢の中で、自分自身を、自分でつかむことが大切である。

自分の立場を正確につかむこと、立場をわきまえてやってゆくことが大切です」

また範士は、警視庁時代の先生方の剣道に対する教えの中から、こう語るのだった。

「指導者は、相手より、一段、二段上で使うように。ちょっと上で使えと言われました。誰でも、先生を打ったときはうれしいものです。

相気になるということです。指導者が下のものだからと言って、いい加減な指導をしていると、自然それが習技者に移ってゆきます。

だから指導者は、その点を考えて、相気になって、ちょっと上で使うことが必要です。これは多くの先生から教わったことです。

そして先生のいいところを吸収するようにすることが、上達してゆくためには大切である。その点では、私は恵まれていました。

これが私の指導モットーです」

温厚な範士は、自分のことを語るとき、宣伝的に受けとられることを心配されておられた。しかし、後進に修行のことで少しでも役に立てればということで、いろいろお話しして下さった。

警察剣道一筋に歩んでこられた範士の真摯な人柄がにじみ出ているお話しであった。

超然自適

剣道範士　重岡　昇　先生

〈重岡範士の略歴〉

明治41年8月3日、鹿児島県日置郡日置に生れる。

幼少時から武徳会出身の父栄之丞の感化をうけ、日置小学校に入って打越勝文先生に手ほどきをうける。

高等科卒業後、大正14年鹿児島県立第二師範学校に入り、上脇武雄先生に師事。3年のとき、玉竜旗大会に大将で出場して優勝。師範学校卒業後、5カ月間の短期兵役についてから半年の教員生活ののち、武道専門学校に入る。

昭和9年武専の研究科にすすむ。研究科時代、京都の崇仁小学校代用教員をつとめる。昭和12年大阪府警に入り、志賀矩先生に指導をうける。府警時代、日満試合、明治神宮大会（第一回大会優勝）などで活躍。

終戦直前、志賀先生について鹿児島に帰り、軍団の指導。まもなく終戦となり、教員生活に入る。

昭和40年、長い教員生活ののち、近畿管区警察学校教員となり、再び故郷をはなれる。10年間教授をつとめる間、新日鉄、久保田鉄工、修道館などで指導を行う。

昭和42年から、全剣連の方針により日本剣道形の統一を行うため、佐藤忠三先生について全国をまわって講習を行う。

昭和38年剣道範士、同55年剣道九段。

親子二代

範士は明治四十一年八月、鹿児島県日置郡日置で、父重岡栄之丞の長男として生れた。父は剣道家であった。

「親父は武徳会の出身で、佐々木季邦先生（範士九段）のお父さん、水戸の三羽烏といわれた内藤、門奈、佐々木の佐々木正宣先生の一番弟子です。

佐々木正宣先生について、京都から佐賀に下った時に一緒に佐賀に行った。

当時、内藤先生が武徳会の主任教授になられたので、佐々木先生が佐賀に下ったわけです。親父も京都府警の巡査であったが、佐々木先生について行った。

佐賀での教え子が、古賀恒吉、大島治喜太、中島寿一郎等の大家で、佐々木先生は仕立てが上手だった。だから、こういう輩下が出た。

佐々木先生は、佐賀から鹿児島に下った。また、うちの親父が一緒について行った。そして、大正五年、今で言えば四十四歳、僕が九つのときにチブスで亡くなった。それで亡母は生涯佐賀からいくばくかの扶助料をもらった」

範士の父、重岡栄之丞は、佐々木正宣の一番弟子として、佐賀、鹿児島と行動を共にし、そして故郷である鹿児島に帰って来た。

「親父は、持田、斎村、中野宗助という先生方に、年は違うが、望まれて試合をした。

先生方に分がよかったらしい。それで持田先生も、斎村先生も、僕を大変可愛がって下さった。

持田先生には、随分お世話になった。日本武道館が出来たときでも、落成式に剣道形を野田さん（剣道範士、全日本学校剣道連盟会長）と矢野さん（剣道範士、前全日本実業団剣道連盟会長）がやって、試合を中野八十二さんと私で、立ち会いは持田先生がされて、やらせてもらいました。

持田先生のお陰だったと思います。持田先生も、斎村先生も、もう一遍、重岡さん（父）とやりたいと言われたが、死んでしまったので、出来なかった。とにかく、持田先生が負けたのは、うちの親父と、もう一人とか……。とにかく強かったらしい」

その父栄之丞から、指導をうけたことは、記憶では一度しかないという。

「僕は、親父から稽古をつけてもらったのを、一回だけ覚えている。

庭の梨の木の下で稽古をつけてもらった。僕が、親父の面を打つ真似をして、梨をたたき落した。そういう記憶がある。親父と稽古した記憶はそれ一つだけしか残っていない。七つの頃の記憶だが……」

若くして亡くなった父との稽古が範士と剣道の出会いであった。

「父は佐賀で巡査を辞めて、鹿児島へ来てから、武徳会とか、師範学校とか、佐々木先生が行っておられた七校に行っていた。

小学校時代（日置小学校）、先生で稽古のいい人がいて、打越勝文という先生だが、うちに下宿しておられた。立派な稽古だった。その先生に手ほどきをしてもらった。小学校四・五年の頃です。

もう一人は折田良治という先生がおられた。その先生が小学校から高等科の頃の先生で、郡で優勝したりしました」

範士は、父が亡くなった後、小学校時代も良き師に恵まれた。そして、範士にとって忘れられない、子供の頃の思い出がある。それは、鹿児島という歴史的風土が作りだした、舎（私学校）という制度だった。

「鹿児島には〝健児の舎〟というのがある。西郷さんの私学校である。士族の子弟たちが舎に入る。七・八歳の頃から責善舎に入って、夜学校に行くわけです。

試胆会（胆だめし）とか、剣道やったり、相撲やったり、そこで大分鍛えられた。夏休み、春休みなど先輩が帰ってくると、日置、吉利、永吉という三ヵ村があり、撃剣大会があった。それに道具をかつがされて歩いて参加した。

舎の教育というのが、鹿児島では伝統的にあって、年上がリーダー格になって指揮をとるわけです。

夜学は自習、ノートを持っていって遊んだり、神社のお参りとか清掃とか……。伊集院の徳重神社というのがあって、島津義弘公が祀ってある。

そこに旧暦の九月十四日、島津勢が関ヶ原で包囲され突破したのを記念して、昔は妙円寺参りというのがあった。市内から六里もある。僕の村からは八キロ（二里）だが、周辺から、お参りするわけだ。現在また復活して盛大に行なわれている。

昼は、小・中学生が遠足みたいなかたちで行く。夜になると、舎の連中が、僕らは子供だから、陣羽織に刀を差して陣笠かぶって、大人の人は、鎧を着けて徹夜で行軍する。この妙円寺参りは、舎の行事だった。帰りは夜中で、眠くて、差した刀で腰が痛くて、眠りながら歩いたものです。

鹿児島の三大祭り、妙円寺参りと輪読会、曾我の笠焼きというのがあり、妙円寺参りはよくしたものです」

舎の教育が、少年時代の成長に大きな影響を及ぼしていることは、鹿児島では特徴になっていた。

師範から武専へ

範士は高等科を卒業すると、師範学校に入学した。

「鹿児島では、貧乏士族の一人息子は、よく師範学校に進んだ。というのは、師範に行けば、兵役を免れる。一年志願というのもあるけど、これは戦争にひっぱられる。

師範は、貧乏者の子供が行く。県から少しの扶助がある。卒業しても、何年か辞めてはいかんという義務がある。教員を辞めてはいかんという……。

扶助はもらうし、そのおかげで、兵役免除になるでしょう。これが大きい。それを狙って一人息子はよく師範にやられた。

一時、鹿児島第一と第二があった。私は第二師範の方に入った。三年のときに玉竜旗をとった。その頃は西日本新聞社大会といった。あれは大正五年ぐらいから始まっているが、大正十五年に優勝した。

師範に入って三年の時、上脇武雄先生が武専を卒業して赴任された。立派な先生でした。三年のとき、僕を大将で出した。そのときのメンバーは、先鋒鉾之原辰夫（三年）、次鋒村田源助（四年）、中堅丸山汀（五年）、副将西本竹二（五年）、大将重岡昇（三年）。

準決勝で、鹿児島第一師範とあたった。第一は錚々たる連中がおった。そのとき、大将は瀬戸口徳蔵、それに酒匂久、仁王文雄など。僕らの方が、前の二人で、勝ちっこないと思ったが勝ってしまった。決勝では糸島中とあたった。井上という大将がいた。

中堅で糸島の大将に逆転された。僕は後にも先にも一回の出番でした。そのとき始めて出たわけです、大将戦になって……。

新聞社の舞台でやる。審判には学生のOBが当たる。とにかく、県外不出の優勝旗だったのです。その門外不出の優勝旗が十年目に出た。僕は昔から小手は得意だった。まともに当たったので、審判も上げざるを得なかったんだろう。それで優勝した。その後何遍か優勝旗が外へ出ている。

それから南九州の大会で勝ったこともあるし、三年のときが一番よかった。第二師範をあげて、パレードしたこともある。

四年・五年のときは勝てなかった。欲がでてきたのだろう」

範士は、師範を卒業すると短期現役に服した。

「師範を卒業して短期現役に五カ月間ゆかなければならなかった。四・五・六・七・八月と一学期間行って、そして、国民軍の幹部というわけで衛門伍長である。それで兵役免除になる。

師範を卒業して一学期は兵役について、二学期、三学期と教員をして、一年遅れて武専に入った。

鹿児島は玉利先生（嘉章。範士九段）の時代などは二中が強かったが、圧倒的に師範が強かった。それで、武専も師範系統が多い。

津崎先生、上脇先生、田島先生、重岡、牧元、酒匂、皆師範出身である。

僕の場合、中学から武専にいった人より年くっているわけです。

武専時代は、華やかな剣歴はない。酒呑みが主だった。専門家としてゆくには武専がよかった。

卒業して昭和九年に京都に残った。研究科に二年いて、更に一年いて……。親父がおらんから母と妹を京都に呼んで、薩摩寮といって、岡崎に家を一軒借りて鹿児島のものを集めて母と妹にまかないさせて一緒におったこともある」

武専の研究科の時代に、範士は小学校に勤めたことがある。

「研究科におりながら、京都に崇仁小学校というのがある。校長が伊東茂光という人で、うちの母と小学校が同年で日置の出身で、有名な学校でした。この人は一生水平運動に身を捧げた人である。その当時の京都帝大の法学士です。校長になって、いまの同和、昔の水平運動の先覚者である。

神様みたいに校区民の崇敬厚かった人である。京都駅と加茂川の間に本部があった。その小学校の代用教員をした。月給は五十円。そのときの生活は面白かったね。三年お世話になった。今でもその頃の教え子たちとつき合っている」

大阪府警から教員生活に

京都の武専を経て、範士は昭和十二年、大阪府警に入ることになった。

「十二年に大阪府警に入った。そのとき志賀矩先生がいて、頭のいい人で、この人の教えをいまでも守っている。

それで、終戦直前まで大阪府警におった。天王寺警察に四・五年いた。そして本部師範になって……。

大阪府警時代は、日満試合にも行った。それから明治神宮の試合に行った。あの頃は三名だった。先鋒藤岡堅一、中堅谷口広衛、大将重岡昇。これは、府警ばかりであった。第一回に優勝した。千葉とやって、前の二人が勝って、決勝戦のときだけ僕が負けた。相手は千葉の福岡明先生でした。

秩父宮殿下に賞状を貰いにいったことを覚えている。

志賀先生が、終戦直後の七月、鹿児島地区指令官の大迫通貞という中将がおって、社の時代に一緒で、志賀君帰って来て加勢をせいということで、鹿児島に帰るというので僕と酒匂君がついて帰った。

帰ると、郷里の吹上浜というところに敵前上陸するというので、軍団の選り抜き隊の指導をした。

一カ月目に終戦になった。流言飛語の中を辞めて、鹿児島から歩いて帰った」

鹿児島で終戦を迎えた範士は、四人の子供を抱えて、戦後の厳しい生活を乗り越えなければならなかった。そして、教員生活が始まるのである。範士にとって第三の人生だった。

「家族が多かったので、食うに困って師範の同級生が教員していたから、相談したら、当時青年学校というのがあった。そこがいいというので、そこへ世話してもらって八十円もらった。

その頃は増産ばかりで、牛を飼ったり、米を作ったり、そういう勉強をした。僕にとっては第三の人生であった。

第一は京都時代、第二は大阪府警時代、第三が教員時代。

青年学校がなくなって、新制中学制度にかわったので、そちらに移った。僕は授業経験がないので郡の教員組合に行った。

それから村会議員になった。教員やったり、組合に行ったり、村会に出て教育委員長をしたりした。

知り合いに視学がいたので、授業できないので校長にしてくれと言ったら、箕輪視学が、どこへでも行くかといわれた。

『ハイ』の一言でした。そしたら辞令が出た。大田小学校と新聞にでた。

調べてみたら、郡の南の端の阿多村に小さな小学校があった。そこの校長として行くことになった。

議員を辞めると言ったら、議員連中が、辞めんでもいいという。だが二股かけるのは駄目だからと議員をやめて、モーニング着て、学校に乗り込んで行った。その小学校に二年半ばかりいた」

こうして範士の校長としての生活が始まるのである。

「この頃になると、剣道がぼつぼつできるようになった。郡の視学が同期生だった。校長やっているのは、同期生では僕一人だった。どこでも行くの一言で、こうなったが……。

剣道が始まるから、鹿児島の近くに僕をやれと頼んだ。そうして郡山中学校の校長に移った。郡山中学校に五年いた。そのときの中学の教え子が、鹿児島の教員剣道で活躍している。この前も三十名ほどで寄って、お祝い（範士の九段になったお祝い）をしてくれた。鹿商高の下村、鹿高の鵜狩君らです。

郡山中学校から剣道を始めた。町教委に柔剣道やりたいからと言ったら、わずかな予算を組んでくれた。当時の金だから二十万ぐらいか。ちょうど柔道の先生がいたので、予算の関係で柔道を始めた。そしたら教育委員会から呼び出しがあって、お叱りをうけた。

何んで剣道やらないかと。校長だから剣道からやると教員がひがむから、柔道から始めたと。翌年から剣道を始めた」

校長として、学校を廻って剣道普及に力をそそいだが、範士には、その教え子も多かった。

「郡山中学校に五年おって、鹿児島大学の非常勤として、大学の高等体育科の授業と剣道部の指導に当った。その頃の学生が現在鹿児島の体育行政では中堅です。

五年になったから、松元中学に移った。ここでは、剣道の優勝旗を数本集めた。私は、二年、三年は稽古台にして、一年生から手をつけろと言ってやらせた。

また五年たったので、東市来中学に移って、二年いた。ここは、ちょうど赴任する朝、集団万引というのが新聞に出た。湯之元の温泉街です。不良化防止に体育を奨励したら、かれこれ優勝旗を十四、五本とってＰＴＡがお祝いをしてくれて、不良は一人もいなくなった」

五十の気、六十の理

戦後の長い間、学校長として、学校剣道の指導に当たった範士は、昭和四十年、故郷を後に、再び大阪に出るのであった。

「四十年に、近畿管区警察学校教授の席があいたので、津崎先生の後に入ったわけです。五十七歳で、よく出て来たと思う。十年お世話になった。

校長を早く辞めて、もう一遍剣道をやり直したかった。校長時代も、郡山中学以降は剣道をやっていた。

昭和三十九年、オリンピックの年には中野八十二さんと、四、五回試合をお願いしています。

武道館でやった。それに仙台の東西対抗。また田主丸（福岡県）で、中野宗助先生の碑の除幕式があった。そのときも試合させられた。

僕の相手は皆東京の方ばかり。鶴海先生と三回、伊藤雅二先生、中倉先生、佐藤顕先生、それに玉利先生（学生時代は胸をかりた）、大野先生など。

大阪では、新日鉄（堺）、久保田鉄工、修道館に行っていた。

もう七十になった。無職です。人生七十代は社会に恩返しをする年代だから、剣道界に奉仕したいと思っている。

鹿児島に帰ってみて、大阪に十五年ほど行ってよかったと思っている。

四十二年全剣連で剣道形の統一をやろうということで、それ以来形の講習会にずっと出ている。（範士は、全剣連の形・審判講習会などで講師をつとめている）

形の責任者、恩師の佐藤忠三先生について手伝ったから、形の講習で全国を廻った。鹿児島にいても、講習会、大会などでゆっくり出来ない」

鹿児島では、朝稽古、九州のレベルアップのための巡廻、各講習会にと範士は多忙である。

「鹿児島の稽古は、朝稽古会。週に五日やっている。中央武道館で、これは中倉さんが始めたもので鹿児島名物です。それに、週二、三回出ることにしている。六時だから朝、家を五時に出る。

九州を盛り立たせなければいかん。熊本が中心だから、その中に九州合同稽古を熊本で実現したい。九州を廻って、指導者のレベルアップに力を入れている。

範士の剣道生活および人生の指針としての座右銘は、「『超然自適』である。超然主義というのがある。明治村大会（無声堂）があるでしょう。無声堂（旧制金沢四高の道場）の塾『時習寮』の教えである。

超然には、積極面と消極面の二つがある。われ関せずで、社会に染まらずに一人おるのは消極的な面。社会にこだわらずに、信念をもって、積極的に指導するのが超然の積極面である。これだと自認して自分の信念で自適しようと。それが人生の寄りどころである。

僕は僕の信念でやってやろうと、そういう気持ちが、今も役に立っている。出稽古しないと力はつかない。鹿児島の連中を引っぱり廻すぞと言っている」

範士はまた、俳句の趣味を持っている。武専の句会もある。

「一年のうち、旅行が百二・三十日。

『百日の　旅の哀歓　年の暮』

旅行が多いから旅のつれづれに俳句をやる。

剣道に関係ある句というと、〝武徳祭〟という題で詠んだものに

『五十の気　六十の理　武徳祭』

というのがある。

これは七十になってみるとわかる。

剣道は気と理がなければ駄目だ。気で攻めて、理で打つ。それが大切だ。

先の京都大会では、佐藤顕さん、玉利先生と手合わせしたが、そのとき私は気の稽古を、年に合った気の稽古をした。

年齢と称号は併行していく。七十になって、小学生のような稽古をしていては駄目だ。範士は範士の稽古、教士は教士の稽古がある。

私は、形の立場を守っている。『一刀流極意』を書かれた笹森先生が言っている。今の剣道は形なし剣道だと。形と併行して稽古すれば、七十、八十になっても行きづまることはないと。

形即稽古、稽古即形です。しかし、生きた形でなくては駄目。型では駄目だ。形をやれば、必ず稽古がよくなる。

私は、剣道の勝負は五十歳（八段）が第一回の正念場だと言っている。それから、六十、七十で勝負だ。

先年の明治村大会では、東京の岡さんが優勝した。彼は試合の実績はあまりありませんが、正当派です。八段には一回で合格している。剣道に対する心構えの問題です。

専門の教育を受けた人は、指導者だという自覚があるから、五十になると頭角を表わしてくる。学校出た人には理念がある。私は警察と学校に各々二十年お世話になりました。長い教員生活が剣道、人生に大変プラスになりました。一道は万道に通ずと言います。学校経営も剣道の理念でやってきましたが、これも剣道のお陰だと思っています」

一道は万道に通ずると言われる範士は、剣道を通じて、人生そのものを深く感じ、社会に生かすことの大切さを、自らの生き方の中に示されているようだった。

交剣知愛

剣道範士　玉利　嘉章　先生

〈玉利先生の略歴〉

明治36年2月27日、鹿児島県に生れる。剣道は大正4年、名門鹿児島二中に入って神陰流の森修先生に手ほどきを受ける。また武徳会では、佐々木正宣先生に指導を受ける。

斎村五郎先生の招きで早稲田大学に入学し、全国を廻って修行する。卒業と同時に保険会社（日清生命）に勤務。昭和49年より54年まで、全日本剣道連盟副会長をつとめる。

昭和4年精錬証、同13年教士。

昭和39年剣道範士、同57年剣道九段。

全剣連の事務局の一室で、範士にお会いすると、範士はその長身をソファにうずめて、若い頃の話をされるのだった。

中学の正課で剣道を

範士は剣道を鹿児島二中に入ってから始めたという。

「大正四年、中学に入学して正課で始めたのが始まりです。中学時代は、あばれん坊だった。

その頃の先生は、昔の武術教員養成所の、神陰流の森修という小肥りのおじいさんの先生で、その先生に手ほどきを受け、武徳会に行ってからは佐々木正宣という、佐々木季邦先生のお父さんで、天下一の先生でした。

従って、お弟子さんが大島治喜太先生とか、古賀恒吉先生、皆佐賀ですが、今の重岡さんのお父さん、重岡栄之丞先生、ああいう先生を仕立てられたんです。

私は痩せてひょろひょろして、剣道させた方がいいと、おふくろなんかが、あの当時、一式二円五十銭の防具を買ってくれた。やっぱり嬉しかった。中学では正課だけでやったが、示現流が盛んで、示現流が正課でした。

佐々木先生は偉い人でした。初心忘れるべからずでね、竹刀の五節はどういういみがあるか、先の三節は……とそれから教えた。

五節は仁義礼智信、鍔から先の三節は、天地人とね。剣道を学ぶものは、人間を学ぶものだ、そういうことを教える先生はいませんよ。偉い人でした。

当時の稽古は、今のように叩き合いではない。ちゃんと間をとって、佐々木先生は水戸出身の水府流でしたからね、水戸の、大きな先生でね。佐々木先生の影響は大きい。

中学の在学中に二段を貰ったが、あの頃いなかったですね。『武道階級例の規定により剣道二段を允許す』というものでした」

範士は名門鹿児島二中で剣道を始め、良き師に教えられ、めきめき上達していった。

「たまたま、高野佐三郎先生が、早稲田の大学生を引き連れて、私は浪人していたときだったが、鹿児島にこられた。その頃、昇段の参考書は、高野先生の『剣道』しかなかった。偉い先生が来られたもんだと。先生はそのときモーニングを着てこられた。武徳会の一等有功章のメダルを下げて。昔の人は、そういう一つのジェスチャーもあったんでしょう。

春休みに来られて、我々が稽古をつけてもらったら、手だまにとられて、大したもんだなと思った。

夏に早稲田の予科高等学院を連れてこられたのが斎村五郎先生ですよ。まだ、この先生は三十五、六だったでしょうね。テコでも動かんような稽古でした。その当時ちょうど奈良の島谷八十八先生という先生の兄さんが鹿児島にいたんですよ。

そして、僕のところへきて、稽古はああいう稽古でなくちゃ駄目だよ、胆の稽古をしろと。どんな先生でも、びくともしない。そのとき、君早稲田に来ないかと言われて、早稲田に入った。

その頃、我々は関西流の稽古でね。一足一刀の遠間から入って。ところが道場が狭いでしょ、すり込み突きで突かれて、肋骨を六本ぐらい折られてしまった」

範士は、斎村先生の招きで、早稲田大学に入ることになった。

大学時代の修行

早稲田に入った範士は、剣道一筋に打ち込んだ。

「早稲田は、あの頃警視庁が束になってもかなわなかったですからね。これは、私が学生時代全国を廻って修行したときの〝英名録〟です。随分、いろいろな人と稽古したものです」

範士は、和綴じの古い英名録を二冊とり出して、懐しそうに目を通すのだった。

その英名録の最初には次のように毛筆でしたためてあった。

有段者　林　正雄
（外五十三名）
錬　士　小野佐以次
本間　七郎
小沢　武
斉藤　清七
（外五名）
教　士　松田孫治郎
森山　繁雄
佐藤　信雄
久保田廣太郎
右水戸武徳殿ニ於テ稽古仕候事
更に頁をくってゆくと、内藤高治の書があった。
欲求忠臣出
於孝子之門
碧水書

また、次のような文字も目に入った。

大日本武徳会
　武道専門学校
教　授　内藤　高治
同　　　小川金之助
同　　　宮崎茂三郎
同　　　近藤　知善
同　　　四戸　泰助
助　手　津崎　兼敬
同　　　佐藤　忠三
同　　　黒住龍四郎
同　　　佐藤豊之助
同　　　若林　信治
同　　　唯　要一
同　　　菅　三郎
八幡商業
学校教師　清水誓一郎
　武道専門学校

本科生
野木　幹夫
（外五十九名）
右昭和二年十一月十七日
大日本武徳会武徳殿ニ
於テ試合仕リ候也

二冊の英名録には大日本武徳会各支部をはじめ、大学や各地の道場などで剣を交えた人々の名が、びっしりと書かれている。それは、範士の汗の結晶であり、修行の広さを物語るものであった。

「皆稽古願ったんですから。この人、大祢一郎さんなど、茨城で居合もやっているお医者さんですが、まだ大阪医大予科の時代ですよ。

大学時代の先生は、高野先生、斎村先生。高等学院の方が、当時弘正先生、市毛正平先生です。当時は、試合はしませんでした。他所に行っても、先生が試合はさせない。今は試合本位ですが、そのころは稽古本位です。そして錬り込まなければ。今は試合が剣道を毒していますね。それでは、本当のものは摑めない。

戦後、奨励として試合をやるようになったが、先生が勝たせようとして教えている」

学生時代に全国を修行して、本当のものを摑もうと、範士は稽古に稽古を積んでいった。

「高野先生のお稽古は、千変万化の技をもっておられるが、先生は、位を大切にしろと言っておられた。位は大納言の如く、加賀百万石の気持でやれ。技は小者のようにやれ、と教えられましてね。

昼の稽古に十時頃来ておられて、一人でおられる。先生のところに行って、話を聞くことが非常にためになった。今のようにテープレコーダーはないですから、惜しいことをしたですね。

斎村先生は、何も言われなかった。ただ左手のことは、やかましかった。左手が上がるような稽古は駄目だと。今考えてみると、生理的にも、左手を上げることは横隔膜を下げることで、禅の座法と同じですよ。大家は絶対に上げない」

昭和五年五月と印刷された第三十四回武徳祭大演武会演武番組（大日本武徳会）其三という小冊子に、このときの取組みが載っている。

精錬証之部の三七四番に、宮崎本田重遠、東京玉利三之助と書かれている。範士は精錬証之部で出場したのである。

印象に残る試合

昭和三年、範士が京都で見た試合は、今でも印象に残っていると、そのときの様子を、

「宮崎茂三郎先生と大島治喜太先生の試合。これはまったく、殺気場に溢れて、宮崎先生がまだ若いときでした。追われて、二回ぐらい回った後で、苦しくて宮崎先生が上段に上げようとするところを突かれて、それを竹刀を持った両手で上から押さえた。

竹刀がささらのように折れていた。一番印象に残ったですね。

大正十二年には、初めて京都に行って拝見したのが奈良の島谷八十八先生で、満州の高野茂義先生とやった。高野先生も上段が得意で、それを島谷先生が、先に上段をとられた。

高野先生は青眼で島谷先生が二間ぐらい追っかけて打たれたですよ、高野先生を……。

尾関教政先生と斎村先生の試合は、今度どう使いますか、と隣の人と話したが、先生は表から乗って攻めて、担いで必ず面を打たれると言ったら、その通りに二本。ああいうのは、今ないですよ。

万場寂として声なく、静々と出て行って、静々と終って帰られる。ああいうのは、今ないな」

学生時代に見た京都の大会の名勝負を思いおこすように範士は語るのだった。

学生時代、早稲田の道場は余り大きくはなかった。

「道場は小さい道場で、あの後の道場は昭和八年です。あれが出来てから早稲田は弱くなった。あの新しい道場は我々が卒業してからで、あれは日本一だった。今度また新しいのが出来ますが、まだもったいないんですがね。昔の道場は小さくてね、追い込まれてもどうしても出なければならないので、強くなった。広い道場が出来て、間をとって逃げるから弱くなった。

昔の道場は、皆小さかった。高野先生の道場も小さくて、芋を洗うようでね。打たれたって、突かれたって、出なければならない。そこに稽古の意地があった。

余り広いと、間ばかりとって逃げるから、それで弱くなってしまう。

私は学生時代、剣道一筋でした。碁もできない、将棋もできない、ダンスも踊りもできない、剣道一筋です。これでも商学士ですよ。いい時代でしょ、あの頃は」

心法を剣法に

大学を卒業すると、範士はサラリーマンになった。保険会社に勤めるようになる。

「早稲田系の日清生命といって、そこに入った運動選手は随分いましたよ。

野球の伊丹君だとか、柔道の八田君とか。会社は私のために道場を作ってくれました。今の東京生命ですよ。

剣道というものは有り難いもので、三菱の赤星さんという方が、あすこの土地が、隣に空いているが、安くしてやるから買ってゆかんかと。昭和七年か八年頃でしたね。

あの辺は坪二千円ですよ。その隣の空地が坪六百五十円というのですから」

社会人になっても、範士は剣道を続けた。

「私は、広くいい先生を選んだ。いろいろ話を聞いてね。

山中峯太郎の『腹でゆく』という本に、こういうことが書いてある。藤田東湖が土佐の山内公のところへ行った。そしたら額に〝忍堂〟と書いてあった。東湖がこれは一体どういう意味だと聞いたら、自分の座右の銘だと。土佐の主ともなれば、苦しいことも多々あるから、忍ばなければならないと、これを座右銘にしたという。

東湖は、せせら笑って、忍ぶとは何事でありますか、といって座右銘を書いた。〝容堂〟である。お容れなさったらどうですか、人の意見をいろいろ、取捨選択は自分でしょ。稽古だってそうです。人間も角があるでしょ。こういうことをして失敗し、角がとれてゆく。角を削るのではなくて、角を増やすことですよ。大きな角を入れれば、この角は消えちゃうでしょ。やっぱり〝容堂〟ですよ。外接円は無限大です。

私も好き嫌いをしていたんです。いろいろな先生にぶち当って、取捨選択は自分でしょ。一人の先生に聞くより、こちらはとり入れるのだから、そういうところが修行の一番の要点ではないかと思う」

範士の話はだんだん熱気を帯びてくる。

「剣道は、打つことではない、その前がある。その前がないから今は困る。なぜ私がそんなことを言うかというと、中里介山の『大菩薩峠』の中で、島田虎之助という男は偉いものだと。それから研究してみると、なるほど最初は、広瀬淡窓の弟の旭窓の塾に入ってまず学問をしたんです。

広瀬塾は何かというと心のことを言うでしょう。だから、『剣は心なり、心正しからざれば剣もまた正しからず』。剣道とは、どういうものだと。二十一ぐらいですよ。

『それ剣は、よく人を打つにあらずして、心よく実に人を打つなり。我人を打つにあらずして彼自ら打たるるものなり』心法を剣法に持ってくれば、昔の本など読む必要ない。そういう男でした。

剣道とは、根本を極めることだと思う。残念でしょうがない。剣の中にこんないい哲理があるのに、なぜそれを極めないのか。

どこの大会で勝負したとか、そんなことではない」

範士が、剣道の根本を語るとき、心の底から湧き出るように、なめらかに次から次へと言葉がでてくる。
「島田というのはこういう男です。百四十年忌をやって、招かれてうれしかった。師匠がまた偉い。男谷精一郎という人が。

男谷精一郎という先生は、稽古をして人に決して悪感情を抱かせない。

最初男谷を訪ねて、いいかげんにあしらわれた。名もなき青年でしょ。次に行ったのが井上伝平という下谷車坂に道場を持った直心影流の人。その人にひどい目にあって、弟子入りしたいからとたのむが、江戸には私のようなのが沢山いるから、男谷先生のところへ行ったかというと、自分が打ったと思っているので、あの先生は大したことはないですと。

打ったと思っているが、紹介状を書くからそれを持って行きなさいと。それを持って行くと、今度は打って変って一本も打つことができない。それで許されて弟子入りをする。

そういうのが本当の剣道ではないですか。高野先生なんか、あれだけ技を持っておられて、決して打つなということを言ってないですよ。

あの先生が口を極めて賞めたのが松崎浪四郎先生ですよ。もう何遍も聞かされた。玉利さんの今の剣道は駄目です。松崎さんのような稽古は、剣先だけでジリジリ攻めていって、隅にいってパッと打たれる。証しだと言うんです。

あれがやっぱりそうらしいですね。斎藤弥九郎が、山岡先生が初めて願ったときが二十八歳。斎藤弥九郎は四十二歳。追い込まれて剣尖喉元につけられて、そして後は隅に追い込まれちゃって、ポッと引戸を開けて中に入られて、とりつくしまがないと。

稽古はいつもそれでやって、打つ前にすでに心で勝っている。心法を剣法にもってくる」

次に範士は机の上の本を指さして、角から角へ対角線を引き、剣道を図解するとこうなると説明するのだった。

「十歳から始めて、底辺の角、これが技、叩き合い、だんだんそれが増えていって、また狭くなる。反対に心の三角形は、上にゆくに従って増えてくる。

八十は体力も衰えてきて、これは心法。十歳から八十歳まで、中は心と技が半々、ここですよ。地方にゆくと、あなた方、年とって、七十過ぎて何で叩き合いをやってふうふういってんですかと。そうではない。ここを（心）つかんでごらんなさい。心法を剣法に持ってくる。この中に哲学がある。こういうことを言ってくれる人がいないから寂しい。

剣道の哲理はあるんですから、これを万般に応用するのが現代の剣道でなくてはならんというんです」

範士は剣道の根本を摑むことの必要性を説く。そして座右銘については、

「『交剣知愛』です。剣を交えて愛を知る。その愛は愛情ではない。おしむというんです。

これは男谷精一郎先生と同じで、相手に悪感情を抱かせない。あの先生は強いけれど、もう一遍願ってみたいという、余韻嫋嫋としてつきない気持ちですね」

範士のお話しにうっとりと聞き入っていると、高い心の世界に引き入れられてゆくようであった。

不動心

剣道範士　松本　敏夫　先生

〈松本範士の略歴〉

明治41年3月17日兵庫県伊丹に生れる。

大正6年、小学校4年（9歳）のときに小西修武館に入門。天道流の美田村邦彦先生から剣道の道場内における行儀を仕込まれる。伊丹中学にすすんで剣道部に入り、3年生からレギュラーとなる。在学中は修武館にも稽古に行き、富山圓先生から、竹刀は刀であるという観念を強烈に植えつけられる。旧制高校や同志社大学主催の中等学校剣道大会で何回か優勝（個人、団体とも）を飾る。

中学卒業後は関西学院高等商業学部に入学、早坂廣道先生から教えを受ける。一年のときから正選手として、明治神宮大会、京都武徳会青年大会に優勝するなど、各種大会で活躍。台湾遠征も経験。

昭和4年、大学を卒業して南海鉄道に入社、宮崎茂三郎、越川秀之助、四戸泰助の各先生方に指導を受けて剣道を修行。昭和9年、早坂廣道先生の長女と結婚し、南海鉄道を退社して関西学院に奉職、学生の指導にあたる。

その後、先輩のすすめで再び学校を辞めて実業界に入る。川鉄商事専務から川商建材の社長となり、のち同社相談役。また全日本学生剣道連盟会長をつとめる。

昭和40年剣道範士、同57年剣道九段。

修武館に入門

兵庫県伊丹に生れた範士は、小学生のときに有名な修武館道場に入門した。

「伊丹には、今でも白雪（清酒）の小西（酒造）の修武館道場がある。その道場があったので、小学校四年、九歳のとき修武館に入門した。

英雄きどりとか、餓鬼《がき》大将とか、つまり修武館に行っているというと、学校でもハバがきいた。修武館で道具をつけているというとハバがきくわけで、そういうところから入ったんではないかと思う。

最初は、切り返しばかり毎日、毎日、日曜日以外は毎日やっておった。六日間通って切り返しばかり、一年以上。今のような基本はない。全部切り返しで、五、六本お願いする。一年以上しなければ面はつけさせてもらえない。面をつけるまでは切り返しを一年以上やらなければいかんという頭が、皆にあった。ちょうど大正六年頃だった。早く面をつけたい。切り返しを充分やらなければ、面をつけさせてもらえないという観念があった。そこらが、今と違うところである。

だから、小学校に行っても、あれは面をつけておると言えば、上級者である。あれはまだ切り返しだと言うと下の方で……」

範士は、小学校のときに剣道を始め、修武館でもっぱら切り返しの指導を受けた。

「僕の入門したときの先生は、天道流の美田村邦彦先生で、この先生に手ほどきを受けた。

小学生のときに、面もつけたが、何を教わったかというと、美田村先生から、剣道の道場内における厳しさを仕込まれました。剣道における行儀の厳しさを……」

小学校を終えて、範士は伊丹中学に入学した。中学に入って、剣道部には直ぐには入らなかった。

「一年生のときに、寒稽古がすんで、年級ごとの優勝試合があった。それで優勝してしまった。

兄が、五年生で正選手だったから、弟やるじゃないか。あれは剣道部へ入れろということで、優勝したことが、それから剣道をずっとやる大きなきっかけになっていると思う。

それで、一年の終りから正式に部へ入った。やっているうちに、勝負は強かったので、三年生から五人のうちのレギュラーになった」

範士が本気で剣道を始めたきっかけは、中学一年のときの優勝であった。

「四年生になって、初段ぐらいになっていた。中学の稽古だけではいかんから、修武館の夜の稽古に行った。

そのときの先生が、富山圓《まどか》という、斎村（五郎）先生の下駄の話で有名な富山先生だった。斎村先生が、仙台で富山先生のところへ行って、大島（治喜太）先生と一緒に、稽古をお願いしますと言ったら、どんな下駄の履き方をしているか、下駄を持ってこいと言われ、片方がチビている下駄を見て、そんな歩き方をするやつはだめだ、ちゃんと真直ぐ歩けるようになって来いと言うて、それから斎村先生は一所懸命、真直ぐ歩けるようにしたという。

その富山先生が当時仙台におられた。伊丹の道場から仙台に行かれた。仙台から台湾に行かれて、お年寄になられ、七十歳近くになられて、台湾を引き揚げて、また伊丹の先生として帰って来られた。そこに僕が習いにいった。だから先生は七十歳以上だった。この先生に中学四年生のときに習った」

富山先生との出会い

範士は、この富山先生との出会いで、剣道に対する考え方の根底をなすものを得ることになった。

「この先生に初めて僕は、面が得意なのだが、パーンと面を打っていった。するとポクッと胴突きを突いて、『お前は俺の剣先に当たって、なぜ死にに来たのか』そう言われた。

それは、そう言われれば刀なんだ。剣道を刀の観念でやれと。難しいことを言うているけれども、その一言で、これは刀なんだ。その構えているところへ、打ちに行ったら、突かれてしまう。なぜ死にに来たのかと言われた。

それで始めて、剣道というものは、竹刀ではないんだ、刀と思うてやらなければいけないんだ、と中学四年生のときに分かった。

二回目は、剣先でくるなら、横面を打ってやろうと、学生だから、カーンと横面へいった。また、つかつかと来て、『刀は片手では切れません』と。

先生は、全部歩み足である。短い三尺二寸ぐらいの竹刀で、ズーズーズーと歩み足で攻めてこられる。

僕はいこうかと剣先を押さえると、つるっと竹刀をかわしてまた入ってくる。離れて押さえにいったら、また入ってくる。五、六歩こられたら、ハメ板にどんとぶつかり、突かれて、また元にかえる。

中学卒業するまで、日曜を除いて毎日お願いしたが、最初の面を打って叱られたこと、横面を打って叱られたこと以外は、後は攻められて後方へ下って打たれるばかりで、二年間、富山先生には何も技というものは教わらなかった。

いかに相手の剣先を外すかということを中学の初段ぐらいでやっている。無理に打ったら駄目だ。構えておるところへいったら、自分が先に死ぬんだと。刀なんだから、突かれたら死ぬんだということを教わった」

中学を卒業するとき、範士は富山先生から直筆の免許を貰った。

「直心影流だったから、霊剣、切紙、目録、免許とあり、中学卒業するときにいただいた。相手の竹刀をいかに押さえるか。毎日それればかりで、後は切り返し。あるとき、先生の剣先が邪魔になるというと、先生は竹刀から左手をはなして両手をひろげ、さあ打ってみよと、ズッズッと進んで来られたので、自分の竹刀が邪魔になって、先生分かりましたから、竹刀を持って下さい。そうかと。

今から思ったら、それが無刀なんだな。気持ちで、ウーと来る。じっとしていてくれれば、間合はかかって行こうと思ったが、ウーと歩いて入ってくるのだから、それに押されてしまって、自分の竹刀が、何か邪魔になってしまって……。

また先生は、当て身を教えてやりたいが、お前は学生だから、あぶないからと、活《かつ》の方法を教えてくれた。

僕は、先生の晩年の弟子であるが、大した先生に教えられたと思う」

範士は試合も強かった。中学時代には、旧制高校主催の大会や、同志社大学主催の関西中等学校剣道選手権大会で、大将として出場し、何度か優勝もしているのだった。

関西学生剣道の雄

中学を卒業すると、範士は関西学院高等商業学部（四年制）に入学した。ここでも範士は、良き師に恵まれるのだった。「関西学院では、早坂廣道範士に剣道を習った。後に縁があって、早坂の長女を家内にしているから、舅になるわけである。

学校では剣道も習ったが、一番習ったことは、自分の義父のことを賞めてはいかんが、人間の立派さ、人格を教わった。本当に人格者だった。

剣道家としても、人間としても立派だった。そういうものを教わった。

学校では、一年のときから正選手であった。台湾に遠征した。私立では大会へ出られなかったから、武者修行ということで行った。

当時、飛行機はないし、船で五日間ほどかかって行った。それで、一年生だけど十人のうち、後から四番目ぐらいに出て、いつも相手の副将、大将を引っぱり出すまでいったから、戦力だったと思う。

あの時分は、道具を行李につめて、十人で汽車に一緒に乗せると、一年生は道具を仕末しなければならんし、試合にも勝たなければならん。また叱られもする」

昭和二年、三年生のときには、第四回明治神宮大会で、大学・高等学校・専門学校選手権試合があり、このときにも範士は優勝をしている。

また、四年生になり、京都の武徳会の青年大会が七月に行われ、ここでも優勝をしている。愛知医大の中部高専大会にも優勝し、学生のときは東の玉利（早稲田の玉利三之助）西の松本というほどの学生のチャンピオンであった。

「松本の面といって、面専門だった。僕らのときは、明治神宮大会は、一回戦は三本勝負、二回戦から一本勝負だった。そのとき、玉利の三ちゃんが、早稲田の高等学院の代表選手で出ていた。優勝戦が松山高商の大将で、二刀流。囲りの人が、思い切ってゆかなければ、後で悔いが残るというので、よしきたと遠いところから面を打っていったら、足がつまずいて、ころんでしまった。

再び立ち会ったら、今度は向こうがころんでいる。二人ともあがっている。こんどこそはと、ずっと入って打って、面でようやく勝ったが……。そのとき優勝できた」

関西学院を卒業した範士は、昭和四年四月南海鉄道に入社し、社会人としての道を歩み始める。

「卒業して、南海鉄道に入った。剣道が盛んなときで、宮崎茂三郎範士、越川秀之助範士、四戸泰助範士、この三人が先生だった。その前は、内藤高治先生が南海鉄道の先生だった。だが昭和四年四月に入ったとき亡くなられて、お弟子さんの宮崎、越川、四戸先生になった。

三人の先生方は、皆〝碧水会〟の内藤先生の弟子で、早坂先生も同じであった。南海では、勤務のかたわら稽古した。仕事は会計にいて、武道部長が会計課長だった。お前は会計に来いというわけで……。

仕事が済んでから、三人の先生に一週間二回の稽古をお願いした。宮崎先生は強かった。僕は学校出て、満二十一歳ぐらい。宮崎先生は三十八、九歳かな、元気な盛りだったから、他の連中がお願いにいったって、小手を打たれたら、その明くる日は手がはれて運転できないほど打たれる。胴打たれたら、ワーというほどすごかった。

それを何をという気持ちでお願いにいった。僕ら面しかできないので、ワーと面にゆくと、『松本、声は大きいが打ちが軽くて、声ばかり』(笑)……。

四戸先生、越川先生は上手だけど優しい。

昭和六年に、初めてラジオで剣道の実況放送というのがあって、五月の京都大会で二十組ほどピック・アップして五段の組が一組、教士号、範士号もおられたと思う。

そのトップに玉利君とやった。その後、玉利君とは、ずっと縁が深くて、今でもつき合いをしている。玉利君とは六回ぐらいやっている。どちらも背が高いし、学生剣道の東西の代表であった」

学生の指導に

昭和九年、南海に四年勤務して、範士は関西学院にもどることになった。

「南海に四年いたが、関学の先輩が来て、早坂の息子は関学出たんだが、専門家の先生の後を継ぐ人でないから、関学のOBから誰か後を継いで先生になる人をみつけなければならん。

お前ここを辞めて、長女を貰って、早坂先生の後継ぎになれと。僕は辞めるんですかというと、お前辞めい。そして上に言いにいって、他所の会社に行くんではなく、松本は剣道界で、我々の先生の早坂先生の後を継がせるつもりだから、辞めさせてくれ、と了解を得て関学に入って、剣道の先生になった。

初めの間は、学生課に勤務して、二、三年は、監督みたいな恰好で、四、五年してから先生になって、終戦まで関学で、しまいには学生主事をして剣道を教えていた。

戦争に二回行って帰ってきて、辞めたいと言ったが、居れということで、学生主事をしておった。そして一年後、学校を辞めて、先輩の会社に来いと言うので、それからまた会社に入り、実業界にもどった。

その会社が、合併して川鉄商事という会社になり、そこで専務になり、川商建材の社長になって……。戦後は、実業界に入って、高商出だから、いろいろ廻り道して……。

戦争までは自分の剣道、試合だとか、しかし、戦後は実業界に入ったから、関西学連の会長をしたり、全剣連の副会長など、要するに行政的な面をさせてもらっている」

戦前、範士は幾多の大会で、輝かしい戦績を残している。

昭和四年には、兵庫県代表として、明治神宮大会の第五回全国青年剣道選手権試合に団体、個人とも優勝して、さらに昭和九年、皇太子殿下御誕生奉祝天覧試合にも兵庫県代表として出場している。

理念のまとめ役として

範士にとって、全剣連理念委員会の委員長を務め、剣道の理念をまとめたことは大きな仕事であった。

「自分自身が、理合に合った剣道をしなければならない。自分が理合の話をしておるのに、人が見ておかしな稽古をしてはいけないので、なるべく立派な稽古をしなければいけないと思って一生懸命研究し、やろうとしている。

大谷一雄さんが、当時副会長（全日本剣道連盟の）をしておったが、考え方に、昔の武術的な思想の人、武道的な思想の人、スポーツ的な思想の人、いろいろあった。

この際、剣道の理念を作って、皆が一致した理念を持っていこうではないか、松本お前委員長をやってくれと、大谷さんから言われた。

あの時のメンバーを見ても、大島功、堀口清、小川忠太郎、玉利三之助、中野八十二、湯野正憲、井上正孝、小川政之、廣光秀国、笠原利章と錚々たる人たちです。

なかなか、いろいろな意見がでたが、困難だったのは、何もなしからやったことだ。理念を作れというだけで、しからばどういうタイプにするか。

文章が短かく、格調が高く、意味の深いものにしようではないかということだが、とにかく何もないところから出発したわけです。

僕の原案としては、短い文章で、格調の高い言葉で、全剣連が出すのだから、理想の姿を出して、下の人が分からなくても……。下の人に分かり易くやれば、言葉の奥行の浅いものになってしまう。

深いものにして、下の人に分からなくても、先生が下の人に合うように話してもらったらいいので、全剣連としては、高いものにもってゆくのがいいのではないか。

そのことでは奥行の深い、高いもので行こうということになった。しかしだんだん出来上がってくると、上の先生や、役員の先生が、こういう言葉を入れたらという注文があるし、そのことも、もしよければ相談して……。

三年かかった。三年かかったが、講習会などで、案としてはこういうことでやっていますと、これはこういう意味でございますということを、柳生（中堅指導者講習会）などでも、ある程度話しておるから、根廻しができたような恰好になって、何も問題なしにすぱっといってしまった。

今のところでは、だいたい定着して人間形成の道だという一つのものが、残ったのではないか。

笹森先生（順造。元国務大臣、元全日本学生剣道連盟会長）に言葉の意味のことで、お伺いしたこともあるし、他の哲学の先生のところへも伺って、こういう言葉があるが、どうでしょうか、と参考に教えを乞いに行ったこともある。

私は、まとめ役というだけであるが、皆さん委員の方が、揃っていい知恵を出し合って、私は委員長で、まとめさせてもらっただけ。

最初の言葉で、剣の観念を入れようということは全員一致だったが、後はなかなか。しかし、皆さんの総意で、長い間かかったけれども作らせていただいて、いいものができたと思います。

今でも批判がないでしょう。修錬という言葉を入れなければいかんと。それから理法という言葉も入れなければいかん。それによって人間形成にならなければ……。しまいごろになって、ガガッとできた。

刀の観念から起こしてきて、理法をやって、修錬をして、人間形成と、こうなってきている。

理法は、理合い。修錬もいい言葉である。人間形成の道である、というのは人の道であると同時に、人間形成のプロセスであるという意味、どっちにとってもらってもいい」

範士は、理念作成の経過をこのように話すのだった。

我が修行・剣道観

範士は、自分の修行について、総括して次のように語る。

「僕の修行時代というのは恵まれまして、関学へ帰ってからも、また植田平太郎範士のところへ行って稽古願ったり、いろいろな先生に、晩年は、吉田誠宏範士にご指導いただいている。たくさんの先生からお教えいただいた。そして、それをまとめようと……。

剣道というものは、剣の理法だけれども、昔の真剣勝負からやられた先生方がおっしゃっている言葉は、実際の真剣勝負から割り出した貴重な体験、そこから出た言葉である。それは、簡単にぽっと言っておられるが、それがどこにあるかを探りながら、それと私の剣道は、若いときに、こうなんだという一本筋の入った指導を受けたことが、自分の剣道観というものをつくるもとになっている。

やはり早くから立派な先生につくということが一番大事ではないでしょうか」

結局、範士の修行は、あの中学時代の富山先生の教えに帰ってゆく。

「私はどこへ行っても話をするのですが、今は審判法で、剣先が生きていたら、とらない。あたり前なんです。竹刀を真剣であると思えというところからきているから、そんなこと言われなくても、僕は『死にきたのか』と言われたので、胸を打たれたんです。それが中学四年生のときなんですから……。

そのとき、私の剣道観というものは、これは無理して構えているところにゆくべきではないんだと」

範士は、兵庫県の剣連の稽古を毎日曜、木曜と週二回かかさない。

「面をかぶるのは二回ですけど、家で鏡を見てやるのは一人で毎日二時間ぐらい。応接間に鏡をおいて、いろいろ研究している。

面をつけないで稽古するのは毎日です。稽古してから帰ってきても、どうなっているかを反省している。それも大切である。

よかったときは、なぜあの面がでたのか、頭に植えつけるために、もう一遍やる。

僕は皆さんに、一人で稽古をやるのがよいといっている。面をかぶったときに、悪いところを直そうとしても、打ちたい、打たれまいという気持ちが先に立ちますから、どうしても習慣のものをやってしまう。新しいものはできにくい。新しいものをやろうとするときはその方に気がいっているので、うまくいかない。一人でやっていて、習性になるようになって、すっとでるようにすれば、悪い癖は直る。面つけて、相手がいるときは、直そうとしても直らない。

私は正しい剣道をするためには、人間だから、皆悪い癖があるわけで、面かぶって直そうとしても、なかなか直らないから、一人剣道をやらなければいけないと思う。

修行というものは、面をかぶる修行もよし。かぶらないでやる一人の修行もよし、かぶらないでやる一人の稽古が、もっとも必要だと思います。

先生から言われたことを、自分一人のときに直す。そして面かぶったときに、すっと出てゆくようにすること、いい技を真似してやるということ、自分の悪いところを直してやるということも、上達のために必要なことだと思います」

一人稽古の大切さを、範士は強調する。それは、範士自らの貴重な体験から出たものであった。

範士の座右銘は、

「僕は『不動心』、言葉をかえれば『平常心』という、心が動揺しないということが、一番大事だと思う。

何が起こっても、動揺しないこと。若いときには〝先々〟であるべきだと思っていたが、ある時期に〝動揺しない〟に変ってきている」

良き師に恵まれ、竹刀は真剣であるという剣道観が、中学生のときから範士の脳裡から消えることなく、範士の剣道生活において、ますます大きくなり、修行の柱となっているのを強く感じた。

我事において後悔せず

剣道範士　廣光　秀國　先生

〈廣光範士の略歴〉

明治42年6月1日、大分県中津市湯屋に生れる。

小学校4年頃から、青年団で剣道を始める。大分県立中津中学校で有延友十郎先生に指導を受ける。昭和2年中学校卒業と同時に、大日本武道専門学校へ入学。内藤高治、小川金之助、宮崎茂三郎、四戸泰助、近藤知善、津崎兼敬等の先生方に師事。

昭和6年武専を卒業し、滋賀県立八日市中学校に赴任。昭和8年福岡県立三池中学校に移り、福岡県体育指導員嘱託となる。昭和14年朝鮮京畿公立中学校に勤務し、同年、朝鮮総督府教学研修所講師嘱託。昭和17年朝鮮学校体育振興専門委員となる。昭和21年滋賀県立藤樹高等女学校、昭和23年福岡市立高取中学校長。昭和35年福岡市立三筑中学校長、昭和38年九州管区警察学校教授を勤める。

その間、皇宮警察剣道大会、紀元二千六百年記念剣道大会特選試合、明治神宮大会、国民体育大会、全国剣道七段指定優勝大会、全日本東西対抗剣道大会、明治百年記念大会、ハワイ移民百年記念剣道大会、第二回世界剣道大会（審判員）などに出場。

九州管区警察学校名誉師範、福岡県剣道連盟審議員・理事、福岡連合支部会長、福岡市若久少年剣道教室師範、福岡市木曜会々員などをつとめる。

昭和40年剣道範士、同57年剣道九段。

中学時代の師

範士は明治四十二年、大分県中津市湯屋で生れた。

中津市は福沢諭吉の生れたところでもあり、また島田虎之助の出身地でもある。

範士が剣道を始めたのは、小学生からであった。

「私は九歳のときに親父が死んで、叔父が寺の後を継いでいたので、親父代りに叔父にあずけられていた。十歳ぐらい、小学校四年頃から、その叔父が青年団長しておって、寺の境内で青年団の稽古をやっておったのを見ていて、私にもやれというので、入れられてやったのが、きっかけで……。

叔父の剣道についての感化が大きい。ちょうど、田中義一さんが陸軍大臣のとき、シベリア出兵があった。そのときに出征しておって、帰ってきて、ハリキッておったものだから、剣道青年団を始めた。

叔父が元気で、私も元気で打ちかかって、大きい人にかかってゆく。そこに痛快というか、快感を覚えた。

青年団の稽古でも、かかさず入って、皆と稽古をやってきた。青年団だから、正しい手ほどきはなく、めちゃくちゃ。それに刃向かってゆくのに、こわいとか、痛いと感じたことは記憶に残っておらない。

本当の意味の剣道、今考えれば、こわさに対する、大きなもの、力の強いものに、とっかかってゆく精神的な面が養われたんではないか」

小学校から剣道を始めた範士は、県立中津中学校に入学した。中学に入ると、剣道は正課であった。

「そして、中学に入ってから、私の師匠になった先生が、非常に剣道に対する指導的な……私も長年剣道の指導をやっておるけれども、私が現在に至ったのが、私の中学時代の、初めて竹刀の握り方から、所作、動作をすべて教わった、その先生の感化ですね。

今だに忘れませんが、その先生がまた、日本における武道教師の、文部省の検定の第一期ではなかったかと思う。

小倉師範を出られた先生で、有延友十郎、この先生の指導がよかった。だから私の先輩も、私の後輩も三、四人武専にいきました。

稽古が非常に素直な育ち方をした。それで私の現在ができておるんですね。

青年団とやるときは、がむしゃらで、負けん気一本で、その先生について五年間修行した。

従って稽古は厳しい稽古でした。武専で鍛えられた稽古に匹敵する。武専に入ったときに、稽古が酷だというところまでいかなかったですね。感じなかった」

範士は五年間、中学で有延先生から鍛えられ、京都の武道専門学校に入るのだった。

「私たちも、中学卒業の頃は、大分県では大分高等商業学校ができて、私にも来ないかという。武専を受けて落ちたら行きましょうという約束で……。そしたら、先生、先輩が、お前はこっちへ来い（武専に）というすすめで、高商に行くか、坊主学校に行くんじゃないかと思っておったら、先生と先輩に負けて、武専を受けた。そしたら入ってしもうて。

武専は私たちが十七回卒業ですが、二回卒業の先輩（中学の）がおりますよ。この方は死にましたけれども……。三年先輩の人も、我々入ったときにおった。その後に、私の後輩も二、三人入って来た。ということは、一つの学校で、それだけ武専に来るということは、有延先生の指導がうまかったんです。

私の中学のときは、正しい、いい稽古を、試合などよりも。それでも試合には結構勝っていた。

この先生が、やさしい面がありましてね。あたりがやさしくて、そして態度、歩く態度でも、剣を構えたときの態度でも、とにかく魅力を感じる。

ああいう先生になりたいというような気持ちがした。打たれたって平気でこたえられるようになっていたが、これが、田舎の青年、叔父たちの剣道とは全然違う、品のよさがね」

武道専門学校

昭和二年三月二日、範士は中津中学校を卒業すると、四月に京都の大日本武徳会武道専門学校に入学した。

「武専に来てからは、専門学校ですから、鍛われ方が専門家として鍛われるから……。

それは、突きを、横から突いてきて、パカンと押し出されたり、突き出されたり、二時間稽古したら、濃い赤い小便が出るんですよ。

水分は、全然とらないんです。それで博士になったスポーツ生理学の笹川という先生に、身体を調べてもらって稽古を始める。

そして、終わったらすぐまた調べる。この先生の研究で。夏ですよ。稽古日をしぼってね。

汗が大体二升ぐらい出るんですから、だから身体に水分がないでしょ。途中で水呑みにゆくんではないし。

二時間先生にかかってゆく。今の高校生、大学生のような稽古ではない。徹頭徹尾打ち込んでゆく稽古ですから力稽古で、その間に押したくられ、突かれる。

倒れれば組み打ち。小便がたらたらと出る。ちょっと昼食でも遅く食べてきたら、武者だまりの向こうに井戸があって、そこへ行って何回でも吐く。

これ以上という限界をこえて疲れた。そして稽古終って、学校の売店で、牛乳一本とアンパンを一つ焼いて食べて、後で水呑んだりすると、一回ごとに小便が白くなる。

夕ご飯食べて、風呂に入ると、全然普段と変らなくなる。翌日稽古終るとまたそうなる。

武専に入ってからの担任は近藤知善先生。これがまた厳しい。武専同窓会では、一番こわがられた先生。とにかく厳しい先生でした。

書を書く、彫りものをやる、絵を描く。それはもう本当に、今どきの武蔵だと私は言ったが、剣道で武専の教授して、四年の初めに平壌の方に転勤になって、そっちで絵の展覧会やら彫刻の展覧会やら、書の展覧会をやった。

　私は担任だったものだから、この先生に可愛がられ、どこへ行くにも連れてゆかれた。初めは中学校のときの稽古はきつかったが、武専は専門家を鍛えるところで、また古い先生方は、昔の幕末から続いてきた修行ですから、我々が武専の四年になるまでは、上に立って下を稽古するということはなかった。かかるばっかりね。

　だから、途中で肋膜やり、病気やって、やめてゆく。十五名入ったが、卒業のときは十一、二名。今は四、五名しか生きておらん。戦争でまたやられたので。

　入った年の寒稽古終らんで、肋膜で死んだのが、それが仲よしで、私は東山の取部山の火葬場で、おい廣光、お前から火をつけてくれと。今だに忘れられんです。

　相撲取りと同じで、武専は学期ごとに成績が発表になるんですよ。その通り座るんです。私が武専に入って来たときは、二段が一人おってね。これは、あの当時日本一と言われた。

　年も私より五つか、六つ上で、内田近一という、私はいいライバルがおったんで、あれには負けんと発奮を……。幸か不幸か四年の二学期に彼を追い越した。

　いつも二番目におったんですが、終戦後、これに会いに、私は京城におったから、京都に会いに行ったら、着いた三日前にチフスで死んだ」

　武専の稽古は、打ち込み、切り返しに徹した稽古であった。殆んど対外試合などはなかった。

「私が入って、一年生だったか、御大典記念で、大阪で大会があって、初めて武専も出た。そして、武専が優勝した。それ以外は、一年生のときに京都師範の大会に派遣されたが、どこへ行っても勝たん。
　一、二年生は互格稽古一ぺんもしない。だから、かかるだけだから、それくらいのもので、定期的には、年に一回ぐらいのもの。
　私が四年生のとき、皇宮警察に行かせられて、昔の済寧館に行ったぐらいのもの。あのときに、今東京の、高等師範出身の赤尾英三さん、あの人が高師の大将で、それで、東京では武専と高師が試合するというので、珍しいと……。あの頃は、審判一人でやるけれども、三人制で、二人は腰かけて見ているわけですね。そして、四分たっても勝負つかんときは、二人の書いたものを集めて、どちらが勝ったかと。

私は陛下の御物の文鎮を貰った。あの頃皇宮警察には、中倉さんがおった。羽賀準一さんとは毎年朝鮮武徳祭で必ず、稽古も週に二、三回やった。兵隊も一緒に入って、軍旗祭でも二人でやった」

剣道の本質

範士は武専の剣道と剣道の本質について語る。

「暑中稽古、寒稽古というのは、切り返しだけ二時間。無味乾燥でね。体当たりして突く、押し出される。それから切り返し。寒稽古と暑中稽古はそれだけ。

暑中稽古だけは二時間の外に一時間、三年と四年は柔道の者は剣道、剣道の者は柔道やらされた。

それは、本当に今の人は、あてるという剣道が主体のような感じを持たれている人が多い。

これが、我々の武専に入ってからの師範は幕末の、つまりその時代の稽古をくぐって、修行して大きくなって、我々に指導しようというんですから、考え方も、稽古自体も、そういった、稽古の流れを終戦まで、我々が武専で習ったようなものを地方に行って、子供たちにそういう精神も技術も教えておった。

終戦後は、皆さんも知っておるように、道場がたくさん出来て、誰が指導しよるかといったら、古い先生は引退して、若いものが自由主義という考えのもとに、俺が教える、俺が教えると、雨後のたけのこのように、本当の剣道を知らないで、専門学校や大学出た延長で勝負に走ってゆく……。

見ていて、これは立派だという稽古には、めったにぶちあたらん。

それからね、道場が非常に増えてきた。これは、底辺を広げる上に、非常に貢献をしておりますが、道場というのは企業でしょ。お客さんに来てもらわなければ、企業は成り立たない。そうなると武道の本質が、非常に薄らいでくるわけ。武士道精神とか、武道の本体がどうかと言われたって、それの指導のできる、昔経験されて、鍛えられてきた先生が、何人おるか。皆終戦後の手先の器用な技ばかり教えて、勝てばいいと。

だから私が言うように、道場の古い先生たちは、ジレンマにおちいっているだろうと。剣道の根元を教えなければと思いながらも、食うてゆくためには、試合でも勝たせなければいかん。

勝つのも、本当の剣道が出来て勝つのは、これは最高なんだが、裏、裏を教えてゆく。裏を教えることによって、子供たちの精神的な面も、裏ができてゆくことにつながりはしないか、私は心配している」

範士はさらに続ける。

「そういう意味で、日本の剣道、本当の伝統的な遺産ですから、これを歪めてはいかんと私は、私の住んでいる学校の校区の子供たち、二百人ばかりいるが、試合にめったに出したことはないし、試合に出すときは、全然違うものを次々と出すというふうにした。

今何々道場というて、大きな屋敷構えてやっとるところがあるが、それだけでは商売にならん。そこを間違えないように……。

今、戦前の数倍の剣道人口ですから、正道に発展してゆくと、非常に嬉しい現実が生れてくるんです。

水戸の東武館なども、私らの二年先輩がやっているが、あすこは一つの過去の伝統があって来ておりますから……。人の前では、言われんような人物が、ある意味では、金もうけしてやろうという人もなきにしもあらず。そこを心配するんです。

今は、口先と手先の剣道になってゆきつつあるんではないでしょうか。心配ですね。

昔、教員養成所などでは、寒稽古のときに、自分の稽古着をバケツにつけておいて、しぼって、それを着て、寒稽古をやった。

こういうのは、現世的な観念からいうと下の下です。それでなければ鍛錬にならんという。今でもそうです。間違いない。

トレーニングでも、毎日同じ量では限界を越えないから、辛棒できる。少しずつ限界を越えてゆけば、鍛錬になる。

そういうふうにして、自分をいじめてね。それだから、私も四年のときに小川先生に連れられて、舞鶴の海軍兵学校の寒稽古に連れてゆかれて、あすこで皆の学生の前で、見せしめで、這って歩くぐらい鍛われて……。

それから駆逐艦で、天の橋立へ見学に連れて行かれた。あまりにも奇麗なので、甲板の外に立って見ておった。それが悪かった。風邪ひいて帰ってきて、肋膜になって……。

だから、主流に主流にと、皆が一つの、俺たちは何のためにやるかという修行目標ね、それを持たなければ私は意味がないと思う。

私は肋膜もやった。血圧で入院もした。それでも、今だかつて、死にそうに思わんですが、入院したり、今糖尿病やっておるが、一回もそんなこと思ったことない。

それで大丈夫ですよ。病気は気を病むんだから、どんどん稽古すれば直ってゆく。不思議である。

もう糖尿病で、二、三日稽古できるかな。なんでもいいからやっている。稽古やった方がいいもんね。

肋膜のときも兵隊の検査延期しておったから、試験に行ったら軍医が胸をたたいて、君は肋膜やっておるよ、帰って用心しろ、死ぬぞと、後どこも見られんで帰った。そのくらい稽古しよった。

今の剣道、正しいということが、非常に必要だと思う。それから、剣道の修行には、どういうのが反するかというのも知ってもらわなければいかんと……。

こういうものの中に、一本の道で一本の道が生れて。だから、いろいろな宗教でも、新興宗教でも、それに熱中すれば、それなりの一つの道を把握しておると思う。

そういうものを持たなければ剣道の意味がない。

我々が先生の行為、動作を見ておったって、個性が出る。剣道もそこまでゆかなければ。竹刀持って、なぐり合うだけでは、剣道がおそまつになってゆくんではないだろうかという感じがしますね。

だから、稽古でも、真剣味がなければ……。剣道は孤独の道ですわね。

それが子供たちの試合でも、そこ打て、ここやれと言って、アドバイスしている。あんなことは、真剣勝負ならあり得んことです。

横から、そこ打て、ここ打てと。その通りできるものなら、簡単ですよ。自分の生命がなくなるか、相手の生命をとるかというときに、自分以外には味方はいないんですから……。

そしてこれが行動の心理学にあるように、直感、思惟、行為の三つが一つになって、行動できるのですから……。この間に紙一重でも入ったら、もう技は成功しない。無念無想の説明なんか、そういうことが書いてある。

だから、技術ではいつも皆さんに言っているように、夢想剣という技。内面的では、水月移写。このような状態、この二つができ上がって、剣道の達人と言えると思う。

無心ということ。それでこそ相手の行動、行為をすべて読みとることができる。そこで、直感、思惟、行為が一つになって、つまり、即一的という、そういう境地にならなければ……。これは千錬万鍛、鍛えなければだめだ。だから難しい。

剣道は、面白半分に打って、逃げたりでは幼児の道徳教育にはならない。先ず、自分の思う通りにさせること。挨拶でもそうでしょう。

頭をさげさせるだけでいい。理屈ではわからん。ところが、段々大きくなって、中学、高校にゆくと、お互いの融和の気分が生れてくる。

上は下を親しみ、下は上をたよって。そういうことが、段々に分かってくる。

子供のときの剣道は、しゃにむに打ち込ませる。そういうことでいいと思う。

そして、それに、サゼッション、アドバイスしてゆく人が剣道に対する正しい考え方を持ってゆけば、いいと思う。

修行という言葉は、仏教からくる苦しい修行。これは常に、今の臨済でも曹洞でも座禅をやって、坊さんは外の石の上に座ってこらえ切る。

それをこらえ切れば、どういうものにぶつかっても、辟易もしなければ、動揺もしない。そういうところまで、剣道だってやらなければ……」

継続は上達の秘訣

範士は武専の四年生のときに、肋膜を病んだ。しかし武専を昭和六年に卒業し、滋賀県の八日市中学校に赴任することになった。

だが昭和五年、まだ範士が武専にいるとき、持田盛二範士との出会いがあった。

「私は、持田先生から可愛がられた。昭和五年に皇宮警察の大会があって、京都から私と宮崎先生が出て、そのときに講談社で稽古をつけてもらって、あれが持田先生との出会いの初めでしたけれども、終戦後も東京に会議や試合でゆくと、講談社に朝行って稽古をつけてもらった。

それから警察関係の全国の研修会のときに、朝田舎から、まだ新幹線がないころ、着いて直ぐ、音羽の持田先生のところへ行って、十一時ごろまでお話うけたまわって、それから酒を一本買って、斎村先生のところへ行って、そして三時から四時までお話を聞いて、それから管区学校に行きました。

持田先生は、常に格調高い稽古をしなさいと。それは大事なことで、八段の審査などでも、これが一番大事なところではないか。

気品の高い、格調の高い、そして気力を充実して、そういう稽古をしなさいと言って……。

持田先生には随分稽古をつけてもらいましたが、斎村先生は、ご病気になられて、稽古は二十年以上やられなかった。

それから、斎村先生のところでは、自分の稽古をしなさい。人の猿真似をしてはいかんと。

これはその通りで、人間は顔形が違う、体格も違う、身長も違う、全部同じという人は一人もいないんだから、性格も違うし、だから自分の稽古を、誰にも頼らないで、自分の稽古をやりなさいと。

それは、いまだに両方の先生を、直ぐ真似るものね。それがいい方、弟子はいい方を真似るといいが、決して、いい方を真似ない。悪いことばかり真似るんです。

私らも子供に、お前たちの先生の真似をしたらつまらんぞ。自分の、俺の剣道は世界で、俺一人だという考えでやれと……」

範士は、八日市中学に行っても、週一回は、武徳殿で稽古した。

それから、福岡県の大牟田の三池中学に赴任し、六年間、朝鮮総督府に行って、終戦を迎えた。

日本に帰ってきて、滋賀県の藤樹女学校へ。そしてまた、福岡県に帰り、中学校長を歴任し、九州管区警察学校の教授となった。

今は、福岡市の若久少年剣道教室で、少年の指導に当たっている。

「私は、校区の若久少年剣道教室。それから、週一回の木曜会。私の近くの高等学校で、これが二十年以上続いている。初めは七段以上の先生方で稽古しておったが、今は五段や六段受ける人が、大分来ているらしい。試験が間近になると増える。

稽古になります。東京あたりから廻ってこられると、よく来ます。九州、福岡だけでなく、試験を受ける人が…。

その他に稽古に呼ばれて行くし、剣道連盟の講習会やら、稽古会がありますから、福岡県では、一番先輩になっておりますから、引っぱり出される。週三、四回稽古します。

私はもともと、いい意味の蒲柳の方で、今でも毎朝歩いて、トレーニングは集中的に。素振りも右二百回、左二百回ぐらい。蹲踞跳躍六十回か、七十回ぐらいやる。

だが教え子の医者が、蹲踞は年とったら少し少なくしなければいかんと、三十五回ぐらいにして。そして、夏は冷水摩擦。血圧も高いから冬は足の痛いところを冷水摩擦。何でも続けなければ成功しません。これが鉄則だと思う。

続けるということ以外に上達することはない。商売人だって同じ。これは景気が悪いからやめた、それでは、長く続くものではない。

結局波ですからね。じっとそれにかじりついて、続けてゆけば芽が出る。私はそう信じている」

範士は、武蔵の〝独行道〟の言葉をモットーとしている。

「『我事において後悔せず』。これです。これを持っておれば、やるまでは一生懸命準備をすると。稽古でも、そのことがぶち当たって、破れようが、そのことについては何も考えない。もう捨ててしまう。次のことに熱中する。

これは菊池寛が座右の銘にしておった。私はこれが好きで……。

『神仏は尊ぶべし、しかし、頼むべからず』とか……」

範士の修行のお話は、非常に深く、学問と剣とを一致させて、高い剣道の本質をついておられるのだった。

捨身の面一本

剣道範士　佐藤　顕　先生

〈佐藤範士の略歴〉

明治41年12月5日、福島県会津若松市に生れる。

小学校の時、父の手ほどきにより家の庭先で剣道を始める。会津中学に入学し、林照治先生に剣道を学び、中学3年頃から、東京の高野佐三郎先生の修道学院に通う。

中学を卒業後、国士館専門学校に進み、斎村五郎先生に師事し剣道の修行に励む。国士館専門学校卒業後は福岡県の若松中学に教師として赴任。その後八女中学、筑紫中学に移り、10年間九州生活を送る。

昭和17年、埼玉県浦和高校に助教として赴任。

終戦後、埼玉大学の助教となり、定年後は、関東短期大学の副学長を勤め、大学、解脱錬心館等で青少年に剣道を指導。

また、昭和42年には、全剣連より派遣され、ハワイ、アメリカで剣道を指導。世界剣道選手権大会審判員。昭和48年にはイギリス、フランスで剣道を指導、全日本選手権大会審判長を勤める。

埼玉大学名誉教授、関東短期大学副学長、全日本剣道連盟常任理事、埼玉県剣道連盟会長などをつとめる。

昭和41年剣道範士、同57年剣道九段。

会津中学へ

佐藤顕範士は、福島県会津若松の在、塩川という町に生れた。会津盆地の真中にある塩川は、会津若松と喜多方の中間にある町である。

小学校の頃、もう剣道を始めている。

「うちの親父が剣道やっておったものですから、親父の手ほどきで始めた。あの頃小学校ではやっておらなかったから、それが始まりです。

家の庭先で、青年が集まって、親父が師範格でやっておった。昔の剣道で、四段ぐらいあったんでしょうかね。

それから、会津中学に入学した。会津中学は、今の会津高校。勝っても負けても、遠征のときには飯盛山に、遠いですけれども、〝行ってきます〟、帰ってきたら〝帰ってきました。負けてきました〟と、ちゃんと報告したものです。今はやっているかどうかわからないが、飯盛山まで、駆け上がって、これから行ってきますと。白虎隊は、先輩だと思っていますから……。

会津中学は、ご承知のように、剣舞もやるんです。（白虎隊は）われわれの先輩だと思っていますから、飯盛山に駆け上がって報告していたわけです。

いい先輩が、いっぱい出ています。和田さん（晋。範士九段）も、会津中学の大先輩ですよ。神様みたいに思ったものですよ」

範士は、名門会津中学で剣道に励んだ。

「中学のときは、試合稽古で、私は強かった。

仙台二高（旧制第二高等学校）で東北大会があるんですが、優勝したんです。

中学時代の先生は、林照治という先生で、古い先生でした。高野佐三郎先生の系統かも知れません。

中学三年頃から、林先生に連れられて、東京の高野先生の道場へ通ってやりました。滝沢君（光三。範士八段。神奈川）などより先輩です。今考えると、林先生が、高野道場の関係者だったんでしょうね。夏になると、あすこ（修道学院）で講習会やって、林先生に連れられて稽古に行った。昭和の初め頃でしょう。菅原さん（恵三郎。範士八段。北海道）が中学二年頃かな。稽古は強かった。絣の着物着て、うまいなと思った。稽古ができておった。我々田舎者と違うんです。

東北大会は、第二高等学校の講堂でやった。東北からは皆来た。この東北大会で優勝した。喜んで帰って、軍事教練の先生が馬に乗って……。

それで、私は玉利さんを知っている。早稲田の主催で中学の全国大会があった。そのとき、個人で第二位になった。そのとき、野間さん（恒。講談社野間清治社長の子息。天覧試合に優勝）など出ておった。玉利さん（嘉章。範士九段。東京）がいて、羽織袴で、先生だと思ったが、大学の学生だった。

我々の中学は、白虎隊（を見習え）ということでやった。だから会津中学は、剣道は強かった。東北大会でも、乳井さん（義燿。範士八段）が仙台に来られなかったときで、私が行ったときは、乳井さんでなく、別の先生でした」

斎村範士に師事して

範士は、中学時代、会津中学の代表として、各種の大きな大会に出場し、好成績をあげた。範士が剣道の専門家として進むきっかけを作ってくれたのは、福島の小川先生であった。

「小川文章という先生がいて、この人が、福島県の警察の先生で、会津の鶴ヶ城で大会があったとき、私が会津中学から出て、高点試合でたくさん抜いた。

その小川先生が、私を呼んで『君は専門家にならんかね』と言われた。

それが契機で、国士館に入ることになったんです。

しかし私は、親父が、卒業する前の十二月に脳溢血で亡くなったんです。私は高師（東京高等師範学校）か、武専（京都の武道専門学校）でも行こうと思っていた。それで、たまたま、国士館が出来たというので、国士館（当時は国士舘専門学校）に入った。私は親父が死んで、学資も無くて、本当に苦労してね。恥ずかしいけれど、本も竹刀も買う金ないくらいだったです。たまたま、育英会の奨学金を貰って……。私は、親父が死んで、神田の遠藤さんという人が、印刷業をやって大成功している。叔父が本郷の東片町の三丁目、東大の前におった。

この叔父が、国士館に入ると言ったら、お前剣道やって、何になるんだ。早稲田かどこかへ行けと……。私は剣道でなければ駄目だと。勝手にしろということで、私は学費も何も貰えなかった。それで遠藤さんのところへ訪ねて行ったら、子供がなかったものですから、佐藤さん（親父）にお世話になったから、お世話しましょうというわけで、神田の三崎町から学校へ通った。

ところが、あの頃、南京虫がいっぱいいて、私は食われて、腫れ上がったもんです。国士館で、稽古で熱くなると、こんなに腫れ上がって……」

父の死、そして入学。国士館に入ってからの激しい剣道。

範士の学生時代は、決して平坦なものではなかった。

「あるとき、夜中、ひょっと目が覚めて見たら、私のことで、遠藤夫婦が喧嘩をしているわけだ。奥さんが、佐藤先生の子供さんを、あんなに世話しなくてもいいだろう。自分の連れ子がおった。それが教育してもらえんもんだから……。

私は、学校止めようと思った。私の友人に江上とか、大沢がおるが、それらが、私のことを、斎村先生に話したんですね。

斎村先生が、黙って私の叔父を訪ねて、佐藤にしばらく学費を出してくれと……。その話が通じて、叔母から何ぼだったか、二十円だったか、貰った。苦労したですよ。斎村先生が、『佐藤は見込みあるから、しばらく学費出してやってくれ。後は私が責任持つから』と。

ところが、就職は一番早かった。とんとん拍子にいった。人間わからんもんです。そのかわり苦労もしました」

国士館では、斎村五郎というよき師を得て、苦労をしながらも、剣道に情熱を燃やす範士であった。範士は、今でも忘れないと、その頃の面白いエピソードを語るのだった。

「国士館では、序列が、寒稽古終ったその日に発表になる。

一年間、そのまま座らなければならない。それを争って、朝四時頃から行って、一所懸命です。斎村先生が来ると、『お早ようございます』と言うのが楽しみで、道場で手をついて挨拶をする。

先生は、何時も大きな土佐犬、シロというんですが、連れて来られる。

たまたま、私が、冬休み終ると直ぐに寒稽古始まるもんだから、故郷に帰って、稽古もやらないで、呑んだり喰ったりして、不節制なもんだから、切り返しをやったら、吐いてしまいまして……。

ようやく這って、道場の戸を開けてハーッと出すと、シロが来てそれをなめるんです。剣道止めようと思った。今でも忘れられん。本当に切り返しばかり。稽古ないんです。

斎村先生は、稽古させない。寒稽古は、切り返しばかりです。

国士館は、斎村先生によって、すべてなっていますよ。本当に斎村先生は、偉大な……。先生は、京都で修行なさって、いろいろ問題があって、ちょっと追い出されたような形で東京に出てきて、修行なさった人ですから。京都の改革も考えておったらしいんですが、東京へ来て、苦労しているんです。

稽古が、胆が出来ているというか、我々稽古でかかっていっても、コンクリートの壁か、電信柱にぶつかるようで、全然響かないんですけれどね。

苦しいですよ。ところが、気持ちを鍛えますから、本当に斎村先生にかかると、苦しくて、ためになるんですね。捨身の……。

国士館の後輩が、立派なものが出ているのは、斎村先生の指導だと思っています。本当に立派でした。手先で小手打った、面打った、そんなこと問題にしていないです。昔から、先生の名は言わんけれど、（その人は）素人は好くけれど、斎村先生は玄人が好く人です。やればわかる。

捨身で打ってゆかなければならんような…。捨身ほどこわいものはないです。そういう修行の繰り返しが、立派な剣道になります。

とくに子供、小学生には、試合が多すぎる。子供はあんなに試合稽古しなくていいですよ。

試合、試合に追いまくられているでしょう。ご父兄としては分からんから、負けるなというが、小学生に余り勝った、負けたをやっては……」

八女中学で全国制覇

範士は、国士館専門学校を出ると、教師として、福岡の若松中学に赴任することになった。昭和九年頃、就職難の時代であったが、学校でも一番早く決まったという。

「それが、柴田万策さんという人がおった。斎村先生のお弟子さんみたいな人ですから、朝稽古に来たわけだ。私は誰よりも早く、面をつけてかかった方だから、斎村先生が『おい佐藤、柴田は九州では強いぞ』と、よし、ととび出してやったもんです。

三日か四日目の朝のときに、『ちょっと待ちなさい』と言うから、〝俺は失礼な稽古しおったから叱られるんだろうか〟と思ったんですよ。

稽古終って、帰ろうと思ったら、おい柴田先生が君を呼んでいるぞ、と。お会いしたら、『今度卒業するそうだが、九州に来る気はないか』と言われて、私は、九州へ行ったこともなければ、見たこともない。友人はおるけれど、九州は剣道が大へん盛んなところだから、いずれは一遍ぐらい行ってみたいと思っていましたがと、そういう意味で話した。

たまたま正月は、冬休みに郷里へ帰りますから、正月帰って、東京へ帰って来たら、斎村先生が、呼んでいるぞと。叱られるのかと思って、おっかな、びっくり斎村先生のお宅に伺ったら、先生は柴田君からこういう手紙が来ているが、君福岡の方に行く気はないかと……。

それなら、私お願いしますと。で私が福岡の若松中学に先生として入ったんです。

その頃は、武専とか高師とか、国士館とか、福岡は大きな県だから、そういうところから皆入った」

こうして、範士は福岡の若松中に赴任することになった。

「私は野武士ものだから、本当に剣道やりました。

私は、九州の優勝旗皆とってしまった。〝佐藤先生の指導法〟として、ある程度名を売った。

済々黌など、皆負かしてしまった。だから見事なものです。

福岡の若松中学で、明専大会で優勝して、そして、初めて若松中学が勝った。戸畑だから、なかなか勝てない、若松中学は。

決勝を済々黌とやって、見事に勝った。

そんなことがあって、八女中学の校長に大島という校長がおった。

佐藤先生、八女中学の校長が、先生にお会いしたいと。何だろうと思って若松中学で会った。

私は八女中学の校長だが、八女中学は、筑後平野のど真中で、学生は純朴で、非常にいいが、どうも気力が足りない。

先生は若松中学を優勝させた。それをもって、教えてくれんかと。私も血の気が多い方だから、校長行きましょう、というわけで、次の年、八女中学に替ったわけです。

なるほど、行ってみると、中学は筑後平野のど真中で、久留米と大牟田の中間の羽犬塚という所でした。

今は筑後市になっている。稽古はやっぱり、のんびりして、『お前らついてくるか』というわけで、本当にやりました。ところが、やっぱり伝統のない悲しさで、伊保（清次。範士八段。東京）なんか学生でしたが、次から次へと試合は終ってしまって、最後に残ったのが、全国予選一つだけです。文部省後援の全国大会があった。

北九州が一つ出てくる。それ一つしか残っていない。これに負けたら、全然勝てない。

私も子供と約束して、勝たせんわけにはいかんと思い、困ってしまいました。

私は、今もって、信仰家ではないが、八女中学の近くに水田天満宮というお宮がある。そのときは神様にお願いするしかないと思いました。

生徒を連れて、校長と教頭が一緒に来て、お祓いしてもらいまして、そしてお守り貰って、面が弱いから面につけろ、お前は胴が弱いから胴につけろと、お守りを選手につけさせて、優勝を祈願して、旧制福岡高等学校の道場にのぞんだんです。

その頃は、予選というのが、佐賀、福岡、長崎と三つの県が出てくるわけです。

調子がいい。直ぐに校長に連絡して、今日は勝てそうだと。それでは行くぞと、校長も来た。

生徒は、勇気百倍、ものの見事に優勝した。だいたい、北九州は剣道のレベルが高いところです。

そこの予選勝てば、全国でもいいところへ行くんですが、今度は全国制覇だというわけです。

ところが、八女中学の先輩が喜んで、大阪で歓迎会をしてくれた。今日の代表試合なんか行かなくてもいいからなどと……。

朝、会場に行ったら、大塚惟精という人が学連の会長で、行ったら火の出るようにおこられて、代表試合に来ないから、出場停止だと。

私も困っちゃってね。斎村先生も、審判に来ておったが、そのうちに試合はやれと。後で県の学務課に呼び出されて、油しぼられました。

そんなことで、やらせろ、出られないと、もめたものですから、その時は駄目だった。よし今度こそやるぞと言うわけで、また勝った。そして、巣鴨を破って優勝した。そして、喜んで、関門海峡を渡って、八女中学に着いたら、大歓迎である。それはそれでいいが、全国制覇という考えで稽古やっておったから……。（皆は）八女中学の田舎がなんだ、剣道が全国制覇などとんでもないと思っておった。

それが優勝旗を学生の前に見せたものだから、びっくりしたわけです。やれば出来るという方向に変った。今度は勉強でやろうと、大したもんです。

当時、佐賀高校か、九州の五高ぐらいようやく通るのが、第一高等学校に西村という生徒が十番以内で通った。八女中学は福岡でも優秀な中学になった。私は全国制覇が、そんな方向に変るとは、夢にも考えていなかった。大島という校長が、剣道勝たせたのは、そういう狙いがあったんではないかと、今思うんです。

それ以来、八女中学は、皆いい学校に入る。私は驚いたね。

私は言うんです。剣道でも一所懸命やれば成績もよくなると。うそじゃないです。ただ残念なのは、士官学校、海軍兵学校にいって、皆生命を捨ててしまいました」

教育者として

昭和十七年、範士は十年間の九州生活を終えて、埼玉県の浦和高等学校の助教として赴任することになった。

「福岡に十年おって、昭和十七年に旧制浦和高校に替った。それまでは、筑紫中学におって、剣道が正課になったというので、斎村先生の推せんを受けて、浦和高校の助教で来ました。

その後、教授になって、兵隊にも行きましたが、終戦で帰って来て、埼玉大学の教授で定年までおりました。今名誉教授になったんですが、それから関東短期大学の副学長ということで現在もやっています」

戦後は、学校が新制度になったため、範士は、また勉強にも苦労した。

「兵隊から帰って来たら、剣道なくなっている。浦和高校の校長も替っている。校長に会いに行って、私は剣道やっている佐藤です、と言ったら、ご苦労さんでしたと。これは理解ある校長だと思っていたら、文部省から選ばれて、教育大学で勉強することになった。

校長推せんだったんですね。それでなければ入れないです。校長が理解あったので当時新制になっても残れたんです。剣道なくなったから、体育の先生に替るのに、教育大学に内地留学して、資格を得るため勉強したんです。

専門学校出た人は、大学の先生になれない。全国から十二名かな。国士館からは私一人。四十過ぎて手習い。一年間学生の身分で。先生が、佐藤さん読んでごらんなさいなんて指されたりして。

学生は二十歳ぐらいで、一緒に机並べて、学割貰って。体育学士をくれるというので、文部省の留学第一号です。

体育学士、大学卒業と同じである。私が埼玉大学の教授になれたのも、そういう勉強しとったもんだから……。

家内も高校の先生やっとったもんだから、二人で英語の辞書引いて、家内に手伝ってもらって、四十の手習いだよ。

しかし、一所懸命剣道一本でやってきた。他は出来ないから剣道一筋にやってきましたよ」

範士は、戦前は中学、高等学校、戦後は大学の教授として、子弟の教育に尽してきた。

そればかりでなく、全剣連が出来ると、その役員として、現在まで剣道界に大きな役割を果している。

「私は戦後の八段戦も、東西対抗もやってきています。あらゆる試合に選ばれています。

第一回の宮崎の東西対抗。そのとき優勝が中野君、私が第三位で、私と中野君が準決勝やって、中野君に負けて三位決定戦で勝って三位になりました。

行ってみたらカップ三つしかないんです。昭和二十九年か、中野君（八十二。範士九段。東京）と渡辺君（敏雄。範士八段。東京）と私の三人で汽車に乗っていったわけです。

戦後初めての大会だから、三人で勝とうというので、会場に行ってみたら三つしかカップがない。

そしてたまたま、渡辺が向こうのパートから進んで準決勝で勝った。私と中野君が準決勝やって負けたわけだ。

三位決定戦で負けてしまったら、カップ貰えない。石田克己という上段の範士になった人がいます。試合のうまいのが。私が無我夢中でやったら、二本勝ちで勝った。

中野が一位、第二位が渡辺、三位が私ですよ。試合が上手でないが勝った。そしたら、妙義道場があって、稽古に行ったら、大塚で持田先生にお会いして、顕さん、試合がうまいな、どうして石田君を倒したかと。

先生、上段が下手もなにもないですよ。カップ三つしかないのに二人貰って、私が逃げて帰るわけにはいかんので、無我夢中でやったら勝ちました、と言ったら、笑っていた」

また、範士は現在、解脱錬心館の名誉館長、師範として、子供達の指導にも当たっている。

「解脱会でやっている。大学でもやりますがね。解脱会には七百人ほど子供がいます。国士館の若手を専任の先生にしている。

ママさん剣道も盛んで、三十人程いる。外務省から見に来たいといって、ママさんの剣道が紹介された。

親たちも来て、初段、二段とっている人がいます。

解脱錬心館の名誉館長、師範でもあるが、名誉館長も、いつの間にか推せんされましてね」

学校関係、剣道関係の要職にあって、稽古も欠かさずしているという範士は、指導にあたっては、一つの信念をもっている。

「私は、今でもそうですが、剣道というのは、捨身ですよ。

私は二段打ち、三段打ちでなくて、思い切って打ち込んでゆく。私はそれ一本です。

私は子供に手の込んだものは教えない。思い切って捨身で、剣道はやっぱり捨身ですよ。それを指導することが、あらゆるものに通ずるんです。気力、地力が……。

捨身の技が、小手にも、面にも、胴技にも……。それを胴技打て、小手技打てということ自体が私としては賛成できない。

思い切って、ここからターンと身体ごと打ってゆく。またはずされたら打ってゆく。それを繰り返す。そういうものの中から試合に持ってゆかなければ。私の稽古はそうです。

私は手先で小手なんか打つのは大嫌い。それは、斎村先生が寒稽古のときに、稽古なし、切り返しだけといった教えです。斎村先生の指導を受けた我々は、国士館の連中は皆そうですよ。

剣道は捨身ですよ。そういう指導が非常に大切です。今でもやっています。

子供には捨身の、遠間からの面を打たせること。剣道は修行時代に、いい先輩、先生にめぐり会うことが大切です。そういう人に恵まれた人が幸福です。やっぱり剣道は生身を打たせて指導するところに…。理屈じゃありませんからね。そういう先生にめぐり会えば、立派な剣道、立派な人間になれるんじゃないかと思います。

私は面を捨身で打つこと、それに徹しています。自分の稽古も、他に技はないけれど、面だけは打っているつもりです」

いろいろとお話を伺っていると、「剣道は捨身ですよ」と強調する範士の生き方が、まさにその言葉通りだと感じたのである。

我以外皆我師

剣道範士　小笠原三郎　先生

〈小笠原範士の略歴〉

明治44年7月20日、秋田県大館市に生まれる。

小学校2年から、兄の影響を受けて剣道を始め、高野佐三郎先生の門弟、故宮沢久次先生に指導を受ける。大館中学校（旧制）に進み、乳井先生、福岡明先生、関川研二先生に師事。

20歳の時、東京の明治神宮大会に出場し、勝負のおもしろ味を知り、東京に出て警視庁に入る。22歳で助教を拝命。

昭和15年、栃木県警察本部に移籍。同21年警察本部など一切の職を退く。同32年、警察本部に復職。同51年（65歳）まで師範をつとめる。

昭和53年、栃木県下野県民賞、藍綬褒章を受章。その間、全日本東西対抗剣道大会9回出場、全日本剣道選手権大会審判長、国民体育大会剣道大会審判長、全国都道府県対抗剣道大会審判長などをつとめる。

全日本剣道連盟審議員、栃木県剣道連盟会長、宇都宮市剣道連盟会長、全日本剣道道場連盟常務理事、栃木県剣道道場連盟会長、宇都宮市剣道道場連盟会長、竹風館剣道場館長、栃木県体育協会理事などをつとめる。

昭和40年剣道範士、同59年剣道九段。

師に恵まれて

範士は、秋田県大館市で、三人兄弟の三番目として生れた。

「三男坊でして、兄が一郎、次が二郎、私が三郎です。兄が二人とも剣道をやるものですから、私も、小学校一、二年から、土用稽古、寒稽古に通いました。

私は野球が好きで、野球ばかりやっていて、剣道は余りやらなかったんですが……。

小学校六年のときに、秋田県下の少年野球大会に、初めて私の小学校が出場したとき、選手で出ました。

中学に入っても、正課の剣道をやり、土用稽古、寒稽古もやりましたが、他は野球をやっていました。

父が剣道が好きで、子供にやらせたが、長男とは十一歳違い、二郎とは三つ違うんです。

身体は大きくなかったから、二郎とよくやったが、かなわなかった。

私の家は、米屋だったものですから、米のないときには倉があいているんで、そこで兄弟三人で入って、兄から教わって稽古をしたものです」

範士が中学三年のときである。今までやっていた野球を止めて、剣道一筋になったのは……。

「中学三年のとき、足が遅くて、野球の選手では見込みがないというので、中学の剣道部に入って、剣道をやったわけです。

小学校のときは、兄に連れられて、武徳殿でやったり、警察署でやったり、雪国でしたから、つらかった。朝五時ごろ起きて、寒稽古に出てゆく。兄にしこまれた。

兄にはずいぶん泣かされました。荒くてね。ふっとばされたですよ。四段、五段になるまでは、兄にはふっとばされていた。

荒稽古で、突かれ、半面を打たれ……泣いていたですよ。

警視庁に入ったときも、お前なんか、剣道止めて、勉強して警察官で伸びろということで、いじめられていたんですがね」

範士は、中学三年のときから剣道一本にしぼって稽古をしたが、中学は県立大館中学校（旧制）であった。

そして、昭和四年、中学を卒業した。

「私は、今考えると、先生にとっても恵まれた感じがする。小学生のときに最初にお願いしたのが高野佐三郎先生のご門弟の故宮沢久次先生。

立派な、人格者の先生でした。子供ながら、そういうふうに記憶しています。

宮沢先生は、仙台の第二高等学校の先生に就任され、この先生の後に、乳井先生が入ったのです。

乳井先生は、私の郷里から、四キロ離れたところの出身です。

中学に入って千葉の福岡明先生に教わって、四年から関川先生。

宮沢先生には、一番初め切り返しを教わって、中学一年から福岡先生に、三年から剣道一筋でやりました」

中学を卒業して、明治神宮大会に出場した範士は、剣道での一つの転機を迎えるのであった。

「中学時代は、試合に勝てなかった。選手であったが、神宮で勝てるなと思いましてね。そのときも、約四十日前に東京へ出て、兄に指導を受けて、大会に臨んだ。

兄（一郎）は、警視庁で剣道の助教をしていたので……。

それまでは、勝負は勝ったことがなかった。明治神宮の大会では、松本敏夫さん（範士九段。兵庫）と青年部で決勝を争って敗れたんです。

それから、勝負に執念を燃やして、剣道は勝てるなと思ったのが、そのときでした。

中学を卒業して、東京へ出るつもりでいたが、兄が、お前は家業をやりなさいと……。

私が中学四年のときに、大きな倉がある米屋の家が破産して銀行にとられ、家が旅館になっていたんです。

もう一軒大きな家があったんでね、旅館業に変った。その旅館をやるのがいやでね。学校に行けないし、東京へも出られないし、兵隊検査受けるまで、一年半我慢していた。兵隊検査が終ったら、直ぐ東京へ出て、警視庁に入った」

警視庁から栃木県警へ

警視庁に入ると、範士は剣道で腕をあげていった。

「警視庁に入ると、勝負が当たったので、二十一歳で拝命して一年後、助教に出た。警視庁で一番若い助教でした。八十何人いる中で、直ぐ選手候補になって、初め富坂署に入って、助教になって神田万世橋に出たんです。普通だったらね、若僧の四段ぐらいなのは、助教に出ても、場末の方だが、その点、恵まれてたんですね。兄は助教で、浅草の象潟署にいて、そんな関係で大先生方にもかわいがられてね。直接の指導の先生は堀口先生（清。範士九段。東京）でした。方面の担当教師でした。若い師範で、堀口先生は一番強かった。今だに師匠だと思っています。

助教になっても、わりに勝負に当たったものですから、選手候補になって七年目（昭和十五年）に全国大会に出たんです。

京都に敗れました。私が大将で敗れた。

助教になって、七年経って、二十九歳のとき試合に敗れたんで、責任を感じていたところ、栃木県に行けということなんです」

範士の一生が、この栃木県行きで決まったと言えるような転機であった。

「栃木県の師範が老齢で、後任を警視庁からとりたいということだが、私は関係のない県だったもので断わり続けたんです。

たまたま、あまり教養課で言うものですから、持田先生（盛二。範士十段。東京）にお伺いをたてたんです。そうしたら、たちどころに行ってきなさいと言うんです。持田先生が言うのには、君は警視庁でも強くはなるだろうけれども、地方はいろいろな面で、行政面その他で勉強になるから、三年か、五年以内で行って来なさいと。助教でしたから、他の助教と交替できるだろうから、私も女房貰って一年ぐらいで、女房は東京ですから、いやだと言うのを、修行のつもりで、栃木へ出て行ったんです」

範士の奥さんは、作家山手樹一郎の妹であった。

当時、山手樹一郎は編集者をしていた。

「特別関係なかったんですが、私が下宿した向かいにね、山手の編集部の部下がいて、そのとき、山手は『譚海』の編集長だった。

その人が編集長の妹さんを貰いなさいということで、話がきまって、私が結婚してから、作家になったんです。特別の関係はなかったのです。山手は剣豪ものを書いているが、大衆小説で、でたらめだと。そんな簡単に人が切れるものではないと私が言ったら、そんなことは分かっているよ。それは、大衆受けするためには、こうやるんだと。破邪顕正のことを書いておるから、いいんだよ、などといって、話ははずみましたがね。

兄と話しまして、構えのことなど、私の方から色々とアドバイスはしてやったんですが……」

範士が、栃木行きについて持田先生にとくに相談したのは、

「当時、警視庁は、中山、斎村、持田と大先生がいて、持田先生は三番目だった。

私は、講談社によく稽古に行ったものですから、講談社で話をしたんです。そうしたらさっきのような答えが出た。栃木の警察にいるとき、よく朝稽古に行った。行ってみて初めて分かったんですが、玉利先生が、日清生命の栃木の支社長でいたんです。

玉利先生が、本部長なんかと酒を呑んでいて、小笠原をとれと言うことを警察の幹部に言ったわけですね。

だから警察の幹部が熱心に、警視庁にいる小笠原という人をよこしてくれと言ったわけです。玉利先生は、栃木の日清生命の支社長でいて、もう一人、今の細川隆元さんのお兄さん、細川という剣道教士がおったんです。その人は、東電の栃木県支店長でした。

間もなく、千葉に変られましたが、その人と玉利さんと本部長と、酒を汲みかわしていたんですね。それで、本部長に言ったものですから、役所のことですから、警務課の方へ言って、警視庁の五段のをとれということで、錬士五段の若輩が栃木へ……。

その時、持田先生は、あそこには、古い先生が三人いるから、どの先生にも素直におつき合いしなさいと。行ってみたら、なるほど三つぐらいの先生の派閥があったんです。

私は、それにこだわらず、どの先生の言うことも聞いて、武徳会と警察の教師をおおせつかった」

栃木県に行くことになった裏には、範士によれば、このような事情があったのである。

戦前・戦後の修行

「そのうちに、翌年から、若いし、勝負があたったものですから、師範学校、高等農林、少年飛行学校の三つを持っていて、忙しかったですよ。

でも、自転車で廻って、一日三回ぐらいの稽古は楽でしたね。ちょうど三十歳ぐらいのときでした。

警視庁に、また帰ろうという考えがあったものですから、一週間一遍ぐらいは、警視庁に行って稽古していた。

栃木に行ったら、女房は東京に帰りたいといって、どうしようもなかったです。

そのうちに戦争が始まって、東京には帰れなくなった。三年目が昭和十八年でしょう。もう稽古ができなくなった頃でした」

間もなく終戦を迎えることになる。東京に帰ることは、勿論できなくなり、範士は戦後、警察もやめることになった。

「昭和二十一年一月に、警察官にならないかという本部長のすすめもあったが、警察をやめてしまった。女房に洋裁学校をやらせて、扶養家族で、昭和二十六年、日光の剣道大会が、戦後初めて行われたときなど、私は遊んでいたものですから、一生懸命やった。

第二回が全国大会でした。

全日本剣道連盟の初相談をして、翌年連盟が出来たんです。

この第二回大会のときに、木村篤太郎先生（元全日本剣道連盟名誉会長。故人）はじめ全国の先生がみえて、それがキッカケとなって東京での設立となったのです。

ですから、日光が剣道連盟発祥の地ともいえる。日光大会は、それ以来続けて毎年八月に行われています。ずっと東照宮の武徳殿ですが、東照宮の協力は大きい。この大会は、一番古いでしょうね。

ずっと自費で、寄附を集めたりして、大変でしたよ。先生方にも皆、自費で来ていただいた。

この日光大会は、昭和五年頃よりあった。柔道もやった。昭和十六、十七、十八年ぐらいでとまってしまった。復活して第一回が二十六年。

渡辺敏雄さん、庄子宗光さんが、大会をきっかけとして集まろうということで、連盟結成の下相談のため、日光に全国の先生に集まっていただいたわけです」

範士は、日光大会では、地元栃木県にあって、全剣連の創設に大きな役割りを果たした。

「昭和二十九年に、家内が洋裁学校をやっている隣りに空地があったものですから道場を建てた。

二十坪ぐらいの道場を作って剣道を始めた。

それから警察も剣道が復活して、昭和三十二年から師範ということで、技官として五十一年まで（六十五歳まで）やりました。

栃木県の高段者は、殆どうちで稽古した人ですよ。今道場持って、七段で活躍している人は、殆どうちでやった。他に道場なかったですからね。

道場開きのときは、持田先生、森正純先生の二人が、形をやって下さった。そして県内の人に稽古つけて下さって、洋裁学校の二階で宴会をやって、盛会でしたよ。

戦後建てた道場としては、一番古いでしょ。三十九年に、洋裁学校やめて引退したものですから、道場も別の方に移って、前のとこは、そのまま残って、やっています。今は三十五坪ぐらいになっています。

建ててから三十年近いし、木造ですから、ぼろぼろですが、続いています。

最初は少年が五、六人だった。大人の方が多かった。三、四段の人が集まってきてやっていました。

道場作って、十年以上は赤字でしたね。週三回、月謝は百五十円か二百円。三段以下が月謝持ってくる」

苦境を越えて

「人間の運命なんかわからんもんですね。もう栃木で四十年になりますから。三年ぐらいで東京に帰るつもりで、根がはえてしまった。

大会は、明治神宮大会、警視庁の大将として出た全国大会、東西対抗九回（大将一回、副将二回）、都道府県大会も三回ぐらい出ている。

これは、成績が一番よかったでしょう。準決勝二回ぐらい、八勝一敗ですか。

東西対抗は六勝三敗ですか。勝負はあたっています。先生に恵まれたことが一番大きい。私が警視庁に入ったとき、中山先生、斎村先生、持田先生、大島先生、堀田先生と五人の日本の大先生がおられて、どの先生にも可愛がられたですね。

警視庁に入りまして、中山先生の道場にも通いました。大島先生、桧山先生の道場にも。よその道場に行って、手あわせをした方がいいと兄に言われたものですから。一方に偏しないのがよかったように思いますね。

兄は、私が助教になって間もなく辞めて、秋田に帰ったですよ。私が助教になったのが昭和八年ですから、九年に帰りました」

範士は、師に恵まれていたという。そして兄からの教えで、偏することなく、いろいろな先生方から教えを受けた。

「若いときは十七貫ぐらいだったが、戦後肥って、それから痩せない。

私は得意技は面でした。小手にくるのを抜いて打つとか、小手に色をかけて面にゆくとか。胴はあまり打たなかったが、鍔ぜり合いの胴だけは、うまく打てたですね。

二十一歳で助教になる前に、アキレス腱を切っている。左は半年ぐらいでなおって、六年目、昭和十四年に右足を切った。

それで、剣道駄目かなと思いましたが、半年ぐらいで結構やれるので、警視庁の大将になったんです。

腱を切ってから、左右に開く、抜くとか、手首を使う技とか、そういうことが勉強になったと思いますね。

やはり人間、苦境に立ったときに何かが生れてくるんではないでしょうか。

大先生についたのも、よかったと思います。

私は、ですから武専とか国士館、高師ではなかったですが、そういうところの卒業生に負けまいとして頑張って来て、余り追い越されていません」

少年指導のことについては範士はこう語るのであった。

「私の指導方針は、子供の頃に礼儀正しい作法を教え、勝つことは余り考えさせません。

私は子供のときは勝てなかったから、自分の生い立ちを考えて、余り勝負にこだわらない。

勉強が第一です。勉強ができて、初めて剣道が役に立つんだと思います。うちの道場からは、難関ですが宇都宮高等学校に毎年入学しています。

剣道も必要ですが、そういう子供たちが、社会に出て育ってゆくのは楽しいですね」

範士の剣道修行で得た座右銘は、

『我以外皆我師』というものです。常に謙虚に勉強せよ。若い頃からそういうことでやってきた。兄に、一人の先生につくこともいいけれども、多くの先生から教わることが、幅広い剣道になるよ、と子供のときに言われたことが、頭にこびりついている。

兄の影響が大きい。それと、もう一つは、私はアキレス腱を切って剣道できないなと思ったが、やれるようになったのは、やはり、謙虚に先生の言うことを聞いたためであったと思う。

とにかく、素直に先生方のいうことを聞くことですね」

範士のお話を伺っていると、少しも飾りけのない、謙虚な人格が滲みでているのを感ずるのだった。

前後際断

剣道範士　三橋　秀三　先生

〈三橋範士の略歴〉

明治37年6月20日岡崎に生れる。岡崎中学から東京高等師範学校にすすみ、高野佐三郎範士をはじめ多くの優秀な先生方に師事。

昭和4年、東京高師を卒業し、岐阜師範学校に赴任。昭和6年再び東京に帰り高師の講師（付属中学担当）となる。同9年高師助教授。同16年東京高等体育学校主任教授、兼高師教授。同24年静岡大学教授。同35年岐阜大学主任教授、同名誉教授。同43年中京大学教授（兼体育部長）。同54年中京大学を定年退職し、新たに同校講師となる。さらに同年中部工業大学講師を委嘱される。

東京高師在学中はもちろん、教職についてからも人一倍の稽古を積むとともに、剣道技術の理論的研究に没頭。昭和6年、最初の中等学校指導要目作成委員となったのを始め、小学校剣道指導要目作成委員、文部省主催の全剣連講習会講師、高等学校教員試験委員、全国教職員研修会講師など学校剣道の指導につとめるとともに、武道学会で〝先々の先と後の先〟の発表を行うなど、幅広い活動を行う。戦後は全剣連の講習会で講師を務めた。

戦績関係では、昭和7年、宮内省主催第1回錬士号優勝試合、同12年第1回教士号優勝試合に優勝するなど選手としても活躍。『学校剣道』『剣道修錬』『小学校剣道』『体錬科剣道』『新剣道の指導』『新学校剣道指導』『種目別現代トレーニング法』『剣道』など著書も多い。

武道学会副会長、学校剣道連盟審議委員長、全剣連段位称号改正委員、東海学生剣道連盟名誉会長、岐阜県学校剣道連盟会長、愛知県剣道連盟顧問などをつとめる。

勲三等旭日中綬章受章、全日本剣道連盟功労賞、学校剣道連盟功労賞、岐阜県体育功労賞、愛知県体育功労賞、岐阜日日新聞社体育功労賞を受賞。

昭和37年剣道範士、同34年剣道八段。

名古屋市の名鉄体育館の中にある愛知県剣道連盟の事務局で、三橋先生にお会いして、修行のお話と剣道教師としての豊富な体験をお伺いした。

中学・高師時代

範士は明治三十七年六月岡崎に生れ、後の武徳会範士、三橋鑑一郎の養子として三橋家に入った。中学は岡崎中学校であった。

「僕はテニスと陸上競技が強かったので、一年、二年の間は二つの部の選手をやっておりました。三年になったときに、京都武徳会から伊藤亨先生が赴任されて、私の家に来て、お前は三橋鑑一郎の後継ぎだから、剣道やらなければいかんと言って剣道を強くすすめたので、中学三年から剣道部に入りました。四年になって一所懸命に剣道をやりましたので、主将になりました。そして、四年になってから、菅三郎先生が先生として来られました。

先生は非常にご立派な先生でありまして、剣道は勿論のこと、人間的に非常に教わるところが多かった。私の一つの人生観の基盤を作っていただきました。

卒業のときに強くなり、好きになったが、勉強ができなかったので、望む旧制高校には受けても受からないので、東京高等師範学校へ入った」

範士は勿論、東京高師へは、体育科で剣道を専門にやるために進んだのであった。

「高師へ入ったときの先生は、高野佐三郎先生、持田盛二先生、菅原融先生、佐藤卯吉先生でした。しかし、持田先生は、しばらくして朝鮮へ赴任されたので、持田先生から教えていただいたのは、極めて短い期間でした。

高師へ入ってからも、僕は万能選手であったので、陸上競技のインターカレッジの選手をやり、水泳は最高の初段をとり、ボートなどもやった。

本職の剣道も一生懸命やったので、在校時代に五段をとりました。僕の知っている限りで、高等師範卒業生で在校中に五段をとったのは僕一人だと思います。

だから、学生時代の剣道も強かったのではないかと思います。

高等師範時代には、高野先生に剣道の奥義を主に学び、菅原先生からは理合を主に学び、佐藤先生からは教育剣道について教えを受けました。

高等師範での最も大きな仕事は、剣道部は上級生が権力を持つ封建的でしたが、それを民主的に改革したことです。そのために僕の後輩から、あらゆる社会に優れた人材ができたのは、その民主的な剣道部にしたことが原因ではないかと、自負しておる」

確かに一種の改革である。範士はそれを高等師範時代の仕事という言葉で表現している。若い時代の範士の面目が躍如としている。

「上級生が特に特権を持たないで、制裁とか、強制などは絶対にさせない。上級生も下級生も人間として同じだと、道場では上級生は上に立つけれども、個人的な生活では、全く同権である、という態度でやった。

当時の高師は剣道が強いだけでなく、学問をやらなければ駄目だというので、学科の試験が難しかった。したがって五十名ぐらい受けたが、受かったのは六人だった。

勉強の時代であった。したがって、剣道は皆下手で、沢田というのが僕より強かったが、それは早く死にました。

内山というのが広島でやっていますが、範士になりましたけれど、その他のものは教育界で働いております。非常に優秀なクラスでした。

昨年五月の大会のとき同窓会をやりましたが、皆相当です。クラスとして最高だと思います。

高等師範時代のアルバイトは水泳のコーチで、海軍までコーチに行きました。生活は思い出しても、我れ悔いなし。思う存分にやった」

高師から岐阜師範教諭に

高等師範学校時代の範士は、剣道では良き師に恵まれ、生来のスポーツ万能の素質を生かし、青春に悔いのない学校生活を送ったと言いきる。

範士は高師を卒業すると、岐阜師範学校へ赴任した。そして教師としての生活が始まる。昭和四年のことであった。

「高等師範を卒業するときに、岐阜師範の近藤校長という有名な校長が、来てくれと言ってきた。

僕は、学校が高師に残れと言ったが、残れと言っても席がなかったので、草刈り女の費用で、高師へ残るかという話があった。ところが文部省が最後に許さなかった。

そうこうしている間に近藤先生が強く望んだので、岐阜師範へ行った。岐阜師範はわずか二年だったけれども、伊藤幸祐という名選手がいて、それを大将として東海の優勝旗を全部とった。

第一回の全国の中等学校の大会があって、東海代表として行って、決勝リーグで天才児野間寅雄を大将とする巣鴨中学に負けた。

そのとき、伊藤と野間の対戦で、延長、延長で勝負がつかなかった。最後に野間が片手突きで勝った。その名勝負は、今も頭に残っている。

岐阜師範時代は、僕の若き日の絶頂であった。もう一つは、僕は毎日武徳会に行った。岐阜には立派な先生が数人おられたが、一人も稽古にいらっしゃいませんでした。

稽古に行っても私一人でした。そのとき、清水という青年が非常に熱心で、遠方から、雨の日も、風の日も休むことなしに来て、僕と二人で研究をした。

その清水義男君は、腕が上達して天覧試合にも出場し、中学校の講師、青年学校の講師にもなり、現在は八段範士で、岐阜の重鎮になっている。僕の岐阜時代の一つの思い出です。立派な人でした。二年間毎日、へとへとになるまでやりました」

昭和六年四月、範士は上京し、東京高等師範学校の講師となった。そして主に付属中学を教えることになる。

「赴任して翌年、宮内省主催の第一回錬士号優勝試合に出場し、優勝した。そうしたら、警察部長の白井という人が、僕のところへ使いをよこして、皇宮警察の剣道部を、若き三橋先生によって改革してもらいたいから、先生になってもらいたいと言ってきた。二十九歳のときだった。

そのときの宮内省の先生は、中山先生、持田先生、斎村先生、大島先生といった、超一流の先生だけだった。そこへ二十九歳の僕を先生にすると言ったから、僕は呆然とした。

けれども、高野先生と相談したけれども、僕は、後は野となれ山となれ、と承諾したが、そのときは、高師の先生であり、皇宮警察の先生であれば、もう日本一になることは確実だと得意の絶頂だった。

ところが、好事魔多しで、一度も出勤せんで次の週に片眼がつぶれた。それで、宮内省には勿論辞表を提出した。それから高師の剣道部は日本の中心だから、そこに眼がつぶれたのに先生になっていることは悪いと思って僕は学長のところへ辞表を提出した。

ところが、文部省は僕に好意を持ってくれて、お前はもう剣道は駄目だろうと。そんなら佐賀県の体育課長になって行けと言ってきたが、学長は剣道は強くなくともよろしいと。高師で飼い殺しにしてやる。ずっとやれと言われた。

そこで僕はその好意に感激して猛練習をした。そして、付属中学校は、エリート中のエリート中学だから、剣道は都内でも最下位だった。それを四年間で東京都で優勝、全国大会でも優勝させた。

これは、奇蹟とも言うべきもので、その殆どが、一高、その他の有名校に入った。文武両道の理想をやらせたことは、僕の若い時代の最も得意なことであった」

剣道の指導にあたって、範士がいかに有能で、魅力のある教師であったかが想像できる。

「教え方は、三六五日休む日はなかった。夏休みは生徒は家がいいから別荘に行く。別荘に行くやつは行けといったら、一人も別荘に行かないんだ。

皆東京にいて稽古をやった。そのかわり、疲れたら勉強ができない。一日の練習は四十分。頻度でおぎなった。技能は頻度に比例する。それで優勝した。」

高野・持田先生のこと

この時代である、範士の死にもの狂いの稽古が始まったのは。

「高等師範の先生になったので、日本一にならなければと思って猛練習をやった。もう夜中でも痙攣して立ち上がるほどだった。疲労困憊してしまった。

絵が好きで、上野の帝展へ絵を見に行った。そうしたら、眼ヤニがでて、目薬さしたところが治らない。当時、東京で一番有名な眼医者へ行った。そうしたら肺炎菌だと言う。

大事にいたるのは何千人中に一人である。ほとんどヤニ眼に終るものだと。ところが疲労困憊していたものだから、それを治す体力がなかった。だから眼がつぶれてしまった。

そのとき、六段だった。高師の古賀という稽古のいい二年生が二段だった。古賀と稽古したら五分だった。これでは剣道の先生になれんと思って、高野先生に聞いたんだ。

先生、今から一生懸命やったら何段ぐらいになれますか。

高野先生は、昔から片目で強くなった人はいないから四段ぐらいかなと言われた。

剣聖高野先生が四段と言われたら、僕はもうあきらめざるを得ない。それでも、学長の好意に報いるために僕は、オリンピック選手がいくら練習するといっても、眼がつぶれてからの僕の数年の修行は、何人にも負けないと思う程の練習をした。

三十五歳のとき、全国一になった。それで剣道家として立てるという自信を持った」

これも、範士の、この頃のエピソードである。

「高師で目がつぶれてからは、死にものぐるいで修行した。毎朝講談社（野間道場）に六時に行って、正月元旦以外、公務以外は一日も休んだことがなかった。

そして、毎朝一番最初に道具をつけて、持田先生の前に座って、持田先生に最初におねがいする。それを毎日やった。

その修行で、眼がつぶれた僕でも、ひと通りの剣道の腕前になったのは、全く持田先生のお陰であると思っている。

持田先生は、腕もさることながら、立派な人格者で、僕は心から尊敬していることは勿論だけれども、財界、政界、各界を通して、持田先生ほど、人間的に立派な先生は稀であると思って、今でも心の師としております。

講談社では、伊香保の（道場の）稽古があった。それも僕が、一番たくさん行ったが、講談社に行くようになってからの一番の大きな収穫は、英雄野間清治が僕に話した教訓、社員に話す教訓、それらのことが、僕の処世観を確立した。僕の人間的な生活の在り方についての基本は、野間清治に教わったと言っても過言ではないと思っている」

そして高野先生に剣道の奥義を教わったと、その思い出を、

「僕は、高師の先生のときは、実質的に高野先生の助手であって、高野先生のお供をしておった。とくに、お供をしておって、いろいろ話を聞けた。寒稽古のときは、高師は五時から始まるんだが、高野先生は時間を間違えて時々四時に来る。

小使いが年をとっておったので、僕は毎朝四時に起きて、三週間、四時に学校に行って、火をおこし、お茶をわかして高野先生が間違って来るのをお待ちした。

そして、高野先生と二人だけで、雑談をした。その雑談において、以心伝心で高野先生の剣道を、自分の心に、身に植えつけたことが、僕の剣道の最大の財産である。

高野先生の理論に感心したことは、数年の間、いろいろな問題をお訪ねしたけれども、即答しなかったことは一度もな

い。どうしてあの理論を知ったか、今もって分からない。それほど剣道について博学であった。

剣道について最も難しい問題で、今も論議されている、先々の先の問題、三角矩の構え。これなどは僕が高野先生に聞いて、聞いて、聞き抜いて、その理論を科学的に説明したのが、僕の今の先々の先、後の先の理論。これは理合の最も重要なことで、これを剣道連盟が不問にしていることは、納得できないと僕は思っている。

高野先生は、下を使うことが、名人であった。もう高野先生とやると、技術が伸び伸びと出来て、見ておるものは芸術品であった。

僕は高野先生に講習その他で形の相手をさせられたが、高野先生と形を打つと、どうして俺の形はこんなにうまくなったんだろうと思うほどうまくできる。

他人と打ったら、また駄目になってしまう。それほど、高野先生は相手によって、相手を生かす剣道をしていた。

その剣風は、千両役者と言えどもかなわない風格を持った、もう最高の芸術品だと僕は思っている。持田先生始め、天下の名剣士がおるが、その風格の心を打つ点においては、先生の足もとによるものは一人もおらない。そういう先生だった。実に立派な先生でした」

高等体育学校

範士は、人一倍の努力と修行によって、剣道家としての道を歩むのであった。

「高師の専任になった。そのときに小学校武道が始まった。日本中の小学校に正課としてやらせるようになった。

五年生から上は正課になり、その要目を一人で作った。一人で全国を二年間廻って歩き指導した。それが、僕の若いときで一番働いたときだ。

その頃、第一回の教士号戦があり、全国超一流の選手が集まって試合をした。僕はそれに出て運よく優勝した。（昭和十二年五月）

優勝して、その翌年に文部省が、高師の剣道ではもの足りないというので高等体育学校を代々木に作った。それで剣道の主任教授を命じてきた。

僕は高師に恩義があるから、最後までことわったけれども、文部大臣からも代理で局長が来て、もしお前が来なければ、剣道部は作らないと強く懇望を受けて高等体育学校へ行った。

高師も兼任教授になった。高師で、そんな若さで剣道の教師になったのは有史以来僕一人であった。

体育学校の校長は、東龍太郎、体育の方では鶴岡、本間、塩谷といった日本の超一流の先生、学科は生理学の吉田、スポーツ医学の吉田、斉藤両博士、文化方面では関口、前田といった一流の先生で構成された。

僕がその中へ入って生活したことによって、体育の在り方、日本の体育の在り方、これからどう在るべきか、武道はこれからどう進めるべきものであるか、そういう基盤を教えていただいた。その見識が現在の僕の武道に対する基盤になっている。ここから最優秀の学生がたくさん出たことは、僕の最も喜ぶところである」

岐阜・中京大学時代

範士にとって、生涯の危機が二回あった。一回は失明のとき、次は終戦で剣道が禁止になったときである。

「終戦になったら、剣道がなくなった。これをやらすかどうか、僕が日本の剣道代表で、ファーという米国代表と話し合った。

僕の説明が良かったせいか、剣道は今まで通り続けてよいことになったので、文部省で万歳を唱えたけれども、一週間足らずで、米国から中止命令が来て止めた。

明治大学の英語の先生を通訳としてやったが、交渉が悪かったんじゃないと思うけれども、結果は中止になり、関係したから責任を感じて、東京を去る決意をした。

剣道がなくなれば、僕はカッパが陸へあがったように、何も出来ん。文部省の仕事を僕は昭和六年から、終戦まで、剣道の仕事は全部僕が中心になってやった。

そういうことで文部省が好意を持って、静岡大学の教授にしてくれた。体育の教授はなかったが、英語の教授の席をとって体育の教授にかえて僕を教授に持っていったくらい、文部省は僕に好意を持ってくれた。

静岡大学に行って、武道の教官で大学の教授になったのは最初である。バスケット、バレー、野球その他、一般体育を教えた。一番指導で困ったのは野球だった。

静岡時代は毎日楽しかった。学生が実にいい学生で、楽しい生活をしておったが、子供が三人おって、栄養失調になりかけた。

食うものがなくなっちゃって。そうしておったら、岐阜師範で教えた学生が、岐阜に来れば、我々が芋ぐらい持ってゆきます。こういうもんだから、子供を栄養失調にしたらかなわんから岐阜大学へ転任した。岐阜大学で主任教授になった」

範士は、岐阜大学でも後進の指導にあたり、多くの功績を残すのであった。

「後輩やなんかのお世話になって、どうやら停年まで。その間剣道が出来るようになってから、好きなものだから、また剣道を始めた。岐阜大学の教官をしているとき、全国の官立大学で殆ど負けたことはなかった。

そして、岐阜国体のときには全種目の強化委員長をやった。そのとき、新聞社が来て、今さわいでいるように、先生何位にしますかと。天皇杯は何位にしますかときくから、五、六位だろうと言ったら、どうして優勝を狙わんかと言う。

今までの国体は間違っている。在り方が間違っている。本当の国体にするのは、僕より他にやるやつはいない。全種目強化委員長をやったのは、大学の教授では僕一人だ。

僕以外に正しい国体に持ってゆくことは誰にも出来ないから、僕は断じてやると。やれば天皇杯とるよりも、もっと功績は大きいと言って主張したけれども、県会が承知しなかった。どうしても優勝させてくれと。

そんなならことわると。だが体育連盟の方で三橋以外にやり手はいないから、なんとかやってくれと頼まれた。それでしかたなしに優勝さすことに踏み切った。男女とも優勝させた。これも一つの思い出である。

岐阜大学には杉江という僕の秘蔵っ子が教授でおって、剣道が強くて、博士は杉江だけだ。僕が岐阜大学におるとき、体育の中から博士が三人できた」

岐阜大学で停年を迎えて、悠々自適の生活を送ろうとする範士を、中京大学が放っておかなかった。

「中京大学の梅村学長が、是非来てくれという。体育学部に武道学科を作るからどうかきてくれと礼をつくされたので、中京大学で剣道をやることに承知した。

僕は剣道だけをやろうと思って行ったところが、教授会が僕を部長にしてしまった。体育部長になって、大きな仕事は、大学騒動を納め、日本一の体育施設を持つ新校舎を豊田に作った。

そうして、剣道の方も地方では中京大学は名をなしておる。そういうことで、中京大学の梅村先生のもとで働いたことは、僕の晩年の最も幸福であったことである。

停年七十歳を七十五歳の停年にしてもらい、大学院の講義をして、昨年（五十四年）停年になった。しかし、講師で残ってくれというので、講師をやっている。

そして、中部工大で週一回でいいからというので、中部工大の講師もやっている」

範士の生涯を通じての座右銘は、

『前後際断』である。剣道の極意である。残心にも通ずる。この極意を同時に社会生活に生かす。済んだことは全部忘れて、現在から目標に向かって、最善を尽せ。過去を忘れてゆけということである。打ったことを忘れて、次にゆく。社会流に言えば、失敗したことを忘れて次の問題に全力を尽すことである」

範士は、剣道を通じて、幾多の優秀な人材を育て、世に送り出している。話の内容からも、人柄からも、正義感にあふれた大変魅力のある教師であると強く感じた。

養心莫善於寡欲

剣道範士　松野義慶先生

〈松野範士の略歴〉

明治32年10月30日、宮崎県日南市飫肥町に生れる。

飫肥小学校から県立宮崎中学にすすみ、正課の剣道を始める。中学3年のとき、単身京都に上る。大正5年大日本武徳会本部剣道部甲種講習生として入会し、内藤高治範士の玄関番となって修行。玄関番の同窓には、故市毛正平、故清水誓一郎、谷田貝義春、故鹿嶋清孝の各範士、成田精一、段海三八段などがいる。武徳会では、内藤先生をはじめ、門奈、中野、大島、森、宮崎等の先生方のもとで稽古に励む。

大正10年佐賀県立唐津中学校教師。同12年宮崎県立飫肥中学に転任。

昭和19年宮崎県警察剣道師範。同28年剣道復活と同時に宮崎県国家地方警察技官、および宮崎県剣道連盟副会長・審査委員長、全日本剣道連盟評議員。同34年宮崎県文化賞受賞。同40年宮崎県剣道連盟名誉会長。同45年宮崎県剣道道場連盟会長。

大正7年大日本武徳会主催の第19回青年演武大会で20人抜きを記録し、則光の刀を受領。昭和15年皇紀二千六百年奉祝全日本東西対抗剣道大会出場。第1回全日本東西対抗剣道大会に西軍監督として出場。

昭和58年5月、宮崎置県百年にあたり教育文化功労者として、宮崎県知事より表彰さる。

昭和35年剣道八段、同37年剣道範士。

京都大会の最終日早朝、京都楠荘に宿泊されている松野義慶範士をお訪ねすると、範士は奥さんと一緒に部屋におられ、心よく通して下さった。

単身京都へ

範士は明治三十二年、宮崎県日南市飫肥に生れた。そして飫肥小学校を卒業し、県立宮崎中学校に入学して正課の剣道を始めた。

「正課だから週一時間、戸山学校出の金子という先生（初段）の指導を受けました。剣道は非常に好きでした。夜寝る時も面を着けたまま寝たものでした。学校から帰って裏庭の杉の木に向って切り返しをやり、ついに杉の木二本を枯らしてしまった。私は家内の家に預けられて中学に通ったのですが、家内の父は中学校の英語の先生で、私の一番きらいな英語で大変苦しめられました」

範士は中学三年の時、退学して単身京都に上った。

「中学を三年でやめて剣道具を担いで京都に来ました。そして内藤高治先生の門を叩きました。先生は東山線上ル仁王門の善香院というお寺を借りて住んでおられました。当時、市毛正平（常陸山の弟）、市毛高信（常陸山の長男）、三重の清水誓一郎、栃木の谷田貝義春、名古屋の鹿嶋清孝、成田精一、段海三、等玄関番の仲間です。夜は玄関の間と次の間に寝るのですが、お互い負けてはならぬという意識が強かったので、皆寝静まった頃を見計って、静かに起きて庭に出て素振りをやったものです」

京に上り、内藤高治先生の門に入った範士は、剣道だけではなく書生として内藤先生の身のまわりのことをして働くのであった。

「内藤先生は非常にお酒が好きで、来客も多く、すぐお酒になるのです。夜十二時頃まで我々がお酌をして、寝るのはいつも一時頃になります。又先生は朝非常に早いのです。そうして先生はハタキでバタバタと隣の部屋の障子を叩かれます。

我々は直ぐに飛び起き、稽古衣袴で掃除を始めるのです」

内藤門下生として

範士が京都に来たのは大正五年四月であった。そして玄関番の書生として、また大日本武徳会本部剣道部甲種講習生として武徳会に入会した。

「武徳殿の稽古は十時と午後三時の二回でしたが、稽古も苦しかったが、それよりも生活の方がなかなかでした。朝四時頃起きるでしょう。掃除をすませてご飯を炊き、味噌汁を炊いて先生と奥様にお上げするのです。

その修行がなかなかです。ご飯は一度に二升五合から三升くらい炊くのですが、その頃は薪ですから火加減がむずかしく、水を少くして、かたく、それでいて芯の出来ないように、底が少しこげる様に炊きます。味噌汁の炊き方は、また秘伝があるのです。味噌は摺り加減がむずかしいのです。摺り過ぎてもいかんし、摺り足りなくてもまずいのです。

十二月になると漬物用の大根洗いです。京都の冬は水道が凍るのです。その水での大根洗いは、また格別つめたく、手に垢切れがいっぱい出来、稽古に行くと手の甲の皮が籠手に着いて、手の甲が真っ赤になったものです」

書生としての修行が大変だったと範士は述懐するのだった。当時すでに武専があり、武専と武徳会の両方に生徒がいた。範士は武徳会の生徒であった。

「本部の方は先生が多く、内藤先生を始めとして門奈先生、中野先生、大島先生、森末先生、宮崎先生、そして講習生の大将が堀正平さん、柴田万策さん、大楠哲夔さん、並河正義さん、土田友介さん、小野十生さん、田中知一さん等、一番若いのが私と京都の西村文一君でした。

その頃、地方から武徳会に入会される方は、たいてい二十歳から三十歳ぐらいで、地方では豪の者といわれる方々で、争い事でもあると『今夜は吉田山に来い』等と殺風景なものでした。

武徳会の正帽が鉄兜でした。内藤先生が京大に稽古に行かれるので、我々もついて行ったものです。大学生には四、五段の学生がいて、なかなか骨が折れた。また夜は漢学の勉強に行かなければならない。大学、中庸、論語、孟子等の講義を受けました。先生は南禅寺の楠正位先生でした。それが毎晩つづいた」

朝四時に起き、書生としての勤め、それから武徳殿の稽古、漢学の勉強と、つらい青春時代の修行であった。

「本部の稽古は自分の好きなように掛り稽古、試合稽古をするわけです。内藤先生にゆく時は掛り稽古、大島先生、宮崎先生へゆく時は始め三本勝負をお願いして後は掛り稽古にゆくわけです。激しかったですよ宮崎先生の左右の横面は……。毎年戸山学校から二十名くらい稽古にみえるのですが、宮崎先生の横面で鼓膜を破られて帰る人が大分いましたよ」

師内藤先生

書生として五年半、範士は内藤先生の側近にあって先生を直接見て来た。そして大きく影響されるのであった。

「先生は非常に無邪気なお方で、特に古道具屋廻りをされるのですが、珍らしいものがあると何んでも買われます。瓢箪なんか大変な数でした。刀も沢山ありましたが、神息という刀は今でも脳裏に残っております。

先生はあまり散髪屋に行かれなかった。庭で椅子に腰をかけておられるのを私がハサミでヒゲを一本、一本切りました。その頃、焼芋が流行しましたが、外出されると焼芋を二、三十銭くらい買ってこられて、我々玄関番をご自分の部屋に呼び入れられて皆に食べさせました。

この様な話をされたことがあります。坂本龍馬がやられたのは、ふところに手を入れていたので刀を抜く間にやられた。先生は絶対にふところに手を入れてはいかぬと強調された。大学の大会の際、先生のお供をして見学に行きましたとき、私共ははるか後方で先生と離れて見学していたのですが、頃は二月で寒気がきびしかったので、知らず知らず、ふところ手をしたのでしょう。家に帰ってから先生より注意を受けました。それから現在に至るまでふところ手をした事はありません」

範士は本当に懐かしそうに内藤先生について語るのである。

「来客があるでしょう。どんなえらい人が見えても、また普通の青年が来ても区別をされず同じ態度で接しておられた。なかなか出来ない事ですね。このような立派な先生はもう二度と出られないでしょう。

京都大学で月給でしょうか毎月百五十円くらい持って来られたようでしたが、先生は金には最も恬淡としておられ、すべて奥様が持っておられた。武徳殿の帰りの途中に中村屋という料理屋がありまして、先生方と一緒に寄られるのですが、お帰りが遅くなると、奥様が、松野さん迎えに行って下さいといわれます。その頃ブルテリヤの大きい犬がいましたが、それを運動がてら引っ張って先生をお迎えに行くのですが、仲居がなかなかの代物で、お菓子などをくれて追い返されます。帰るとまた奥様が……

先生は無邪気なお方で、ダルマ踊りが得意でした。碁は余り強くなかった。小川先生が良くお相手をされましたが、どちらも余り上手ではなかったようです。武徳殿の東側に講習生の仕度部屋つまり武者溜りがあり、その北のすみに先生方のお部屋があったのです。いつも障子が締っていましたが、内藤先生がおいでになったとわかると、皆講習生は部屋から十歩くらいの所まで進み、正座してご挨拶をしたものです。

先生はよく我々を集めてお話をして下さいましたが、次のお言葉が脳裡に残っています。

『手の宝剣は手裡にあり、手裡の宝剣は霊妙の中に在り』

手の裡の大切な事を御教示になったのです。先生にお手紙を差し上げると必ず返事を下さいました。五、六行書かれるのでも、必ず封書でお返事を戴きました。礼儀の正しい先生でした。私は先生のお手紙を十数通大切に保存しています。

私は先生がお亡くなりになられた時、日南市の飫肥におりました。訃報に接し、早速上京しました。先生のお顔が真赤でした。酒焼けでしょうか、お酒の好きな先生でしたからね」

教師として郷里へ

結局範士は、京都の内藤先生の膝下で五年半修行し、大正十年十一月、佐賀県唐津中学に赴任することになった。

「大正四年から十年まで修行し、大正十年二十歳で四段になりました。こういう学校があるから行ってきなさいと先生にいわれて佐賀の唐津中学校に行きました。それから郷里の日南市に中学校が出来まして、町長と校長が是非帰って来てくれといわれましたので、唐津の有力な先生に相談したところ、許しは出ないからだまって帰んなさい、帰ってから校長に交渉させなさいと。この時の唐津の校長は有名な下村虎六郎（湖人）先生でした」

範士は唐津中学に二年ほどいて郷里の日南市の飫肥中学校に転任した。ちょうど大正十二年八月であった。

「飫肥中学に十五、六年いました。それから四十六歳でしたか宮崎県警察の剣道師範になって七十二歳までいました」

範士が県警察から要請があったとき、警察官の服を着て欲しいといわれた。ところが範士は服を着るのは御免蒙ると……。そして出勤は和服を認めること、出勤簿に印を押さないことを条件にしたということである。

範士は中学教師から県警へ。戦後の剣道復活とともに、また警察へと剣道一筋に歩いて来た。そして昭和四十五年宮崎県警察の剣道師範を退職するまで名師範として多くの剣士を養成した。

「今の剣道は基本が足りない。私が警察にいる時は六、七段の選手にも必ず稽古の前に基本を四、五十分間やりました。また今は形を軽視して余りやりませんね。ほとんど昇段試験の前になって練習していますよ。受験のための形らしいですね。宮崎県では昇段試験で形の出来ない人は絶対に合格しません。この頃は六、七段になっても充分形の出来ない人が沢山いますよ。こんな人が若い者の指導をするのですから誠におかしなもので……。形をしっかりやらないと本当に刀の使い方がわからないですよ。昔の生き残りの先生が亡くなられたので刀の刃筋等やかましくいわれる先生方が少くなりました。私の若い頃は、胴を切っても手首が返らなければ絶対にとられなかった。今少年剣道を指導していますが、これは竹刀ではない、刀です。真剣勝負と思って命をかけて練習しなさいといっています」

少年指導に力をそそぐ

範士は兵隊に行かなかった。それは目を悪くしたからである。

「内藤先生のところで大会の組合せを夜通し書いて目が充血して悪くしたのです。その時の青年大会では二十人を抜いてレコードを作りました。そうして武徳会会長より日本刀を貰いました。眠らないということは勝負には余り関係ない。昔の先生は試合の前日には絶対風呂に入ってはいけないといわれた。足などの筋がゆるむと……」

その時内藤先生から書いてもらった刀の鞘書には次のように書かれている。

大正七年八月大日本武徳会第十九回青年演武大会剣術試合一本勝負ニ於テ二十人ヲ抜優等ノ賞トシテ受領則チ則光ノ作刀是也

松野義慶君之為識

剣道範士内藤高治（花押）

範士は宮崎県にあって昭和四十五年県警を退くと、直ちに道場連盟を創設して少年指導に力を注いだ。範士は今宮崎県下の九十余の道場を年二回まわって少年の級の審査をしている。そうして一人一人の評をしている。このきめの細かい少年指導を実施してその効果も大きいという。

「道場に行くと必ず沢山の父母の見学者があります。中には行儀の悪い方もいます。直接、父母にいうのも如何かと、少年を相手に道場に於ける礼儀を説きます。すると足を出していた父母も正しく座り直す等、父母の教育からしなくてはならぬのです」

範士の座右銘は

『養心莫善於寡欲』孟子

『無道人短　無説己長』崔援

「大切なことは欲を少なくすることです。心を養うは欲を少なくするに善きはなし。剣道も同じです。物欲があったら駄目です。

私の号は常空庵主人、二十歳の時につけたものです。心は空でなければいかん、また欲を少なくすることです。もう一つは人の悪口をいわず、自分の宣伝をしない事です」

範士のお話は静かな内にも説得力があり、座右銘をそのまま実践している、偉大な教育者であった。

天地の恵みかしこみ八十四の春
いよいよ道の奥義極めん

剣道範士　岡田　守弘　先生

〈岡田範士の略歴〉

明治27年11月2日、新潟県北蒲原郡紫雲寺町に生れる。

大正12年8月警視庁巡査拝命。同15年警視庁剣道助教。

昭和3年国士館で行われた居合道研修会に参加、恩師橋本統陽先生と出会い切り落しの指導を受ける。昭和3年剣道精錬証。

昭和6年警視庁剣道教師。同28年警視庁剣道師範。同33年東京大学教養学部剣道師範。尚道館道場館長。

昭和35年剣道八段、同37年剣道範士、同39年居合道八段、同50年居合道範士。

京王線下高井戸駅で降りて、駅前マーケットの裏手に行くと、この界隈では非常に古い尚道館道場がある。この道場に、元気に稽古を続け、熱心に子弟を指導する岡田守弘範士の姿があった。

著名な武道家を輩出した新潟出身

岡田範士は明治二十七年、新潟県に生れた。

「新潟は、新発田中学出身の範士九段が三人もおります。斉藤正利、長谷川壽、中野八十二の各先生で、また範士八段佐藤毅さんもおります。私は百姓の子で、新発田中学まで三里半。とてもゆけなかった。小学四年、高等科四年の八年で学校を終了して、七人兄弟の長男ですから、百姓が好きで、村一番の百姓になるつもりで三十歳ぐらいまでよくやったのですが、易をみてもらったら農業はだめだといわれた。

兵隊から帰ってくると、大好きな剣道の稽古をよくしたものです。先輩がたが使った竹胴の道具が二つありまして、小手など綿がでて打たれると痛いものだった。

住いが広い土間で、稽古をしていたらランプをけとばし、馬屋にとんでいって火災になりそうになって毛布で消したこともあった。剣道を習いたくて習いたくてしょうがなかった」

幾多の剣道家を輩出した風土と、先祖の血が範士を剣道にかりたてたのだろう。

「先祖に剣道ができた人がいて、母親がよく話を聞かしてくれました。岡田の家にはそういう人はいなかったが、母が来た広沢の母の叔父さんで、丹波守某という先生の弟子で、かなりできた人がおりました。田舎に帰ると丹波守の墓にお参りをしたものです。また赤穂義士の堀部安兵衛も新発田の出身です」

剣道をしたくて上京

範士は農業を断念し、大正十二年三月、志をいだいて上京したのだった。そのとき範士は三十歳になっていた。

「剣道をやるなら警察に入ってと思い、警察へ入りたかったが、田舎で百姓ばかりやっていたので、警視庁の採用試験に勉強しないとなかなか通らないと思って、勉強する機会が欲しいと思い、八月までそんなことを考えていたが、私は幸い軍隊にいまして二年間の服役でしたけれど、除隊してから第一回の予備役の召集で三週間、運よく伍長になった。伍長になると試験はやらないで、もっと早く入れたかも知れなかったが、八月に拝命したんです。八月の六日拝命で、すぐ震災にあいましたから、学校が焼けて、すぐ新宿警察署に入りました」

待望の警察に入り、範士の剣道生活が始まる。

「新宿は四ツ谷が近いものですから四ツ谷の習成館道場に通いました。稽古をやりたくて警察に入ったものですから、九月の終りに道場に入門しました。

警察は三日に一回稽古があります。三日に一回、一時間ぐらいではとてもたりなくて、終ると飛んで道場にゆきました。二時間ぐらい、汗がもう出ないほど稽古をやりました。

四ツ谷の習成館道場は、警視庁の主席師範の柴田衛守先生がやっておられた道場で、先生は私が入門しても稽古はやられなかったですね。

高い部屋に座って、皆の稽古をみていました。稽古は厳しかったが、間合が近くてぺたぺたくっつく、からまるということで、私は習成館の道場では基本的な技を教わらなかったですね。

もうただ先輩に滅茶苦茶にかかって、かかって、錬りあげられたんです。できあがらないうちに鍛えられるから、身体がくたくたになってしまう。今のようにちゃんと基本を教えれば、もっと早い上達が得られるのですが。

地稽古式のものをいきなりやってしまう。それで狭いのに、もう先輩にかなり強いのがいるでしょう。元立ちにずらりと並んで、もうかきまわされて。昭和十年にうちの道場ができるまでずっと通いました。ですから十二年ぐらい通ったことになりますね」

警視庁に入った範士は、勤務のかたわら、稽古、稽古と積みかさね、大正十五年に警視庁剣道助教に昇進した。これは早い昇進であった。

「普通の人は、八月に入って、十三年五月に審査があったんですね。一番下は五級の下。一年かかって五級の下から中にゆく。ところがいけない人もいる。私の場合、小沢愛次郎先生に習成館で鍛えられたので、翌年、中をとんで上にあがりました。だから皆よりも昇進が早かったわけです。

その翌年上から四級の下、四級の下になると助教になれるわけです。十五年の十月に助教になった。何も知らないで入って、こんなに早く助教になったのは、警視庁にいないといわれました。

助教になって、すぐ杉並署に入りました。助教には泊まりがなかったんですが、杉並の署長は堅い人で、また署ができたばかりで助教にも看守をやらせました。看守をやると一晩おきに泊まりがあり、道場には一日おきにしかいけないものだから係長に頼んで、わたしはもっと稽古したいんだが、看守をやらせられるのは稽古ができないからといったら、愛宕署にかえてくれました。

ところが愛宕署は一番大きく、余り忙しいんで稽古がない。ちょうどその頃選手にだされて本庁に稽古にいっていた。天覧試合があって、警視庁には先輩がおりまして、丸山という三級下がおりまして、この人には勝てない。でられないと思ったので、芝の在郷軍人からでて、都の方で運よくとんとん勝っていって決勝までいったものですから、課長が認めてくれました。将来性があるということで、すぐ本庁に勤めるようになりました。

本庁にゆくと毎日稽古があり、だから進むのも非常に早かった。それから二年で教師になりました。教師になると警察十カ所ぐらい担当で、自警会の朝稽古はあるし、また選手訓練などで稽古がよくできました」

範士は異例の早さで教師に昇進した。それは昭和六年六月であった。

鞍馬流極意の巻き落とし

範士の稽古熱心は有名であった。警察の稽古のほか、時間があけば習成館にゆき、剣道気狂いともいわれた。

「四ツ谷の習成館で一つ覚えたのが巻き落としなんですね。鞍馬流独特の二本目の形にある。面にくるのをパッと巻くようにしてすり落として突くのがあるんです。

面をすり落として巻き落としというんですが、それの変形といいますか、大先生の稽古はみていなかったが、若先生、今の鉄男さんのお父さん、勧先生もやはり警視庁の師範でしたが、その方がパッと小手を打って、相手がその小手をパッとしのぐと、パンと巻くのが実に見事でね。それ一つ覚えただけです。

私のは、相手の竹刀が下がって、上がるところをパッと巻く。これが勧先生よりもっとあざやかで、あるとき勧先生が、高野先生の門人で、今新潟にいますが、警視庁の助教の渡部さんという人が、非常に強い人で、警視庁の助教の合同稽古のとき、柴田先生、巻き落としを教えて下さいといったら、いや巻き落としは私より岡田先生が上手だから岡田君に習いなさいと、私が教えたことがあります。

昭和四年だったと思いますが、国士館に剣道の講習会がありまして、各県から先生方がたくさんきて、富山県の一番偉い先生で松本重平先生という人がきまして、私は助教のときで末輩ですが、その人が巻き落としに弱いんで、一本も打ち合わないで、九回竹刀がとびました。

松本先生もあきれて、今まで稽古をやって、こんなひどい目に合ったことはないといわれていた。得意技は強いものである」

範士は、長い間習成館に通って覚えたものは、この巻き落とし技だったと。そして、この鞍馬流の巻き落とし技を乱用した。

「京都の佐藤忠三先生が、昭和十九年に東京にみえた。高等師範の審査があるときだった。その頃私は、講談社の野間道場にも稽古にいっていましたが、朝稽古に忠三先生も六時半にみえました。

佐藤先生の偉さを知っておりましたから、お願いしようと思ってゆきましたら、先生は構えがよくて柔らかい。この先生も日本で有名で、やがて十段になる先生と思っていたが、一本も打たれないで六回落としました。

終って持田先生と野間道場の控えの部屋でお茶を呑んでいて、末輩は部屋のそばの板の間であぐらをかいてお茶を呑んでいたら、あそこにいるあの人は何という人かと聞かれ、名前をいったら、いや今朝落とされたと。巻き落としというのは、知らない人には威力があるなと思いました。

私は巻き落としばかりやりたがる警視庁の稽古だけではもの足りなくて、戸山学校の軍人の稽古にもゆきました。戸山学校には持田先生、斎村先生、大島先生の三人の警視庁の先生がいっていましたが、この戸山学校に稽古に随分いきました。

稽古が終って、大島治喜太先生と課長の三木中佐という人がいまして、三人で風呂に一緒に入りましたら、岡田君は巻き落としにあんまり主力をそそいでいるから稽古がいやしくなって、大成しないから巻き落としは止めろと、私の一番得意の技を止められました。

三木中佐が、先生みていると盛んに落とされていますが、落とされたら負けですよと。すると、治喜太先生が、負けたけれど、岡田君は人の何倍も努力する将来性のある人だけれども、巻き落としに重点があるために、稽古がいやしくなって大成しないと。今はいいけれども、将来立派な先生になるのには巻き落としをよさなければだめだ。巻き落とすひまがあったら打てと。立派な面を打てばいいのに、相手の竹刀を落としたところを打ったんでは、専門家がみるといやしいと。それから私は巻き落としを止めました」

恩師斎村五郎先生との出会い

昭和十年、警視庁教師の時代に範士は下高井戸にある現在の尚道館道場を建築した。ちょうど範士が、まだ習成館に通っている頃であった。

「力もないうちに道場を建てたが、柴田先生には申し訳ないと思っています。長男が小学校に入る年で、代田橋にいたときです。子供を小学校にだすなら松沢小学校にだしたくて。当時松沢は将校の家族が多く、東京でも幼年学校、士官学校も麻布と並んで多い。借家を訪ねて下高井戸にきたところ、寄席があった。土地の百姓が新宿が開けないときにやっていたもので、新宿が開けたら客が来ない。明治大学の学生に余興をやらせるために百姓から買った人が、うまくいかなかった。道場に改造すればいいなと持ち主に話したら売ってもいいという。五十坪で五百円、これは安いと思ったが、家相などを見ているうちに一週間ぐらいがすぎてしまった。そしたら三五〇円でいいという。寄席だから、座布団が一五〇枚、火鉢が五つ、鏡と付属品で三五〇円。家はただみたいなものでした」

この寄席を改造して道場ができたわけである。範士はこのことを柴田先生には話さなかった。

「教師になって間もないし、道場をもったというのは、はずかしいことである。ただ私は子供の頃、剣道をしたくても先生がいなくてやれなかった。自分の子供には小学校から相手をしてやろうと思った。先生も誰も知らない子供の稽古場として……。柴田先生も呼ばないで道場を建て、こっそりやっていた」

この道場が、戦後一時剣道が止められたとき、同志会の先生方が稽古を続けて、全日本剣道連盟の発足に大きな役割を果たすわけである。

「うちは幸い止められなかったんです。毎週三回、柴田万策先生、小野十生先生、森正純先生、小川忠太郎先生、堀口清先生、中野八十二先生、渡辺敏雄先生、増田道義先生などがみえて稽古をしました。私はその頃鍛えられました。

この部屋は、柴田万策先生の思い出の部屋として前からあります。先生は変った人で、稽古が終っても絶対あぐらをかかなかった。終ると皆とお茶を呑むんだが、正座して、先生は家内に水を下さいと。ポンプで汲んだ水を家内がコップでお盆にのせてもってくるとおいしそうに呑んで、奥さんもう一杯下さいと。森先生、小野先生が、奥さんをつかって、何で三杯もと」

昭和二十五年、範士にとって剣道開眼ともいうべき斎村五郎先生との出会いがあった。勿論、斎村先生は警視庁剣道師範として、知らなかったわけではない。

しかし、範士にとって斎村先生は余りにも高いところにいて、手のとどかない存在であった。それはちょうど範士が警視庁剣道師範になる三年前であった。十分間、剣を交えたことが、範士の剣道を変えさせることになった。

「斎村先生は、初めは余り偉くてそばに寄りつけなかったが、家は近いし、世田谷でしょう。でもどうして私が先生をそんなに尊敬するようになったかといいますと、先生に本当の剣道を指導してもらったからです。

私が助教になったとき、小沢愛次郎先生に挨拶にゆきました。そのとき、警視庁には斎村五郎という日本一の先生がいるから、この先生の稽古をよく学びなさいと。ところが偉すぎて、とても寄りつけなかった。

警視庁の先生方は皆、その頃、身体が余り大きくなかった、ずらりと並んで稽古をうけていると、その中に斎村先生が立つと、鶏の中に鶴がいるようである。体勢も立派、技は大きいし、武専の教授だった。全然内容が違う。こういう先生だから小沢先生が日本一だといったのだと思った。その頃まだ持田先生はきておられなかった。

これが日本一か。こういうふうな稽古になるのにはどうしたらよいか。助教などは寄りつけない。そのうち私は教師になってしまったので、下を指導する専門で、稽古にはなかなかでられない。助教のときから、とうとう十九年かかったですね。

あるとき、年末で、今日は稽古がないから先生方だけの研究会をやれと。そのときに私は、まっ先に斎村先生のところにとんでゆきました。ところが一本もさわらせてくれない。私が近間に入って打とうとすると、さっと間をはずされる。また入ろうとすると、またはずされる。今度入ろうとすると、その瞬間ザアーと入ってきてパカンと打たれる。入ってザザーンと。その打ちたるや、私はそれ一回しかお願いしなかったが、七分か八分だった。十本ぐらい打ったが、一本もかすらなかった。

日本一の先生の打ちというものはこういうものか。こういう稽古にいたるにはどうしたらよいか。終ったら先生が、あなたは稽古熱心で、人の何倍もやるけれど、稽古になっていないと。ちょうど師範になる三年前だったんです。私は五十八歳、昭和二十八年に師範になりました。

このままでは師範にしようと思っても、稽古ぶりが悪いし、また、六十歳になるとつかいものにならなくなってしまう。

今から稽古を直せと。足が横ぶみで、体はつぶれるし、からまる稽古、それをよしなさい。足を直して、もっと間合を稽古しなさいと。

こうすれば六十から七十は剣道は盛りの時代。それを七十前にちゃんとできれば、八十が限界で、そろそろおとろえる。八十までは絶対大丈夫だ」

範士は八十過ぎてなお元気に稽古を続けていられるが、日本の剣道家の中でも珍しい存在である。

「やはり、斎村先生の指導の妙といいますか、私は先生に十分間お願いできなかったら今日はないと。だから私は先生を神様のように思っています。

十分間でも、本当に命がけでやったんです。一本もかすらなかったけれど、このくらい大きな収穫はなかったんです。先生に指導されて、それを命がけで修行して、ようやくわかりかけてきたんです。

斎村先生との剣の出会いは、昭和二十五年、私が五十五歳、先生が六十三歳のときでした。そのとき、この額を書いていただいたんです」

道場を見渡せる八畳の部屋の上に『露堂々』という書がかかげてあった。

「先生にどういう意味か聞きましたら、これが今私がやった稽古のことだと。相手を尊敬し、自分だけでやらない。堂々と相手がくればパッとはずし、ザザザーと攻め、パーンと打つ。相手の人格を尊重すれば、こういうふうにできる。これが〝露堂々〟である。警視庁で十分間稽古をお願いして、直後に先生は病気になられて稽古をされなくなりました。あれがなかったら、私は真から尊敬できなかったでしょうね」

剣における一期一会の交わりが、範士をしてその後の剣道開眼になり、今なお修行の原動力となって、とどまるところがない。

範士は昭和二十八年警視庁師範となり、同三十三年警視庁を退職、同年から東京大学教養学部（駒場）の剣道師範として十年以上勤められた。

範士の剣道に対する情熱と、師の教えの偉大さをまざまざと見る思いであった。

剣を通じて誠の道を

剣道範士　長田　為吉　先生

〈長田範士の略歴〉

明治37年12月18日、香川県三豊郡大野原町に生れる。

県立三豊中学時代、近所の篠原松治郎先生に手ほどきを受け、大正15年、大日本武徳会武道専門学校に入学、西久保弘道、内藤高治、小川金之助、近藤知善、矢野勝治郎、他多数の先生方から指導を受ける。

昭和5年、武専卒業と同時に、鹿児島県立鹿屋農業学校の教諭となる。昭和15年、福岡県立小倉高校に移り、昭和18年、京都の男子師範学校助教授となり再び京都へ戻る。

戦後剣道が復活して、昭和29年、滋賀県警察本部剣道師範として赴任し、かたわら東洋レーヨン滋賀の剣道師範となる。また松下商学院剣道部師範をつとめる。

昭和35年剣道八段、同39年剣道範士。

京都洛北にある長田範士のご自宅をお訪ねすると、和服姿の範士が迎えて下さった。今、東レの寒稽古が終って帰って来たばかりですといって部屋に通して下さった。

中学から剣道を

範士が生れた香川県三豊郡大野原町といえば、故大平首相が生れた和田村の隣村である。

「出身は香川県で、私が五年生のとき大平さんは二年だったんです。

大野原小学校をでて、県立三豊中学校（旧制）に入学しました。家の近くに篠原松治郎先生という人がいて、剣道をやっておられた。お年が、もう八十歳ぐらいの方で、そこに中学校時代稽古に寄せてもらった。

ところが昔のことですから、普通に入れてくれない。血判を押して入門せよというので初めて血判というものを知った。ちょっと、ぞっとしました。

指のところへ針を指しこめというんです。そして押して……。血判を見て驚きました。

その先生は、商業をやっておった。若い時、先生は隣りの徳島県の池田にしばしば稽古に行かれた。なぜ行かれたかというと、池田町というのは、藍を扱っていた商人は江戸幕府から帯刀を許されたという関係から、明治に入ってからも剣道が盛んであったからです。

それで私に教えてやると言ったのです。そんなことで剣道を教えてもらいました。

中学校でも勿論稽古をやりましたが、それは正課でした」

範士は中学時代、田舎の剣道の先生に手ほどきを受けたのが剣道との最初の出会いだった。この篠原という先生のことについて、範士は、想像ですがと前置きして、こう語るのだった。

「これは、流はないと思うんですが立派なものでした。植田平太郎先生と同じような剣で、よく似たところがあるんです。なにげない優しさがあったね。それは今考えてみますと、坊っちゃんの治さんなんかも同じですが、昔の徳島からの流れではないかと想像するんです。

程度は、古い範士ぐらいのものがあったと思います。言われることも立派なことを言われておりましたから。いいかげんな人ではなくて、商業をやりながら剣道を趣味で、徳島に習いにいってたんでしょう。

中学校では、先生は野田という方で、その方は警察官出身の古い方で、我々に教えておられたんです。田舎ですから、一般に剣道余り盛んではなかった。楽しみにやる程度でした。村でも五、六人おるという感じで、その中には柔道やりながら剣道やった石川文八という先生もおられた」

範士は中等学校を卒業すると、京都の武道専門学校に入るのであるが、それにはこんなエピソードがある。

「剣道好きな方でしたから、中学時代に先輩などに引っぱられて、豊浜という警察署に夏休みは練習に毎日通いました。そのときに、切り返しとか、かかり稽古というものを、植田平太郎先生から習ってきた、香川県の若い人が教えていた。中学生のとき、京都武徳殿の青年大会に行ったり、香川県の支部大会に参加しました。また、豊浜警察署の夏稽古に通っていたときには、砂地で稽古していたのです。警察に道場がないものですから……。二時間ぐらい一所懸命やりましたが、指導の先生が熱心に教えてくれました。そのときに、京都に武徳会本部というのがあると聞きました。

私が中学四年の頃、京都に試合に行った時に、武専というもの、武徳会というものがあるのが分かった。また、中学時代、警察に行っていたとき、書記の人が、剣道のことに詳しく、剣道について、いろいろ面白い話をされて、君、武徳会に行くのだったら、武専で稽古したらどうかと……。

もう一つには、中学卒業したら警察官にならんかという勧誘を受けたので、警察に入ったら剣道も出来るし、いいじゃないかと、そういう淡いものであった」

範士は、中学を卒業し、大正十五年四月に百五十名ほどの受験生のうちから十四、五名しかとらない武道専門学校に合格し、入学することになった。

武専での稽古

その頃の大日本武徳会は、総裁が久邇宮邦彦親王殿下であり、会長が本郷房太郎、副会長に西久保弘道がなっていた。

大正八年、武術専門学校長に就任した西久保弘道は、剣術を剣道に、武術専門学校を武道専門学校と改称して、剣風を剛健にすることに最善の努力を払っていた。そして片手突き、片手斜面などを大変きらっていた。

大正十五年、当時武徳会本部の主任教授であった内藤高治は、この年から武専の学生を岡崎に迎えて、その信念のもとに剛健な剣風を学生に指導することになっていた。

「以前は吉田山に学校があった。北辰館という剣道場があって、そこに武専があった。その頃先生たちの中で中心になっておられたのが内藤先生でした。

内藤先生は、本部の先生をされておられた。

内藤先生の他に、小川先生、近藤先生など錚々たる先生がおられた。私たちは本部で稽古をしました。

武専の稽古は、内藤先生が中心でございます。内藤先生は水戸東武館の出身で、水戸系の切り返しとか、かかり稽古を中心にやられた人です。千葉周作先生などが、お玉ケ池であれ程盛んになったのは、あの水戸の指導を受けたのではないかと思う。

その指導を受けられた小沢家の人たちが教えていて、内藤先生もそこに行って修練された。だからこれを金科玉条として、そして武徳会で指導されていたのだと思う。

だから、私が武専に入って二、三年のとき、水戸の人は立派な稽古をされていました。

例えてみると、市毛正平先生、土田先生、越川先生、ああいう方を思い返してみますと、あの道場で、タタタターンと大きな稽古をされてね。

やっぱり、水戸関係の人は立派な稽古をするな、一際離れた稽古をするなとわたしは思っていた。

それで、内藤先生もやはり、水戸の切り返し、かかり稽古、そういうものを考えていたんだと思います」

武専で本格的な修行が始まった。そして、内藤高治という偉大な指導者を得て、範士は剣道の本質を学ぶのであった。

「それで、内藤先生のお考えは、確固たるものがあった。私たちが学校に入学後、二年生のとき、田中正人という方、先生の甥になる、その人が東京相撲の小結だった。

相撲をやめて武徳会の講習生になられて練習したときに、内藤先生が切り返しを三年間続けたら三段をやるとおっしゃった。昔の三段というのは大したものです。

そして三年間、打ち合う稽古をせずに、切り返しばかりやって、三段になられました。そして、後に一年やって四段になって出られた。

その稽古は、私も最初は世話をしてあげたが、もう最後になってきたら、堂々たるものでしたね。

そして、小浜の中学校の先生になって、その後名古屋の方に行かれた。しかし内藤先生の言われる三年間切り返しをやるということは簡単なことではない。目に見えましてね。なる程な、切り返しというのは、こういうものなんだなと。

私は、武専に入ってから、初めは木刀で基本をやっていただいて、それから切り返し、一学期は切り返し、二学期も切り返し、殆ど毎日切り返しをやった。

それから、かかり稽古が少しあったのではないかと思います。四年間、切り返しに明け暮れたといっても、過言ではないと思います。

最初は、田舎の先生に習いましたね。そんなのが剣道だと思っておったところが、そんなことではいけない。まあ大きな稽古ですからね。私は一年生の頃から唯要一《ゆい》という先生にかかり稽古を願って、毎日毎日組み打ちが一回あった。もう亡くなりましたが、亡くなる前に、先生なぜ私をあんなにいじめたんですか、と聞いたら、『お前を強くしてやろうと思ってやったんだぞ』と言っておられた。

しかし、先生からいじめられるものは大変で、毎日鶏の首をしめるように、しめられるんですから。もう二年生になっても、三年生になっても……。

二年生の終り頃には、もうここらあたりで限界だということが分ると、タタタタと板を手でたたいて、まいったという意思表示をするんです。そうしないとまた呼び戻されてしごかれるから、それを予定して板をたたかんことには……そういうふうに、唯先生は荒い先生でも有名なんですが、あるとき寒稽古で切り返しにターンといくと、足払いをかけられて、倒れて脳震蕩を起こして、頭の中でカンカンと音がして道場が上下に揺れておるんです。

そうすると先生がパッと竹刀でたたいて、それで気がついたというような、荒いことをされた。本当に何時死ぬかと思った。とにかく、ものすごい修行をやらされました。

このように荒いので、中には一年のときに、二年生の先輩で、辞めて帰った人がありました。もたないと……。やー本当にきつかったです」

範士は当時を思い出すように、こう生々しく語るのであった。しかし、範士はこの稽古を頑張り通した。

「稽古が長時間で、厳しい上に荒療治もやられるので……。田舎で剣道をやっただけなので、鶏の首をしめるようですから、辛いから横を向いていると、その横を向いているのこっちこいと言って、それからまた始まるんですから、横も向いておれない。かくれるわけにもいかんし、これはどうなるこっちゃと、いろいろ苦労しましたけれど、結局はいたし方ないので、辛抱する他はないなと思いました。

寒稽古も、二十一日間、稽古なし。切り返しばかり。一生懸命にやって十八本から十九本、二十本やり抜くのは、よっぽど要領がいい者でないとできませんでした。

その当時の竹刀の重さは、百五十匁以上というものでね。百五十でやっていると割れますから、百六十ぐらいのものでやるが、津崎先生にいたっては百七十のを持っておられた。

それで、胴など打たれたら、ハァーとなります。そういうふうに、生徒の方も割れない、しっかりしたものでやりますから、頭は痛いし、吐く者もありました」

愛情籠った
内藤先生の指導

範士は武専時代、何よりも、内藤先生の教えに深い感化を受けているようであった。

「私が有り難かったと思いますのは、寒稽古のときに、内藤先生の所に毎朝行くことにしておりましたが、ある時、面の紐をつかんで面を左右に振られた。

さーこれは、このままでやめて帰るのも……決心して、とうとう先生何が悪いんでございましょうかと尋ねた。

『声が出ん』と言う。『声を出す』というのは、そこの信念ですね。声が出んようなものは、剣道の筋へ行けないんだという。これではいかんといって振られたんだと思いました。先生はいじ悪で、いじめる方ではないんです。

風邪を引いていたんです。そこで今度は先生の耳元で大声で切り返しをした。先生は『それじゃ、それじゃ』と言って優しくうなずかれました。その時は涙が出ました。それで今も、東レの寒稽古のときも、今日も、昨日も声を出すように言うんですが……。

声が出るようになれば、立派な稽古になってくるんだと、愛情を含んで教えられて、いままた教えながら、その先生の愛情を有り難く感じておるんです。そういう教え方でした」

愛情籠った内藤先生の教えを範士は今、思い出しながら、弟子たちに稽古をつけているのであるが、こんなエピソードもあった。

「先生は高潔で、礼儀の正しい方で、こちらがおじぎをしますと、サッと頭を下げられる。なかなか頭が上がらんから、またこちらがおじぎをする。

京大の連中などは、武専では二回礼をしよる、私の先輩も、内藤先生には二回おじぎをしよる、それ程丁寧なんです。礼ということについてですが、先生は特別実践された方だと思います。私は四年生のときの寒稽古、今の滋賀県の滋賀師範に試合に行った。

先生は先に自動車で行かれた。そして、そこで、中に入って行こうとしたら、滋賀の先生が、ここは雨天体操場ですから靴のままで結構ですと言った。しかし、道場ですからと言って、先生は足袋で入られた。中に入って、寒かったですから、昔は電気がないから、堅炭を山のように積んで火を焚いている。先生は、そこへ私たちが行かないと心配されたと、後で言われたそうです。そして、そこでその後、三人掛けになって、三人稽古をした。一人が稽古して、次のものが、おじぎをした。私も面のままおじぎをした。ところが、後でたしなめられました。『長田君、人が礼をしたときは、面をとって挨拶するのが道だ』と。なんぼ忙しいとか、次やらないかんとかでも、それは次の話である。相手が礼をしようとしたときは、礼は礼として受けなければいかん。

それで、先生はこちらが二回礼をする程丁寧に礼をされたんだと、今になって分かった。そういう先生でした。火鉢のところに行ってあたることが、修行者として、してはいかんことであると、しっかりと考えられていた」

範士は静かに、内藤先生のことを、追憶し、自分自身に言い聞かせるように語るのであった。

「私は同級生もそうですが、先生がおられたから、オレ達剣道やる光があるんだと。毎日毎日光があるんだという有り難さが身にしみて、ああいう立派な先生になるんだと。先生がいなければ何も出来ないものになって一生を終えたでしょう。先生がおられたということは本当に有り難いことでした。

苦しいことは、苦しかったけれども、何か剣道の大きな理想があった。今考えてみますと、田舎で先生たちに指導していただいた剣道とは、剣道を通して人間性を高めていくという点でレベルが違う。立派な先生に教えていただいて有り難いことだと思ってます」

武専を卒業すると、範士は鹿児島の大隈半島にある、鹿屋《かのや》農学校に赴任した。昭和五年四月のことであった。

「鹿児島の津崎先生の郷里で、鹿屋町にある農学校にいきました。

剣道と国漢の先生として、十年鹿屋におりました。私はいいことをしたと思います。

香川県は武のところではないが、むこうは武の国ですから、お父さんでも、お母さんでも剣道をやるというと、協力してくれる。道場を持っていますし、宴会場においても、剣道の先生は上席にと、そういうお作法を習いました。

私の方の故郷は、そんなことはない。つくづく武の国だというのが、よく分かりました」

十年、鹿屋で武の精神というものを学んだと範士は言う。そして、次に小倉中学（旧制）に移った。

それは、範士の心を激しく揺り動かすものがあったからだ。

「小倉に行くについては、私は理由がありました。福岡は非常に剣道が盛んなところです。

大島治喜太先生が、東大生を連れて鹿児島に来たんです。そして、お稽古も願ったし、また先生が、トットットットッと稽古される風を見まして、これは大したものだ。こういう田舎におっては、立派な稽古がどういうものか分からんし、ほーと思いましてね。何とか、町に出て剣道の盛んなところへ出てやりたいという希望が湧き出てきました。そして、お世話願って、小倉中学に行きました。

私は、今も修道館（大阪）の寒稽古に行く時、『先生は年をとったので、大阪の稽古は苦しいのではないか』と言われるんですが、当時のことを考えたら、私は常に考えるのですが、その当時は寒稽古をしに行くところがないんです。

これは致命傷ですからね。何とかして稽古に行きたかった。稽古することが念願ですから……。

福岡に行って本当に稽古していただきました。そういう意味で、治喜太先生の、あんな風な稽古は、田舎におってはとても拝見できるものではないんだと……。

ちょうど、竹の林の中を踊り狂っているような激しい稽古を拝見して大変感激しました。

鹿屋から、ちょうど鹿児島にでるのに二時間半かかるんです。そんなことでは厳しい稽古はできない。いい立派な稽古を拝見することもできない。

それで、何とかして稽古のできるところへというのが念願だった」

福岡に出た範士は、猛烈に稽古をした。やりまくった。

「福岡の寒稽古（武徳会の）は朝六時からやるんですが、元気な声で、中には殺してしまえというのがおったりして、実に厳しい稽古でした。ときには横から突いてくるものもおりますしね。

しかし、一杯呑むと、ハッとして友人になって、何だかんだ言うんですね。朝晩稽古があって、ぐったりしましたね。

江藤という私らの先輩がおりましてね、明治専門学校で教えておられた。私も勿論、明専にも行ってやらしてもらいました。

それから八幡製鉄。そして帰ってくるのは、十時、十一時頃になる。とにかく稽古はできましたね。八幡製鉄にはモサがたくさんおりましてね。足がらみはある、突きはくる。ためになりました。

そこに佐伯太郎さんがおります。あの付近は、稽古が盛んでしてね。わんさわんさと……福岡時代は勉強になりました」

昭和十八年、小倉に五年いて、範士は京都の男子師範学校の助教授として、思い出の多い武専時代の京都に移るのであった。

戦争も激しくなり、稽古も下火になった。京都で終戦を迎え、戦後剣道が復活すると、昭和二十九年、滋賀県警察本部剣道師範として赴任した。

県警で指導するかたわら、東洋レーヨン滋賀の剣道師範も兼ねるようになった。そして、実業団の全国大会で、昭和三十六年と昭和四十三年に東レ滋賀を優勝に導いている。

範士の信念

範士は、長い剣道生活で、血のにじむような稽古を続けて来た。そして得たもの、その信念はやはり、武専時代に薫陶をうけた内藤先生の精神であった。

「私は内藤先生という、こんな大先生がおられたということを常に思いかえして、なんとか、ああいう精神を学びたいという気がします。

そして、東レや、弘道館、子供や青年に、稽古を通して心の修行、人間修行を培ってやって、古いといわれるかもしれないが、お国のために進んでもらう。そういう教育をして、指導したいという考え方である。

寒稽古でも、普通の稽古でも、打ち込み、切り返しを中心とすることが、大切なことであると教えています。

それさえあれば、剣道の仲間に入れるという感じを持っている。そうでないものは、手足の動き、打ちというものがさびしくなる。

剣道の姿なり、動作なりが美しい理想を考えて、それに近寄るために切り返しをやらなければいかんという考え方で……。

これ以上のものがあれば、それをやってゆけば……。その意味において、私は五月の大会のときに、市毛正平先生、土田友助先生との試合を拝見して切り返しを盛んにやった先生たちの稽古が実に立派なものであったと今でも思っている。田中正人さんなどが四年間切り返しをやった姿は、相撲の姿とまた違って、しっかりしてまして、立派だと思います。私の経験ですが、切り返しを、いわれたように一生懸命にやっておりますと、体全体がスクリューのようにビューッと進みますね。

そうして、かえって稽古よりも切り返しの方が楽なような気がします。体がすい込んでゆきますから。

正面打ち、切り返し、かかり稽古、それを休まずに、ずっと続けてゆくことが基本だと思う。

内藤先生は、試合をして人に見せるとか、点を何とかするとか、そういうようなことを非常にいやがられました。先生は、剣道の練習の間に、相互の心が通い合うような稽古を目標にされたようです」

範士の念願は、今、毎日稽古をするようにということだという。

「誠ということが大切である。いやがっても大切で教えなければいかんところは教えておく。あるいは、これはちょっとおかしいなと思っても真心をこめてやる。

それだけをモットーとしております」

内から滲みでる、誠実な範士のお人柄、そして剣道の信念が、強く胸を打つ京都の冬であった。

文武不岐

剣道範士　小澤　武　先生

〈小澤範士の略歴〉

明治39年6月23日、佐賀市巨勢町に生れる。

大正9年県立佐賀中学に入学。三角卯三郎先生（後範士九段）の手ほどきを受け、翌10年からは大麻勇次先生（後範士十段）から特別に指導を受ける。大正14年大日本武徳会武道専門学校に入学。内藤高治、小川金之助、近藤知善、宮崎茂三郎、津崎兼敬、佐藤忠三、他多数の先生方から専門家としての特訓を受ける。

昭和4年茨城県師範学校および茨城県立水戸商業学校教諭。水戸東武館において小沢豊吉、森山繁雄、佐藤信雄等の先生方により北辰一刀流、新田宮流の指導を受ける。昭和34年茨城大学講師。明治7年水戸藩校弘道館の師範小沢寅吉政方が創設した水戸東武館の四代目館長となり二代目館長の娘喜代子と結婚。昭和20年の空襲で焼失した水戸東武館を財団法人として昭和28年再建。以後、剣道を通じた少年教育に全身全霊をかたむける。東武館主催の全国少年錬成大会は20数回を数え、少年剣道ブームにともない、ますます盛んになっている。

財団法人水戸東武館館長、財団法人全日本剣道連盟審議員、財団法人全日本剣道道場連盟副会長、茨城県剣道連盟会長、茨城県剣道道場連盟会長などをつとめる。

昭和36年剣道八段、同39年剣道範士。

大きな武家門をくぐると先ず目に入ったのが、門の右手にある句碑であった。「夫妻武を教えて倦まず梅の門　野風呂」

梅や松葉の植え込みの奥に古い建物の母屋がある。屋敷の左手が東武館道場の玄関になっていて、その前を通り母屋の横に通用の玄関がある。

玄関のガラス戸を開け、館長の小沢範士をお訪ねすると、奥から、どうぞ、どうぞという声がかかって、ガッチリした古武士のような風格の老人がでてこられた。小沢武館長である。

ここがいいでしょうと、かしこまらず、温かみのこもった声で座布団をすすめて下さった。そして開口一番、範士は古い家のことを話されるのだった。

歴史的な建物

「私なんか、今からはっきり言えば、何回死のうと思ったか。刀を出して、どの刀で腹を切ろうかと思ったことが二度や三度ではなかった。

しかし、最後には、結局生きることは大事だね。戦争に負けて天皇陛下から、忍び難きを忍び、国家再建に尽してくれというあの終戦のお言葉を聞いときには、本当に死のうと思った。国のため、忠君愛国一本で来たのに、国が破れたら生きておれない。だから家内を連れて……。

八月一日の晩、水戸が空襲で七割焼けた。この家は、私が消し止めた。この家は四発の焼夷弾を受けたが、私が全部消した。

今でも座敷の真中にその痕跡を残してあるのだが、台所にも、ここにも落ちた。水戸中は火の海だ。ああゆうときに、武道が役に立った。

その時に思ったことは、剣道やって、人の上で偉そうに捨身の体当りだとか、平常心だとか、武道の精神をいろいろ話している。ところが、いざ空襲の最中、東武館長が屁ぴり腰で逃げて歩きおったというのでは男の恥、ここが度胸の示しどころだ、よしアメリカの飛行機と試合しようと……。

そのとき自分が考えたことは、実を避けて、虚を突くということ。向こうが実のときだったら避けて、虚のときに打ってゆかなければいけない。

というようなことで、飛行機が頭の上に来ているときは、向こうが実で、避けなればいけない。居なくなったら、こっちが実だからと、それを三時間ぐらい繰り返した。これは大変な体験だった。

油脂焼夷弾が、屋敷の中に全部で三十六発落ちた。落ちて二分間のうちに消せば大丈夫。五分たったら引火する。道場には多きなのが落ちて、一瞬のうちに焼けてしまった。五十キロが二発、これは早かった。

母屋は小さいから、私が消し止めた」

三千坪もある屋敷に、弾が雨のように落ちて来たという。今の範士のお住まいは、昔は書院で、武士が控えていたところであり、三百年からの古い建物である。その中に焼夷弾で焼けた痕跡が、壁にも、障子にも黒く残っている。

師に恵まれた中学時代

範士は、明治三十九年六月二十三日、佐賀市巨勢町牛島（旧巨勢村）の農家に、十人兄弟の九番目（五男）に生れた。父は中島善七といい、範士が六歳のときに亡くなっている。

「子供のときは、学校の成績がよかったから、小学校では級長やったし、駆け足も喧嘩も強かった。

二年間シベリヤに行ったので、小学校四年生の二学期から六年生の一学期まで、二年間、学校教育を受けていない。

シベリヤのニコリスクというところに行ったが、日本人は三百人ぐらいしかいないから、勿論学校はない。

六年生の二学期の夏休みに、一人で日本に帰って来た。そして必死に勉強して佐賀中学に入った」

親戚の人がロシヤに行くことになり、範士も一緒に行くことになったのであるが、この小さいときのシベリヤの旅は、範士にとって、忘れられないものとなった。

「佐賀中学は、その頃県に四つしかない秀才ばかりの中学で、十二人に一人ぐらいの合格率であった。佐賀中学出身は軍人が多く、武藤元帥を始め、三十人ぐらい将官がキラ星のごとくいた。だから佐賀中学では皆軍人に憧れていた。

私も子供のときに一番憧れたのが軍人であった。中学に入った以上はと、一学期の成績が三分の一以上で、体も強健で、成績もよかったので、陸海軍の学校を受ける希望者から選ばれて、佐賀の鍋島さんの育英会というのがあって、私は中学の一年から、卒業まで、金五円を貰っていた。

親からは一文も貰わない。月謝が二円二十銭だから、二円八十銭というお小遣いができた。物価の安いときで、五カ年、育英資金で学校卒業しました。

四年生のときに憧れの海兵の試験を受けた。一生懸命勉強した。剣道の選手であり、陸上競技の選手であり、勉強もよかった。しかし体格検査のときはねられてしまった。(範士は『この指です』と右の人差し指を差し出して見せ)手の指が曲っている。そういうことが、ちょっとでもあったら、はねられる。身体はいいが、最後に指を見られて、明日から試験受けるに及ばずと」

軍人、それも海軍兵学校志望の範士にとって、これは大きなショックだった。

「軍人になりそこなったから、自分の性格としては、ソロバンをはじいたり……。親としては高等商業にやりたかった。長崎高商というのがあって……。

私は軍人になりそこなったから、今度は武道家になろうと思った。しかし、武道家になると決めた以上は、頑張らなければならない」

そしてまた、剣道もよくやっていたし、先生にも恵まれていた。

「私は先生に恵まれておった。大正九年に佐賀中学校に入ったときの剣道の先生が、亡くなられた三角卯三郎九段、その先生から手ほどきをうけた。

大正十年、一学期に三角先生が福岡に転勤された。その後においでになったのが、武専卒業の恩田益蔵という先生。この先生は、剣道の技術より精神を教えられた。その夏、大麻先生が熊本から佐賀の武徳会の師範においでになった。大麻先生が武徳会においでになると同時に、佐賀中学の講師として一週間に何回かこられるようになった。恩田先生から真面目な葉隠思想を教えられ、大麻先生から可愛がられた。だから、学校の帰りにはよく大麻先生の自宅に行って、遊んで帰った。大麻先生の内弟子のようにして、剣道が好きになった。学校の隣りが武徳殿だから、寒稽古などにも通った。それが、兵学校に落ちたものだから、五年生のとき、真一文字に京都の武専を狙って、武専の試験を受けに行った。百八十二名中、合格者は十五名。狭き門だった。そうして、武専に入った」

これは大正十四年のことであった。四月から京都の武道専門学校に入学し、範士の武専生活が始まるのである。

武専から水戸師範へ

「入った以上は友人に負けたくない。真剣勝負さ。私の手を握ってごらん。（範士は手を差し出し）これが現在の東武館長の手である。この小さな指、これで剣道をやるには体格がない。持田先生や小川先生なんか、こんなに大きい。しかし、専門家になった以上は、負けたくないから、人一倍稽古をしました。京都時代でも、私は同級生の中でも一番真面目に稽古しました」

武専時代の師範は、日本を代表する錚々たるメンバーであった。

「当時の主席教授は、水戸東武館出身の内藤高治、次席が矢野勝治郎、三席小川金之助、四席近藤知善、助教授に津崎兼敬、佐藤忠三、黒住龍四郎、若林信治、唯要一という先生方であった。六十人ぐらいの生徒に十五・六人の教授が元立になっての稽古である。命がけの稽古である。稽古の終りの太鼓を聞くと、『ああ今日も一日生き延びたか』とホッとしたものです」

『少年剣道新聞』に掲載されている、〝剣と月見草、小沢武の巻〟に、この時の範士の修行のことが次のように記されている。

――能力の限界を越した稽古のためであろうか、右手に激痛が走り赤く腫れ上ってしまった。生徒は全国から選ばれた強の者ばかりである。毎日が激しい競争であった。休めなかった。手を水で冷しながら通学を続けたが、稽古をすれば打たれて腫れ、冷してはまた打たれる。負けたくない。休むものか、と泣きながら稽古を続けたが、あまりの苦しさに遂に救いを求めて、主席教授内藤高治先生の門を叩いた。

「何事か？」といぶかる師の前に武は腫れ上った右手を差し出し泣き声で訴えたのである。

しばし考えていた内藤は唯一言ぽつりと、「打たれない様にしなさい」と答えたのみで、それ以上とりつく島もなかった。（中略）

それからの一週間、武は真剣に死を考えた。友にそむき、孤独の中に死を思い、痛む手を抱いて、あてどもなく京の街を徘徊した。

そんなある日、電車の中で四席教授の座にあった若林信治先生に出会った。

「どうした、中島君。近頃元気がないぞ。病気でもしたのかね」

やさしい若林の問いかけに腫れ上がった手を見せ「実は、これこれで、打たれないようにすればする程余計に打たれ、もう剣道も学校も……」と答えたところ若林は、

「ハハ……さすがはオヤジさんは大物だな」と笑って「君は剣道の一番大事な事を忘れているんだ。剣道は先《せん》だよ。君は守っとるから打たれる。むこうが打つ前にこっちから先をかけて打ちなさい」と諭した。

「そうか、先先。先先の先だ」嬉しかった。悪夢からさめたのだ。内藤先生と若林先生の言葉によって、武は初めて「悟

り」の入口に立つ事を得たのだ。——

範士は、中学時代と武専時代に、優勝の経験ももっている。

「昭和三年に御大典があった。その時の総理大臣が田中義一さんで優勝旗が出た。あの頃、珍しく全国の奉祝剣道大会が大阪であった。そのときに武専として出場して、日本一になった。そのときの先鋒が私である。勝ち抜き勝負だから一回戦からいつも、二人や三人は抜いて、優勝戦が大阪武徳会支部とぶつかった。

大阪の大将に小林藤四郎という五段で強いのがいた。武専は大将が本田重遠さんで、このとき日本一になった。中学での優勝、武専で日本一になったとき先鋒であった」

また、範士の弟と甥も武専に入った。

「私が剣道の専門家になったので、私の弟（中島深。奈良県立都祁園長）が佐賀中学の大将になって、京都の武専に入った。一番上の兄貴、私は十人兄弟の九番目ですから、兄貴とは親子ほど違う。その兄貴の長男が、三年後に佐賀中学の大将になって、同じ武専に入った。

中島兄弟と言われた。三番目は甥であるが、三つずつ違う。三人続けて武専に行ったのは、他にない。

その甥（巨勢男）は漢口攻略のときに抜刀切り込み隊で、日本刀もってつっ込んで、名誉の戦死をした。本当に惜しいことをした」

結婚・武者修行

昭和四年、範士は武専を卒業すると水戸に教師として赴任するとになる。水戸に来ることになったのが、それからの範士の生涯を決定づけることになった。

「私は武専を卒業したら郷里の唐津中学へ勤めようと思っていたんですが、私を非常に可愛がってくれた、水戸東武館出身の内藤高治先生が、卒業間近に水戸商業学校と茨城師範学校の先生になってくれというわけなんだ。さあ困ってしまった。

私は伏見稲荷へ行っておみくじを引いた。そしたら凶と出た。ところが、旅のところを見たら東の方に吉あり、とあるんだね。おみくじなんて引いたの初めてなんだが、それで承知した。水戸行きをね。

今でもよく覚えているが、水戸駅に着いたのは、昭和四年四月六日、午後二時二十四分だ。人力車に乗ってまっすぐ水戸商業に行った。そして月、水、金は師範学校で国語を火、木、土は水戸商業で剣道を教えることになった。武専卒業生は当時プレミアムがついて月俸は百円、よかったなあ」

昭和四年、範士が水戸に来た年には、こんなこともあった。

「茨城で大演習があり、陛下に武道をご覧に入れるということになって、水戸城の中へ武徳会の道場を作った。あの当時十五万円もかけて、立派な武道館で陛下をお迎えした。

私はプロだが、若いから出場できない。プロの代表は二人で三代館長小沢豊吉、東武館の佐藤叔父。アマの代表も二人。私が選ばれたのは、九州人だから、言葉がはっきりしておるから、あんた呼び出し係になってくれと。来たばかりで光栄だと思った。

下宿のおじさんから紋付、羽織を借りて、『ただ今から剣道を天覧に供します』、大きな声で言って『少年部代表岡部菊夫、同じく三橋三郎』と呼び出した。陛下が君が代でお入りになり、最敬礼、私が立ち上がってやった。今でも思い出す。二十三歳の秋だった」

昭和五年、範士は東武館長二代目の小沢一郎の娘、喜代子夫人(薙刀範士、県薙刀連盟理事長)と結婚し、四代目の東武館々長となった。

「私はその頃まだ二十四歳、修行の身、とても館長など勤まらない。二年間勉強させてくれといって、京都に戻って武専の研究科に入り、二年間修行することにした」

範士は昔の英銘録を取り出して、感慨深げにページをくり、苦しかった武者修行時代を回想するのだった。

「本郷房太郎、小川金之助、高野佐三郎、高野茂義、中山博道の先生方は皆書が上手ですね。

『思へども　人の力に限りあり　力を添へよ武雷神《たけみかづちのかみ》』これは内原訓練所の加藤完治先生です。

小沢愛次郎先生のもある。

これがまたいい。（その頁には大きな字で『驀直去《ばくじっこう》』としるしてある）まっすぐに行け。これは、北条時宗が元から降服しろと使いが来たとき、建長寺の和尚に聞いたら、たった一言『驀直去』と言った。元の使いを切って元寇が起こった。

近藤知善、森正純、柳田源次郎先生のもある。

新潟武徳会稽古（昭和五年十月）。函館、道庁、札幌、大迫、旭川、茨城、東武館、高等師範、講談社（このときは野間恒さんと試合をした）。

長野県、佐賀、鹿児島、宮崎、母校の佐賀中学、福岡。福岡は強かったな、半殺しにされてしまう。よく生き延びた。稽古上がったら、血の小便が出る。それまでねばっている。

結局、一番中心はこれ（腰）ですね。今でも腰がぐっと入るから来たら受けを、手の内で、そういうのは修行で覚えた。見てくれでは、第三者はさっぱり動かんと思っているが、やっている人はうるさい。

今まで一番苦しかったのは撫順。六十何名を二時間半元立、二十六歳のときです。そういう体験があるから……。

『小沢武氏来長の秋に当り日支事変直後、道場は日本軍の兵舎たり、お稽古相願能わず遺憾とす。昭和六年十月満鉄長春道場。』

日支事変のとき、一人で四十日間満州に道具担いでいった」

範士の英銘録は、血の出るような、修行の跡を見事に現していた。

そしてまた範士は、水戸東武館に入ってからも、小沢豊吉、森山繁雄、佐藤信雄の各先生から北辰一刀流、新田宮流の指導を受けるのだった。

東武館長として少年教育を

太刀振りて何するものと人問はば
み国守れる業《わざ》と答えよ
打つ太刀も打たるる太刀も何かあらん
国守《も》る魂《たま》をよし磨く身は

東武館は、文武不岐、学業一致の水戸学風を理想に、明治七年一月一日に創設され、昭和四十九年には百年になり、長い伝統と歴史を経て幾多の風雪を越えてきた現代に生きる名門道場である。

初代館長は藩校弘道館で北辰一刀流、新田宮流抜刀術の指南を務めた小沢寅吉政方、二代小沢一郎、三代小沢豊吉、四代小沢武で、昭和五年から四代目を範士が継いでいる。

水戸東武館で学んだ内藤高治、門奈正、佐々木正宣は、武徳会の指導者として選ばれ、多くの優秀な剣士を世におくっている。

空襲を受けた東武館は戦後、四代目館長小沢武範士によって昭和二十八年、財団法人として発足し、新道場が完成するのだった。

そして範士は、水戸精神を生かした文武不岐、学業一致の目標のもとに、とくに青少年の育成に力をそそいでいる。

「私は剣道の教育者だ。私は剣道という素晴しい先祖からの遺産、現在の洋服を着た少年たちに剣道精神、武士道精神を指導したい。その心身の鍛錬がこの東武館の基本であるから……。

東武館の目標は文武不岐、剣道で鍛えた身体で、剣道の心で、社会に役立つための剣道でなくてはいけない。それが少年剣道である。

試合は方便である。よい人間を作るために基本、切り返し、面打ちばかりやっておっても面白くないから、試合をする。

これは方便で、目的ではない。

東武館の寒稽古は、最初の挨拶のとき〝皆勤します〟と言って大きな声で誓わせる。君たちは一度、自分が口から出したことは、必ず実行しなさい。

皆勤するのには、風邪を引いてはいけない。寝ぼうをしてはいけないぞ。怪我もしちゃいけない。また子供に皆勤させたかったら、親が先に起きなさい。寝ていて子供を起こすな。子供を起こしたかったら、親が自分で起きてから起こしなさい。できるならば一緒に来なさい。

今回の寒稽古には親の皆勤が八十六名、全部で三百名近い皆勤がでた。こんな小さな道場でどうしてそんな皆勤者がでるか。一般の人は剣道というとすぐ面をつけて試合稽古を行うが、うちは道場に来るうちに半分は目的を達している。

自動車が百台ぐらい門の前に行列する。歩いてくるもの、駆けてくるもの、そういうことを奨励して道場には一覧表を貼ってある。来た子供は赤丸を一つつけて、その串だんご一個のぼすことをお互いに競争している。

初心者は切り返しの十本もやったら、ありがとうございますと、もう五時半から六時には帰してしまう。次に三十分ぐらい四・五年がして、それも帰し、上級生をやって、元立は六段以上が三十人もいる。

八段、範士だけでも十人からいる。総動員してよい子供を作るために励む。指導者の先生方も、技術よりも自分自身に、己に勝てと。今年の寒稽古は皆勤しましたと挨拶する。

参議院議員の六段になった岩上さん（元茨城県知事）も来るし、現知事も来ないわけにいかない。街中が寒稽古風景になる。

その勢いが三月の大会になってくる。東武館を慕って全国から集まる。日本全国に武道精神が広まる。そういう気持ちのものが一杯おるところ、真面目な人、誠実な、健康な、礼儀正しい人がおる日本の社会はすばらしい。

子供には、『一つ勉強します。一つ剣道します。一つよい行ないをします』という三誓願を言わせています。それが文武不岐、学業一致である」

東武館は、館の少年だけでなく、全国の少年剣道のメッカともなっている。子供にこの水戸精神を指導している範士はまた、自らこれを実践している実践教育者でもある。

「館長の　日課の一つ　落葉掃き
　落葉掃く　腰の構えも　一刀流
　掃き終わり　またも散りしく　落葉かな
〈栄城〉

箒を持っても、腰の構えだとか、足の構えだとか、手の内だとか、右手を先にしたり、左手を先にしたり、道場の稽古と同じように掃いておる。結局は道場の〝行〟の延長になる。身体は四十歳代と医者に言われている。目も、腰も悪くない。子供と一緒に二千メートルぐらい駆け足もやっている」

栄城という雅号を持ち、文武不岐の実践をしている範士は、昭和の東武館、いや全国の少年剣道の再興の父というにふさわしく、優しく温い心の持ち主であった。

不言実行

剣道範士　紙本栄一先生

〈紙本範士の略歴〉

明治36年8月5日、山口県熊毛郡田布施村に生れる。

剣道は東田布施小学校3年のときに始める。

大正9年、17歳のときに海軍に入隊。軍艦浅間、伊勢、扶桑などに乗り、航海中は甲板で、上陸すると、中山博道範士の有信館をはじめ、各地の警察へ稽古に行き修行する。呉鎮守府時代には、中山範士の弟子で居合道範士の福島小一先生から剣道と居合の指導を受ける。後には堀正平範士にも師事。

昭和3年、上海より復役し、剣道修行のため上京。高輪署の書記として勤務するかたわら、警視庁、有信館、三菱道場、猶勝堂道場などに通って稽古に励む。その間、早稲田の南里先生の書生頭をつとめる。昭和5年、大日本武徳会精錬証に合格し故郷に錦を飾る。昭和6年、山口県立宇部中学に奉職。同12年山口県立岩国中学にうつり、同18年山口高校（現山口大学）に招聘される。昭和27年、山口県警察本部剣道師範となり、同41年退職。

昭和26年より現在まで、山口県剣道連盟理事長。その他、財団法人全日本剣道連盟審議員、山口県剣道道場連盟会長、財団法人全日本剣道道場連盟評議員、山口県警察本部名誉師範、山口大学師範、慈教館道場館長などをつとめる。

昭和35年剣道八段、同40年剣道範士、同39年居合道範士、同44年居合道九段。

山口市の自宅を訪ね、道場を拝見してから、いろいろとお話しを伺った。

小学生から剣道を

範士は明治三十六年、山口県熊毛郡田布施村（当時）で、九人兄弟姉妹の長男として生れた。

「現在は田布施町になっていますが、佐藤（栄作）さん、岸（信介）さんと同郷です。家は百姓で、兄妹が多かったが、今六人生きています。ほとんど大阪にいます。

私は三番目の長男で、剣道は小学校（東田布施小学校）からやっていた。小学校を卒業し、東田布施実業学校本科二年を終了した。それが、大正九年春でした。

剣道は小学校三年からだったが、駐在さんから教わった。ちょうど、村の青年が集って、寺で稽古をやっているのを見にゆこうと、自転車に乗せられ、連れてゆかれた。

行ったら、お前もやれと無理矢理に道具をつけさせられて、やった。教える巡査もひとりものでまだ若かった。

明日も来いというので、行かないと叱られるから行ったのです。そうしたら小手のいいところを打った。実に気分がよかった。その一本がもとで、剣道が好きになった」

範士が剣道を始めたのは、この小手一本を打ったのが動機となった。

「道具をつけて、いい道具ではない、面、小手なども、あまりよくない。よく道具があったと思った。青年が集めておったんでしょう。

当時、竹刀が八十二銭ぐらいだった。

竹刀を買ってもらって、稽古衣は丸首のシャツの袖を切ったものでした。

当時は、小学校は六年で、高等科があり、高等科のとき、今はないが、山口に室積師範学校があって、その校庭で大会があった。

その大会に行って、師範の生徒と試合をやって勝ってしまった。忘れもしないが、弁当が五十銭くらいのものだった頃、折箱で紐がかけてある弁当を貰って、持って帰ったことがある。

山を越えて行くんです。勝ったものだから帰りは皆揚々として、道具を担いで、今で言うと、二里ぐらいあるところですが、駅へ出て汽車で帰った。

行きは山を越えて歩いていった。そんな思い出がある。剣道が好きになったのは、そんなことがあったからです」

大正初期の頃である。当時は今のような基本練習というようなものはなく、いきなり道具をつけてやる稽古だった。

「稽古は今のようなものでなく、初めから道具をつけてやる稽古です。なにしろ、ランプをつけてやるような時代ですから……。撃剣という時代ですよ。

海軍に入るようになってから、基本的な剣道になってきた」

大正九年六月、範士十七歳のとき、志願兵として海軍に入隊した。それも、剣道ができるということで。

海軍に入隊

「兵隊から帰ってきた人がいて、海軍に入れば剣道ができるということで、海村という人が兵学校にいて、剣道ができるという。それで、海軍に入った。呉鎮守府に入って、大正九年、十年、十一年、十二年、十三年、そのときには二段になっておった。

大正十五年五月に四段になった。鎮守府では一人だった。三段にならずに四段になり、初段とらずに二段になりだから、二段から四段になったわけです。

人に言わせると、剣道気狂いと言う。艦隊で、どこに行っても道具を担いで、皆上がる（上陸する）んです。

海軍は、相撲、剣道、柔道と、入港したら一番さきに上陸して警察に稽古に行く。艦隊で内地にいたら、入港すると、その入港した警察署に、横浜に入ったときには水上警察へ弁当もちで稽古に行くんです。

東京の中山先生の道場へ、布団袋に道具を入れて、担いで稽古に行くんです。その頃は、毎日剣道やるだけですよ。弁当と言えば、竹の皮ににぎり飯、梅干が入って……そういう時代ですよ」

範士は、呉鎮守府時代、剣道一筋に稽古をつんだ。各地を転々としながら……。

「呉鎮におるときは、中山先生の弟子で、福島小一という先生がいた。居合の範士で、剣道は亡くなって範士になった。その先生に教わり、終りには堀正平先生が鎮守府の師範でこられた。そして堀先生に師事した。

その時代の稽古は、呉海兵団の道場で、私が助手で、道場当番。軍艦浅間で遠洋航海を二回やって、その時は、船の中でやるんです。甲板でやる。そして、入港すると直ぐ警察でやって、海軍ではその当時、鉄砲撃つより稽古ばかり。

軍艦伊勢におるときは、〝海軍剣道師範卓〟という名前をつけて、剣道初段から二段、三段皆集めて、朝、昼、晩食事を一緒に食べる。十五人ぐらい。

入港すると、若い兵隊に道具を担がして、学校、警察に稽古に行く。その副艦長というのが、海軍中佐で、藤岡誠治といい(後、岡山県玉島の町長をやっていた)剣道気狂いで、入港すると一番に上陸する。そして稽古に行く。

また、兵隊時代に、豪州一周、北米一周をし、港に着くと、マニラに行っても、メルボルンに着いても、行ったところで剣道をやってみせる。

そのために、選手を積んで行く。柔道の選手、相撲の選手など、遠洋航海するのに引っぱって乗せて行く。

世界一周があったが、それには、いろいろないきさつがあって、行けなかった。だが、その分稽古ができた。一番長いのは二十日間の航海でしたが、もうボケてしまう」

範士は、軍艦扶桑、浅間、伊勢などに乗って、もっぱら剣道をやっていた。そして、最後に陸戦隊に入った。

「海軍におる間に四段までなって、昭和二年に上海陸戦隊に行って、そのときに、同文書院の大野熊雄先生が内地に帰って、居らんので、剣道部の人が一人で、日本紡績の社長をやって今勇退して京都におるんですが、ここで剣道をやった。

昭和三年十月、復役解止して帰って来て十月十日、東京に出て行った」

修行のために東京へ

長い兵隊時代を経て、範士はさらに修行のために、東京へ出るのであった。

「上京して、高輪署に入った。高輪署には、安部義一さんがおった。助手でおったわけです。剣道は昭和三年に優勝したが、剣道で指導者のいいのがおらんかというので、私が書記で入った。

高輪署に勤務していて、警視庁道場、有信館道場、三菱道場、猶勝堂道場などに行って稽古した。

近藤男爵の猶勝堂には、中山先生が来られた。斎村先生も来られた。

東京では、南里（三省）先生の書生になった。早稲田の南里といえば有名でした。

私が早稲田の合宿に稽古に行った。そこへ、斎村先生と南里先生が来ておられた。

私の稽古を見て、あれは誰だ、ということであいさつすると、布団をもってすぐこい、といわれ、南里先生の家に連れて帰られた。剣道に惚れられて拾われた。東京で南里先生の家におったお陰で、南里先生が斎村先生を早稲田の先生にしたのです。

南里先生は頭山先生の一の子分で、渋谷に道場を作った。書生が五、六人おった。私が書生頭で、そのかわり、朝五時に起きて、風呂の掃除、玄関の掃除、それがすむと、警視庁、三菱、猶勝堂の朝稽古に行った。

一日中稽古して帰ってくると、夜は斎村、大島、今泉の先生方が酒を飲んでいる間、うしろでウチワをもって扇風機がわりにあおぐわけです。昼の疲れが出て手を休めると〝紙本！　何をやっちょるか〟とどなられたものです。

その頃は家で朝飯食べたことがない。東京というところは、その当時いいのは、三菱の朝稽古へ行っても、終って風呂へ入ると、皆お粥がでる。それを食べて出勤する。

警視庁の朝稽古でも、風呂に入って、持田先生なども一緒に入り、朝粥を食べて高輪署に出る。昭和四年から五年頃です。

近藤男爵の猶勝堂道場には、中山先生が来ておられ、おみおつけと白いご飯がちゃんと出る。中山先生が先に食べて帰る。それから書生が食べる。

他の道場は、お粥だが、近藤男爵のところでは白いご飯がでる。中山先生は、その頃、近藤男爵のところで百円ぐらい貰っておったんですよ。

署に行くと、伝票で十五銭のすきやき鍋が食べられる。それをストーブにかけて……。月給四十二円ぐらいだった。今では想像がつかんでしょ。

四十二円貰うのはいい方です。それは小遣いです。南里先生のところにおるんですから、家賃がいるわけではないから……」

範士は、東京中の道場を廻って稽古にはげんだ。

「朝稽古は、皆行って、高輪署に行く。夜は有信館。一日中稽古しておった。

気狂いでなければやれない。体力がないとやれない。

私は、昭和四年に精錬証を京都にとりにいったが、すべったんです。それで山口に帰らずに東京にひきかえして、また朝昼晩の稽古にはげんだ。

精錬証をとったら、故郷に錦を飾るというのが目標であった。精錬証というのは現在の錬士にあたるわけだが、当時の精錬証は大変な価値があった。

当時有信館のものは、中山先生の関係で三菱へ行くことができた。昭和五年に三菱の道場が出来たとき、私は増田真夫とやった。神奈川県の剣道連盟の会長をしている……。〝小手増〟という諢名があった。

この頃は、食べることに心配なく、好きな剣道をやっていた。そして、昭和五年七月に、精錬証に合格したので、山口県に帰った」

故郷で剣道を

「昭和五年十一月、山口武徳殿落成大会に審判員の案内を受けて帰省しました。感無量でした。その時、南里先生の後輩で早稲田大学出身の教士、紀井末雄先生から、『君、山口へ帰るのなら小生の友人で山口県学務部長の清水谷徹を訪ねなさい』といわれ、添書をもって部長官舎へ面会に参りました。すると『紀井の紹介か、よし、来年中学校に欠員ができたら採ってやる』との返事でした。それから昭和六年四月、山口県立宇部中学校へ赴任せよとの電報に接し着任しました。この御恩は決して忘れることはできません」

故郷に錦を飾った範士は、剣道の道をひたすら歩むことになる。

「山口県で一番弱い中学で、校長が強くして貰うために来てもらったのだから、優勝しなければいけないと言うので、三年目に県下で優勝した。

山口に帰って、宇部中に六年、それから岩国中に替った。宇部中では、三年目に県大会で優勝して、五年目には全国大会で優勝した。優勝の神様と言われた。昭和十八年、岩国中から山口高校（旧制）に招聘されて行った。

京都の講習会には毎年行った。七月の終りから八月にかけて全国中学校優勝大会があり、京都に行った先生たちが残っての講習会で、二百五十名ぐらい集まる。

その当時の先生は、皆偉い先生になっておられる。

慶応の生徒を連れて、岸川先生がよく来られた。その当時の京都の先生は、小川金之助先生、宮崎、津崎、四戸、黒住、若林、佐藤忠三などの先生方だった。

今生きておられる先生は殆どいない。

その頃、私は手首が強かったので、相手の竹刀を巻いて飛ばしてしまう。それをおもしろがってやった。それで、紙本か、といやがられたもんです。とにかく毎年、命がけで講習にいった。

私は昭和十六年、武徳会の六段をもらっている」

戦後、範士は二十七年に、警察に入った。

「剣道のおかげで、食べて、命を拾って、こうやって生きてきた。昭和二十七年から警察に入り、四十一年、六十三歳まで勤めた。

入ったときは国警だった。二十八年から技官になって、警察本部剣道師範になった。警察では、逮捕術の試験で苦労したものです」

剣・居・杖を修行

範士が居合の第一人者であることは、あらためて紹介するまでもないが、居合のことに触れると、

「居合は大正九年に呉有信館支部で福島小一先生に、また東京の猶勝堂で、中山先生の弟子の菅原新郎先生の指導をうけた。その当時から居合をやっていた。

その当時は中山先生のかわりに菅原先生が居合を教えた。中山先生は大森流を昭和八年に山口県に来られて指導された。それを私が速記している。大森流を口述された。私はそれを守ってやっている。

有信館の居合は菅原先生、三菱の居合は橋本先生だった。

剣道、居合、それに杖道もやったが、山口に帰ると杖は相手がおらんので、とうとうやめた。居合の方は剣道の稽古をやる前に必ずやる。

警察におって、機動隊の稽古の前にやった。私のやっているのを真似しておったのが、今六、七段になっている。やらなかったのが、五段ぐらいでいる。先生がやっておった時、やればよかったというのが多い。私は、剣道の前に必ず居合を抜く。それだけは欠かさずに……。

今でも、家の車庫は道場ですよ。車がないが、人が来るので車庫を作っている。そこで下駄をはいて、毎朝模擬刀でや

る。百五十本は抜いている。

そのくらいやっていないと、他所へ行って抜かれんですよ。他所へ行って抜くためには毎日抜いていないと。自分が抜くということになると、毎朝やる」

範士は、剣道の前に必ず居合を抜いて、稽古を積んでいる。それから剣道を始める。

「剣道は剣道で、子供とやっている。六段、七段、他の先生が来たときは皆かかってくる。今はあまり無理しないようにしているが……。

稽古のとき、体当りをうけても、ひっくりかえったことはない。サッと、こうかわすわけです。皆、急に先生がいなくなった、などという。足が軽くないといけない。剣道でも居合でも足腰が大事です。

持田先生のような大先生でも、宿へ泊ったときなど見ていると、足の構えをやっている。大先生が普通ではできないことだ。

剣道でも、素質ではない。やってやってやりまくれば素質はなくてもできる。自分ながらようやってきたと思う」

少年指導について伺うと、範士は少年指導の秘訣を次のように話すのだった。

「少年指導は、子供が好きになるように打たせる。まいったという、その一本ですよ。これがなければだめだ。私がそれだったんだ。

一本いいところをとると、親の仇をとったように思う。少年指導の難しいところはそこである。

少年を指導するとき、目から火の出るような打ち方をする者がいる。それが一番悪い。私は少年に打たれてやれ、賞めてやれと。それでないとやめてしまう。

飯より好きになるように指導するのが、日本一の指導者です。

居合も少年に教えている。少年はよく覚える。年寄りはなかなか覚えない。会社の社長あたり、なかなか覚えられない。

そのかわり、少年には味はない。だが子供の時から指導した方がいい。剣道でも居合でも子供のときからやったのは柔かい」

範士の座右銘は、長い剣道生活から得たものであった。

「『不言実行』『敵を愛せ』。私の先生が言ったものです。

私が山口県に帰ったとき、一番若い先生だった。

誰でも来いという気持ちがあった。古い先生や、やかましい先生がおるわけです。その先生の竹刀をパッと落としてやると、先生やめたと。私の先生は、紙本、年寄りをいじめちゃいかん。あれは、悪いやつだと思うても相手を立てる。そうしたら、可愛がってくれる。

昇段試験のときに、中学生連れていっても皆落とす。何をと、俺が相手になってやるから。しかし敵を愛せ、あいつは悪いやつだが敵を愛せよと。終いには私を可愛がってくれたものです。

これは剣道家の一番必要なところである。不言実行は、よく中学の先生で、こんどは来てもらうと口のうまいことを言う人がいる。人を喜ばしておいて、そうしない。私は講習会があっても、招待状を出すまで、だまっている。行えることは言ってもいいが、それ以上は言わない。実行のできないことを言ってはいけない」

地元の山口県はもとより、全国でも剣道、居合道の重鎮として多くの信奉者を得ている範士には、腰の低い、人当たりの柔らかさの中にも厳しい修行で培った風格が自然ににじみ出ているのであった。

幸せに生きる剣道

剣道範士　奥川金十郎　先生

〈奥川範士の略歴〉

明治34年4月19日、和歌山県新宮市に生れ、熊野で育つ。熊野に旧制中学がなかったため中学へ進学出来なかった。

小学4年のとき剣道を始める。

大正10年伊勢の歩兵五十一連隊に入隊、銃剣術を行う。家業が倒産し、大正14年上京、警視庁に入る。日比谷署に勤務し、今泉来蔵、山本忠次郎両範士の指導を受け、猛稽古を行う。日比谷署から神楽坂署、富坂署、麻布鳥井坂署と移り、同郷の堀田捨次郎範士等に師事するが、その間、石井三郎館長の皇道義会に入門し、市毛正平範士の指導を受けながら荒稽古に徹する。

昭和7年満州の関東州警察師範として赴任。旅順の武徳会、旅順の警察、旅順中学、刑務所などで指導を行う。満鉄では高野茂義範士の指導を受ける。昭和19年帰還し、大阪の玉造工業、兵庫の中学で剣道指導。終戦とともに郷里に帰る。

三重県剣道連盟副会長をつとめる。

昭和36年剣道八段、同40年剣道範士、同50年居合道八段、同58年居合道範士。

警察官として

範士は明治三十四年、和歌山県新宮市に生れた。

「小学校四年から、二、三年やったかな。小学校に倉本という先生がいて、小柄だが剣道好きで、毎朝六時頃から、小学校の講堂で教えてくれた。

生来、好きだったとみえて、毎朝両親に起こされなくても、ほの暗いうちから自分で起きて、学校の講堂に通ったわけです。

四年から卒業するまでやったということになる。それから、家が仕出し屋をしていたから、小学校卒業して、家業を手伝っておった。

兵隊にとられ、銃剣術をやった。大正十年兵だから、そのことが後の剣道に役立ったと言えますか。

伊勢の歩兵五十一連隊の新兵として入った。銃剣術やらされて、我ながら素質があったんですか、連隊で一、二を争うようなことであった」

小学校から始めた剣道だったが、家業を手伝い、やがて、その家業が倒産した。

「後に、私は料理屋などは気にくわないのです。性格に合わないんです。甘いとか辛いとか言われてね。そういう商売はやめたいと。負債もあったんです。経済が成り立たない。

俺はどこかに仕事を求めて、東京に行くと、東京に出て来た。

小学校出ただけでしょ。学校は中学も、大学もいっていない。

強い要求があったんだが、親父は中学校にやらなかった。妹たちは皆学校に行っている。そういう矛盾があるわけですよ」

決心して、範士が職を求めて東京に出てきたのは、大正十四年であった。しかし、そう簡単に職があるわけではなかった。

「大正十四年八月、東京に出た。八方就職口探したが、どこにも私を使ってくれるところはない。已むを得ず警視庁の警察官になった。

警察官の試験を受けた。ところが学科試験がある。受けたら恐らく通らなかったのではないか。学力がないんだから。田舎の小学校しか出ていないのだから。

当時の試験に合格する条件はなかった。兵隊で伍長勤務の上等兵だったから、第三班の班長だった。中隊で一番右翼の上等兵だったわけだから、学科を免除されたんです。それが幸せになって……、栄えある警察官になれたわけです」

範士の剣道は、警察官になってから、本格的に始まる。

大正十四年、上京して警察官になった範士は、丸の内管内日比谷署に勤務することになった。

「大正十四年八月拝命なんだが、日比谷署に赴任した。幸運なことに、日比谷署の管内、丸の内に木造の警視庁の道場があった。

そこでは、当時の今泉来蔵範士、山本忠次郎範士、この人が我々の指導係をしていた。この両先生が、非番に指導してくれた。門人を可愛がる人でした。

その二人に師事して、丸の内の日比谷警察にいて精力的に稽古した」

範士は志を立てて、剣道で奉仕するという目的を持って稽古した。その稽古は言語に絶するものがあった。

「朝の五時に起きましてね。家内は四時起きですよ。市外の笹塚ですか、附近の木造の六畳一間ぐらいの家を借りて生活していた。

家内は当時四時起きで、私は五時に起きてお粥をすすって、京王電車で……。当番と日勤のときは警視庁に出なければならない。朝稽古にやっとのことで六時半ぐらいに着いた。五時に家を出て、新宿に出て、四谷を通って、日比谷、そして道場に着いた。

雪の日もありました。さんさんとして雪が五寸も積もっていた時も。道場は開いてない。七時ぐらいから開く。だが六時半ぐらいに着いた。なるべく早く着きたいから。

疲労困憊しているんだ。平日のうち一日は寝ずの番でしょ。二十五時間勤務。翌日は非番だけど使われる。

その次も日勤で、取り締り。私には憩いの場がなかったんです。休養するという条件はなかった。

それで、朝は六時半に着く。疲労困憊している。でも、何でもかんでも剣道で、世に対処ということが、上京するときの決意なのだから、その真意をくつがえすことはしない。決意に燃えて警視庁の道場に通った。

雪の日なんか、ガラス窓にもたれて、三十分熟睡するんです。零下八度です、丸の内は……。

三十分後に小使いが道場を開けてくれる。まだ誰も来ていない。

前の日の稽古着は、ずぶ濡れである。だが二枚買えない。金が無いから。竹刀も無いから、皆の使い古した、バラバラの竹を集めて……。一本ぶり、小遣いの中から買うんです。

二十銭くらいだったかな。それでも私にはえらい、当時の二十銭は……。

それで、調子なんか、もう絶対考えていられない。竹刀でさえあればいい。

稽古着は、前日の水に漬けたような、ずぶずぶなもの。寒中なんか着れば、ぶるぶるとふるえる。寒いから……。

その竹刀をもって、道場の周囲を振って廻るわけです。そして、寒さを凌いだ。そのうち先輩が見えるわけです。

そこでは、身を捨てての稽古です。苦しい稽古ですね。約二年ぐらい通いました」

剣道気狂い

範士が警視庁に入ってから一年半ぐらいしたときであった。皇道義会と関係ができるようになったのである。

「警視庁に入って間もなく、昭和になって日比谷署に一年半くらいおって、その当時衆議院の道場があったんです、日比谷に。

大会などもあったんです、ささやかながら。私はその当時は初段です。大会で学生と当たった。それで試合しまして、一敗地にまみれたわけです。みじめにたたかれた。

それで私は、その学生に、あなたはどこで修行しておいでですか、と聞いたら、千駄ヶ谷の皇道義会で稽古していますと。ああそうですか、有難うございますと。

間もなく私は、こういう学生がいるんだから、皇道義会というのは、立派な道場だろう。先生も立派だと考えて、大野君という同僚を誘って、千駄ヶ谷の皇道義会に通いたいと思うんだが、君もいかんかと。おおいこう、と二人で入門した。

そしたら、その大野君というのは、あんなきついところは、俺は辛抱できん、もうやめると言うんですよ。同僚であるし、日頃が寝ずの番でしょ。日比谷署は、日勤でも、非番でも使われる。議会とか、それで、なかなか稽古に行くというても、時間が見つけにくい。

でも私は就職の初めに、どうして生き抜くかということを考えたと。それは剣道を修行して世に奉仕するんだと心に決めて剣道を日指したんだから、絶対に後には引かないと。

そういうことで、道場にも通い、三日のうち二日間、日勤と非番のときは通える。当番のときは、二重橋に泊るので町道場には通えない」

結局範士は、これがきっかけになり、警視庁時代は、皇道義会の道場にずっと通うことになったのである。

それから範士は日比谷署から神楽坂署に移ることになる。

「日比谷署におって、警視庁の道場では、山本忠次郎範士、佐賀の今泉来蔵範士にやっかいになった。

三重の同郷の警視庁の師範である堀田捨次郎範士が神楽坂の方の担当の範士だった。

神楽坂は非常に優秀なところで、堀口九段が神楽坂の助教であった。そこでとってもらった。

この剣道気狂いは、当番のときに、二重橋の松の木相手に切り返しをしたりする。

それで、疲れ切っているから、竹刀を交番の端から端にかけて、腰をおろすと、そのまま熟睡してしまう。夜の警邏のときなど、ちょっと石につまづいても倒れる。目をつぶって歩いているのだから。寝ながら警邏しているわけです。

それで草むらに受け身とるわけです。そういうことが、日比谷署で二年ぐらい続いた。しかし、気狂いになっているんだから、痩せおとろえて、頬がへこんで、頭が三角に鋭って、本当に生命も懸念されるような状態だったと思います」

神楽坂から麻布鳥居坂へ

「そうして神楽坂にいったが、神楽坂は警視庁では剣道最優秀の署であった。ここでも鍛えられ、合宿したり……。家に帰れないので、道場に合宿するのです。対署試合のために、ここでも猛烈果敢な稽古をした。

堀口先生（清範士九段。東京）は、そのとき助教でいた。四級の下だった。私は五級の上だった。間もなく堀口先生は師範になって出て神楽坂とは関係のない立場にたたれた。

その後へ、兵庫県の高橋赳太郎先生のおむこさん、正夫が助教になって来た。堀口先生は当時対署試合は大将、私が副将でね。

大将、副将で二人ながら負けたことはないんです。常勝の戦歴を持っていた。

ところが、堀口先生は師範で出た。高橋君が来た。高橋君は、人のいい人で、余りにおだやか過ぎて、彼が副将の立場で、私が大将で、優勝したり、決勝戦で破れたり、そういう優秀な成績をおさめた」

範士はまた、名門神楽坂署から富坂署へ、そして麻布鳥居坂署へと移る。

「それから間もなく、私は富坂署の指導者になった。二、三年おりました。

その次は、麻布鳥居坂署の助教に赴任しました。その時に署員を連れて、皇道義会の関東地区の大会に麻布鳥居坂署の大将として出場して、そして勝ち抜いて、最終的には講談社のチームと対戦した。先鋒は負けて、中堅は勝った。大将の決勝戦になった。相手の大将は野間恒さんで、私が一本とられたら優勝できない。野間氏も一本とられたら優勝できない。きわどいハメに二人が追い込まれた。そして、どうにか、私が二本とって優勝したんです。だけど、東京の範士の審判だったら、私は負けていたでしょう。優勝はできなかった。

横松勝三郎、水戸東武館出身の精神的に立派な横浜の先生がいて、審判してくれたんです」

皇道義会道場

範士と皇道義会は、切っても切れない関係になるが、それは、皇道義会の師範、市毛正平との師弟の関係でもあった。

「皇道義会には、前後七年、警視庁にごやっかいになって、皇道義会も休むことなくやった。皇道義会の師範は、市毛正平先生と私と、親子みたいな、兄弟みたいな関係であった。

私は当時、稽古は荒っぽかったです。摑んで、ほおったです。道場の外へ。砂利の上に。だから、館長が、お前の稽古は荒っぽ過ぎる。あんなことでは、誰も来てくれんから、市毛、奥川に注意せいと。で、注意された。だけど私は、恩師に対して反論した。先生、私は皇道義会の後輩が百人来てもらって、おざなりな稽古をするよりも、たとえ二、三人でもよい、真剣に命懸けで稽古してもらう仲間が来てもらった方がいいと思っていますと。そう進言したんです。

そうしたら、市毛先生は、そうだね、明日から素面、素小手でやるかと。

また私が稽古していると、帰りに寄ってくださいと。

おじゃまするると、酒をご馳走になる。徹底的に呑ます。弟子を可愛がる面で、あんな先生はいないと思います。

結局、七年間皇道義会で年期入れたわけです。

入門してから、二、三年目に東京の高等学校、エリートの笹塚高校の師範になったわけです。サーベル下げて、巡査の制服で学校へ行った。

それからしばらくして、私は私服になりましたけれど、その高校へ行ってから、三ヵ月でそこを辞職しているんです。三ヵ月後に満州の関東州の警察の師範になって赴任したんです。それが、昭和七年七月二日です。七年六月に警視庁を辞職しまして。

皇道義会は、当時荒っぽくて、道場主は茨城県水戸市の石井三郎という陸軍の参与官代議士で、荒木大将などに支援された。そして道場建てた。

ところが、館長も私を気に入ってくれて、真剣に稽古する。伏見宮第三皇女、高知の藩主山内候爵婦人だった人、それが薙刀の先生だった。

そういう荒稽古した結果、三日に一遍は、二十五時間勤務。日曜で終日、取り締り。十時頃帰ったこともあります。非番でもそうです。

私は、そのときに皇道義会をやめなかったら、市毛先生が亡くなられるようなことはなかったのではないか。私が手助けすれば、体力的にオーバーすることがなかった。今でもホゾをかむ気持ちです。

荒稽古の結果、道場荒しに来ても、横面をぶんなぐったり、足ばらいかけて、ひっくりかえしたり、道具はずして、なぐったりしたんですもの。そんな荒っぽかったですね。

明るい剣道ではなかったかも知れませんね。暴力をまじえた、命懸けの剣道。私が接触した剣道関係に迷惑かけたと思います。

だけど道場破りを、追い返したんです。

皇道義会から京都の大会に出るでしょう。そうすると私に小遣い一番よけいにくれる。宿へ泊るでしょ。扇屋かな、市毛正平の根城だった。

奥川君、これを持っていって何か食わしてくれ、と三十円くれた。ところが、すき焼食わしてくれと言うんです。八坂神社の下で、その当時、水たきをやってました。皇道義会の面々が遠慮なく飲むし、食うでしょう。

金が足りなくなる。私は自腹切って、四十五円の月給のものが自腹切って先生のためだと……」

満州へ

警視庁、皇道義会も辞して、範士の剣道修行は満州へと続く。

「昭和七年七月に満州へ、暴力的に私を連れていったかな。関東州の警察に……。稽古は満鉄でずっとした。ここでも東京と同じですね。寒中は零下二十度になるんです。そこでも休みませんでした。旅順の武徳会、警察、中学、刑務所を担当したが、だけど、それだけでは私には稽古が足らないので、関東局が新京に移ったとき、それでは困るから、大連に転勤させてくださいと頼んで、大連の警察の先生にしてもらった。最初、上陸第一歩は、大連の場末の警察の先生になった。それから旅順警察の先生、そこで稽古ができたから、大連警察の先生にしてもらった。

大連警察と満鉄などで修行したわけです。高野茂義先生について、私も関東州の警察の主任師範だったが、辞めて満鉄の先生になっていた。

茂義先生に拾ってもらって、満鉄の羅津にやられて……。朝鮮の北、零下二十度以下だったな。

昭和十九年六月、北朝鮮羅津鉄道局を辞任して内地に帰還しました。

結局、満州には十三年いたことになる」

範士は内地に帰ると、越川先生に頼んで、大阪で剣道師範となる。

「越川先生は市毛正平先生とは兄弟弟子の関係になる。市毛の門人ならと越川先生も世話せざるを得なかった。

そして、玉造の明星工業、兵庫の中学の師範として赴任した。その当時は天王寺の武徳殿に日参していたが、約一年、終戦を迎えて三重の郷里に帰省することになった」

郷里で奉仕

戦後、郷里の熊野市にあって、今日まで連盟関係の仕事に従事している範士は、年をとっても、剣道に対する情熱は人には負けないものを持っている。

「本来剣道は好きですが、年に一度は東京に行って、四月二十日頃から五月二日まで、講談社で焼きを入れてもらって、そして二日か三日に京都に行って、大会にのぞむんです。

今年も十九日に出発して、二十日から稽古している。もう八十ですから。もう恐らく、後二、三年だと。死ぬまで修行したい。

だが、若いときのように何も考えないで、ひたむきに剣道気狂いみたいに対処することは適当でない。

これからは、剣道を楽しむという程度で、目をつむりたいと思っている。

徳川時代の武士階級には官僚的な意識が強かった。その流れが、今日の民主的な社会情勢の中でも、そこかしこに残されていると思う。

言うならば、封建性が色濃くとり残されている。そういう物の考え方で、剣道に関与すべきではないと思うんです。

剣道の究極の目的は、人格の形成であると。実力を誇示することではなくて、自分の欠点を克服するのが目安でなくてはならないと思っている。

結局、明るい国作りに没頭することが、結局は庶民階級に奉仕することだ。そういう意味ですね。

私は警視庁辞めたり、関東州辞めたり、満鉄辞めたり、大阪の剣道師範辞めたり、そして終戦になった。それで郷里に帰って、山を開こんして薩摩芋を作って食って、終戦後、お互いが何とか生活できる条件を得ましたけれど、その時点でも、剣道忘れることはなかった。

で、戦後、母子寮の寮長にしてもらった。お母さんや、子供たちの幸せを守るために、懸命の努力をしました。

剣道の教育は、愛の教育だと思うんです。だから、親代りになって、子供や青年たちを抱きしめてゆこう。そう思っているんです。

その基本を忘れないで、生涯を捧げてゆきたいと思っている。剣道の究極の目的は、明るい国作りをすることなんだ。飢えに泣く庶民階級を無くすために、大衆の先頭に立って行動する。究極の目的は幸せに生きるための剣道なのだと……」

範士の長い、苦難に満ちた剣道の修行から得た人生観を語られる目は、若者のように熱っぽく輝いていた。

不言実行

剣道範士　太田　義人　先生

〈太田範士の略歴〉

明治39年8月19日、鳥取県岩美郡中ノ郷村字浜坂に生れる。

大正5年、小学生の時、浜坂青年会館にて初めて竹刀を握る。大正7年因伯尚徳会に入門、松田秀彦先生に師事。大正10年鳥取県立商業学校にすすみ剣道部へ入部。ここでも松田先生の指導を受ける。

大正15年日本体育会体操学校（現日本体育大学）へ入学とともに高野佐三郎範士の修道学院に入門。また、大場千富先生の大信館で客分として修行。

昭和3年日体卒業時、高野先生より四段を受ける。また大場先生より天辰一刀流表組十三本之巻、辰金不止刀之巻の二巻を伝授される。同4年2月鳥取県立鳥取第一中学校教諭。

昭和19年鳥取大震災で崩壊した道場を私費で再建、尚徳錬武館道場を開く。その間明治神宮国民体育大会、皇紀二千六百年記念の東西対抗剣道大会、選抜大会、鹿島神宮大会等に出場。

昭和27年全日本剣道連盟起創委員。

全剣連審議員、全道連理事、中国五県剣連理事、鳥取県剣連副会長、審議委員長・同県道連会長、同市剣連名誉会長、同県学校剣連副会長、同県警名誉師範、同県武道館及鳥取大学師範、㈶尚徳会理事長、㈶尚徳錬武館々長などをつとめる。

昭和36年剣道八段、同40年剣道範士。

剣道との出会い

範士は明治三十九年、鳥取県岩美郡中ノ郷村字浜坂（現鳥取市浜坂）で、須崎鹿次郎の三男として生れた。

そして、大正五年八月、小学生の時、初めて竹刀を握ることになった。

「小学校の四年頃だったか、浜坂青年会館というところで、青年団の野試合の稽古が催された。昔は、運動会のとき野試合をよくやった。そのとき、松田秀彦という先生が、実戦の勇士であったので、野試合の指導にみえた。わしの村、浜坂から選手が出ておったんで、その指導にみえたわけです。

わしの商業学校の先輩になる人で、山根米太郎という人が、この青年団の野試合に選手で出ておった。

当時、商業学校に教えに行っておられた松田先生が、道場稽古と野試合とは異るので野試合のやり方を教えてやるということでみえた。

そのとき、松田先生が、われわれ子供にも『竹刀は、こういうふうに持つもんだぞ』と言って、竹刀の持ち方を教えてくださったのが竹刀を握った最初である」

松田先生との出会いが、剣道との出会いになった。

「私のところの浜坂という部落は、戸数が七十戸あまりの村なんです。いわゆる中等学校というのが、鳥取には、鳥取中学と商業学校と、そして師範学校の三つしかなかった。

女学校も三つしかなかった。それで、中学校に行くようなのは、一部落でだいたい一人か二人、ときには一人もいかないという状況だった。

小学校も小さいから、先生は複式授業で一・二年、三・四年、五・六年を持つというような具合で、実科というか、裁縫の先生を入れて、四、五人しかいなかった。

そういう部落だったが、鳥取一中から、一番古いのは、柔道の米原竹次郎、剣道では岸本、林、武内、山根というような選手が次々と出て、武道は盛んだった。

米原竹次郎という人は、鳥取一中を出て早稲田に入った。そして、今でいう落第、留年しながらも、柔道を一生懸命にやった。

文武両道に努力し、大学を卒業後、仙台の鉄道局の局長にまでなった。部落の出世頭であった。

武道に関する限り、他の部落と違って、相当に熱が入っていたものであるから、わしらも剣道を始めたわけだ。だから、やるからには、柔道の米原竹次郎のように、学校を落第しようと、何をしようと、自分が思ったことは、やり通さなくてはいけない。そうしなければ出世はできないというのが、親父の口癖であった」

小学校四年生から剣道を始めた範士は、鳥取の尚徳会に入門した。

「小学校六年生のとき、松田秀彦先生が、鳥取の尚徳会、当時館長という名義はついていなかったが、尚徳会に住んでおられた。その尚徳会に、乙種中学校というか夜間部が、造士学舎といって併設されていた。そこに住んでおられた。

そこで、造士学舎の先生、あるいは、中学校、女学校の先生なりが、小学校六年生を集めて、予科、今で言えば塾だ。受験のために予科を開いておられた。

そこで、わしが商業に入るべく、通ったわけだ。結局、塾に行くと同時に、それが道場なものだから、入門ということになった。

大正七年のことだった。鳥取一中の先輩たちも、この道場で修行していた。途中でやめたいと思ったこともあるが、一度志したからには、中途半端でやめるべきではない。米原の竹さんを見習えと、常に父親から励まされた。そして、そこで、松田師匠からしごかれたわけです」

師匠松田先生

大正七年八月、因伯尚徳会に入門してから、範士の剣道が本格的に始まるのである。

「その当時の剣道は、今の競技剣道と違って、実戦剣道だった。

松田先生は、鳥羽・伏見の戦いから、奥羽戦線まで行った鳥取藩士だった。

家は槍術の指南役であったから、当時の言葉でいうと、武道百般に通じていた。従って剣道もやれば、柔道も、当時は体術、柔術ってやつですね。そして、薙刀、槍、馬術、水泳にいたるまで、なかなかの達者だった。

鳥羽・伏見の戦いは、十七歳の頃だが、後、警視庁の巡査になった。西郷隆盛が征韓論に破れて、鹿児島に帰った。松田先生は、鹿児島県令大山綱良の護衛として鹿児島に行ったこともある。

明治十年に西南の役が起こると、陛下が大阪までお出ましになったが、その護衛にもあたった。

西南戦争には、八代方面の戦斗に参加して、鉄砲で撃たれ、野戦病院に入られ、四カ月後に元気に回復して帰って来られた。そして、警視庁の同士の中に、島田一郎一派がいて、それらの者と話し合いができ、明治十一年、大久保利通の暗殺に加担した。

結局、捕えられて、中には死刑になる人もあったが、師匠は十年の禁獄となり、石川島の監獄に投ぜられた。

その間、毎日ご飯を食べた割り箸を、残したご飯でノリづけし、貼り合わせて木刀を作り、素振りをやった。そういう豪のものであった。

そして、明治十九年頃、恩赦で釈放されたわけです。妹たかが横浜におったので、横浜に引き上げ、二十年前後、芝の増上寺の近くで、道場を開いた。そこで剣道、体術を指導された。

その当時、堀口朝次郎という徳島から出て来て相撲とりをやっていた人が、道場があると聞いて、道場破りにやってきた。家が、やはり徳島の師範家だったらしい。それが、ふんどしかつぎでおったが、やむにやまれぬ気持となって、師匠の道場にやってきた。

師匠をみると、あまり大きな体をしとるわけでもないし、こんなもの何だっていうような調子でやったんだが、それこそ、ぶつかれば、ひっくり返され、押し倒され、ついに参りましたと。

それで何回目かのとき、お前は相撲で、こういうふうな状態なら出世も出来んだろうし、むしろ郷里に帰って、もう一ぺん修行をしなおして、剣道をやったらどうかと諭して帰した。

それが帰って西宮、神戸などで沖仲士などをやりながら修行して、われわれが知った当時、大正中期頃には剣道教士になっていた。

こうして、当時の武徳会では人に知られた堀口朝次郎先生が出来た」

師匠を語る範士は、熱っぽく、自分の幼い頃を思い出しながら話を続けるのであった。

「当時道場には政界の人々や院外団（壮士）の出入りがあった。高橋是清・斉藤実・頭山満はこの頃からの友人であった。またある時期、頭山満と対立した時代もあった。明治三十年頃には海軍兵学校の剣道の先生として呉に行っておられ、一年か二年いたが、結局は自分のおるところではないといって、東京へ舞い戻って来られた。その時、武徳会総裁宮小松宮さんからお声がかかって、どこの府県でも武徳会を創設しつつあるんだが、ひとつ鳥取に帰って武徳会の創設に努力してはどうかとのお言葉があったので、明治三十二年か三十三年頃に鳥取に帰って来られた。

これは、最近亡くなった吉田誠宏先生の話からすると結局、さっき言った頭山、松田の二人が東京にずっとおれば、龍虎相打つということで、どちらか一方か、あるいは両方とも倒れてしまう。だから、むしろ、帰したらどうかということで、宮さんにお願いして松田を引込ましたんだということを言っておられた。

そういうことで、鳥取に帰って来られた。先ず、鳥取に帰ると風水館という道場を建てて居住し、一方武徳会の創設のために時の知事などに要請して、武徳会の支部を作るために狂奔された。

その当時、尚徳会というのがあった。現在私がおるところだが、これは、明治の廃藩置県により、明治七年に共立学舎として始まるもので、武士の子弟の養育の場として造られたものです。それが、後の因伯尚徳会となる。

松田先生は、その風水館と尚徳会と両方で教えておられたわけだ。そして、武徳会の支部は、尚徳会の直ぐ側、現在の県営鳥取武道館の位置に造られた。

京都の大会が始まってからは毎年出かけ、八十三歳で槍術の範士となり、剣道は大正の初年、一番早く教士の称号を受称された。

そういう先生なので、われわれのような者が、ぶつかっていっても、それこそ、自分が柔道も出来るしするから、まして、われわれの時代は、組み打ちもあるしするので、もう直ぐ取組む。そうすると、いくらやっても倒れない。

自分が先にころんで、そして、馬乗りになって、これでもか、という具合いに。それをはね返して起きようとするが、それがどうしても起きれない。それは、今のような過保護的訓練と違っていた。

それで、鍔ぜりあいからでも、足がらみもあれば、それこそ体当りしても、今のようなさわるというような、そんな生やさしいもんじゃなかった。

だから、ぶつかれば突き返されて、ひっくり返される。それでも起きて行く。それこそ本当に激しい、とにかく自分の体で覚えよ、ということであった。

県立商業学校へ

範士が鳥取県立商業学校に入ったのは大正十年だった。

「わしは武専に行きたかったんだが、目が悪くて行けなかった。武専は、極度の近眼は取らんということで、零点いくつというならいいが、その当時は、零点零いくつという極度の近眼だった。それで、結局、商業学校に入って剣道をやったわけだ。

武専では、この間亡くなった、唯要一さん（熊本。範士八段。武専第十回生）これが鳥取一中の先輩で、その前が、これも先日亡くなったが、恩田益蔵先生（鳥取。武専第七回生）と言って、小沢武さん（茨城。範士八段。武専第十五回生）の先生でもあり、この先生が武専に入る前に、この尚徳会に来て、松田先生に何ヵ月か鍛えられて、そして武専に入った。

目が悪いからといって、別に困ったことはない。かえって、近眼であるために、良かったんじゃないかという気がする。だいたい面をつけて、こうして（相対して）相手を見ておっても、相手の顔がわかるわけでもなし、ただ銃剣術をやったときに、やっぱり目の悪いというのはいけんと思い、だから眼鏡をかけてやった。

こうやって（構えて）いると、剣道の場合は、ある程度、剣先が動いているから、おぼろげながら、相手の剣先を通して、相手を見ておれるからいいが、銃剣術の場合は、ガーッと、こう真直ぐくる。そうすると剣先が見えないから、これが一番不利であった。そうでなければ、剣先が動いていれば、それは分ったんだが。

要するに、目が見えなければ、余計、勘が鋭くなるということは言える。だから、かえって目が見えなかったということは、こわいもの知らずということだ。

今でも、稽古のときは、眼鏡はかけない。だが、家で寝るときでも、風呂に入るときでも、眼鏡は絶対はずさん。剣道するときだけはずす。

結局、目が見えんということは、俗に言う心眼だな、要するに勘だと、わしは思っとる。だから、こうやって構えていると、相手はどこを見ておるのかなと、相手の方がかえって、とまどうようだ」

商業学校に入っても、師範は松田先生であった。範士の場合は、道場の先生、学校の先生が、同じ先生で恵まれていた。

「商業学校では、三年のときには対外試合に出た。正課とクラブ活動の両方だった。

学校まで、四キロから五キロぐらいあるから、時によると帰るのが九時頃になることがしばしばあった。

稽古は毎日あったから、道場の方にはなかなか行けなかったが、そのかわり、松田先生が学校に毎日来られた。だから、道場も学校も稽古は変らなかった。

商業時代は、だいぶ新聞もにぎわした。県の大会なんかは、三年の頃から卒業するまで、毎年、何本かの優勝旗を持ってきた。第八回、第九回大会に、主将として優勝。商業の黄金時代だった。

試合は強かった。山陰大会という松江の高等学校の大会に、先生が連れて行ってくれた。山口中学だったたか、浜田中学だったかな、優勝戦が。

それで島根の時枝というのが、今、東京にいるはずだが、それが大将だった。試合は抜き勝負で、七人だな。先鋒、次鋒で六人がやられて、次鋒から大将まで来て、優勝戦で、日暮れになって、いよいよ目は見えなくなるし、そりゃもう、今ならとっくに勝負はついておったんだが、鍔ぜりから、パーンと面を打ったりしたが、審判もとってくれなかったし、それで、ついに負けた。負けることは負けたが、あとで師匠が、お前の方が勝っとったんだからといって、なぐさめてくれた。

商業学校の試合の前の稽古なんてものは、それこそ、試合の練習をやって暗くなって、だいたいわれわれの頃は、わしの家などは電気などなかったから、ランプで勉強していた。

従って、道場なんかでは、カンテラをつけて稽古をやった。寒稽古、暑中稽古、朝稽古など、それは、今の連中の稽古と比較したって話にならない」

範士は、松田先生にみっちり仕込まれた。

「要するにね、松田先生は、これからの剣道は、殺人剣ならず、活人剣なりということだ。それで人を作るんだと。だから、学校の生徒を教えるにしても、何も斬った張ったの剣道ではなくて、立派な人間を作るのが剣道なんだと。心せよと言われた。

それで、すべて辛棒と努力であると。わしには〝辛棒〟と書いてくれた。十の部分を長く引っぱった〝辛〟の字を書き、その横に『この棒を抱きて、よくよく鍛錬すべし』と添え書きしてあった。

だから、どういうことが起ころうと、耐え忍べという、いましめ。今軸にして家においてある。だから、わしは何か書いてくれと頼まれたときでも〝辛棒〟と書く。

最近は、努めてしゃべるようにしておるが、われわれの時代は、とにかく体で覚えるということ。人が十回やるところなら、己は百回も重ねて努力せよと。

要するに天才というものは、それこそ何万人に一人で、あとは努力しだいで、ある程度まで行けるんだと。だから辛棒して努力せよと。

体が自然に覚えなければ剣道はできないよと。だから『不言実行』というのが、われわれの、当時のモットーとするところのものだった。

ところが、現在の子供たちは、あらゆる面において、過保護の時代だから、ただ体で覚えよ、悪いからうつ、ひっくりかえす、これじゃ通らん時代だ。

やはり、しゃべって、それで始めて実行に移る。有言実行でなくてはいかんと。この頃は、そうしないと立派な指導者になれん、というふうに、わしは実感しておる」

武者修行

範士は、鳥取を後に、東京の日本体育会体操学校（日本体育大学の前身）に入学し、さらに剣道を続けることになるのだった。

「日体に行ったのは大正十五年なんだが、十四年の夏に、松田先生が東京におられたという関係で、高野佐三郎先生を知っておられた。それで、九段に行って、ちいとしごかれて来いというので、夏に出かけて、それで修道学院の荒修行を、ひと夏過した。

乳井、黒崎などという若い連中が学院におった。それで、一ヵ月くらいしごかれて、そのお陰で中学校の第八回大会に優勝できた。そして翌年、日体に行くことが決まった。

これは、夏に行ったからということもあるが、高野先生が日体の先生をしておられたから。

当時、日体が大井にあった。荏原中学が隣りにあって、荏原中学は付属中学だった。それで、師範が高野先生で、稽古には修道学院の塾長の大村さん以下、若い連中が来ておった。

それから、大井電機の側に、大信館という道場があり、大場千富という人がやっていた。その道場にも客分として通った。学校でやり、大信館に行き、学院にも時々行った。

大正十五年四月、日体に入った範士は、学校だけでなく、道場にも通って稽古にはげんだ。そして、この間武者修行にも出て、一筋に剣に打ち込むのであった。

「各専門学校の大会をやったとき、何の大会だったか、鎖鎌というものと実際に試合をやった。そういう経験もある。

一番の稽古は、寒稽古かなんかのとき、一夜稽古とかいって、晩の十二時から始めて、朝の七時頃、陽の上る頃に終わる立ちづめの稽古をした。とにかく、三時、四時の鶏の啼く頃になると、ほんとにただ立っているだけだった。

意識はもうろうとしておるんだが、こうやって（構えて）立っておって、稽古しながら眠るんだろうな。打たれながら眠っているわけだ。

こっちが元に立って、下級生が次々に皆でかかってくる。そういう稽古をやったことがある。

その頃は、二・二六事件の相沢少佐、これがわれわれの教官だった。教練の教官が相沢少佐だったということで、当時のわれわれの様子がわかると思う。

当時の武専などは、満州に卒業遠征とかに行っておったが、各大学、専門学校というのは、そういった時期に、今年は東北、今年は九州まわりという具合に、各地をまわり武者修行をやる。

八月は九州を一カ月以上かけてまわった。昭和二年のことだった。福岡の柴田万策先生には、博多の警察に行って、稽古をいただいたり、当時、田中つねんどなどという足がらみのうまい連中と稽古をやったり、一番印象に残ったのは、熊本で、加納軍治という、ちょん髷結った老先生が、五島からやって来て、旅はいろいろなことがあるからと言って虫薬をくれたり親切に教えてくれたりした。鶴田三雄先生や、そういう先生方に武徳殿に行って、稽古してもらった。

それから、鹿児島には十日間もいた。中倉先生（清。東京。範士九段）は、まだ筒袖で、大道館にいた。早稲田の玉利三之助君（東京。範士九段）は、夏休みの武徳会の講習で帰って来ていた。津崎先生（兼敬。鹿児島。範士九段）をはじめ、京都の先生方の指導を受けた。鹿児島ではたっぷり稽古をいただいた。

それから、宮崎、大分とまわって、一カ月以上の武者修行となり、大変勉強になった。その当時、どこの地方に行っても、地方随一の先生がおられて、そりゃ勉強になった。

大信館には、広島から佐藤義遵という先生が来ておられた。また、天覧試合に優勝された山本忠次郎先生も、時には見えておられた。

それから東北では、沼倉清八、この先生も何べんか見えた。大信館では修行した結果、大場館主から、天辰一刀流表組十三本の巻、辰金不止刀之巻の二巻をもらった。

そして、日体を卒業するとき、高野先生から四段をいただいた。

故郷に残る

昭和三年三月、範士は日体大を卒業すると、故郷の鳥取一中（現鳥取西高）に赴任することになった。

「わしは、昭和三年に日体を卒業して帰ってきた。兄弟子の若松鶴彦先生が松田先生の後をとるべき人であって武専の二期の卒業生であった。しかし、ちょうど若松先生が病気になっておられ、翌年の二月に亡くなった。

私はその頃、東京に出ておったんだけれど、というのは、昭和三年に一中に行ったけれど、若松さんの助手ということで入ったんで、一年もすれば、もう結構と、二月には日体に帰ってきて、そしてどこか行くところはないかということで、東京に出ておったわけです。

〝若松死す、すぐ帰れ〟の電報で帰鳥し、若松先生の後始末をしたが、丁度その時、同期のやつの後釜として室蘭に行くことになっていたので、電報はくるし、一中も困る。当時の鳥取一中の校長もやめてしまって、郷里に帰っており、校長代理も、周囲も差しとめるので、松田師匠のところへ行って、こう言われているんだがどうしましょうかと言ったら、それが辛棒じゃないかと。

それだけ皆に言われるのに押して外に出ることはない。ここでやらなきゃいけんじゃないか、というふうな具合いで、ことごとにその辛棒というのを押しつけられてきた。

そして、それ以来ずーと鳥取に残っておる。わし自身は、もう少し県外で修行して帰ろうという気持ちだったんだが」

結局、範士は鳥取に残ることになった。そして、一中、師範、智頭農林などの学校、および警察、刑務所、軍隊などで幅広く剣道の指導を行なった。

だが、終戦となり、範士はGHQから追放になった。

「剣道の修行では、あまり辛いと思ったことはないが、追放になったときは辛かった。

武徳会支部の理事・剣道部長であったため、G項に該当するということで、昭和二十二年十二月に追放になった。

追放になると、終始、監視付きで、郵便物は開封されるし、鳥取市の居住区から出るには、いちいち届け出なければならない。収入の道も閉ざされてしまった。

幸いにも道場だけは残ったので、唯一の楽しみは、時々訪ねてくる友人や弟子たちと稽古することだった。

追放は二十五年の特免で解除になった。短い期間だったとは言え、一番活躍していた時だっただけに、苦しかったし、解除になったときは、まさに天にも昇る気持ちだった。

この頃になって、撓競技が始まったが、何だか物足りなくて、竹刀剣道を続けており、同志と剣道連盟結成のために、色々と苦労した。

多くの同志を募るために、県下の神社へ奉納試合をして回ったり、夏はお祭りで、アイスキャンデー売りなどをして資金を作った。

昭和二十七年に、戦後初めての全国大会が西宮であって、特別試合に出場したが、それが連盟結成のキッカケとなり、全日本剣道連盟の起創委員に選ばれた。

その後、日光大会のときにも全国の先生方が集まり、昭和二十七年十月、東京原宿の鉄道会館で現在の全日本剣道連盟が結成され、以来、評議員、理事の役職を勤め、現在は審議員を勤めている」

範士は、全剣連創立にあたって、同志とともに力を尽したのである。

次に範士は指導について次のように語る。

「指導というのは、学校は学校なりに、警察は警察なりにやる。学校でも、授業とクラブ活動では自ら違う。クラブ活動では、やはり試合が中心になる。これは、もう計画を立てて、それで選手を育てる。その代り、五人なら五人、七人なら七人の選手をつくるためには、自分でちゃんと計画して、毎日マンツーマンでやる。

そういうやり方をやってきて、覚えたことは、師匠からも言われたが、とにかく剣道、人間には波があるということだ。実際に生徒を指導してみて、そして、毎日受けてみて、何日したらどん底になるか、そしたら引き上げてやる。

そうすると、試合は何日だから、その試合のときに、八分ないし九分までもってゆく。頂上になったら、すぐ落ちるからな。だから、だいたいの試合の時に、八分ないし九分のところまで引き上げていくこと。そういうふうな指導をした。

わしは、今でも若い指導者に対して、自分の教える子供の、打突、姿勢、態度、それらを見て、自分が反省しなさいと。自分の欠点が全部子供たちにうつっておる。子供たちが悪いのは、自分が悪いんだと。そういうふうに反省しなさいと。そういうことでやってきた」

範士の語る修行のお話は、不言実行あるのみという実践剣道であるとともに、それは身体で覚えるものであると言う松田師匠の教えを守った剣の道でもあった。

誠心誠意

剣道範士　土田博吉先生

〈土田範士の略歴〉

明治41年3月1日、秋田県平鹿郡大雄村に生れる。

横手小学校5、6年の頃剣道の手ほどきを受け、横手中学に入ってから本格的に剣道を始める。中学5年のとき秋田中学に転校し、早稲田大学主催の全国中等学校剣道大会に優勝。中学時代、武徳会の内藤高治範士が巡回指導で来校し、それが縁となり中学卒業後、京都の武道専門学校にすすみ内藤先生に保証人をお願いする。

昭和3年武道専門学校に入学。内藤先生をはじめ、小川金之助、宮崎茂三郎、近藤知善、津崎兼敬、四戸泰助、佐藤忠三、黒住龍四郎、佐藤豊之助、若林信治、菅三郎、唯要一、松本幸吉等の先生方に師事。

昭和7年武道専門学校研究科入学。同年文部省中等教員無試験検定合格。同8年2月より11月まで舞鶴重砲兵連隊に在籍。同10年武専研究科を卒業し、同校助手、のち助教授となる。

昭和9年大阪府警察剣道教導を拝命したのをはじめ、大阪高等医学専門学校、昭和高等商業学校、大阪府警察局、大阪外国語専門学校、久保田鉄工、近畿大学などの師範を歴任。大阪府剣連理事長、昭和58年全日本剣道連盟審議員などを勤める。

昭和19年従七位。同54年勲五等瑞宝章。

昭和36年剣道八段、同40年剣道範士。

大阪府剣道連盟の事務局に土田博吉範士をお訪ねし、修行のお話しを伺った。

中学時代

範士の出身地は秋田県平鹿郡大雄村宮田である。横手から、ちょうど三十キロばかり西北にある。

範士は剣道を小学校時代に始めた。

「剣道をやったというところまでは、いかなかったが、横手小学校で、五、六年生のとき、担任の先生から手ほどきを受けた。

その先生の名前は忘れましたが、中学に行ってから、本格的にやるようになった。中学は横手中学でした。

横手中学から、五年生のときに、秋田中学に転校しました。

中学では正課で始めましたが、先生は高谷栄蔵先生で、その頃の大先生でございました。

内藤先生と、お年は違わなかったと思います。内藤先生が、横手中学にお出になったとき、高谷先生がご紹介して下さった。

そのときは、内藤先生は武徳会本部におられ、廻ってこられたわけです。

秋田中学に行ってからは、高等師範を出られた安藤行蔵先生。現在八十歳ぐらいで、新潟県におられます。その先生から教わりました」

ここで範士は、一枚の写真をとり出し、懐しそうに見ながら、

「この写真は、秋田中学に行ってからのものです。早稲田大学主催の全国中学校大会のものと、県下の代表選手が出場して、私が主将で優勝したときのものです。横手中学は都心から離れたところだから、寒稽古の時は朝五時頃ですから、雪が降ったら道がありませんから、踏みわけて通ったものです。

学校に行くと、道場には雪が吹き込んでいる。掃除をしないと使えない。本当の寒稽古でした。

稽古は、中学では基本を重視されました」

内藤先生との出会い

範士が中学生のときだった。武徳会の内藤高治先生が廻ってこられ、横手中学でお話をされた。

「中学一年生のときだったか、内藤先生にお目にかかったのが……。

大正九年の九月十六日、秋田県横手中学にお見えになった。そしてご講話があった。

これが機縁になって、後に内藤先生に、武専に入る保証人になっていただいて、教えを受けるようになりました」

そのときのことを範士は、高岡謙次編『剣聖内藤高治先生』（小社刊）の中で次のように書いている。

―大正九年九月十六日朝、秋田県立横手中学校雨天体操場の黒板に、大日本武徳会本部内藤高治先生御来校の掲示が出された。

日本一の剣道の大家とはさぞかし強そうな方だろうと生徒達の瞳は好奇心で輝いていた。やがて当校師範高谷栄蔵先生の御案内で御来場された先生を見て流石の悪童連もアッと驚いた。まるで達磨さんのような想像以上に恐わそうな人であったからです。御講話の内容は当時中学一年生であった私にはよく記憶にないのがくれぐれも残念に存じております。

その帰路に横手から四里ほどはなれた館合村の私の家へ土田友介氏と御立寄り下された。私の父や兄達とお酒を召し上りながら御歓談される先生は学校でお会いした先生とはまるで別人のような温容でした。

いろいろ御高話を拝聴しました上、父兄達に御愛用の瓢箪を下されたのもこの時です。これが機縁というものでしょうか、後年私が武道専門学校に学び先生に保証人をお願いして親しく御教えを受けることとなったのです。――

これが縁になって、範士は中学を卒業すると、武道専門学校に入学することになるのである。

「それと、親類に土田友介という方がおりまして、その人が大阪の警察におられ、剣道やるんだったら、武専に来んかと誘いもありまして…。土田友介氏は水戸の小沢豊吉先生の親友でした。

友介氏は若くして亡くなりましたが、大阪の警察の師範をしておりましたので、内藤先生にお目にかかったし、武専を受験しました。

武専に入ったのは昭和三年四月でした。全国の中学から、大将、副将ぐらいのが来て、十五名入りました。後から二十名になりましたが、我々のときは十五名。そのうち四年間で四段になるのは三人ぐらいでした」

当時武専は、百五十名ぐらいの受験者があり、非常に狭き門であった。

武専に入学

昭和三年に武専に入学した範士は、剣道に勉強に励んだ。

「授業は我々が入った頃は八時から学科です。午後からは、一時三十分から三時まで剣道の稽古です。三時から四時までは、講習生も入れた稽古です。講習生は、各警察、地方から来ておって、稽古は武専の学生と一緒にやっていた。

そして晩には、小川金之助先生の道場などに行って個人的にやっていた。

講習生は、五十名ぐらいいた。委託生としてきていたわけで、近くに下宿したり、寺の夜警をしたりして、稽古に出て来ていた。

武専の学科は、国語、漢文、衛生、生理、易もやりました。

文部省の国漢の検定があるので、授業の中に入っていた俳句の方もやりました」

武専を卒業した先生方は、皆異口同音に、武専の激しい稽古のことを言う。その稽古は、打ち込み、切り返しに徹していたという。

「稽古は、各学年一緒にやる。先生方が他所に行かれることもあるので、元立ちは四年生などがやったりした。打ち込み、切り返し、一学期はそれだけ。約三カ月間はそればかりです。

武専の寒稽古は、三週間行われました。

その寒稽古は、二十一日間、打ち込み、切り返しだけでした。朝六時ぐらいから一時間やりました。下宿に帰って、食事をしてまた学校に出てくるわけです。

打ち込み、切り返しは、体当たりをして、はずされたり、首を捻じられたり、すさまじいものでした。

稽古は武徳殿と、学校にサブ道場がありました。武徳会本部の事務所と、鉄筋コンクリートの教室があって、そこにサブ道場があった。

入学した当時の先生は、内藤高治、小川金之助、宮崎茂三郎、近藤知善、津崎兼敬、四戸泰助、佐藤忠三、黒住龍四郎、佐藤豊之助、若林信治、菅三郎、唯要一、松本幸吉等の諸先生が指導されていた。

担任の先生がおられましたが、よく教えを受けた先生は、内藤先生は無論、佐藤忠三先生、若林先生などでした。

内藤先生は、一刀両断にするような剣道でなくては、大きい剣道でなくてはと……。

内藤先生は晩年も稽古にでられた。亡くなったのが、昭和四年、六十七、八でしょ。病気される前までです。

忠三先生、あの方は結婚されたのも三十五ぐらいですから、何か一つ摑んでおられたのでしょう。風格がありました。

若林先生は秋田出身で、大阪の警察の師範をして、武専と兼務で、ここの関大なども教えておられた。

秋田にお帰りになって、警察の本部において、稽古中に脳溢血で倒れて、六十一歳ぐらいで亡くなった。非常にいい人でした。よく洒落を言う人でした。いい稽古でした」

武専時代は、やはり稽古が苦しかったと範士は語る。

「一番苦しいのは寒稽古。低学年のとき。上になってくるといいが、一年生のときは苦しい。

寒稽古のときは、講習生も一緒にやりますから、我々のときは、武徳殿は柔道半分、剣道半分と使っておった。

四年ぐらいになると元立ちに立てますが、低学年のときは、打ち込み、切り返し、ころばされて泣けてきたものです。

当時は足がらみ、組打ちなどもやりましたから、苦しかった。

四年になりますと、武者修行がありまして、九州方面、朝鮮、満州までまいりました。

そうすると、地方に行きますと、打たれてもいいから、一遍こかしてやろうという連中がおりまして、油断ならなかった」

範士は四年で卒業し、研究科に進んだ。

内藤先生の思い出

範士は、内藤先生のことについて、次のように語るのだった。

「内藤先生は、私が昭和三年に入学し、四年のとき亡くなられました。ですから、先生にはただ、打ち込み、切り返しをやっただけで、お稽古なんか、我々低学年だからお願いできなかった。

保証人をお願いしていたから、先生のお宅にお伺いして、いろいろお話しを伺った。

また、ある日、若林先生に連れられて、先生の仁王門のお宅をお訪ねしたところ、丁度奥さまとお二人で、オカチン(餅)を焼いておられました。

サア、よいところに来られた。身体が大きいし喰い盛りだ。サアおあがりと慈父のような温情のご接待を受け、感激しました。

常々、先生のところへお伺いしたら、何でも遠慮なく頂戴するように教えられておりましたので、生来余り餅を好まない私も、後から後からお皿へ盛られたのを、ますます調子にのって、一生懸命に食べたところ、門の外に出た瞬間、酢っぱいものがこみ上げて、閉口しました。

また、先生は僅かな贈りものでも非常に喜ばれて、人の好意を純真に受けとめられるのです。

私らも、帰省のとき、田舎から味噌漬などを持って帰り、先生に差し上げましたが、紫蘇の実の味噌漬がお好きで、いつも座右におかれた珍味箱に入れて、来客毎に説明をされて珍重下さいました。

それから、先生の客人に対する、誠心誠意の礼儀の正しさ、厚さは、敬服の外ありませんでした。どんな人にも必ず玄関に正座されて、慇懃《いんぎん》にお見送りをされたものです」

指導者の道

武専を出て、研究科に入り、昭和十年に研究科を卒業した範士は、その間昭和八年二月から十一月まで、幹部候補生として、舞鶴の重砲兵連隊に在隊した。そして、武専の助手と、大阪府警の剣道教導を兼ねていた。

「夏期講習がありまして、全国から高段者の方が来られた。

助手をやっておったから、夏の二時間ぐらい、ぶっとおしでやった。一週間やりました。

元に立っての二時間は苦しかった。汗が出なくなった。

助手、助教になっても、結局上の先生にはいじめられたわけです。また、習った先生には、いつまでたっても歯がたちません。

武専は、外部の試合などには出さなかったが、我々が卒業して五、六年経って、学生連盟の大会に出るようになった。出たのは明治神宮大会ぐらいでしたか。青年、一般とか、警察官とかの部があって、個人戦、あとから団体も…。

私は団体で、京都府の代表として出たことがあります。稽古ばかりでは興味がなくなるし、内部では二週間に一度ぐらい試合がありました。

一年から四年まで、一年は一年同志、たまには一年と三年、四年など、団体組んでやりました。

内藤先生は、試合にとらわれて、こちゃこちゃした稽古になってはいけないということで、その点は非常にやかましかった」

範士はまた、大阪高等医学専門学校、昭和高等商業学校の剣道師範も委嘱された。

また、昭和十三年には、大阪外国語専門学校の剣道師範となった。

「あの頃の指導だと非行者もでませんが、いまは甘えがある。昔は切り返しと、体当たりをくりかえした。面を打ってははねかえされ、またいって、それから切り返しに入る。

だから打ち込み、切り返しになる。武専でも三週間、それだけやったんですから、いかに効果があるかということです」

基本が基礎

範士は昭和十六年までは京都に居て、応召、終戦を朝鮮の麗水というところで迎えた。そして復員して大阪に住むようになった。

昭和二十年十二月、大阪府警察局の剣道師範となる。

「剣道中止のとき、警察官は警棒をさげていたので、短い竹刀を作って、剣道の道具を使って、警棒操法というのをやった。

それで試合をした。それも、進駐軍に見てもらって、許可をもらってやらないと駄目。円を描いて競技化しまして、そういうことをやりました」

戦後、剣道が復活して連盟が出来ると、府剣連の仕事にたずさわるようになった。

「戦後ずっとやっています。昭和四十三年から副理事長をやりまして、五十三年から理事長をやるようになりました。森下泰さんが参議院に出られて忙しくなられ、理事長でしたが、殆どおられないものですから……。

大谷先生は創立時から会長です」

範士は昭和三十九年、病気のため職を退いた。そして、連盟を中心に活躍されている。

範士は、剣道の本筋について語る。

「剣道の基本には勝負がない。形には勝敗がある。形の勝敗は約束ごと。

だから、一日も早く自分の才智に任せてやりたいというので、基本がおろそかになるんです。

そのためにー時いいときがあっても、じき駄目になってくる。何ごとでも基礎がしっかりしていないといかんわけです。

最近、毎日、新聞で見るように、学校内暴力、家庭内暴力があるが、私は甘えが多いと思います。もう少し、頭から鉄槌を打たんといけない。けじめがないといけない。これは武徳殿の玉座の右に掲げてある剣道教習綱領です。

参考までに持ってきました」

その綱領というのは次のようなものである。

第一条　忠君愛国の大義は武道の本領なり、武道を講習する者は平素心身を鍛練し、義勇奉公の修養を怠るべからず。
第二条　礼儀を重んじ決して驕慢卑劣の行あるべからず。
第三条　名誉と廉恥とは武道の生命なり、斯道に志す者は尚も表裏背信の行為あるべからず。
第四条　恭敬慈愛を重んじ、決して長を凌ぎ小を侮り、剣を知らざる人を蔑にし、名を争ひ誉を競ふべからず。
第五条　平和を旨とし務めて争を去り、口論私闘の行為あるべからず。
第六条　質素は剛健の源にして浮華は懦弱の本なり、軽佻淫靡の行を戒むべし。
第七条　兵は凶器なり、之を義に用ふれば武の徳となり、之を不義に用ふれば武の暴となる。
第八条　師表に対しては、尤も当に敬意を尽すべし、其の教を奉じ其の命に遵ひ以て規律節制の習を養ふべし。
第九条　忠孝は皇国の精華にして、治に居て乱を忘れざるは古人の訓なり、剣道を講究する者は右の条々を遵奉し以て国華を発揮すべし。

「軍国主義になってはいかんが、もう少しけじめのついたものが……。鉄槌の必要があります」

範士の、言葉少なに、淡々と語られる内には、今の社会情勢、とくに若者の甘えを憂えておられる心情が伺えるのであった。

虚心坦懐

剣道範士　大谷　一雄　先生

〈大谷範士の略歴〉

明治35年9月8日、富山県東砺波郡井波町に生れる。

大正4年、富山県立伊波中学校へ入学、藤井鶴太郎先生に手ほどきを受ける。大正10年、金沢第四高等学校に入り、古賀恒吉先生に師事し、大正11年、12年と全国高専剣道大会で優勝する。大正14年、京都帝国大学に入学、内藤高治先生に指導を受ける。在学中、東大、京大両剣道部合同の満州、朝鮮武者修行に参加。

また、都道府県大会、国体にも1回ずつ出場。ハワイ移民百年祭には使節団の一員として渡航する。

昭和27年、全剣連結成と同時に副会長となり、剣道の普及発展に尽す。

トナミ運輸K.K顧問、大阪府剣道連盟会長、住友化学工業K・K社長、日本エクスランK・K会長、中央労働災害防止協会副会長、国民政治協会理事・大阪支部長などをつとめる。

昭和38年剣道八段、同40年剣道範士。

大阪府吹田市藤白台の閑静な住宅街に、大谷範士のご自宅がある。範士をお訪ねすると、和服姿の範士が記者を迎えて下さり、明るい応接間に通された。右足が不自由で、杖をつかれて歩いておられるが、がっしりとした体軀、端正な姿は、剣道で鍛えた美しさを感じさせた。

中学から剣道を

範士は富山県東砺波郡井波町に生れた。そして土地の小学校から砺波中学に進んだ。砺波は、井波から北へ一里半余のところだった。

「砺波中学までは一里半以上ありました。それを歩いて通っていた。後に二年ほど経って汽車が出来たので、汽車に乗って通った。

冬になると、富山は雪が深い。汽車もストップすることがある。雪道を歩いて行けないので、学校のある鷹栖村の、百姓の有力者のお宅に下宿させてもらう。学校に寄宿舎もありました。寄宿舎にも一年ほどおりました。

剣道は、中学に入った年から始めた。当時は、正課として柔道か剣道、どちらかを選ぶ。偶然に剣道に入った。そして三年のときから選手になった。

先生は藤井鶴太郎先生であった。これは武専を出た人で、実に立派な顔をした人であり、美術家で、非常に巧者で技の多い人でした。

可愛がっていただきましたが、四年のときに学校を去られました。金沢の武徳殿の先生になられ、警察とか、そういうところも教えておられた。

先生は巧者で、打ち込み、切り返しはあまりやられなかった。天才的な人でした。その後は、戸山学校を出た近藤という先生が一、二年おられた。卒業した後は母校出身の高畑秀松という先生がこられた。

私は卒業して金沢の高等学校に行ったが、こちらの方が強くなって、先生を敲《たた》いていたものだ。先生の家が米屋で鷹栖村から歩くと十分ぐらい、なかなか豪放な人であった」

範士は中学五年生になると、剣道部のキャプテンになった。

「二つ試合がありました。金沢の四高が石川県、富山県、福井県の中学校を集めて、年に一回定期戦をした。又、富山県だけで、中学校、商業学校、工業学校の試合がありました。

今富山県に臼井久雄という範士八段がおります。この人は、私より一つ年上。三回試合したことがある。一勝一敗一引分だったのを覚えている。熱心で、私らより早く段位、称号をもらった。

中学は質実剛健をモットーとした学校であった。だいたい田舎の学校で、そう金持おらんから、卒業生は授業料とか、金のかからん陸軍士官学校に、又医者になる人も多かった。

それから師範の二部というのがあった。そこへも行った。金持ちが少なかったからそういうところへ行った。

陸軍士官学校出の大将も出た。海軍でも有名な人がおる。私学は早稲田に行った人が多い。

早稲田というのは、何か知らんが人気があった。その頃は官立がどうの、私立がどうのとあまりシビアーに考えておらなかった。

中学は、質実剛健の気風で、柔道、剣道が盛んだった。柔道には渡辺さんという先生がおった。それが顔もいいし、豪放で、よう生徒を可愛がられ、そのため柔道も盛んだった。

柔道と剣道が、富山県では覇をとなえていた。今でもそうです。強い中に入っている。

富山県の人は、雪が降っても、北の国はこんなもんやと思っておるわけだ。そんなにびっくりせんのです。

勿論、寒稽古がありました。藁《わら》で作った靴をはいての往復です。

私の入る前に出来た道場があった。本当の武道館で、剣道と柔道をそこでやった。

それを作るのに、質実剛健、尚武の精神で、皆自分で作らなければいかん、というて、教科書を一カ所から買って、いくらかコミッションを貰い、散髪は自分でやってその金を貯め、自分等の力で作ったものとか。とにかく今なら考えられぬことです。

第四高等学校へ

範士は砺波中学で剣道を始め、卒業するときはキャプテンまでして、剣道と勉強にはげんだ。

そして大正十年、金沢の第四高等学校に入学した。四高は剣道では伝統があり、あの無声堂道場で、剣道で青春を燃焼させるのであった。

「私は親戚がありまして、そこから通いました。四高のときは、お前柔道部入れ、剣道部入れと勧誘がありましたが、剣道は、中学時代キャプテンしておりましたから、私は剣道部に入りました。

四高には溝口という校長がおられた。この人は四高から五高の校長になり、五高から六高の校長になられた有名な先生である。

そして自らも毎日柔道をやった。校長が自ら道場に来てやるんだから、皆尊敬しておった。

柔道部からは偉い人が出た。剣道部より柔道部が目立った学校生活でした。

柔道部の人にはたくさんエピソードがある。川へゴロツキを投げ飛ばしたとか。それを警察がつかまえる。校長とか学生監が行って、貰い下げてくるなど。

剣道はそんなことはなかった。無声堂の稽古は、古賀恒吉、その前は堀正平先生です。

堀先生は、二年ほど前に古賀先生と交替された。その前は、無刀流の先生がいた。無刀流で高等学校は短い竹刀を使っていた。錚々たる先生がおられたとか。

大正十年に入学し、剣道部に入り、剣道の選手となった。

昔は七月に入学したものだけど、我々のときは四月の入学。高専大会も変りましてね、夏になっていた。七月だった。

京都大学主催の高専大会です。
私が入る前（大正九年）の年に四高が優勝をした。私らは優勝旗持って大会に臨んだ。だがそのとき決勝戦で負けた。私が六人を抜いた。先鋒から三番目に出た。私の次が（四番目）藤好という人で、それが私の前のキャプテンです。この人がまた抜いて大将まで行った。ところが六高の平松君という人に切られた。それで優勝を逃がした」

範士は、四高の選手として出場し、六人抜きをしたが、この年は優勝を逸している。そのときの相手が六高であった。

そのときの試合の結果は次のようなものであった。

◎六高　四高

審判　内藤先生　佐々先生

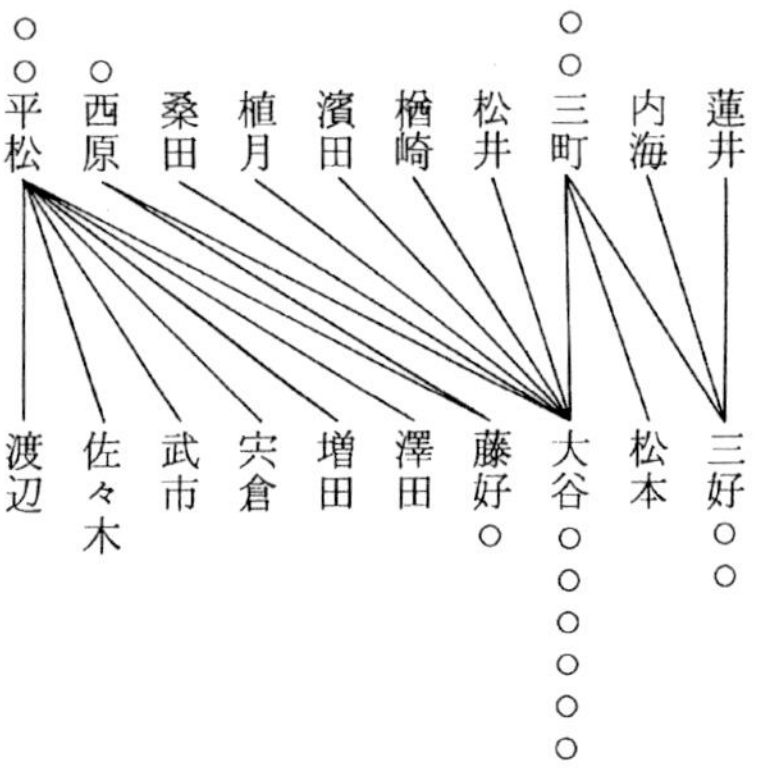

試合のことを昨日のことのように生々しく語る範士は、試合巧者だった。

「私は確かにうまかった。パッと打っていったやつを、受けといてパクンと打つ。後の先である。姿勢もいいし、無駄打ちもしなかったが、四高の三将に武市という人がおった。学生剣道界で有名だった、素直な剣道しておった。

これが打った。一本一本の勝負の時、最後に胴を打って優勝決まったと思った。裏審判が、『ただいまの胴は下がりました』という。内藤先生がおられて、もう一本ということで負けた。

ああいうこと、胴なんか下がったって、気魄とチャンスでとってもいいんだ。それを下がったというんだ。そういうこともありましてね。六高の平松君に負けた。この平松君はもう亡くなったが、立派でした」

全国高専大会優勝

優勝を逃がした四高は、雪辱を果たさんと、前にも増して稽古を積むのだった。

範士も若き血をたぎらせて、稽古にはげんだ。

「四高の古賀先生は立派な先生でした。どちらかといえば、技というものを合理的に考えた人である。打つチャンスとか、無駄のないように、そういうことを教えられた人である。これは確かに偉かった。ちょっと他の先生にいわせると、技が軽いという。それほど、試合が上手であった。古賀先生は、絵をよく描かれる。普通の人ではない。いつも和服に袴の姿が多かった」

大正十一年、範士が二年のときだった。東京からコーチとして高野弘正、和田晋の両先生が見えた。

「高野弘正（甲子雄）さんは天才だね。構えておいて、パッと小手打って、面、パッと横面に変るとか。それは何とうまい先生だろうと思った。

和田先生はね、立派な人だった。人間の心をつかむことがうまく、また先生は科学的に教えた。

例えば、鍔ぜりでこう押すと、必ず反動でこうくる、それを身体を開いて胴を打てとか。こういうような指導をした。それから年は余り違わないので呑んだわけで、それで両先生に長い間、今日にいたるまでご親交をかたじけのうしております。

もう一度いえば和田先生は神様みたいな人であった。高野先生は天才である。天才すぎて……。

高専大会の優勝戦で負けたあと、二年のときに来られた。そのとき、和田先生と甲子雄さんのお陰で皆うまくなった。そして優勝した。そのあとの年、石田一郎さんがコーチとして来られた。我々は高等師範にはご厄介になった。

私が三年のときは、抜き勝負で、とにかく上の四人は一回も出ず、下から六人目が一度か二度出ている。それから四人か五人かで皆切っておる。そのレコードは未だ破られていない。

私は大将だったが、作戦上、名鉄の土川君が大将で、それから六人目が堀（五十二）君」

さて敗けた翌年の大正十一年七月十七日―七月二十一日は第十回大会。参加校十七校。優勝校四高。

この大会で四高は、松山高校、松江高校、三高、北大予科をくだし、優勝戦で昨年の宿敵六高と相見えることになった。

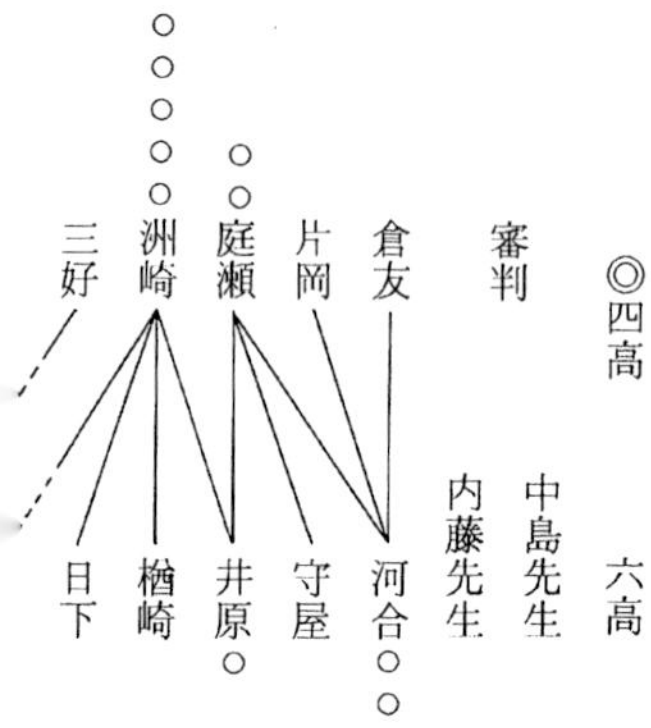

須賀　　濱田
○今井　　松井
土川　　船橋○○○
○大谷　　三町○○
○藤好　　植月○

第十一回大会は大正十二年七月十八日―二十二日。参加校二十校。優勝校四高。

――第十一回南下戦は、大正十二年七月十八日、京都大学学生集会所に於て我が大谷主将の優勝旗返還により開始された。本年度より、従来の審判不精確なるを以て、正副両審判以外に陪審をおき、三審制度となり天下に審判改革の第一歩を示す。(『無声堂』第二巻より)――

この大会、四高は三高、五高、山口高商、山口高校を降し、大阪医大予科と優勝戦になった。

◎四高　　大阪医大予科

審判　小柳先生
　　　内藤先生
　　　中島先生

○○片岡　　浅利
○○春木　　藤井
○本多　　末廣○
○○上田　　永谷
○庭瀬
○堀　　弓場○

洲崎	奥○
三好	有延
今井	辻本
大谷	石川
土川	園田○

——戦わん哉勝たん哉！　大谷主将の捧持する紫紺の優勝旗を中心にして声高らかに京洛の地を引上げた——

当時の青春時代を懐しく想い出して語る範士の話は、現在に帰るのであった。

「土川が明治村を作って、懐しい無声堂を持って来て、毎年三月に全国の八段の試合をやる。その土川も死んだ。堀も死んだ。名簿を繰って見ると、高等学校時代、大学時代前後の人が半分以上死んでおるね。私らぼちぼち残っておる方である。非常に嬉しいのは、先輩の吉田一郎、安田幾久夫（日本軽金属）、渡辺君（三菱）そして土川君、皆範士になっておる。だから四高の黄金時代、そういわれてもいいですね。多数が高段者であり、範士になったんだから。まあ、人は称して君の時代は四高の全盛時代だという。全体としては、まあよかった方でしょう。

京都大学剣道部

金沢の四高を卒業すると、範士は京都大学法学部に入った。そして剣道部では、内藤高治先生との出会いがあった。京都大学の師範をしていた内藤高治先生のことについては、高岡謙次編『剣聖内藤高治先生』（小社刊）の中で、範士は内藤先生の思い出を次のように書いている。

——先生に道場でご稽古をお願いいたした場合、私の記憶では小技など用いられず気合で押して来られ、私が無理をして打っても、それがたとえ部所に当ったとしても、はね返されたのでした。近頃のわざに走っている剣道を思い何か反省させられるものがあります。

内藤先生の大きな眼でにらまれて、先生はこわい方だと思っておられる人があるかも知れないが、私にとっては、あとで述べるようなときでさえ、温情と理解のある方でした。

（中略）

大正十五年、東大と京大の剣道部が合併して、満鮮武者修行をいたしました。師範としては大島治喜太先生、中島寿一郎先生、先輩としては大野熊雄、並に川本弘夫。部員としては赤城宗徳、士川元夫君他錚々たる人約二十名でした。

当時元気で、油の乗っている私は、それ程こわい先生に会わず、ただ朝鮮で稽古をお願いした小野十生先生、持田盛二先生が印象的でしたが、就中持田先生にはかなりうたれましたので、そのことを内藤先生に報告すると、君は恐らく掛り稽古のような気持でお稽古をお願いしたのだろう、それでは打たれる。

大体持田先生のような立派な方には一生の中で、稽古していただく機会はめったにない。だから間合を切り、たとえ大先輩であっても、さあおいでなさいという気持で向うならそんなにうたれるものではないといわれました。大変含蓄のあるお言葉で、その後の私の修行に大に役立ちました。――

範士の時代は、大学の試合は今のように多くなかった。

「東大との懇親大会があった。（大正十年に設けられた）武専との稽古試合、そういう試合が一回。それだけです。東大戦も、勝敗はつけます。だけど京大勝ちだ、東大勝ちだというものではない。試合して、後で一杯呑む。そのことが高治先生、大島先生、そういう先生を中心に年一回ある。悠々としていた。何曜日出なければいけないということはなく、稽古は自由となっていた」

範士にとって、大学時代の忘れ得ない思い出は、両帝大満鮮武者修行である。範士の大学時代のアルバムには、武者修行のメンバー、写真が一冊になって整理されている。

大正十五年三月二十六日東京を出発し、四月二十日下関に着くまで、約三週間の旅であった。

その参加者は、東京大学が師範大島治喜太、選手石井廣次、本多静、道野鶴松、吉川穆、中井捨吉、野崎雄二、近藤昇一、赤城宗徳、斉藤香一、犀川種義。

京都大学が師範中島寿一郎、先輩大野熊雄、同川本弘夫、選手庭川辰男、富森公平、大谷一雄、土川元夫、中島健治、船橋吉太郎、佐々木徹脩の二十一名であった。

実業界と剣道

範士は、大学を卒業すると、昭和三年、住友本社に入社し、戦後三十八年には住友化学工業の社長、四十年二月には、同社の相談役、日本エクスラン工業の取締役会長と実業家の道を歩むが、その間、剣道を捨てることがなかった。

「河合君（前全日本剣道連盟会長、日本鉱業相談役、京大の後輩）も、大学時代ラグビーの外に剣道をやっていた。日本鉱業には立派な道場がありますが、住友にも道場があって、住友は無刀流を推奨した。

住友の道場には無刀流はやらんけれども、剣道をやる人は非常に多かった。又、私の行くとこ、行くとこで道場を作ってくれた。

『私が昭和三年、住友合資会社に入社した当時、程近い江戸堀一丁目に現在の住友倶楽部があり、その二階に道場があって、化学は勿論、住友各社の武道愛好者が集って稽古をしていました。（中略）

昭和十年三月、私は住友化学新居浜製造所に転勤を命ぜられました。しかし道場がなかったので別子鉱業の正門前の建物や新田の名は忘れましたが或る建物で時折稽古したものです。

昭和十二年七月支那事変勃発と共に召集、同十五年五月北支から帰ってみると新居浜製造所の正門から五十米程入った青年学校の前に大きな堂々たる道場が建っているではありませんか。勿論ここで皆さんとよく稽古しました。大勢の人々の中で、警察出身の保安の村上君など、その中心でした。

昭和二十八年、私は住友化学大阪製造所長に就任いたしました。そこの人事部長は岩井定雄君で、私より一年前に本社から転勤しておられました。同君は私が所長として赴任することを早耳にされたのか、洞察されたのか、兎に角私の着任前に保安係に剣道修練を実施するという名目で、古い木造の研究室跡を改造し道場を作られたのであります。

以上のように私は道場に恵まれましたので、所長として、また本社役員として出張した時は、必ずと言ってもいい程、行先の道場で竹刀を交え汗を流したもので、その折々の人々の顔が今もってなつかしく眼前に彷彿といたします』

これは『住友の道場の思い出』に書いたものだが、剣道の連中が私の七十のお祝をくれた。この花瓶（オランダ製）がそれである。

住友では、最高幹部の人から、皆剣道好きな人がいた」

実業界を歩みながら範士は、戦後剣道が禁止されたが、愛好の人々の熱意によって全日本剣道連盟が発足する昭和二十八年には、その発足に力を尽し、初代全剣連会長木村篤太郎氏のもと、副会長に就任し、二十年間、全剣連発展のために協力したのであった。

そして、その間、国際剣道連盟の創設の責任者としても情熱を傾けたのであった。

一方では、大阪剣道連盟の会長として、修道館を大阪城内に作って、大阪剣道界だけでなく、東京の日本武道館建設にも影響を与えた。

大阪には、剣道同好会というものがある。これは、昭和五、六年から発足している。

「これを作ったとき松本君（敏夫範士）もいた。その連中と住友に松井孝長（当時住友倉庫支配人、のち住友生命社長）という大先輩がおられ、この人は、七歳頃から武徳殿で稽古をし、三高、東大出の人で、武徳殿では宮崎茂三郎先生より先輩でしたから、宮崎先生でも、冗談であろうがへっちゃらだといわれる程の実力者であった。

私もその人に突かれて一週間ぐらい喉が痛かった。大阪中で挙げてその人が第一人者であった。

それから一高、東大出の山本五郎さんという人がいて、これが打っていってもまだまだと言う。住友倉庫の社長で、その下に松井孝長、そういう人が集って剣道同好会というのを作りましてね。月一回稽古する。

二、三回目から、お酒の〝白雪〟の小西道場の先々代がやって来た。二刀流を使う。昔は小西白雪の能舞台の見物の広場で稽古をやった。そういう時代があった。

この会の会費は一円。そして牛肉のすき焼きをやる。足らなかったら当番会社で負担する。お互いに親睦をはかり、お互いに助け合う。

会長はいない。幹事は月々変っておった。廻り持ち、上下なし、今でもそうですよ。百何十人おるかな。当分、入会お断わり。たくさんおって懇親会にもならんので、打ち切っている。

剣道私がうまくなったとすれば、七分・三分で打つことを覚えた。稽古をある程度積まなければできないが、面を打つでしょ。七分でパンと打てば、三分はまだ力が残っている。打った瞬間、七分が腹へ返ってきて、三分の力が残心として残っている。

そうすると、いつでも相手に応じられるし、攻撃に出られる。そういうことが、いつの間にか、ある人のヒントもあったんだが、覚えて強くなったように思いますがね。高等学校の三年のときから……」

最後に範士の座右銘を聞くと、

「座右銘といっても難しいもので、それ一つで全部をおおい尽すということはできない。自分の信念も、ときどき変るですよ。

心を空しゅうする、『虚心坦懐』が、全部を通じて、それも、それ程意識しておらんが……」

竹刀の小技と真剣との差、剣道の姿など、範士のお話は尽きない。静かな応接間で、範士の語る剣道を伺っていると、とてつもない大きな広がりを持ってくるのであった。

社会人として実業界にありながら、また日本剣道界に大きな足跡を残されたことに、目を見張らざるを得なかった。

正しい剣道教育を

剣道範士　井上　正孝　先生

〈井上範士の略歴〉

明治40年1月1日、福岡県甘木市大字草水に生れる。

小学校6年のとき剣道を始める。朝倉中学にすすんでから、田中、江口、石井等の先生から本格的に鍛えられる。

昭和4年東京高等師範学校入学。高野佐三郎、菅原融、森田文十郎、佐藤卯吉等の先生方に指導を受ける。昭和8年東京高師を卒業し、福岡県立筑紫中学教諭として赴任。武徳殿にて柴田万策先生に教えを受ける。また、福岡、東京にも稽古に出かける。

昭和15年大阪府武道主事。同22年福岡市体育主事。同27年大阪市主事。大阪市立医科大学学生課長。同30年大阪市教育委員会健康教育課長。同37年指導部体育課長兼大阪市立修道館長。九州では松井、柴田、江藤、小城、三角先生、東京では野間道場、妙義道場などで持田先生に教えを受ける。

剣道関係の役職は、昭和14年大阪府武徳会剣道部理事、同25年九州剣道撓競技連盟理事長、同32年全日本学校剣道連盟理事長、同43年日本武道学会常任理事、同38年全日本剣道連盟常任理事、同43年東海大学教授、全日本学校剣道連盟副会長、関東学生居合道連盟副会長などを歴任。

著書に、「剣道審判必携」「体育施設要覧（共著）」「すもう、柔道、剣道（共著）」「正眼の文化」「剣の声」などがある。また、「新剣道の理念」「剣道称号段位論」「現代剣道理念」「日本剣道形の現代的意義」「日本剣道改革論」「剣道の運動生理学的研究」などの研究論文を発表している。

剣道に関する各種の功績に対し、福岡県剣道連盟、大阪府剣道連盟、全日本剣道連盟、全日本学校剣道連盟等から功労賞、感謝状を贈られている。

昭和37年剣道八段、同41年剣道範士。

中学から剣道を

井上正孝範士は明治四十年、福岡県甘木市大字草水で生れた。

剣道は、中学に入ってから本格的に始めた。

「剣道は、小学六年からです。あの頃は、まだ道場なんかもありませんしね。そんなに子供の頃からやる時代ではなかったんです。

今は、小学校の五、六年あたりからやるし、中学になれば皆やる。

私の頃は、福岡市内には私立の道場がありまして、やっておりましたが、私のところは田舎ですから、そんなことはありませんし、だいたい中学に入ってやるというのが常識でした。

六年のときは、ただ近所でやっただけです。中学に入って正式に教わりました。

中学の先生は、入ったときは田中先生という人がおられまして、その先生が一番古かったですね。その他に江口倭男先生、石井儀一先生と三人いましたけれど、石井先生というのは東京高師の出身で、そういう先生との関係で、とくに鍛えられました」

福岡県の朝倉中学は、当時剣道のみをやっていた。そして、三人も剣道の先生がいたので実に充実していた。

「私は、だいたい陸上競技の選手だったが、剣道は試合に勝ったから、やれということで、剣道部に入ってやりましたけれども、そのとき、江口先生が、えらく可愛がってくれました。

私は剣道をそんなにやるつもりではなかったが、百点くれましてね。あの頃は、百点満点というのはなかったんです。びっくりしまして、先生が百点つけてくれるんだから、やらなければいかんと思って、それからやって、江口先生には非常に可愛がってもらいました。技術的には石井先生に教わりました。

入って一学期は、もう基本動作ばかりです。基本動作も、いまは悪いということになっているんだけれども、空間打突で、一、二、三、一、二、三と、こんなことばかりやっておった。

教育が進んでいなかったから、それが基本の教育だと、一般的に考えられておった。二学期から道具つけるでしょ。そうすると、あの固い道具つけるので、形は全然崩れちゃって、何やったかわからんようになって、もとのもくあみになって、また一からやりなおしでした。

それでも、私の方は、いい先生がいまして、基本的なことを教わりましたからよかったが、他所は、先生のいないところなどは、ただの打ち合い、たたき合いという剣道が多かった。

ちょっと離れたところに、田主丸の武徳館というのがありまして、これは有名な古い道場で、吉瀬善五郎という立派な先生が、技術ではなく、奉仕的に、子供を教育された。

恐らく、町道場なんかの、あの近所の始まりでしょうね。こういうのが、やっぱり本当の剣道の先生というんだと思います。

全部財産を投げうって、子供から金をとったりしないで、自分で道場作って、剣道教育やったんです。田主丸の吉瀬先生は古い先生で、中野宗助先生や、京都の田中知一先生など、そこで育った人は随分おります。江上後郎君などもそこで育ったのです。」

剣道と陸上と

範士は、朝倉中学を出ると、東京の高等師範学校に入学することになった。それはちょうど昭和四年のことだった。

「私は、医者になれと言われた。親父より私の叔父が、どうしても医者になれと言う。それでも、医者になるのがいやでしょうがないんです。理科系統のことが全然駄目ですからね。

だが京都へ行って、予備校に入って医者の学校にゆくつもりでおった。三高から京都大学に行けと言うんです。三高なんか一生かかっても入れるものじゃない。秀才の集まるところだから。家の方のものは、そんなことを知らんから、一年やらしたら出来るだろうと思っておったらしいんです。

もうとてもいやになったし、熊本の五高に行こうと思っていた。そのつもりでおったけれど、その当時、高等師範は十二月に試験があったんですよ。

他は皆三月に試験ですが、丁度私の中学の数学の先生が東京に出ておりましたから、先生に会おうというわけで、ついでに、どっちがついでかわからんけど、試験受けるというと、親父が金をくれて、それで行って、受けた。

高師に行こうという魂胆はなかった。偶然、そういうことになって、発表は一月にあるもんだから、もうくたびれちゃって、高師でも入ればいいと、そういうことだったんです。

私は中学時代、陸上では負けたことがなかった。今のインターハイ、東京などにはこなかったが、九州や、福岡とかで負けたことはなかった。

だから、高等師範に行くときも、陸上の体育科の方に行くか、剣道の方に行くかと、石井先生が心配してくれた。私は、どっちも行く気がないんですから、どっちでもいいですよと言った。それで、先生が剣道の方に願書を出してくれたんです。

だから、すべり出しは、誠に不純なものでした。

高等師範は、剣道は高野先生、菅原先生、森田先生、佐藤先生でした。

高師に入っても、もう全然走る気はなかった。剣道に入ったから、剣道を一所懸命やらにゃ駄目だと。ところが、私が中学時代走っておった履歴を知っていたもんだから、陸上競技の部屋にほうり込まれた。陸上競技部の部屋に入ったもんだから、それでは仕方ないから走ろうということで、走り出したんです。

走ったら勝つと思ったら、なかなか勝てませんでね。そんなら一所懸命やろうと思って、それから、朝も人が寝ているうちに走るし、晩にも走って、やっと勝てるようになった。

高等師範時代の私の精力は、剣道より、かえって陸上競技の方に費すことが多かった。私は、一年から四年まで箱根の駅伝を走りました。

あの頃、剣道部に入って、外のスポーツをやったら、剣道の先生から嫌われるので、皆かくれながらやったんです。

剣道は正課の時間にさぼらんように、一所懸命やった。

特に寒稽古だけは一日も欠かしたことがない。佐藤卯吉先生が温情のある先生で理解あることをやって下さったし、いつも温かく教育してもらったから、佐藤先生に対しても寒稽古だけはちゃんとやらなければいかんと。それはやりました。

・私たちの時代は、だいたい三段で卒業するのがあたり前だが、だんだん多くなって、私たちのときは四段と三段が半々でした。

私は、末席ながら四段で出してもらいましたが、剣道だけやって、私より評価の悪い人もおったわけです。でも私は正課の授業とか、寒稽古とか、暑中稽古とか、そういうものは絶対にさぼらなかったし、死物狂いでやりました。

剣道の教師として

昭和八年三月、範士は高等師範を卒業すると、福岡県の県立筑紫中学校の教諭として赴任することになった。

「私の剣道は、高師のときは基礎作りであって、高師を出て福岡に奉職しましたから、それが幸いでした。福岡は武の国で、非常に剣道が盛んであったので、それからやりました。

そのとき、柴田万策先生がおられまして、柴田先生は武徳殿で朝稽古をやっておられた。余り人が集まらなかったが、毎朝行って柴田先生に鍛えてもらいました。

それが、今でも非常によかったと思っています。柴田先生に鍛えてもらったことと、自分でも意欲的に稽古をやりました。やらなければ、結局福岡なんかでは、立ってゆけませんから……。

朝もそこへ行く。夕方も行くし、他県へも行って随分やりました」

範士は、福岡でやるばかりでなく、よく東京に出て行っては、野間道場に通った。

「夏は伊香保で、野間道場で稽古、これがまた非常によかった。これはもう本当に技術的にもそうだし、それから野間清治さんの教育方針をずっと見せてもらった。

少年を指導しておられるのを、なるほどこういう指導があるのかなと思って、高等師範の教育より、野間道場で教育された方が私の教育には役立ちました。実に立派な教育をしておられました。

あの頃は、東京に何かある度に、日曜でも講習にでもしょっちゅう来ましたね。

私は九州には五年しかいなかったんです。そして筑紫中学から大阪に来ました。

大阪と東京は、今のように新幹線はなかったけれども、夜行で行けば朝には着いたから、夜行で来て、持田先生にずっと指導してもらいました。

あの頃、講談社が東京では未だ本当にやっていなかったので、妙義道場で稽古をやっていました。そこにしょっちゅう行って、まるで持田先生に稽古をお願いにゆくようなものでしたが……。

あの時代は、妙義道場へ行けば、東京中の先生が全部集まりましたから……。だから、そこだけ行けば、全部の先生にお願いできた」

福岡から大阪に移った範士は、東京の野間道場によく通った。福岡と大阪時代に、剣道を一番激しくやったという。

「九州時代は、松井先生、柴田先生、江藤先生、小城先生、三角先生方がおられて、鍛えてもらいました。

ちょうど、私が九州へ行ったときに、福岡で、免許状がなければ先生はできないという制度ができた。

だから、古い先生や、警察官であるとか、兵隊であるとか、剣道だけ強い先生はおられたが、それらの先生は全部クビになって、新しい先生が採用された。免許状を持たなければ駄目だという理由です。それだから、私も福岡に行ったが、そのときは国士館の先生が、ずらっと入って来ました。

殆ど、若い人が中学の先生をやりましたから、非常に活気のあるものになりました。

こうして昭和八年には、国士館、武専の若い先生方が沢山入りましたので、福岡の一大改革ができたわけです」

範士が大阪へ赴任したのは、昭和十三年十二月のことであった。

「福岡から大阪へ来ましたが、その後の私の人生は殆どが大阪でした。

昭和十三年に大阪の北野中学に来ましたが、それから、ずっと大阪でしたから……。

北野中学というのは、私はよく知らないし、福岡にいるから行かないと言ったが、大阪の一中で大阪一の名門校だったんです。

行ってみたら、生徒が優秀でびっくりしましたが、入ったときには剣道は下手くそでした。

一年たって、二年目で全部あの近所を席捲しました。優勝旗六本とったのかな。これには驚いた。

筑紫中学は、命懸けでやったが、外の学校が強くてなかなかとれなくて、私が出た翌年にとれました。北野中学には三年しかいなかった。あの頃、戦争前で、武道を盛んにしなければいかんというので、剣道、柔道、薙刀、銃剣術などを盛んにやり、大阪府に初めて武道主事というのができ、初代の武道主事になれというので北野中学から大阪府庁に入った。

それで剣道の専門家というより、剣道行政の方で、そっちがずっと多かった。剣道は勿論やりましたが……。

大阪では、北野中学におりますときに、もうなくなりましたが、阪急百貨店の前に朝日新聞の道場がありました。今は跡形もないが、そこで朝稽古をやりました。大阪のいい先生が来ました。それから夕方は、天王寺の武徳殿に行きました。

大阪は、重岡、酒匂、六反田、池田という武専のいい先生がおりましたし、皆で若いのが稽古をやりましたから、非常に稽古になりました。

府庁におるときに、十九年に召集うけまして、兵隊に行ったが、二十年に終戦。それから帰って来て、府庁に戻ったが、剣道も銃剣術もできなくて、ぷらぷらやっている時代でしたが、それでは心がとがめますから、家（福岡）も早く帰らんと不在地主で、とられてしまうというので、帰って、村の助役になれというわけで、いったん帰った。

帰ったけれども、もう田はとられるし、やることもないもんだから、丁度、福岡で第三回国民体育大会があり、出てこいというので、福岡の体育主事になった。

だから、剣道の専門家としてやる時代はわずかで、どちらかというと体育の行政をやっておった。

福岡で、国体が終って、しばらくおりましたが、大阪医科大学の学生課長にこないかというようなわけで、また大阪に帰って来た。

市の体育課長や、修道館の館長をやって、殆ど大阪で生活した。

修道館は、私が大阪の体育課長のときに出来て、館長になって、五年ばかりやった。それから東海大学の方に、昭和四十三年に来ました」

持田範士の指導

大阪時代は、範士にとっても、もっとも剣道をやったときであった。とくに東京の持田範士に教えを乞うためによく稽古に出て行った。

「持田先生に指導を受けました。持田先生は大きかった。いろいろな面で。

教育的に一番教わったのは、野間さんの教育方針です。本当に徹底した、いい教育だと見ながら思った。

それから、剣道として、本当にいいと思ったのは持田先生。立派だったし、それで我々年輩層では、野間寅雄さん。これは稽古っぷりもいいし、内容もいいし、私は伊香保道場では、いろいろなことを教わった。

持田先生というのは、段違いですから……。先生は決して人の前では何もおっしゃらない。聞いても言わない。私はわざわざ大阪から東京まで出てきているでしょ。何か持田先生に教えをいただこうと来る。だが何もおっしゃって下さらない。

中野君（八十二。範士九段）が、「お前、親父にあんなこと聞いても何も言わんぞ。人のおらんところで聞けと」

そこで人のおらんところで聞いたら、これはちゃんと持っておられる。井上は、ここが悪い、ここをこうやったらいい、とちゃんと持っているけれど、先生は自分からはおっしゃらない。

誰もおらんところで聞くと、さっと出てくる。その教え方も、ここが悪い、あすこが悪いと指摘するんではなく、先ず、立派ですよ。ただこれをこういうふうにやったら、もっとよくなるでしょう。そういう指導です。

やっぱり、今になってみると、なるほどと思う。私どもは悪いところを教える。短所を指摘して、そこが悪い、ここが悪いという。悪いところを言われると、先生の言うことは何でも聞くけれど、それより、いいところを賞めてもらった方が、指導される方には張り合いがある。

それを持田先生は教育され、偉い教育者だったなと……。剣道も立派だったけれど、指導者としても素晴らしい人だったと、何時も感じてました。

いいものを引き出す指導が大事であるが、剣道の先生はそうではない。今でも悪いところだけを指摘する。打ったときに手が悪い、足が悪いと言われるが、それには根本理由がある。その根本を教えてやるのが指導だけれども、そうでなく現象だけ言う。

ことに大学などでは、先輩が皆言う。言う人間が皆違うでしょう。どうやっていいか、分からなくなる。高等学校のいい選手がつぶれることがたくさんある。今は、もう剣道でも、短所を指摘するんでなしに、長所を伸ばさなければならない。

こういう教育にはなっていますが、剣道もそういう方向にはむいているが、やっぱり昔の教育が残っているから、どうしても悪いところを言うんですね」

剣道教育

範士は、教育者らしく、剣道の指導の仕方から、現在の剣道のことに話が発展してゆく。

「人によって、考え方は違うでしょうが、今非常に剣道が盛んになったということをおっしゃるが、層の薄い、奥行きのない稽古が多いのです。

昔はもっと、掘り下げてやっておった。研究的に。今は人口が増えたと言っているけれど、剣道の深みがない。

武徳会の試合は、姿勢、態度が一点、気魄が一点、ポイントが一点。だから勝負で勝っても、姿勢、態度が悪いという と負けになる。

それは、剣道の総合的な実力を見たわけです。今はそうではない。どういう恰好であっても、パッとポイントに当てれ ば勝ちというポイント式の採点法になっている。ポイントとった方が勝ちだ。勝ったものが剣道は立派だということに なってくから、だんだん剣道が偏向してしまっている。

さっきいった、奥行きがないとか、深みがないとかいうことは、そういうことで、もっと大事なことは、剣道のやり方 とか、道とか、正しさとかを教えるのが剣道の本当の教育です。昔はそういう教育がなされていた。

今は、それが、ポイントかせぎの、勝てばいいんだというようなやり方だから、それは、我々の時代と現代の剣道教育 の大きな違いだと思う。

やっぱり、昔のように、道を教えてもらわなければ。正しく教えてもらわなければいけない。そういうことを剣道に よって学んだことが、今度は社会に適用されなければいけない。

今子供だって、学校で暴力沙汰をやっているでしょ。これはやっぱり教育ですよ。先生の責任だ。

私どもが中学生のときは、英語の先生であっても、数学の先生であっても、皆悪いことは指摘しました。

廊下で走ったら、走ってはいかんではないかと、全部の先生方が総力をあげて、いたるところで教育をやったものです。 ところが、今はそれをやらないでしょ。

何か言うと、あぶないから避けている。他の先生はそうであっても、剣道の先生は今そういうことをやってもらわなけ ればいけないと思う。

武道の授業は、そこから始めないと、剣道の存在価値はないと思う。

高いものをかぶって、道場の中でやるんだが、真裸で、青空の下でやれるスポーツは外にいくらでもある。そういう他のスポーツでやれないものを求めようというのが、剣道教育でしょう。それなら、やっぱり剣道教育というものは、そこに重点をおいて、そこを思考してやらないと、本当の剣道教育にはならないと思う。

昔の剣道教育と違って、今の剣道教育というのは教育でなしに、技術指導だから、そこを直していかなければならない。そうすると、剣道はもっと立派になるし、今打ち方がどんなに上手になっても、それは人生に何のプラスにもなりはしない。

正しい打ち方、正しい心の持ち方を教えることが、そのまま人生に繋がってゆかなければならない。そこが、今は間違っているのではないかと思う。

野間先生なんかでも、道場に来たら、四時間も五時間もきっちり座って、身動きもしなかったですからね。ずっと見ておって、そして後で、その人の長所、欠点は稽古に現われますから、それを全部見ておって、後で少年に、お前はこうだと指導されたそうですが、そこまでいったら本当の剣道教育でしょうね。

今は、どんな恰好したって、勝てばいいし、一本とって、『何で逃げて一本勝ちしないんだ』などと卑怯なことを教えているでしょう」

範士は熱っぽく剣道修行についての考え方を語るのだった。

「修行と言ったって、殆ど技をやることが修行だと思っている。剣道修行といったって、何時間稽古したとか、何年間素振りやったとか。ところが、それは技術であって、もう一つ根本の精神の修行がなければ駄目です。だから昔の人が書いている本なんか見ると、精神から入ったわけでしょ。

心の修行から入った。道場に入門しても、風呂炊き三年、水くみ三年だとか、そういう下男がするような事をやって、心の修行が済んでから技術を教えた。

そういうものが混然一体となったものが、剣道修行だけれど、一般に修行と言ったら、お面、お小手、一時間、二時間なら二時間、道場でやることが修行だと思っている。

そうでなしに、天狗芸術論に書いてあるように、天地万物すべてのものを打太刀にして修行しなければ、本当の修行はできないというくらいで、道場以外のところに、たくさんの修行がある。それをやってゆくのが本当の修行でしょうね。

剣道では、正しいことをやる、勇気のあることをやる、……いろんな徳目があるわけだから、そういうものを剣道でやって、それが実生活に展開していかなければいけないが、今はそれがない。

道場と社会が絶縁されたら、剣道はやっても、やらんでも同じである。道場でいろいろなことを教わる。それを社会で実現する。自分の生活の中に生かしてゆく。

そういう修行のやり方を教えてもらわなければいけないでしょうね」

範士は、自ら体得し、剣道で得たモットーはこれしかないと。

「私は、剣道というのは、『正』これだと思っています。剣道を、ずっとせんじつめてきたら、これは『正』の一字につきると思います。心を正し、身を正し、行いを正し、社会を正す。私は剣道の究極はこれだと思っている」

範士の熱のこもったお話には、どこまでも正しいことをつらぬかれる強い意志と決意が感じられた。

勝って打つ

剣道範士　菅原恵三郎　先生

〈菅原範士の略歴〉

明治44年7月11日、秋田県雄勝郡羽後町に生れる。

小学生の頃から剣道を始め、大正15年、東京神田の高野佐三郎範士の明信館修道学院に入塾し、内弟子として高野弘正範士に師事。第一東京市立中学校（現九段高校）在学中も弘正先生の指導を受ける。

昭和6年満州に渡り、大連市満鉄道場にて高野茂義範士（満鉄主席師範）に師事する。昭和8年、剣道精錬証を授与。

昭和9年皇太子殿下御降誕奉祝全国天覧武道大会に関東州代表選士として出場。同年12月、関東州庁立大連第一中学校武道教師就任。昭和14年、南満州鉄道株式会社武道教師に就任（吉林鉄道局在勤）。

昭和17年8月、新京市における日満対抗親善剣道大会に満州代表選手の一員として出場。同年12月剣道達士を授与。

終戦により、昭和21年出身地の羽後町に引き揚げ、柴田林業合資会社に就職。昭和30年1月北海道警察剣道師範となり、北海道警察学校普通部教授に就任。

昭和30年第3回全日本剣道選手権大会に出場。全日本東西対抗剣道大会に9回出場（主将として3回）し、第5回大会の選抜優勝試合に優勝。また、昭和33年全日本剣道指定選手優勝大会に出場。昭和35年全日本剣道八・七段指定選手優勝大会に出場。

昭和43年明治百年記念全国剣道大会に出場。昭和44年10月全剣連派遣の剣道使節として中華民国を訪問。昭和50年日本武道館師範（武道学園教授）に就任。

北海道剣道連盟参与・審議員、札幌剣道連盟名誉会員、北海道警察名誉師範、札幌大学師範などをつとめる。

昭和37年剣道八段、同41年剣道範士。

修道学院の内弟子に

範士は明治四十四年、秋田県雄勝郡羽後町で生れた。

範士の剣道は少年時代から始まった。

「剣道は小学校に入る前からやっている。親父が変りものだったんですね。変りもので、そういうものが好きだった。警察も近かったし、懇意な人もおったし、警察でよくやった。面白いことに、当時二銭銅貨があって、稽古に行ってくると、それを一つ貰えるんだ。小学校に入ると、小学校にもやる先生がいた。小学校六年のとき、根本正行という人で、秋田師範を出て、小学校に赴任して来た。剣道で名を売った人です。

当時、秋田県あたりでは、試合では一流ではなかったか。

その人が小学校を辞めて、早稲田に行った。早稲田を出て、常盤炭田に就職された。そういう人から指導をいただいたことがありますよ。

切り返しを長くやりましたよ。警察と小学校に入ってからも、二年ぐらいやったんではないでしょうか……」

父のすすめで始めた剣道だったが、高等科を卒業するまでは田舎で剣道をしていた。

そして高等科を出ると、父の知人の紹介で、東京の修道学院に入門することになった。

「地主で、大資産家で、柴田果という人がいて、その人が何でもやる人でね。この人が高野佐三郎先生と非常に懇意だった。

柴田果先生の添書を持って、東京に出かけて来た。大正十五年、修道学院の内弟子で入った。

その時分、高野先生の道場は今川小路にあった。当時の道場を知っている人は内弟子ではおりません。私が一番古いでしょ。

鶴海さん（岩夫範士九段。元警視庁剣道主席師範）は私より、ちょっと後ですよ」

単身、東京に出て来て、高野佐三郎範士の修道学院の内弟子として剣道に打ち込むようになった範士は、その時、わずか十四歳であった。

「今の中二ですか、十四歳のときに入門した。親も六年卒では出せなかったんでしょう。東京に親戚のものがおりましてね。来るときは、上野まで出てもらって、迎えてもらって、道場に連れていってもらって……。

大先生（高野佐三郎先生）は浦和に家を建て、高等師範の教授だったから、浦和から通っておった。今川小路の方は、弘正先生（高野佐三郎範士の子息）が責任をもってやっていた。私など、弘正先生の稽古です。大先生などは、生涯を通じて、十五回もお願いしたでしょうか。

道場は最初、九段にあった。浦和にあった明信館を今川小路に持ってきた。そして昭和三、四年に一橋に移った。中二階があり、三間ぐらいあった。下が道場で、道場を中心として、先生の部屋、書斎みたいなものがあり、炊事場、風呂場などもあった。

道場そのものは、五間に三間半、周りが高くなっていた。二、三歩下がったら、もうだめです。今のような、自由、気ままな、あっち行ったり、こっち行ったりすることは出来ないですよ。
二、三歩下がったら、ひっかかってしまう。周りは、薄べりが敷いてあって、そこは外から来た人がたが、着替えをするところだった。あるいは見学するところであった。控室、更衣室兼見学所、一方に師範席があり、三方はそうなっていた」
修道学院は、今川小路から、後に救世軍の裏手の通りの一橋に移っている。当時の剣道界にあって、高い地位を占めていた高野佐三郎範士の道場である修道学院は、隆盛を極めていた。

「その時代の内弟子では、私の他に鶴海さん、乳井さん、黒崎さん。黒崎さんはその時代の中心だった。大沢竜さん、入ったときは先輩でいた。だけど、ああいうところは、年が若くても先に来たものが先輩ですから、そういう意味では鶴海さんなんか私の後輩です。私は春で、あの人は秋、岡山から出て来たのを知っています。

寝泊りは二階です。部屋が六畳二つ、十畳一つぐらいあった。そこに七、八人おった。外弟子の一番右翼は、小川忠太郎先生（範士九段。東京）、佐藤貞雄先生（範士九段。東京）、それから堀口清先生（範士九段。東京）も、ちょくちょくいらしたことがありますね。

それから、名古屋の三橋さん（秀三。範士八段。愛知）。高等師範の一年生でした。ロンちゃん、ロンちゃんと言ったものです。ロングですね。

早稲田の玉利さん（嘉章。範士九段。東京）は、早稲田の高等学院の学生だった。

一般の人では、清水保次郎さん（範士八段。東京）。あの人は通いだったが古い人です。京都では奥山麟之助さん（範士八段）。あの人は修道学院でやった人です。

私は、弘正先生が九段高校に行っておったから、よし俺の学校に入れてやるというわけで、無試験のような形で九段高校に入った。だから九段高校卒業ですよ。

当時の市立一中であった。二中が上野にあった。

朝は、一番下っ端だし、とにかく一番早く起きて雑巾掛けですね。朝は形を良くやらされたですね。

稽古をやることもありました。私らが良く教わったのは、小野派の形ね。これは覚え切れなかったし、先輩でもあまり自信のある人なかった。五行の形、あれは良くやらされたですよ。

ご飯食べて、学校に行かなければならんでしょ。三時か三時半頃学校から帰って来たら、五時頃から稽古が始まる。

子供の稽古やっているうちに、だんだん人が集まって来るし、稽古が始まるのは七時頃だったですね。七時から八時過ぎまでやったですね。

一日の稽古終って、ご飯食べたらもう九時過ぎておったですね。だから、学校から帰って来たら、お炊事の手伝い、洗濯とか、先輩の連中のふんどしまで洗ってね。

八百屋に行って野菜買って来たり、黒さん（黒崎氏）がそういう方面の係をやっていたので。

稽古終ったら、よく酒買いやったですわ。泉屋さんという酒屋さんがありましてね。二百メートルぐらい離れておったかな。よく酒屋に走ったものですよ。

そういうところで育ったんだが、私は酒は駄目です。呑めなかった。そういう体質ですね。今でも呑まない。他のことは、人並みのことやってきましたが……」

当時の稽古について、範士は語る。

「とにかく、一般的な傾向としては、今は試合やって勝てばと……。秋になると、あちこちで試合があったものです。そういう試合に出て、勝った負けたというのが大事だった。とにかく、ぶん投げて、突き上げてという、そういう雰囲気だった。

私らは、苦しくて涙が出てくるのではなくてね、くやしくてどうにもならんでしょ、こねまわされちゃうから。くやしくて涙をこぼしてやったものですね。黒さんには随分やられました。

修道学院では、冬休みになると講習会を開いた。当時は、今のように段制度というものが確立されていませんでしたから、高野先生の段、中山先生の段と、名のある先生が自分の名前で出す。

講習会を兼ねて、地方から勉強に来る人がたのために講習会を開いた。夏休みもやりました。年二回行事になっていた。狭い道場でしたが、百人前後だったですね。京都の朝稽古以上です。ごたごたでした。一週間続いた。そういうものが、寒稽古、暑中稽古の代替えといいますか、そういうことでもあったろうし……。

それから高野先生、あちこち行っておられたでしょう。あそこの学校、ここの学校、あすこのクラブ、あすこの剣道会ということで、あちこちに高野先生の担当しているものがあったですから、お弟子さん達は、そういうところに出稽古です。

稽古は鍊る稽古。剣先ゆるめていたら、やられてしまう。剣先きかせて相手を追い込む稽古になってしまう。誰とやるにも、剣先をゆるめないで突き上げて、ど突き上げてしまう、というような稽古が多かったですね。今のような基本はやらなかった。始めから切り返しですわ。だから、切り返しというのは、合理的なものですね」

範士の師は高野弘正師範であった。

「今のような集団でやっているような稽古はやらない。町道場は、そんなことやらない。始めから、かかる稽古です。塾頭なんて人もおりました。大村隆先生なんか強かった。師範代でしょうな。黒崎さんは修道学院の経済関係、その他一切の道場経営のことを任されていたようですね。

しかし強かった。黒崎さんという人は、日支事変が始まってから、上海戦線で戦死しました。六尺近かった。新潟の出身で、色も黒かったけれども、黒さん、黒さんと言った。大きな身体でね。

稽古が柔らかくて、どういう技でも出来る人だった。

弘正先生という人は、天才の中の天才だったでしょうね。何と言いますか、いい姿といいますかね。

京都あたりの大会に来ると、また一段と光って見えるんだな。

気品があって、お父さん以上だという人がいます。

私なんか、殆んどあの人に育ててもらった。

一橋に行ってから、私の後に続いては奥山直文さん（教士八段。千葉）がいます。あの人が私の次ですね。二、三年違います。

その次は佐土原勇さん（範士八段。東京）。その後の人がたはもう一緒にいたことはありません。

滝沢さん（光三。範士八段。神奈川）でもそうです。秋田の内山さん（真。範士八段）、その後あたりが神奈川の菊池さん（伝。範士八段）、高野さん（武。範士八段）ね。私らと同じ釜の飯は食わない。うんと古い人では、千葉に福岡明先生（範士八段）がいる。あの人は、九段の中坂時代の人ですね。私らが行った頃は、千葉で先生をやっておられて、一週間に一ぺんか二へん稽古に来ましたね」

茂義先生に師事

範士は昭和元年（大正十五年）修道学院に内弟子として入門し、高野弘正先生や秀れた先輩たちから育てられ、昭和六年満州に渡るのであった。

「丸六年三カ月おりまして、満州に行きました。

というのはね、昭和五年かな、茂義先生（高野佐三郎範士の養子）のご三男で、高野三郎という人がおった。私より一つか二つ上ですがね。

その人が高野系の人ですから、東京へ来て道場におったんです。下宿みたいなかたちで、専門家ではないです。

歯医者さんになった人です。日大の歯科に入った。ちょうど年が同じ頃だし、お前たち二人で寝た方がいいだろうというので、同じ部屋でね。寝食を共にした仲なんです。

そんな関係で、恵ちゃん、親父が見どころがあるというから、親父んところに行かんかと言う。

そんなことで、昭和六年に、六月かな、上の学校やめて、お願いしようということで、茂義先生のところに送り込まれた。そういう関係です。

茂義先生は、年に一回は東京に寄られた。京都大会に出て来て、始めに寄られて京都に出られるか、終ってから東京に寄って帰られるかどちらかで、必ず東京に寄られた。

その時に、小さい、こまちゃくれたのがおって、記憶にあったんでしょ。三男が東京へ来て、おやじがこんなことを言っておったと。感激しちゃってね」

満州に渡った範士は、高野茂義範士を師としてさらに剣道に打ち込むのであった。

「大連には満鉄本社があって、先生がご指導される大連道場があった。そこが稽古の中心で、高野先生が師範で、副師範が波多江知路先生。この人は強い人だった。

小島主先生（範士九段。長崎）は、高野先生と同じように、この先生のご指導を受けているんですね。こういう二人の先生がおられた。

行って、遊んでおってもしょうがないので、満鉄の御用新聞で満州日日新聞というのがあった。その事業部に勤務したことがありますね。そこに就職させてもらった。満鉄のすぐ前ですからね。道場が近かったから、五時になると、サーッと行って、先生の助手みたいなもので、毎日やっていた。道場は満州の剣道界で、満鉄が中心でした。阿部さん（三郎。範士八段。東京）など、満鉄におったんですよ。阿部さんが来たのが昭和十二年。あの人は福島県の相馬出身ですから、そこから満鉄に入った。試合はうまかったですね。

私ら稽古台になってね。なかなか思い出があるんではないかな」

範士は師茂義先生について、懐しそうに語るのだった。

「丈は百七十を越していた。三十貫（約百十二キロ）近くあったが、それが、微妙に動く稽古だったですね。強かった。大木にぶつかっているのと同じですわ。

上段の名手だったですね。私も随分上段をとらせられました。お陰で、今でも上段やる場合もありますけれども……。剣豪というのは、あのような人でしょうね。そういう面では、お父さんの佐三郎先生とは感じの違った……。ちょっと見たところ、近寄りがたい感じのね。大きな岩でも、どんとおいたような。そして、軽快なんですから。空々しく聞こえるかも知れませんが、相上段でやっているでしょ。わかっているのにパーンとやられちゃうんだから。

またその打ちが、もう道場が割れるような、きれいな音がパーンと……。ああいう音が出るような打ち方というのはとてもね。

私も、上段を随分やりましたがね。手の内もありますが、精神的なものでしょうね。

精神的に相手を殺しておいて……。こういうことも難しい言葉でなく、冗談の好きな人で、『菅原君、勝って打たなければ駄目だよ』と、よく言われた。

『そんな、ぶった切るような打ち方をしなくてもいいだろうがな、菅原君』と。

私が、まだ大連に行く前ですが、京都大会の前に、東京に寄られたとき、道場に来たですね。

それから、弘正先生とね、おやりになった。めったにやることなかったですがね。初めて、稽古をやられたのを拝見しましたよ。

弘正先生、どうにもならんな。一橋の道場は、今川小路の道場に比べて大きかったが、一番こっちに立って、弘正先生やるわけですね。

そしたら、じりじり、じりじり押されて、ここまで（道場の端から端まで）来ちゃった。だけど、説明のしようがないですね。本当にばたばた、ばたばたしないですわ。

子供心ながら、へーと見ていた。

佐三郎先生とは、大連に行ってから、満州剣友会という組織があった。これはもう、満鉄の剣道部を主体として、在満邦人の剣道の愛好者が入って、その会長さんは満鉄のしかるべき立場の立派な人だった。

私が行ってから、二、三年してからですけれども、毎年内地の有力な県から、選手を三十人ぐらい招待したんですよ。それが、一番初めに実施されたのが昭和八年。高野先生の関係もあって、埼玉が一番早かった。

そのときに、高野先生（佐三郎）が総監督だろうな、先頭になって来られた。折角おいでになったんだし、こういうことは将来、恐らくないだろうから、ここで一つ佐三郎先生、茂義先生の稽古をやってもらったらどうだろうか、というような話が具体化して、大連の満鉄道場で、試合前にやられた。

私らは、どっちがいいとか、悪いとかは言えないが、やっぱり人の話によると、お父さんの方が、ちょっと分があったんではないかというのが、多いようですね。

茂義先生、親父にかかったら、ああなんかなと。年は幾つも違わないでしょうが……」

範士は多くの試合にも出場した。小柄ながら、試合上手でもあった。

「昭和九年に天覧試合があったでしょ。あれに、向こうから選ばれて出ましてね。その年に、大連第一中学校というのがありまして、名門ですが、そこの教師になりました。

そこに五年間ぐらいおりました。それから、満鉄の方の武道教師になりましてね。満鉄では鉄道局単位に柔剣道の師範を配置してあった。

満鉄に入って、昭和十九年に召集になりまして、ハルピンの部隊に入隊して、私は教育召集だと思ったら、そのまま動員になりまして、ずっと朝鮮に下って、内地に来まして、編成替えがありましてね、台湾に行ったですよ。

台湾で終戦になって、割合早く復員してきました。

それから、どこへも行くところがないし、実家が秋田にあって、兄貴がまだおったものですから、郷里の方に帰って……」

勝って打つ稽古

戦後、昭和三十三年に範士は北海道に赴任することになった。

「昭和三十年に、小沢先生（丘。範士九段。埼玉）、滝沢さん（前出）が警察庁におったものですから、北海道に行かんかと。じゃお願いしますということで行きました。

北海道管区警察学校におりました。そんなことで、六十二歳まで、おらしてもらいました。それ以来、北海道、二十七年目になりましたよ」

範士はまた、札幌大学の剣道師範もしている。

「札幌には、連盟の道場もありますしね、地区の道場もありますし、市の方でやっている剣道教室などもあります。今責任持ってやらなければならないのは、大学と教育委員会の方の教室(少年)、それも二百人ぐらいいる。

私の他に、指導者が七人ぐらいおりましてね。キャップということで顔を出していればいいということで……。こんな年して、子供たちと、いちいちやることはない。若い人に任しとけばいいですから。

今年稽古は、記録なんというと大げさになりますが、稽古やったとき何かに付けていますが、半分ですね。一日おきぐらいですね。

もう七十ですからね。始めから終りまでやらなくてもいいんだから。

札幌は、朝稽古、火、木、土、日です。七時から八時までですがね。六時頃からやっています。

これは、随分歴史のあるものです。二、三百名集まりますよ。それなども、一週間に一ぺんから二へんしか行きませんがね。

もう楽しんでいますよ。食うに心配ないし、あちこち気を使わないで……」

範士は、昭和五十年、武道学園の主任教授として、六十四歳のとき東京に出てきたが、座骨神経痛で入院し、二年で北海道に帰った。

範士は長い間の剣道生活で得たことについてこう語るのだった。

「私たちのやった錬る稽古が、絶対だとは言いませんが、もう少し必要ではないでしょうかね。

ポイントを稼げる人は多いけれども、いわゆる試合上手は多いけれども、稽古やって、うん！とくる人、そういう稽古の人は少なくなっているんではないでしょうかね。

師匠から言われた『勝って打つ稽古』、そういうものが、段々少なくなってくるのではないでしょうかね。

剣道が非常に一般化していると言うか、だから、どれを見ても皆同じにやっている。審査などにも、私などお手伝いしましても、もう見ておって味気ない。

そういうようなこと、各先生皆さん感じとっているのではないでしょうか。皆同じです。昔は、ゼッケンなどは付けたものではない。

それで試合に出ても、いいところになると、もう面とって顔見なくても、どこの誰だというのが、だいたい分かったものですよ」

学生の指導に当たって、学生に言っていることは、

「『君たち、一生懸命やっているけど、とっぴなことを言うようだけれど、学生の本分は何だろう。私は学生の本分はやっぱり勉強だろうと思う。

クラブ活動結構、大いにやらなければいかん。しかし、勉強を忘れないようにしてくれ。剣道やり過ぎて、成績悪くなった、単位落としてしまったということのないように。それだけに真剣にやってもらわなければならない』ということを申し上げたんです」

範士は、今の心境は、腹八分ということだという。

「病気してから、入院している間に気付いたことですが、腹八分、これを忘れないようにしようと。幾分か実行できるようになった。

今、食い過ぎないように、言い過ぎないように、やり過ぎないように。卑屈な考え方かも知れませんが、とくに、この頃は腹こわしたりしませんよ。こんな身体（小柄）をしているけれども……」

範士は今、剣道を楽しむ境地にまでなられ、ますますお元気で後輩の指導に当たっておられるようだ。

朝鍛夕錬

剣道範士　一川　格治　先生

〈一川範士の略歴〉

明治44年11月26日、熊本県八代に生れる。旧制八代中学に入学して沢友彦先生に手ほどきを受ける。中学3年からは、大野操一郎先生にも指導を受ける。

昭和7年、熊本県巡査を拝命。警察官として剣道の修行をし、昭和9年、昭和天覧試合出場、昭和10年には全国青年演武大会で団体優勝を飾る。

以後、全国都道府県対抗剣道大会で2回優勝、西日本各県対抗剣道大会優勝、その他、全日本東西対抗剣道大会8回、全日本剣道七段指定選手権大会、全日本剣道八・七段選手権大会、剣道連盟創立二十周年記念大会等に出場している。

また、昭和34年から熊本県警視、熊本県技術吏員、熊本県警察学校教官、同教養課術科指導官を務め、同46年退職。

熊本県武道振興会事務局長、熊本県剣道連盟副会長、熊本武道館剣道師範などをつとめる。

なお宮本武蔵の二天一流を継ぎ（第17代）、その師範としても活躍。

昭和36年剣道八段、同43年剣道範士。

中学生から剣道を

熊本県の南部、八代出身の一川格治範士は、昔の旧制八代中学に入って、剣道を始めるようになった。

「私は、小学校のときは全然やらなくて、中学に入ってやりました。中学では沢友彦、この方は立派な人格者で、国漢の検定試験を受けられましてね、そして七転び八起きで十回ぐらいで通られたという経歴の先生ですよ。その人が、かたわら剣道をやっておられました。

その先生は八代で、やはり士族で、旧家でございましたから、剣道も非常に達人でした。居合なんかも、伯耆流の居合で、中山博道という先生がおられましたね。

あの先生が一番最後に抜いておられましたが、二番目には沢先生ということで、非常に立派な居合を抜いておられました。

沢先生はもともと私の先生で、その先生にお習いしておったときに、三年生のときに、大野操一郎先生（範士九段。東京）がこられました。

大野先生は、非常に当時新進気鋭の、技も多彩だし、また稽古も立派だし、剣道部でも皆が尊敬した先生で、大野先生も可愛がってくれましたね。

結果的には、大野先生のお弟子さんの中では、私が一番先に範士になったということですけれども……。

高橋という先生、この先生も国漢の先生でしたけれども、武専を卒業されました先生で、この先生もかたわら剣道の先生をやっておりました。

非常に恵まれた方でございました。

その頃まで八代中学は、二回戦、三回戦ぐらいで落ちておりましてね。県下で優勝するとか、他県で優勝することはなかったわけですよ。それが一度に強くなったわけですね。

勝負では、どこにも負けんというくらいになりましたし、熊本県でも、大野先生時代の剣道には、皆刮目して、偉い先生が熊本には来たぞと、びっくりしておったわけでございましてね」

範士は当時、東京高等師範学校を卒業し、教師として熊本八代中学に赴任した大野操一郎先生に剣道を習った。そして学校は強くなり、優勝を経験するようになった。

「昔の稽古は、沢先生もそうでしたが、特別今のような新しい一つの指導法というようなものはなくて、先生が黙って鍛うと、黙って稽古すると。技のことなんて聞くと、そういうものは黙っとれと、自分の身体で覚えろと、いうくらいのことが、旧来の先生方の指導であります。

けれど、それに較べて、大野先生は、もうちゃんと、基本動作をずっと道場いっぱいに書きましてね。

面技、小手技、突技、胴技、片手技、全部書きましてね。それを丹念に、ずっと技の練習をやらせて、そして、その上で猛烈な稽古をやったものですから、理想的な指導体系と訓練の場ができました。

あれで上がったわけですよ。いやもう、当時としては一番新しかったですね。それまでは、熊本県の各学校の先生たちも、そういう新しいシステムではなく、もう鍛う。生徒が聞けば、黙っとれと。そのくらいが関の山で、剣道は、身体で覚えるんだ。何も技とか、何とか聞いたって、お前たちは分からん。

ただ、ただ稽古をやれというのが、当時の一律の指導でした。それが、基本の体系的なものを加えて、いろいろな技を教えられて、一躍内容が上がりましてね。

この点は、本当にその後も、私は有り難い先生についたなと思っておりますがね」

良き師に恵まれて

新進気鋭の、基本的で体系的な指導法をとり入れた大野先生に指導された範士は、剣道によって、将来進むことを考えていた。

「私は非常に変った存在で、普通ならばだいたい剣道やって、当時中学の二段であれば、高等師範か、武専か、国士館に行ったものですよ。

私も希望だけは持っておったわけですが、何しろ家が貧乏で、なかなか上の学校に行けない状態で、大野先生は、お前高等師範に行け、沢先生は武専に行きなさいと。そういうお誘いを受けておっても、どうしても家庭の事情がゆるさんもんですから……。

でも剣道は止めたくない、どこに行ったらいいかということで、それでは警察に一つ、入ろうということで……。

当時、熊本に鶴田三雄という先生がいまして、この人は、非常に稽古の厳しい先生で、言うならば、全国の先生方の先生と言われるくらいに、剣道の基本を崩さない先生で、そのために、勝負は殆ど勝たれたことはありません。いつでも負けですね。

負けても、面を真直ぐに打つ。小手は真直ぐに小手を打つ。胴も真直ぐに打ち、突きも真直ぐに突き、正しさということから言うならば、これほど正しい先生はいなかったですね。

相手から打たれても、今よく流行っている首でよけるなど、鶴田先生は、これはコンクリートで付けた首だから、絶対に左右には動かすなと…。剣でさばけという。

その指導は、非常に厳しかった。打たれて稽古するということが主体で、打つということよりも、打たれながらそれに辟易しない自分を作り上げてゆけと。

自己訓練ということで、技は殆ど教えられない。そういう先生でしたから、一つ警察に行ったら、鶴田先生のお世話になることだから、これは学校に行くより、むしろいいかも知れん。

そして、熊本の警察に志願したわけですよ。そしたら直ぐ合格しましてね」

中学を卒業すると、範士は警察官になり、剣道を続けようと決心するのだった。幸い熊本には、多くのいい先生が集っていた。

「それが昭和七年でした。七年に警察に入って、当時三段だったわけですが、鶴田先生が非常に熱心に指導して、当時、他の先生としては、池田孝という先生、全国の警察大会で個人優勝した先生で、鶴田先生の下にいました。

当時、熊本には大麻勇次という先生がおられましたが、その弟さんの博章先生とか、それから、高等師範の大野先生の先輩で、林田敏貞。小山弘房、唯要一、この人は当時、第五高等学校の剣道の先生で、武専で助教をやった、非常に腕ききの人だった。

それから、同じく武専卒業で、浅子次郎、この人は橿原神宮の大会で個人優勝された先生です。

それから、東京から坂口鎮雄という先生が、この人は、非常に技きな先生でしたね。早稲田大学を卒業して、皇宮警察の舎人《とねり》をやっておられ、定年で、郷里が熊本ですので帰ってこられた先生で、鶴田先生の後に入られ、その坂口先生にも……。

そういう、非常に私にとっては、一番都合のいい先生方が、元気盛りのときにたくさんおられましたからね。

私は、その先生方に、本当に言うなら、あきるほど稽古がお願い出来たわけですよ。稽古に恵まれて、やりました。

警察官になって、それからずっと警察の、今でいう警察学校、警察練習所という、そこの教官になりましてね。

それから終戦頃まで、殆ど警察の指導官で通したわけでございます」

熊本は土地柄、当時としても、剣道界でも一流の先生方がいて、範士の若い時代の修行にことかくことはなかった。

それは、むしろ上の学校に行って剣道をやる以上に、熊本そのものが学校であったといえる。

「熊本は、一番最初は、細川忠利という殿様が宮本武蔵を熊本に呼んだ。というのは、結局、熊本の武道を盛んにしたいという意味合いからで、それ以前では人吉に丸目蔵人、上泉伊勢守のお弟子さんの、この人が人吉なんです。で、とくに細川家では、重賢《しげかた》の時代は、熊本城の西の広場に、東榭西榭《とうしゃせいしゃ》、勉強もする塾が出来ました。そこで勉強するかたわら、東榭西榭というのは、武道を奨励する一つの道場なんですね。そこに、当時は弓道、剣道、柔道、薙刀、居合、あの当時の武道のあらゆるものを網羅して、師範が毎日替って、熊本だけは士族の子弟だけでなしに、庶民の子弟も呼んで、庶民の子弟でも殿様から褒美を貰えるようなことで、非常に細川家自体が武道を奨励した。それ以来、熊本は武道が盛んになりましてね。

現在、武道王国とか、よく言いますけれど、来たるところは、そこらあたりにあるわけです。

殿様自体が非常に、他県の場合では、その当時は、文武両道と言っておったわけですけれど、熊本はとくに、武文両道と、武を上に、文を下におくと、藩の行き方として、そういうことですから、非常に武道が盛んになりましたね。

現在、武道がとくに熊本が強いという何かそういう流れがあるというのは、勢い、その当時の人方の血の流れですね。

これが子孫に、ずっと伝わって、家族関係も、一人そういうのが出たら、非常に奨励すると、皆こぞってやると、一人だけでなしに家族、あるいは村、あるいは町と、そういうことで、盛り上がってゆく力が、いまだにそういう形態が残っているということが、力になってきておるし、また将来も、それで通してゆくんではないかと思うんです」

天覧試合に出場

範士は昭和九年、天覧試合に熊本県代表として出場もした。そのとき鶴田先生は専門の部で、若き範士が一般の部で。

範士はそして、警察で終戦になるまで剣道の指導に務めるのだった。そして、戦後は警察官として……。

「私は、ちょうど、終戦前までは、警察で剣道指導しておったわけでございますが、終戦の当時から、剣道が廃止になった。

それで、剣道やることができない。非常にその頃は、先生方も悲観された時代です。

けれども、私もその一員で、あの頃は警察を辞めようと。剣道がないようになったら、仕様がないから、一つ百姓でもするかという考え方でおったんです。

当時、警務部長が島田純一郎という、なかなか立派な人で、お前は勉強して、警察に返り咲けと。

その方がよくないかと、その勧めをうけて勉強らしい勉強もしなかったですけれども、幸いにして、警部考試の試験に通してもらいまして、それから剣道はなくなった。警官の道で外勤主任、警務主任ということで、山鹿の警察署長をやりましてね。

それからまた、御船というところがあります。そこの警察の次席を勤めて……。それから剣道がまた、ぼつぼつ出来るようになって県警本部の教養課の術科指導官、警視待遇であるわけですが、全国で一番早かった。

殆ど、巡査部長待遇でおられましたが、術科指導官ということで、また返り咲いて武道がやれることになりました。

それから、昭和四十六年に退職しました。退職して、この武道館（熊本武道館）、武道振興会というのが本名ですが、事務局長ということで、十年ここにおります」

戦前、戦後、警察畑で一筋に剣道をやってきた範士は、また、大きな試合にも数多く出場している。

「昭和九年の天覧試合では、私は第一回で秋田の小笠原二郎、いまの三郎先生（範士九段。栃木）の兄貴ですよ。なかなかの腕でした。

秋田県から出ておりました。あれは四人一組でやりましたが、小笠原氏とやって、私が一本、一本で負けました。あとは全部勝ったわけですが、優勝戦で、小笠原氏とやって、第一の予選で負けました。

二郎君が出て準優勝ぐらいまでいきました。私も齢がまだ二十四でした。

ここは、しょっちゅう隣りが鹿児島ですから、交流も盛んですが、その頃、一番元気のよかったのは、やはり中倉先生でしたね。

私は何時も試合をやると中倉先生とあうわけです。九州各県の段別選手権大会。これでも七段の部に出ますと、中倉先生が上がってくる。私が上がってきて、優勝戦は私と二人でやると、何時も私が負けてなかなか勝てない。

あの上段に、どうしても勝てない。いちど鹿児島で対抗戦をやりましたときに、また中倉先生とあたりまして、そのときは中倉先生が調子が悪かったんでしょう。

私が小手を打ちまして、一本勝ちで勝ったことがありますが、それ一回ぐらいでしょうね、中倉先生に勝ったというのは……。

大きな試合は殆ど、東西対抗では副将一回、三将が一回で、八回か九回出ています。で、高知のときの大将の相手の方は菅原恵三郎さん、北海道の。幸いに勝たしてもらいまして、奈良のときは滝沢光三先生とやりましてね。これも幸いにして勝たしてもらいました。

最初菅原恵三郎さんとやって、また滝沢さんとやりましてね。

そういうのは、記憶に残る試合だったと思いますね。

菅原さんは、高知でやりましたけれど、正眼で、なかなか気一杯の先生で、剣道もなかなかすごいし、最初一本面をとったですよ。

そしたら直ぐ、サーッと上段に。上段はやっぱり押されますよ。

どうしても上段で一本に決まらない。それでまた正眼に下ろしてやったところ、私が面を打ちましてね、勝ったわけですけれど……。

勝負は別として、立派な先生ですね。滝沢先生も立派な先生で、ああいう先生方に胸を借りたというのが、私の一番の思い出ですな。

私は、だいたい熊本で、一歩も外に出ておりませんから、熊本だけで修行して、そういう大きな大会に出していただけたということは、非常に誇りに思っています」

本当の剣道

大きな試合に出場した範士は、最近の試合本位の剣道の傾向について、深く憂慮している。それは、範士自らが通って来た経験から得たものであった。

「だんだん、剣道というのが、本来の姿を逸脱してしまいつつある。なげかわしい状態ではないかと思いますね。

昔は、少なくとも、竹刀というのは日本刀であるという感覚で稽古もし、試合もやりました。先生方も、それでは斬れんぞということで大分叱られたことも覚えておりますけれど、それが、当てるということになって、斬るということから、打つということに。現在の剣道は、余りにも…。

私は何時も言うんですが、今の剣道はパチンコ剣道だ。打っとるうちに当たるだろう。見さかいもなく、当たれば引き揚げる。それで一本になる。

それに勝っても何の意味もないことではないかと、まあ思うわけですよ。

やっぱり、今の剣道の行き方は、余り試合が多過ぎますね。小学校、中学校というのは、少なくとも、他の芸道もそうですけれども、基本ができなければ、これは絶対駄目ですよ。

ところが、父兄が一番悪いんですが、自分の子供を直ぐ試合にかり立てる。そして名声をはくするという、勝った、勝ったで、新聞に書かれ、ちやほやされると、それを親父が酒の肴にして一杯呑んでうまいというぐらいのことで、一番犠牲になるのは、子供本人ですよ。

それでもう違った稽古やって、相手が打ったら、ガン首よけておいて、小手を打ったり、もう、基本もないわけですよ。ちょっと、本来の日本刀を使うという基本に帰って、その上で厳格な試合をやるということであれば、本当に立派な剣道になりますがね」

また範士は、剣道の本来の姿について、次のように話すのだった。

「私は、玉利先生（嘉章。範士九段。東京）に、非常に感銘して、日本で一番いい剣道を使われるのは、玉利先生ではないかと。

あの先生に私は、私淑しておるんです。今でも熊本に来られるというと、稽古をお願いしまして、剣道の一つの理念という、ただ叩くということでなしに、何時も玉利先生が言われますように、

『それ、剣はよく人を撃つに非ずして、心よく実に人を打つなり。我人を撃つに非ずして、彼自ら撃たるるなり。何とな

れば、我先ず彼が精を奪いて、これを我剣上に置き、斯くして我精神煥発貫通せん。かくして、剣の向うところ活気磅礴撃たずして辟易すべきなり。沈潜返覆其の心法の、自ら生ずるところを究め、然して後、剣法に寓せしべくんば、伝書あにこれに過ぐる者あらんや』

伝書なんかいらんじゃないか、気一杯、一杯にして、相手と対して、こちらはちょうど風船玉が一杯一杯にふくれた状態、気が一杯一杯になった状態で、その風船玉を黙って相手のところにぐんぐん持ってゆけば、相手がちょっとでも来ようものなら、バンと爆発する。

その瞬発力で、一発で一刀両断にいってやると。そのようなのが本当の剣道でね。ただ、小手・面・胴とか、三段の技なんか、それだけ瞬発する力が、ともなわなければ、斬れないですよ。

斬るのが、一刀両断。これが剣道の原理です。そういう島田先生の言われたことからしますと、気一杯一杯に攻めると、そして剣道というのは、だんだん相手を打つということはしても、これが出来上ったら、ちゃんと心の中に入れておいて、相手が自分に対して敵対行為をとって斬りかかって来たときからが始まりの剣道で、自分の方から先にいって斬るというような剣道はないわけですよ。

自らの身を護るというのが、もともと日本刀を手挾んでおった侍の考え方だし、身を護ると同時に国を護る、これが侍の考え方である。

今の剣道は、直ぐ竹刀構えて、パンパンと相手を容赦なく叩いてゆく。打ち方は、それで勉強しなければいかんけれども、だんだんやっているうちには、それは一発動いたら、一刀両断で斬ると。ある段階までの技の訓練をしたら、それから心の鍛錬をやらなければ。一心の訓練というのが立っていないで、ただ当てよう、打たれまいというならば、いやしい剣道ですよ。

欲が多くて、優勝旗とか、カップとか、ああいうものを目標にしてやる剣道というたら、いやしい剣道です。剣道というのは、そういうものではないと思いますね。

一番今、技術的にも立派な先生は、堀口清先生（範士九段。東京）、あの先生のお稽古は立派です。小川忠太郎先生（範士九段。東京）も立派な稽古です。それに玉利先生ですね。私は三人の先生には敬服し、私淑しています。剣道が、ああいった先生の理合、理念にかえらなければ。剣道というのは、今のままでいったら、ただ殴り合いだけの剣道で、これが日本民族の遺産であるなんて、何が遺産かと言いたいくらい乱れておりますよね」

宮本武蔵から学ぶ

範士は、宮本武蔵の二天一流を伝承している。武蔵の研究は、熊本市に在住している範士にはまたとない勉強の対象であった。

「二天一流は、大体武蔵先生が熊本に来られましたのは寛永十七年。それで、それまで言われたことは、円明流。熊本に来られて初めて五輪書を金峰山の裏山、霊巌洞で書かれました。

あのとき初めて自分を、二天一流ということで、二天一流という名称を使われたわけです。それまでは、一刀の形も、短刀の形も、円明流の中では、いろいろあったわけですよ。それが、熊本で一番精製されたもので、五輪書に書いてあります。『五つの表の次第のこと』で、水の巻に書いてありますが、あの五本が結局、武蔵先生が最終的に究めつけ上げられて作られた形です。

その形は非常に俗人離れした形ですね。人を斬るというような、非常に殺伐な形でなしに、一面実相円満の兵法で、これが人間を活かすというもので、一見して、お能ですね。

武蔵先生は、お能が上手でしたから、結局能のあの姿、静かな足の運び方、気でもって相手をジワリジワリジワリと追い込んでゆく、そういう気の使い方。掛け声も、ズー、タン、ヘッタイ、奇妙な三つの掛け声ですが、これを使いながら、実相円満な兵法を自ら伝承して、その頃寺尾求馬之助に指導されたんですけれども、それからだんだん熊本に伝わりましてね。

三派ありましたが、今は村上派という一派。これが寺尾求馬之助からきて一つだけ残って、後は断えてしまいました。

この村上派というのを剣道連盟が一応継ぐということで、先生と十四代目の指田次郎との間に話ができましてね。契約書をかわして、以後は剣道連盟が継いでゆくということで、私がその一代目の師範になっているわけです。続けますと、十七代目になるんです」

二天一流を継いでいる範士は、この二天一流が、どのように剣道に生かされるか語るのであった。

「やっぱり心の持ち方ですね。世の剣道が大いに学ばなければならんという点があります。

剣というのは、握っておっても、これが直ぐ叩きにゆくということでなしに、先ず、心でもって相手を制すると。制しておいて相手が動きのとれんようになったとき、静かに下ろせば当たるんだという原理が、真理があるわけですよ。

ちょうど猫がネズミを角に追い込む。ネズミが動きがとれんようになる。そこでじっとジワリ、ジワリとやっておいて、猫はネズミをとらえる。

そこまでの猫がネズミを追い込むような状態の、相手を気でもって攻め上げて、攻め上げて、攻め上げて、斬るという動作は、たった一つの動きでいいんだから、打つ前の気で攻めるという面が、これが大事ではないか。

今の剣道で言うならば、打たずに、そして相手をグッグッと剣先で、気でもって攻め上げてゆく。そうすると結局、気位というやつが生れてきます。

剣道が非常に格調の高いものになってくるわけですよ。そういうところが五輪書を学んで勉強になる。

それから、静から動、二天一流というのは形が静かなんですよ。静かであるが、結局その静かさの中に、一番上の動きが含まれている。

例えば、独楽《こま》がありますね。あれをビューンと回しておきますと、あれが澄み切るでしょう。澄み切ったときは、一見すれば立っておるんです。

その時は、一番回転数が多いときです。じっとして構えておっても、もうどこにも寸分も隙のない状態の人間に仕上がっておるという静かさ、これが、やっぱり直ぐ動につながる剣ですね。

そういう点が非常にいい点があると思いますね。今の剣道は、どちらかといえば、動ばかり多くて、動いて動いてやる、静というのがない。

私が若い頃から一番、この人が立派な剣士だなと思いましたのは、試合を一回お願いしましたが、森寅雄という人です。野間恒。あの人は、天覧試合で優勝した人ですが、あの人と較べても、あの頃は、やっぱり森寅雄さんが日本一だったでしょうね。

その姿勢は、びしっと構えたら、袴が動かんですよ。立ったまま。そして一度、パーンとやると、ポクッと。あとは静かに正眼に構える。実に気位があって、姿勢が乱れずに、気魄があって、ああこういう剣道使いたいなと大分思いましたね。


あれが、やっぱり本当の剣道でしょう」

範士は、武蔵の剣道の真髄から、五輪書のことまで、実に深く研究し、現在の剣道の中に生かしているのだった。

範士は、昭和四十六年に警察を退職して、熊本県の武道振興会の事務局長と武道館の師範をつとめている。

最後に範士は、剣道を修行する若い人たちに次のような言葉を贈ってくれた。

「第一番に、剣道ということであるならば、やる気を出すということである。俺はやってみよう、人がやれというからやるんではなく、俺は剣道を決意した以上は、とことんまでやってみようという、自分がやる気を出すということが大事ですね。

それから、正しい剣道を身につけるということで、基本を存分にやること。第三には、人より抜きんでるためには、稽古をやる。鍛錬をやる。

宮本武蔵先生は『朝鍛夕錬』ということを言った。山田次朗吉先生は『百錬自得』、柳生但馬守は『稽古鍛錬常にして顔に出ださでかくしつつしめ』と。稽古せよ。片方も稽古をやれ。昔の哲人、我々の先輩が残した言葉は稽古をやりなさいということ。一口で言うなら剣道も稽古につきると思いますよ。

稽古やって、稽古したことを頭でなく、身体で覚えていきなさいと。身体で覚えるということが大切で、剣道は頭で覚えている間は駄目なんです。

小手打ってやろうとか、面を打ってやろうとか、相手から打たれまいとか、そういう心がある間は本当の剣は出ない。打とうとも思わん。打たれようとも思わん。坦々と我が道を歩いているときのように、平常心で剣を握って、その場、その場に水の流れるように対処してゆけば、これが一番立派な剣道が出来るんですね。

若い人は、自分でやる気を出すことと、やめずに続けるということ。稽古、鍛錬するということですね。

基本をやる。これが一番大切なことではないかと思いますね」

熊本武道館の、遙かに宮本武蔵が五輪書を書いた金峰山が見渡せる応接室で、範士は坦々と求める剣道についての心境を語られるのであった。

剣道和なり

剣道範士　小島亀太郎　先生

〈小島範士の略歴〉

明治34年2月2日、福島県今保原町の上保原に生れる。

剣道は、吾妻泰重先生に手ほどきを受け、青年大会の優勝をきっかけに剣道家の道を歩むことを決意して、上京。

大正13年日本大学法律専門部を三年で中退。大正14年警視庁巡査を拝命し、赤坂青山警察署、麻布鳥居坂警察署、京橋北紺屋警察署に勤務する。

昭和7年警視庁剣道助教を命ぜられ、池袋署および青山署にて剣道を指導。

その間、昭和4、5、6年の3カ年連続警視庁対署試合個人全勝で警視総監賞。昭和7年全国警察官武道大会に団体優勝・個人全勝により内務大臣賞。昭和13、14年の二カ年警視庁剣道助教対抗試合に警視総監賞をそれぞれ授与。

昭和15年福島県へ福島県武道（剣道）教師として赴任する。また同年、紀元二千六百年奉祝第11回明治神宮国民体育大会において福島県剣道専門家代表として出場し団体優勝、個人全勝で厚生大臣賞を授与。

その後、警察剣道指導のかたわら、県立福島商業学校、県立福島蚕業学校、県立福島中学校、官立福島青年師範学校で剣道の指導にあたる。

また、福島県警察本部剣道師範、福島県刑務所剣道指導、聖光学院工業高等学校剣道師範、県剣道連盟副会長、全日本剣道連盟評議員などの要職をつとめる。

昭和38年剣道八段、同43年剣道範士、同47年居合道八段、同51年居合道範士。

剣道のために上京

「私は、福島の在になっている保原町の上保原で生れた。

伊達郡というところに、その頃（明治末）吾妻泰重という人がいて、この人が高野佐三郎先生の道場かで修行した人で、資産家でもあった。

四十ぐらいになって結婚したんだが、保原町では一番か二番の資産家で、長男だったが、家のことなどはかまわないで、剣道以外にはないんではないかという人で、身長が大きく、ここへ（福島の保原町）帰って来て、伊達地方武道奨励会を作った。その先生に手ほどきを受け、剣道病みつきになった。

本当に剣道をやる気になったのは、県下の青年大会で、十七ぐらいのとき優勝した。本格的に剣道修行するのは、どこがいいか、東京に行こうと、それで東京に出て、警察官になった」

範士は、小さいときから、村で行われた青年大会などを見て、剣道に魅せられていった。

そして、吾妻先生の手ほどきと青年大会の優勝によって、剣道家の道を歩むことを心に決め、上京して警視庁に入るのだった。

大正十四年二月四日、警視庁の巡査を拝命することになった。

「警視庁に入り、本格的に剣道を修行するようになった。

助教（当時は助手）になって、さらに本格的にやるようになった。

当時、警視庁は中山博道先生が一番上だったけれども、その後に斎村五郎先生が主任でおりました。

中山先生、堀田先生、斎村先生など、我々入って、助教になるまでは、そういう先生に稽古をお願いするところまでいかなかった。

結局、助教になって、警視庁では、斎村、堀田、大島など、古い先生方がだいぶおりました。檜山という先生は年では一番上だった。

とにかく、師範が十五名ぐらいいたんだ。教師というのが、その間におったが、剣道は初め私ら助手という名前であったが、助手ではうまくないということで、当時の警務課長が、変えるようにした。

なかなか剣道の方でも、中山、堀田、斎村、大島と、武専関係が多いんだ。

古い方では、中山、堀田、今泉、柴田（衛守）先生あたりがおられて、教師というのはだいたい警視庁から上がった先生方で、だいぶいたんだけれど……。

我々いって、強いと思ったのは、斎村、持田先生。堀田先生という人もやっぱり強かったですね」

警視庁で優勝を

範士は昭和七年六月、警視庁剣道助教を命じられ、池袋警察署に勤務することになった。

そして、このとき警察の全国大会に出場し、警視庁を優勝に導いた。

「昭和七年に助教になって、全国大会に出た。

それで、警視庁は、第四回目に優勝した。それまでは、優勝できなかった。

第一回目は京都で、第二回目は神奈川か、第三回目は大阪か、その次が警視庁。そのときは大阪と決勝やった。

私らが出たとき、初めて勝ったわけです。

また助教になるちょっと前ですけれど、これは京橋警察にいて、皇道義会の大会に出ました。大きな大会だった。

そのとき優勝した。そのときは、最後に有信館とぶつかった。

昭和六年に中山先生の道場に入門したが、入門する前に皇道義会の大会で有信館とぶつかったわけだ。私が大将でやって優勝した。

それから、第二回にまた皇道義会で優勝した。こんどは講談社とやった。だから野間恒さんとは、初めてやった。それで私が大将で勝った。それは、助教になってからでしたかな。

助教は、初め助手と言って、稽古するのは一遍しかなかった。それを、教養課の警部補で、武道主任だった下野忠夫という人が、改革をするために、いろいろな制度を変えて、警視庁は警察官の第一、第二、第三方面と各方面で、十日間ずつ行って稽古するようになった。それで警視庁は強くなったんではないか。

結局、私は池袋に出て、それから青山に行った。

それで、警察というのは、最後の時間だけ稽古しないで、助教は警視庁に行って毎日やった。

そういうことで、私は有信館に入門したが、有信館に行くより、警視庁でやった方が多かったのではないか」

範士は多くの試合に出場し、負けを知らなかったが、範士の稽古は、範士自ら考えて工夫した稽古であった。

「私の稽古のやりっぷりは、長い時間やらない。つまり短い時間に、自分の精力をためておいて、一度にやってしまうという稽古。

だから、試合稽古でも同じです。そういう方針をとってやったんです。それで試合の方も強くなったんではないでしょうか。

勿論、稽古で弱くては駄目なんで、そういうことで、警視庁から代表で出るときは、羽賀（準一）は早く朝鮮に行ってしまったから、警視庁で、助教の対抗試合というのを毎年やったわけなんだ。

昭和十三年から始めた。第二回は十四年で、私が優勝している。

他の助教の連中で、いいときと、悪いときがある。そういうことは、私は殆どなく、ずっと来たから、そういう修行の仕方が、ちょっと違ったんじゃないか」

また範士は、稽古と試合についても次のように語っている。

「稽古は強いが試合では弱い。これではだめ。同じでなければいけない。

今の選手権見たって、五段ぐらいで優勝するのが多い。あれは、国士館出たのなんかはまだ二十歳かなにかで優勝したが、結局はそういう関係ではないか……。

私は試合を多くの人とやったが、だいたい、目立った人と試合するときは、いろいろあるが、ずっとピックアップして、書いておいて、何というか、百人ぐらい書いてやろうと思った。

三回戦やって、二回勝てば完全に勝ったと。一対一では負けだというふうにして、ずっと百人書いて、抹殺帳といい、抹殺してゆく。それを書いたこともあるんですが、それは無くしたけれども、結局、試合で東京で負けたというのは、中倉一人です。

中倉先生（清。範士九段。東京）は、東京にいるとき、私の方が勝っていた。こっち（福島）へ来てから三回やって、三回負けた。

来るまでは、一対三かなにかで勝っている」

持田先生の稽古

範士は、決して背は大きい方ではなかった。しかし、人一倍稽古にはげんだ。範士独特のやり方で……。

「私は背は、五尺二寸八分。警視庁の助教になっても、前の方から小さい方で、だから稽古も余計やった。その代り体力はそう負けなかった。

柔道なんか、私一年しかやらないで、三段になった。剣道で組み討ちやるしね。そんなことで、柔道の連中で、このくらいやるんなら、剣道の組み討ちだけでもなれると…。

一年うんと稽古して体力あった方だから、両方。そしたら、警視庁は級だから、一番初め五級の下から、五級の中、中で初段。

五級の上で二段、四級の下で三段だから、剣道の方、私より弱いのが上かって。そういうことが一度あったから、そんなら柔道やってやろうと……。

柔道やって、受けたわけだ。そしたら、初段とやって三人抜いた。それで一遍に五級の上ですから、さらに上の階級やれる資格をとっているわけだ。

一人とって、引き分けで、四級の下になった。講道館の方の免状ありますけれども、これは昔は美濃紙で、たたむやつで、三段だと、二段何の誰れそれ、これが修行したから、三段にすると。

そんな風にして、体力的には余った。人一倍稽古した。

それから、中山先生に直してもらって、良くなったんではないか。

足幅が広かったし、それで、小手、面が得意だった。足をつめれば、もっと良くなる。

それから、一足長、幅一つ。前後の関係は一足長。そうすると上背も大きくなりますし。そういう関係で、やることは、あらゆることをやったつもりでいる。稽古も随分つめて稽古した。それは自分の考えなんだが…。

私警察に行って、青山警察で、警視庁を優勝させたから、そういう点において、自分の稽古を、そういうふうにしろと、厳しく自分の経験を生かし、そして直すところは直して、試合も勝てるように指導した。

私は稽古の方が、本当は試合よりも良かったんだが、いくら稽古強くても、試合が弱くては駄目である。

そういう意味で、試合やりました。修行の仕方が、皆と違うことをやって……」

範士は、警視庁時代多くの先生方の中でも、とくに持田盛二先生に一番稽古をお願いしたという。

「私は、持田先生に一番稽古をお願いした。それから、堀田先生にも多かった。

警視庁では担当師範が、四つか五つを受けもって、一人ずつつくるわけです。

小野十生先生は青山、渋谷、六本木、鳥居坂もそうでしたかな。そういう具合なんです。

それで、羽賀は一番先に、二番目に私が池袋、そして青山に。青山の署長というのは、千葉県の鬼熊事件の署長だった人で、青山に来て、剣道、柔道を奨励した。私が全国大会で優勝したので、青山に引っぱられたわけだ。

羽賀は渋谷警察へ、組み合いが同じになって、組み合い署に稽古がないことがある。そうすると、小野十生先生は、私と一遍稽古すればいいんだからと、他のところやめても、青山に来てくれる。

それで非常に親しくあの先生に指導を受けた。

私は、こういうこと言ってはおかしいが、警視庁なんかでは、強い者はいばっているからね。

だから、全国大会の選手なんかやったのは、はたからも尊敬される。それで、師範、教師並んでいるときも、いいところへ皆いきたがる。

ところが、持田先生が一番強いんだから、そこへいって。私の強くなったのは、第一にそういう点があるんじゃないかと思って……。

持田先生とやると、持田先生の攻めがくる。斎村先生は、剣先を下げるんだ。あの人には、打ってゆけなかった。非常に打ちにくいんだね。

大島先生は、技を多く出すんだ。あの人はやっぱり、やり良かった。

持田先生は、構えがしっかりしていたね。そして、あの人の得意は、表から攻めておいて、ピリッと回して片手突きが得意だった。

あれは打たれる。そうすると、またやられるから、迷わないということを、随分修行したんだけれど、やっぱり強いものには迷わされるんだ。

持田先生に、何ぼやっても、迷わないつもりでいても、小手を打たれる。また同じような起こりで小手を……。

結局、どうしたらいいかと思って、なまじ見えるから迷う。持田先生が、動くと目をつぶった。

そうすると、動かないから、小手がこない。これだと思って、目をつむったんだが、目を開いたらまたもとになる。

結局、目を開いていて、迷わないことだと。随分やったが、それから、私は稽古も、試合も強くなったんだと思う。

だから、持田先生には一番恩を感じています。ところが、持田先生のところへ皆行きたいから、若い連中、そこへ早く行って待っている。

お前ら後だぞと、後から行って、先に毎日持田先生とやる。

そうすると、持田先生は、勝負一本とやる。一本あれば、後はもうおしまい。打たれれば、まいった、代れと。必ず一本勝負だ。先生は、警視庁に入ってこられて、こういうことを言われた。

『私は警視庁に来て、三年間かかって、ようやく皆平等に稽古できるようになった』と。

なかなか難しいものがいて、自分の思う通り稽古できなかった。三年かかって、ようやく、どんなことをやられても、分かるようになって、稽古が楽になったという意味のことを述懐された。

この大家が、こういう苦労しているんだなと考えて、そして、我々打たれるからと言って、打たれないようにするためには、どういうふうにするんだと。

それを習わなくてはならんけれども、迷わなければ打たれないんだという訓練、だから、そういう意味で……」

故郷福島へ

範士は昭和十五年四月、東京を後に、郷里の福島県に帰って来た。それには、こんな経緯があった。

「私が福島県になぜ来たかということは、ここの生まれだからでもあるが、一つには、内藤三郎さんという皇宮警察の部長をやった人の影響がある。

あるときに、警視庁が宮内庁に初めて勝った。それまでは勝ち抜きだから勝てなかった。

宮内庁には大将が土田さん、佐藤貞雄さん、それから、羽賀、中倉というような順序で、何ぼ下で勝っていても、勝てなかった。

それで、ちょうど四年負け越して、五年目に初めて勝った。そのときの警察の部長が内藤三郎さんで、その人がここの県に来て内政部長、副知事になっていた。そのとき私の弟が戦争に行って、腸チフスにかかって、死ぬか、生きるかという状態だった。

弟を警視庁に入れていた。何とか一人前にしたいと思ったので。しかし、戦争にいってしまったから……。

それが弱ってきたものだから、静養に一緒に連れて来た。そして、福島に一週間ばかりいた。

一回ぐらい稽古したいと思って、当時県の師範をしていた小川文章という先生のところへ行って、人を集めて稽古さしてくれないかと言ったら、誰も集まらないと言う。

そのとき、ちょうど内藤三郎さんが、内政部長でいた。当然、警務課に村越惇という、警部でいた人ですが、警察官大会で、福島県在京剣友会というのを作ったときの胆入りを私らがやって、福島県の選手がくると、稽古、指導してやった。

そんな関係で、村越氏がいるので行った。そしたら、内藤三郎さんが、ここにいるんだと。では会ってもいいなと。行ってお会いしたら、めずらしいなというわけで……。

武者修行で、福島県のものだから来たと。弟がこういうわけで、一緒に静養しに来たから、稽古したい。

小川先生のところへ行ったら、誰も集まらんというものだから、帰ろうと思って来たんだということを話した。じゃここで集めて稽古をつけてやろうということになった。福島警察署の道場で、集めてもらうならば、当時の錬士ぐらいの集めてもらいたいと。

ところが後で分かったんだが、小川文章先生というのは、稽古しなかったから、やっぱり警察の剣道の師範としては、もの足りないというふうに思っていた矢先だった。

そんなことで、何とか代りのものを見つけたいというところに、ちょうど来たわけで、それで、内政部長が呼ぶから、稽古してくれと。

そのとき、八人か集まった。村越が、一番強いことを知っていた。後は農蚕学校の先生をやった飯沼というの、これなんか、いい方で、稽古ずっとやったんだが、二回は皆稽古つけたが、三回来るのは一人しかいない。

それで、八人で三十分ぐらいで駄目なんだ。そのときの署長は、横山宗延といって、相馬の市長を三期やりましたが、それが署長で、道場へ来て、ちゃんと座って稽古見ていたから、報告したわけなんだ。

終って、稽古さしてもらったから、感謝のつもりで、これから飯沼の方へ行きますからと挨拶したら、いや会食してくれと。

せっかく、そう言われるんだから、断わるわけにいかんもんだから、そしたら、警務課長と村越警部が、二人で会場を設営したりして。

それで、後で考えたことだが、ここの公民館の側に、千寿亭という一流の料亭があって、そこで会食をやったわけなんです。

内政部長は課長会議で三十分ばかり過ぎて出席しましたが、盛んに警視庁と宮内庁の対抗試合をやったことを話すわけなんです。

内藤さん、木村さん、村越と私の四人なんです。芸者を五人も呼んだ。おかしいと思った。

警務課長に内政部長が紹介するわけなんだ。どうしてもとりたいということを、決めていたんだね。それで、福島県にどうしても来て指導してくれということで……。

小川文章先生を犠牲にしないということで、私は師範ということを遠慮して、何とかしてもらいたいということで、巡査部長という名儀で、警察練習所の教官として二年間というものそれでいた。

ところが、二年間経ったらいいじゃないかと、それで武道師範になった」

七十五歳から稽古を変える

福島に帰った範士は、県の武道師範、武徳会の福島県支部講師を務め、戦後武徳会に関係していたということで公職を追放になった。

「福島に帰って終戦を迎えて、結局追放になった。

長がついていたので、何も仕事しないで追放になった。

警察の師範も辞め、土建の請け負いをやったが、武士の商法というのは、うまくいかない。土建なんて始めからやったものにはかなわない。現場に行くよりは、剣道関係のものが剣道連盟作りましたから、そっちの方に行ってかまわないでおくから、うまくいかなかった。

追放になって、そういうことやったから、家、屋敷あったんだが、それを皆売っぱらって、負債をなくした。その当時の金で百万円ばかり負債ができた。家屋敷を売ってすっかり仕末した。福島に来て余りいいことはなかった。福島県に剣道連盟を全国にさきがけて作ったのは、進駐軍がいるうちに剣道やりたいと思って、県下から百二十三名発起人を集めて、作った。

だから、他の県は半年遅れているわけだ。初代理事長を四期八年間やった」

範士は剣道連盟の結成に力をそそいだ。そして、それが今日の発展につながるのであった。

今は、県剣連の副会長をし、少年の指導をしているが、範士は、その指導について次のように語る。

「小学校で八十名ぐらい子供を教えているが、毎年一年生から入ってくる。それで教えているんだが、初めの方の教え方が悪いと、なかなか癖が抜けない。

駄目なんです。初めの方を私がやって、後三人ばかりいて、出来たら送ってやるというようなことでやっているが……。

基礎訓練が大事だと思うのは、なかなか自分で指導しても、どこが悪いと言っても、始めから悪くしたものは直らない。

そういう意味で基礎訓練が大事であると。まあ、滝沢光三さんが、幼少年指導要領を書いているが、ああいうふうにして、指導をきっちりやらないと、駄目なんだね。

一番いいのは、中学以上には正課にして、先生を教育的に指導してから指導させるというふうにしないと駄目である。

福島県の中学校で六段は一人しかいないんではないかと思う。そういう点が大事ではないかと思うんですがね。

この間、九月（昭和五十六年）に六、七段の受験者を皆集めて訓練したが、一、二回直したからといって、駄目なんですね。こうやった方がいいと教えても、毎日教えていればいいが、なかなか駄目なんだ。

私は皆に言うんだが、七十五歳から、体力が衰えているから、稽古を変えたんだと。これは相手を打とうとすれば、自分にも打たれるところがある。

結局、攻め合いというのが、打つ前の攻め合いというのが、剣道では大事なんだと。だから私は打たないで、攻めているだけなんだ。

攻めて、相手の剣先がにぶるから、打たれないんだ。だから、そういうところを六、七段は見ているんだから、やったらいいいじゃないか。

ところが、攻め合いがないとか、それから理合いの積んだ打ち方をしないものが、多いんだ。結局分からないんだ。ずっと、そういう指導だけは出来ると思って、稽古つけてやっても、私とやって、いくら打とうと思っても打てないではないか。

やっぱり構えが違う。私は竹刀握っても、右手は添えておくだけである。

だから自由に、そういう自分の経験したことを教えるだけなんだが、早く身体がなおってくれるといいが……」

範士は今、身体を悪くしているが、剣道の指導のことになると、自分の身体がもどかしいように、貴重な体験を話すのだった。

「私は、剣道しまいには、何のためにやるかと。人と和していくためだと。そういう考えである。

剣道の礼法が、根本のけじめがなっていないと、うまくいかないから、自ら、これを示さないと……」

範士は、長い剣道の経験を咄咄と語るのだった。

不言実行

剣道範士　吉武　六郎　先生

〈吉武範士の略歴〉

明治43年8月13日、福岡県三潴郡に生れる。

小学校から剣道を始める。中学では中村武徳、末次留三の両先生に指導を受ける。昭和5年柴田万策先生のすすめで国士館専門学校に入学。斎村五郎、大島治喜太、小野十生、岡野亦一、小川忠太郎などの錚々たる先生方から徹底的に鍛えられる。

昭和9年国士館を卒業し福岡県立糸島中学に奉職（糸島農学校兼職）。その後、筑豊鉱山学校（鞍手中学校兼職）、警固中学、住吉中学、博多工業高校などに勤務。また九州大学師範、全国学校剣道連盟審議員、福岡県剣道連盟審議員理事などをつとめる。

昭和15年全国錬士特別試合、同33年全国剣道七段指定選手権大会、同34年全日本東西対抗、同35年全国剣道七、八段指定選手権大会、同36年国体（福岡県代表）に出場。

昭和38年剣道八段、同43年剣道範士。

柴田先生の紹介で国士館へ

範士は明治四十三年、福岡県三潴《ずま》郡城島町で生れた。

そして、町の青木尋常小学校に入学した。その小学校の先生に広松喜三郎という先生がいた。この先生に、初めて剣道の手ほどきを受けた。

「ここにある写真が、小学校の頃の写真ですが、私は剣道やろうとは思っていなかった。村から中学に行く連中を、『お前たちは剣道やらないかん』と、先生に引き出されて、剣道をやらされた。そのとき、先生は二段ぐらいなものでしょうね。厳しい、厳しい。たたきまくられて、剣道というのは、こんなに痛いものかと。

その連中が皆中学に入ったんです」

表面がもう黄色く変色した一枚の写真を出して、範士は懐しそうにながめる。

全員縞の袴に竹胴を着けて、鉢巻をした勇ましい恰好である。稽古着はランニングシャツ一枚である。

この小学校で、広松先生に初めて剣道を教わったわけである。

そして、範士は大正十三年、中学にすすんだ。

「中学に入って、ちょうど半年ぐらいして腸チフスになりまして、三、四カ月寝たんです。それでも進級させてくれまして、正課で剣道か銃剣道、どちらかやらなければならない。それで剣道をやって、四年生頃から選手で出て、五年生のときに優勝したことがあります。

中学は、福岡県立三潴中学という学校ですが、中学では中村武徳先生、末次留三先生、この二人の剣道の先生から習いました」

中学時代、範士は高等学校にゆくつもりで勉強をしていた。

「私は、国士館にゆくつもりはなかったんです。福岡高等学校（旧制）に入るために、福岡に出てきて、英数学館に通っていた。

ところが、武徳殿に稽古に行っていたら、柴田万策先生が『国士館に行かんか』ということで、それで国士館に入った。柴田先生が斎村先生に、添書を付けて推せんしていただき、それで行ったわけです。

国士館は全寮制で、不寝番から朝稽古と、軍隊と一つも変らん。厳しかったものですよ。舎監がついていてね。今は、学校のまわりに家もあるが、当時は、寂しいところでした。

そして、斎村五郎、大島治喜太、小野十生、岡野亦一、小川忠太郎先生からお習いしました」

範士は、三瀦中学を出ると、東京の国士館専門学校に入った。国士館専門学校には、当時、斎村五郎を筆頭に、錚々たる師範がずらりと顔を揃えていた。

昭和五年に入学した範士は、国士館の二期生になる。

「国士館は朝稽古がある。午後も稽古がある。つらかった。

寒稽古は切り返しばかり。そのときに差がついてゆくわけですよ。やる人とやらない人と……。

私は、道場に一番早く行って座っている。これは最後まで続けていた。先生方もよく知ってられたと思う。

心掛けの一つですが、大事な点ではないでしょうか。

誰でも同じですが、上の方にいくには、立ち小便してしまったりとか……。あの頃はそういう稽古でないと、上にゆけなかった。

人が十本やれば、二十本ぐらいやる。そういうような心掛けでないと、上の方になれなかった。ぶらぶらしているものは、取り残されてしまう。

今、上の方にいる佐藤先生（顕。範士九段。埼玉）でも、人の倍も二倍も苦労していますね。

楽をして来た人は一人もいません。その差が非常に激しくなってきて、私らが卒業するときでも、まだやっと三段で、延期になったものもいる。

上の方の優秀な人は、三年で四段で、非常に差が激しい。それは修行の心構えの違いです。

人が十本やるなら、俺はその上をやるというのが、常に私たちの修行です。あの頃は、学校だけでなく、防具担いで他の街にゆく、という心掛けでした。

今の人とは、全然違うんですね。今の人に話してもピンとこないでしょう」

朝稽古

国士館の昔の稽古は、やはり打ち込み、かかり稽古が主体であった。範士も、稽古をやって、やって、やり抜いた。

「斎村先生は、とにかくまるで岩にぶつかってゆくような感じですね。あの先生は気の稽古ですが、私ら恵まれているのは、先生が気の稽古、大島先生は技がよかったですね。

気と技と、その中庸を得た我々は、非常に恵まれていた。小川先生あたりには、毎日一番お世話になったと思いますが、あの当時は各先生が特長を持っておられた。

本当に、いい先生がいらっしゃったですよ。

堀口先生（範士九段。東京）は、朝稽古においでになった。あの当時、朝稽古にこられて、ああいい剣道だなと私たちも思っていました。

無口で、黙々と稽古なさっていられた。今でも印象に残っています。

今思うとおかしいようですが、なに武専に負けるかという意識が強かったので、なおさら励みが出ていたのではないでしょうか。

それにしても、若気の至りで、かえってそれがよかったのではないかなと……。

今国士館に残っている講堂の横右側にずっと道場があった。そこでやった。今残っているのは、講堂だけですね。

冬の寒稽古あたりは、終っても夜が明けなかったですからね。四時半から六時半まで二十日間あった。ちょうど、一月いっぱいありました。足は割れるし、晩は足の手当にかかっていた。ひび割れはする、あか切れはする。私が一番かかったのは小川忠太郎先生です。小川先生には、毎時間必ずかかった。先生方には殆んどかかっておりますけれども、朝も午後も小川先生には必ず……。斎村先生は朝はおいでになりますが、昼は早稲田に行かれたり、毎日というわけではなかった。小川先生は、本当に黙々として、珍しいですね。私が二年生のとき、武者修行で静岡から鹿児島まで、小川先生が引率して、十何人だったか、江上先輩あたりと……今の梵天先生が中学二年でしたが、連れていって下さいました」

仲よしでライバル

範士は、昭和九年三月に国士館専門学校を卒業すると、福岡県立糸島中学に奉職した。

「糸島中学に入って、糸島農学校も兼職することになって、それから昭和十四年十月に福岡県筑豊鉱山学校へ行ったわけです。

そして、鞍手中学校を兼任したが、応召で兵隊にゆきました。

昭和二十年九月に復員しましたが、剣道はないということで、がっかりしてしまって……。

昭和二十四年、新制の警固中学に行って、卒先して、しない競技をやったわけです。

福岡市の中体連の専門委員長やって、三十四年に住吉中学に行って優勝させた。三年連続優勝させた。

そのうちに、博多工業高等学校が出来て、剣道の先生がいないので来てくれんかというので行った。

そこで、剣道部をつくって、四十八年の県大会で二位になった」

範士は、そのときの写真だと、写真を見せてくれた。

範士は、国士館を卒業して、糸島中学を皮切りに、福岡県内の中学で剣道を教えたが、ちょうど国士館で同期の佐藤顕範士も、卒業して福岡県の若松中学に赴任した。

「佐藤先生が若松中学に来た。九州で一緒です。二人とも仲良しで、私が糸島中学で近県剣道大会に優勝し、佐藤先生は明治専門学校の大会で優勝したんです。

私は、玉竜旗大会だけはいつも五、六回戦で負けてしまったが、佐藤先生はやめるとき優勝した。佐藤先生が兵隊に行くときは、私が送って行きました。奥さんが涙こぼして喜んでくれました」

福岡県下の中学校で、同期の二人が剣道の指導で競争していたわけである。

範士は、学生の指導についてこう語っている。

「卒先垂範ということです。自分でやらなければ、生徒はついてこない。自分からやる。これが主義だった。必ず放課後は自分が立ってゆかなければだめです。私は着物を着て指導したことは一ぺんもありません。どんな場合でも、私は稽古着をつけてやります。

そして、継続は力なりで、何でも継続性がなければ駄目だと。真面目に努力するしかないと……。それ以外にないと、これが私の主義です。口先で言っても駄目です。剣道は自分がやらなければ駄目です。

卒先垂範してやること。私は長い間、それだけできました。

ただ黙々とやるだけです。そうすれば生徒はついてきますよ。何も言うことはいらん。ちゃんと、心と心が結びついて、生徒は分かってきます。言わんでも……。

今でも博多工業には非常勤務で二日ほど行っていますが、頭がよいとか悪いとかでなく、真面目にやりさえすれば、中学時代勉強ができなくても、真面目にやっているのが、あとでかえって上になっていることがある。社長になったり。頭がよくても手先ばかりのやつは、やはりつまらない。

真面目にやれば、必ず上にゆくからということ、それだけ生徒に言っている」

九州の剣道のレベルというのは、全国的に見ても非常に高い。剣道と九州の風土が合っているようだが、そのことについて、九州人の範士はこう見ている。

「私は、卒業後ずっと九州にいまして、他所に行っていません。

私が九州の剣道を見ていると、やはり根性がある。そこのところが、他のところと違ってきているのではないでしょうか。

都会と較べると、九州の良さは、根性を養成しているところではないか。

それは、九州人のいいところでもあるし、短所といえば短所でもある。

しかし、九州人というのは、どんなに苦しくても、打ち勝ってゆけるようなものが自然に備わっているような感じがする。伝統というんですか。

これが、全てのものに影響しているんではないかと思う。

しかし現在では、少年剣道は、ただの当てっこが多くなってきた。

それを非常に憂慮しているんですよ。当たりさえすればいいんじゃないかと。これは全国的な傾向ですが、そこに私は非常に心配するものがある。

試合の数が、あまり多いために、当てさえすればいいと。そして父兄がまたいけない。それにとらわれてしまっている。

稽古は絶対指導者に任せて、何か言ってはならん。

少年剣道であちこち行っていますが私は絶対言わせない。それを勝ちさえすればいい、先生勝たせてくれと。そういうような傾向が九州でも強くなった。

試合が本当に多すぎる。子供の試合をあまり多くすると剣道がゆがんでしまう。最近、基本試合をやるところがある。これはいい。立派な切り返しとか、かかり稽古。それを採点して優劣を判定する。これはやるべきだと私は思う。

福岡県はとくに少年の試合が多い。手先だけで、構えはどうなってもいいなどとなってしまっては……それを心配しておるんです。

根性の問題と、そういう面を指導者はよほど考えておかんといかんと思う。

高校などでは、根性を養うという。そういうところはいい点でもあるし、カッとなる面はまた、慎しまなければならんところでもある」

範士は、九州人の根性と、少年剣道についてこのように感想をもらしていた。

七十でやり直す

範士は長い間、学生に剣道を教え、また少年剣道の指導にも携っているが、指導者の資質の問題についても憂えている。

「今、公民館とか、道場とか一杯ある。そして二段とか三段とかが指導するわけです。

金取主義でやっている。それが一番気になっている。先生、指導者が、やっぱり指導者としての資格というんですか、勉強して、立派な指導をするようにしないと……。

先生が先ず学ばんといかんですね。先生の講習やると出てこない。そういう点、指導者が乱れている。

この間、中野八十二先生などにも話したら、将来学校剣道あたり、資格を出さないといかんなと……。そういう弊害が出ている。

田舎にゆけばゆく程、どういう指導をしなければいけないかという、指導法というものを全然知らないで、ただバランス、バランと稽古して、試合をやることを教える。

これは極端な例ですが、とにかく指導者というものは、もっとしっかりしなければいかんと思います。

試合をもう少し制限できないもんだろうか。指導者陣が反省してゆかんと、いかんじゃないかなと思う。

打ち込み、切り返しをしっかりやっていればいいんですよ。当てっこはやる必要はない。

基本的なものをしっかりやるということを、指導者は頭に入れてやらなければいかんと思う。

最近は試合が多いもんだから、自然にそういうものにとらわれて、大事なものを忘れてしまう。残念なことです。

私たちなど、国士館に入っても、全部基本です。稽古なんて絶対にさせてもらえなかった。あの頃は、稽古をしたいという気があったが、今考えて、本当にいい方法でした。

基礎的なものだけ一生懸命にやらせてもらえたということは、本当に恵まれた指導を受けたと思います。

最近子供を指導して痛切に思うんですね。基礎ですよ、最初は……。

少年剣道が非常に盛んになるということは、いいことであるけれども、基礎的なことを度外視して、ただ当てっこというような考え方を持っていると、これはとんでもないことになる。

そこのところを、指導者はよほど考えてやらないと……。

試合稽古しないで、基礎的なことばかりやって、それで勝つところもあるんですよ。

小手先だけでやっているところは、あるところまできたら、全然駄目です。通用しないです。

ごまかしは、初め当たるようですが、少し相手が強くなると、全然駄目です。指導者でも、やりもしない人など、ただ打たせて、当てるということを指導するものだから、そうなってしまう」

範士は、少年剣道について、指導者のとるべき道を熱っぽく語るのだった。

「今稽古は、日曜は青年センターでやっています。学校出て、勤めたりした人が集ってくる。それの指導と、水曜日は護国神社、木曜日は武道館。

修徳館は、競艇協会の道場を解放してもらって、私がやっている。月、水、金とやっています。週四日間は必ず行きます。

七十にして、また基にかえって、素直に一生懸命にやるということだけです。

剣道やれば、やるほど難しいでしょう。また、七十になって白紙の姿で、やり直そうという気持ちでいます。

何の欲もありません。それだけです。子供と一緒にやって、真面目にやってゆこうと、それだけです。

そして、剣道何と言ってもやることだけです。不言実行といいますが、自分が先になってやること。それより他にないと思います。しゃべってうまいこと言っても駄目ですね」

〝ただやること〟——そういう範士の言葉にはつきせぬ重みが感じられた。

春風接人　秋霜持己

剣道範士　中島五郎蔵　先生

〈中島範士の略歴〉

明治41年5月17日、新潟市東港町に生まれる。

6歳のときから剣道を始め、堀田捨次郎、吉浦宴正、上村秀などの先生から武徳会の武徳殿で指導を受ける。

大正13年（17歳）上京し、中山博道範士の有信館書生となって住み込みで修行に励む。有信館では、羽賀準一、中倉清の兄弟弟子たちと厳しい修練に耐えて技を磨く。18歳のとき明治神宮大会で修道学院の黒崎氏を破って優勝。

昭和4年警視庁に入り、すぐ助教となり指導にあたる。警視庁に入ってからも有信館の稽古は欠かさず、また一高、国士館、猶勝堂、三菱など、中山先生が師範をしているところに出稽古に行く。

昭和45年警視庁副主席師範となる。

東京都剣道連盟剣道・居合道審議員をつとめる。

昭和36年剣道八段、同44年剣道範士。

有信館の内弟子として

範士は新潟市に生れ、六歳ぐらいから剣道を始めた。

そして新潟県の総師範のようになって剣道を教えていた堀田先生、そして吉浦先生から手ほどきを受けた。

「堀田捨次郎先生、あるいは吉浦宴正先生、こういった先生につきまして始めましたんです。

一番よくついたのは、吉浦宴正先生でございました。

新潟県におられた堀田捨次郎先生が警視庁に出られて、確か長岡におられて本部に来られた吉浦先生に教えられ、吉浦先生は最後に警視庁の師範にまたなられました。

佐藤貞雄先生。皇宮の師範をやっておった土田先生の弟子ですが、稽古やりたくてしようがないんです。が、田舎のことですからお相手になる人少なかった。

東京に出て警視庁の師範になられた吉浦先生は、一日に三回は間違いなくやっておられた。朝は講談社の道場、その他の稽古に回られて、まいっちゃったんですね。

四十八・九で、一年ちょっとぐらいで亡くなってしまった。やっぱり先生は、稽古やり過ぎたと思う。

私は子供のときから、可愛がってもらって、先生の家に養子にくれということでしたが、私の母がまだ生きておりましたから、養子にはやりたくなかったんでしょう。

先生としては、武専でも入れて後を継がせようと思っていらした。父親は前に亡くなっていた。母親がどうしてもそれだけはかんべんしてくれということで、結局中山先生のところに内弟子で入りましたんです」

範士は、大正十三年に中山博道範士の有信館に入門することになった。

「私が連れて来られたのは、中山先生が新潟に来られましたときに、先生に、吉浦先生が、大先生、日本一の先生にお願いしてみろということで、こっちは何も分からないんですから、その時は三段でございましたが、十六歳の時、あの当時の三段というものは、今の三段とはものが違っていた。

中学の先生が二段というところでした。子供でも三段頂戴しておりましたが、そこへ中山先生がお出になって、私は分からないものですから、掛っていったんです。

そうしましたところが、もうこんなに偉い先生にお願いするというので、前から上がっていましたから、思い切って突っ込んでいったところが、ちょっと背中をたたかれてしまって、向こうへ飛んでいってしまって、羽目板にぶつかって、竹刀を自分で折ってしまった。

後で、吉浦先生に『あの坊主よこさないか』と大先生がおっしゃった。それで私に聞かれて、大先生のところで稽古を出来るなんて、これ以上ないことで、お願いすることになりました。

大正十二年に来いと言われたんですが、震災で十三年の春に中山先生のところへおじゃましました。

しかし、あの時はいっぱしの遣い手のようなつもりで行ったんですから、はずかしいですよ。

最初の日にもう、塾生の強い人に……。自分では前にも優勝しているし、東京へ行ったって、そう大したやつはいるわけはないと。

それが田舎者でして、立ち上がるが早いか諸手突きでパーンと突き上げられて、驚いちゃって、そっくりかえるでしょ。

直ぐそこから横面が来る。

それだけならいいですよ。昔の横面というのは、意地が悪くて、普通ならパッと打つでしょう。それなら鼓膜破れないですよ。それをパーンと（引き気味に）打つ。それで驚いていると、次には左からパーンと来る。

耳から血が出る。どうしようもないですね。これは殺される。私は逃げようと思った。帰ろうと思った。

そしたら、郷里の人たちが、しっかりやってくるんだよ。東京の五段になったら帰って来い。中学の先生になった方がいいだろうと。

昔の中学の先生になれば、一応まあまあ五段ならばそうとうのもの。五段まで我慢しようと思いまして、それから一所懸命やりました。

先生は非常にやかましいお方でございましてね。書生どもには指導ばかりでなく、立居振舞い、何から何までやかましかった。

それが今、非常に有り難いことだと思っていますが、道場では先輩の連中に半殺しにあった。毎日ですな」

百の稽古

範士は有信館で、師の中山先生からきびしく仕込まれ、また先輩から激しい稽古で鍛えられた。そして、昭和四年まで内弟子として修行した。出稽古も多かった。


「他所に稽古にやられるわけです。近藤男爵のお相手をやらされた。小さいから、ちょうどいい塩梅ですね。

一高の寒稽古も先生がご用がおありになるので、毎日は出来ませんでした。朝五時か、そこらからだったと思いますが、あの当時の一高というのは、プライドを持っています。エリートコースですから。

私は一応先生の代りですわね。早い話が師範代として。ところがそんなのは全然認めないんです。

向こうだって、書生さんですね。元に立てないんです。私が先生の代りだから元に立とうとすると、あんた退がりなさい。僕ら元に立つと言われて。くそ、面白くないことを言いやがんなと思いましたが、そうか、と後へ退がって始めた。こっちは一応専門的にやってるでしょ。向こうがいくら良いのといったって、まだ学生さんですから。この奴と思ったもんだから、半殺しにしたわけです。そして、もう止めようかと言いましたら君が止めるなら止めると。半殺しになっていながらですよ。

あの当時の一高の生徒というのは、さすがに将来皆偉くなる人たちだけあって、意地というか、根性というか、いや驚きました。

それで、まだこっちも同じぐらいの年なんですから。で、もう一ちょうやろうじゃないか。こっちは道場の稽古ですから、皆荒っぽいですわね。

投げる、突く、横面、本当に半殺しです。終いには、苦しくて、青鼻たらすんですよ。投げて、しめるんですからね。

青鼻たらして、これなら死んじまうなと思ったから、もういいや、もうやめましょうやというと、お前がやめるならやめるよ。腹の立つこと。死にそうになってそういうんですから。

中山先生が良く言われた。『お前たちは、九十九は何時もやっている』と『しかし、百はやらんじゃないか』と言われましたが、あの時の学生さんは恐らく百までやったでしょうね。

私も、それで百までやったことはある。それは、警視庁から（中島範士は昭和四年一月に警視庁に入った）国士館に稽古にやられたわけです。

で、私その当時助教で、二十一歳のとき、入って直ぐ助教になったですから、警察官の勤務を知らない。先生で入った。それで国士館にやらされた。当時の一期生、二期生だなんてのは、強いの強くないのなんて。それは技は稚拙ですよ。だけれども、全国から選ばれた本当に何人というくらいしか採らなかったという人たちが、揃っていた。

夏の暑中稽古の真最中で、初めの一時間ぐらいはこちらも元気のいい盛りですから、打って、打って、打ちまくり、足は掛ける、突く、横面はやる、いい気持ちでやっていた。

そのうち、こっちは少しくたびれて来た。真夏ですから。特にあの日は暑かった。それで約一時間もやりましたから、やれやれと思ったですが、まだ後一時間ある。

これは少し初めにやり過ぎたなと。その後から、今度皆見ているでしょ。大沢先生、佐藤顕先生、江上後郎、こういう先生方が、ぞろぞろと並んじゃったですよ。

少し長くやっていると、後で早くやめろと。自分が早くいじめたくてしょうがないもんだから。本当に半殺しにされたですね。

その時は、こちらは疲れちゃって、精も根も尽き果てているときですから、やられほうだいやられるわけです。

その当時、私上段が得意だったんですが、上段なんかかまわずに突き上げられてしまう。あの当時はちょっと出小手を打ったとか、ちょっと出端の面を打ったとか、そんなことでは納得しない。つぶれたものが負けなんだ、というような稽古でした。

いわゆる錬《ね》る稽古でした。今のように、ちょっと当てて勝った負けたなんて言っている、試合は別として、そういうようなものでなくて、とにかく半殺しになりました。

まいってきたときは、初めに汗が出切ってしまっているでしょ、だから震えが来るんですね。震えが来たと思ったら、今度は寒気がして来た。

寒気がしたと思ったら、今度はカーッと全身が暑くなってしまう。あれはもう少しやったら死んじまうんですね。

汗も何も皆無くなってしまうんですから。どうにか二時間というもの切り抜けた。切り抜けたというと体裁はいいけれど、ころんでは起き、投げられては起き、突かれれば突かれっぱなし、打たれれば、打たれっぱなし、それでもどうにか立ち通したわけです。

で、斎村先生がずっと見ておられる。それから南里先生。高いところで見ておられる。

風呂に入れられた。風呂なんて入れるものではないです。人間本当にまいったら、風呂に入って、温まってフーンなんて……。まず水道に頭をつけて……。風呂なんかに入っていい気持ちなんかなれるもんじゃない。

それから、斎村先生のお宅に連れてゆかれて、ビール出されました。本当に人間まいってしまいましたら、ビールも酒も喉に入るものではない。呑めるものではない。

それは、適当な稽古やって、一時間ぐらいやって、いい気分で、風呂上がりでビールを呑めば、一杯や二杯は確かにおいしいですよ。のびてしまったら、とんでもない。

その時私は、先生が何時も言われる、これが百までやったというのかなと思った。それまではやってなかった。

いくら自分はやったつもりでも、若い頃のことですから、一日に三回か四回必ず稽古しました。しかし百までやったということは何回もない。

一番つらかったのが、百一ぐらいやったんではないかと思うのが、この国士館の稽古でした。また連中は、今の強い人たちでしょう。引っかけて、私なんか何処かにいなくなっちゃうんですよ。

私は四十七キロ以上になったことはない。五尺三寸と言っていましたが、五尺はないんです。軽いし、女の子と腕相撲してもかなわないくらいです。

それが、強い盛りの大沢、江上、馬田、佐藤なんかでしょう。あれが一番、私が剣道初めてからつらかったことです。あれ以上つらい目に会ったことありません。

それは、しょっちゅう死ぬ目に会わされておりましたけれども、あのときは本当に百一ぐらいまでやった。根性以外に後は何もありません。それを素人の方に申し上げちゃなんですが、一般の人に、そういうことを強いるわけにはいきませんが……。

剣道というものは、指導者になったら、あの方にもう一遍お願いしたいと、そういう剣道でなくてはならんし、また指導でなくてはならん」

二人の兄弟弟子

有信館では、中島、羽賀、中倉と言えば三羽烏といわれ、仲のいい兄弟弟子であった。

範士は、当時の二人について語るのであった。

「私の弟弟子で羽賀準一というのがいました。これは強かったですよ。今の中倉さんと私が一番兄弟子なんですよ。中島、羽賀、中倉という順で来た。

とにかく羽賀は強かった。あれは、中山先生は見る眼があったんですね。最初は猶勝堂の近藤男爵のところへ来ておったんです。

それで、朝稽古をやると、ただ痛いだけで剣道になっていないんです。お前みたいに、下手くそな奴はないよ。ちょうど羽賀と私は同い年ですから、下手くそな奴と、こう思っていました。

そしたら、中山先生じっと見ておられまして、『羽賀こっちに来い。お前はうちに来い』。羽賀喜んじゃってね。それからうちに来るようになった。

そうしましてからね、何でこんな下手くそなのを、バカ力だけあって、何で先生はこんなのをお呼びになったのかなと思っていましたが、これが違う、目が。

それから、二年半ぐらいしたら、とてもかなわなくなってしまった。あんな下手くそなやつが。

それが、羽賀は人の三倍も四倍も、毎日が百までやったでしょう。一時肺が悪かったですが、そんなのは何処かに飛んでいっちゃったらしい。

本当に百まで毎日やったですね。ですから二年半から三年経ったら手がつけられなくなった。そういうときに、ちょうど中倉が鹿児島からやって来た。

ご存知のように、中倉は今は誠に円満そのもののようになりましたが、来たときなんか、ぶっきら棒でね。鹿児島弁丸出しでね。『そうでごわす』なんて。

このやろうと。あれは大道館出たんですがね。どうも挨拶が気に入らないんだね。一番兄弟子なんだから、挨拶も、お前何て言うんだ。『中倉清』。そして『一丁お願いしたいんだけどな』。入門早々ですよ。

このやろうと思って。そうしましたら強そうなんだ。今太ってるが、今と違って、あの当時はやせててね、頬こけていた。

余程稽古やったんだろうね。背は高かったし、今はあのくらいな人はたくさんいますけれど、以前はあんな大きな奴はいなかったですよ。

これは、羽賀とやってこりごりさせてやろうと思って、羽賀、あいつは生意気だから、しめてやれよと。さぞかし羽賀が半殺しにするだろうと思っていたら、羽賀とどっこい、どっこいだったですよ。来たばかりですよ。

そのとき中倉さんは、十代でした。私より二つ三つ若いですよ。羽賀は私と同い年だから、二十ぐらいにはなっていたでしょうね。

どっこい、どっこいなんです。終いには二人で組み打ちが始まった。また中倉の足は、あの脛にぶつけられたら、こちらの骨が折れるくらい強い。

組み打ちやっていて、勝負がつかない。これでよかろうと。やめろと。後で羽賀に、こいつ面白いじゃないか。あの当時は強い奴が魅力があるでしょ。強くなければ相手にしませんよ。こいつ可愛がってやろうじゃないかと。

それから三人が本当の兄弟と同じ。現在も勿論そうですけれども、羽賀は亡くなりましたけれど、兄弟以上のつき合いしています。

そのように、私は非常にいい兄弟分、いいライバルを持った。本当に。しかも師匠と。天下の大名人を持ったということは、本当に幸せだと思っているんです」

やれば分かる

範士は、若いときの有信館での修行について面白いエピソードを持っている。それはまた、修行についての真理でもある。

「昔の先生は、大体そうだったんですが、教えないですね。

お伺いしても、『やってみれば分かる』。一番卑近な例として、先生が一年のうち半分は地方を廻っておられましたが、先生がおいでになれば、必ず道場で朝五時から起きて寝巻きのまま、いろいろな形をおやりになったり、居合をやったり、杖を遣われたりしている。

私ども、あの板場に寝ているんですから、せんべい布団一枚ですから、先生早く出たなと思うから、布団をかぶってそっと見ているんです。

盗まなければ教えはしない。採れないんです。しようがないんです。そうすると、さすがに先生は、直ぐ気配で分かるんですね。

つかつかと来て、鞘でぶたれるんです。先生のは痛いんです。手の内が冴えているでしょう。

そして曰く、『教えるときは、教えるんだから、そんな盗み見するような、さもしい根性出すな』。

先生は誰も見ていないところで一人で修行したい。それは分かりますよ。『人間というものは弱いもので、猫が見ていても、いくらか恰好よくやろうとか、そういう気持ちになるもんだ。先生は一人で修行したいんだから、さもしい根性出すんではないぞ。教えるときは教えるんだ』。でも、ちっとも教えない。

それで、近藤男爵とか、岩崎さんとか、渡辺子爵とか、そういう偉い人たちには、噛んで含めるように、手とり足とり教える。それでいて、見ていると叱られてしまうんですから……。

今考えても『やれば分かる』、そのお言葉が、いいするめを噛んでいると何とも言えない味が、だんだんと出てくる。あれと同じですね。

私はまだ、今の心境はやっぱり、おやじの言ったことが、初めて少しずつ分かってくるようなもんですね。

また、先生は、よく私たちに言われた。お前たち、その足が駄目だ。足というものは『地を踏むこと水の如く、水を踏むこと地の如し』だと。

分かるような気もするけれど、さっぱりぴんとこなかったですね。この年になって見ますと、初めて何か少し分かるような気がするんですね。

お風呂にいって、お背中流しているときに件のような『水の如し』と言われるわけです。その時分は、まだぴんと来ないんです。

来ませんですよ。今でもまだ、はっきりしませんが。そういうことは言われるんです。剣道というものは、何処までいっても限りがない。

あらゆる芸術がそうでありますが、今の私の心境なんかは、『分け入りし　霞の奥も　霞かな』。

本当に、何処までいったってきりがないんですから。もう目の前が開けるかと思うと、直ぐまたそこに大きな霞が出てくるんですから、どうにもならんですね。

分かったようなこと言っても、本当に分からんですね。

今の選手権ですね。優勝しますわね。ところが、剣道というものは、それからが大変なんです。ちょっと偉そうな言い方をするようですが、それから本当に道に入ってゆくんではないでしょうか。

その道程のうちに、いわゆる心の養いをしているうちに、哲学的なものが、何かこう分かってくるんじゃないでしょうか」

頭上満々、脚下満々

範士は、師の稽古を思い出しながら次のように語るのだった。

「先生のお稽古は、まず乗って、気持ちで乗って攻めて、それで勝たなければ技はお出しにならなかった。勝って後、技を出すと。そういうようなお稽古ぶりでしたよ。先生が七十五、六でいらっしゃいましたかな。京都の朝稽古で、今の小川忠太郎先生と二人でそれを見ておったわけです。

あの一番端っこにお立ちになって、先生が出たというので、当時の達人級の先生方だけが十人ぐらいお願いになった。うまく遣《つか》ってくれればいいがなと見ていた。遣うも遣わぬもない。三分と皆もたなかったですよ。もたないわけですよ。立ち上がりますね。先生はまず一歩、乗ってしまうんです。気持ちで。宮本武蔵の頭上満々、脚下満々。乗ってしかも、気分は頭上満々。頭のてっぺんから、足の爪先まで気力、気魄で満ち満ちていなければ、相手に勝てるものではない。

よく言っておられましたが。ちょうど、それと同じで、立ち上がりましたら、しゃっと、もう乗っちゃって、乗られているからどうしようもないですよ。

普段はひげが下がっているが、ああいうときは上がっているんですからね。鋭い目玉でしたね。

それで、あの気分でぐぐっと攻められるんだから、誰だって、のけぞってしまう。どうした、どうしたと言うんです。攻め込まれるから、もう苦しくて、出るべからざる場合でも、そういうところでも敢えて出なくちゃならない。そういうふうに攻められてしまう。

仕方なく、相手が苦しくて打ちを出してくる。打ちを出してくれば、しめたものなんです。

ちょっ、ちょっとなやすと、相手はくたびれてしまって、後へ下がって、気力を整えようとすると、どうしたんだと攻められる。

三回ぐらい往復して、直ぐ切り返しです。そして、無理なところ、とんと出ようとすると、びしっと、喉元につけられる。

どうにもこうにもなるもんじゃない。約十人ぐらい大家をお遣いになったとき、さすがに小川先生、今でもあのときの先生のあれは、やっぱり名人だねと言っていましたが。知っているのは、私と小川先生しかいないんです。

そういうような稽古法だったですね。それではとてもかなうものではないです。先生のお稽古は、お願いして楽しい剣道ではなかった。

で、楽しい剣道ではなかったけれども、修行になりましたですね。相手の方々も……。

まあ、あんな方は二度と出ないということを持田先生、斎村先生がしょっちゅう言われていましたね。『五郎ちゃんは幸せだったな』と。

今の心境は、剣道というものは難しいもんですね。心を見なくてはならないのですから。起こりなんていうのは有形なものでしょう。

有形な起こりでさえも、うまくいかないんだから。無形でしょう。無形の心を打たなければいけない。無形と言っても、何かあるから無形なんです。そのまた奥があるでしょう。匂いというのがあるでしょう。匂いのところの先がまだあるかも知れません。少なくとも、その匂いのところまでいかなくてはならない。ところがあきらめてしまうわけにはいかない。

月に一遍ぐらい、これが匂いかと思うことがあるんですよ。後になって見ないと分からない。それが後になって分かる。難しいなんてもんじゃない」

範士は謙遜されながら、剣道の難かしさ、奥の深さについて、心境を吐露されるのであった。

至大至剛

剣道範士　植田　一　先生

〈植田範士の略歴〉

大正2年10月1日、香川県高松市西内町に生れる。

6歳の時から実父植田平太郎範士に、神道流剣道並びに、無雙神伝流抜刀術の指導を受ける。旧制高松高等商業学校専科卒業後、父の助手となり剣技を修行。昭和12年、県立高松商業学校教師、大日本武徳会香川県支部剣道教授。同15年、官立高松高等商業学校剣道師範及び講師となる。

終戦により学校を退職。高松琴平電鉄事業課を経て、昭和29年、県警察本部剣道師範、同術科指導官、同警務部主幹を歴任。同52年から58年まで嘱託剣道師範。同53年から県立武道館剣道師範を委嘱される。

その間、明治神宮国民体育大会個人・団体優勝、京都青年大会優勝、満州建国10周年奉祝日満交歓剣道大会日本代表・日本軍優勝、講和記念大会第3位、全日本撓競技大会個人優秀賞、全日本剣道選手権大会準優勝等、数多くの優秀な戦績を残す。

全剣連評議員、香川剣連副会長兼理事長、中・四国学生剣道連盟副会長、香川大学剣道部師範、香川県体育協会理事などをつとめる。

中国へ2回、欧州へ2回派遣され、著書に「流れ星」「続流れ星」がある。

昭和38年剣道八段、同44年剣道範士。

香川県立武道館は、高松市福岡町一丁目、県立体育館に隣接して建てられている。

正面を入ると、突き当たりの壁に、大きな胸像のレリーフと顕彰碑がかかげてある。故植田平太郎範士の胸像である。眼鏡をかけ、髭をはやしているこの像は、実に良く出来ている。後で聞いた話だが、肉弾三勇士の像を作った作者の手によるものであった。

その前に立って、しばらく胸像を眺めていると、植田一範士がお出でになり、挨拶を交して、武道館の応接室に通された。

柔和で、会社の重役を思わせる範士は、この県立武道館の師範をされている。

父平太郎範士から手ほどきを

「六歳の頃から、父植田平太郎について、神道流剣道や無雙神伝流抜刀術を習いました。ちょうど小学校一年のときから始めたことになります。

私が生れたのは、市内の内町でしたが、当時、一宮町成合というところに、道場がありましたが、それが内町に移って来ていた。

その頃私は、中学三年で学校の剣道部を退部し、陸上部でやっていました。

長男義行、次男義治、弟稔と皆剣道やっていましたが、結局、私が剣道で父の後を継いだわけです。

昭和四年、父平太郎が天覧試合で準決勝に進んだ頃から、多くの人たちが四国に見えて、父は稽古をしています。

有名な先生方はほとんどお見えになり、昭和六年夏は和田晋先生、小沢丘先生、昭和十年には、小沢先生はお一人で見えました。

また松本敏夫先生、中倉清先生など、長期間ご滞在でした」

範士は、小学校、中学校をへて旧制高松高等商業学校に入学するが、剣道は実父の平太郎範士から教わった。

昭和天覧試合の優勝者は、持田盛二範士であったが、そのときの準決勝の相手が植田平太郎範士であった。当時、脚光を浴びた平太郎範士のもとには、全国から、その剣風を慕って、多くの剣道家が修行に来た。平太郎範士は、どのような人であったのであろうか。顕彰碑には、次のように書かれている。

――先生は剣道範士として香川県剣道の育ての親であり、その重厚にして気品高き神技は、一世に鳴る斯界の至宝であった。

明治十年に生れ、幼にして厳父与左衛門に天神正伝神道流を学び、少壮諸国武者修行或は、武徳会本部に技をみがき、又宅間当流柔術並に無双神伝流抜刀術皆伝を受け、香川県警察部、武徳会香川支部、高松高等商業、高松中学、高松商業、高松第一中学の剣道師範として後進子弟の育成に生涯を捧げられた。

常に、剣道は人の道と説き、心正しくして剣正しきを身を以って範を示された。

昭和天覧武道大会に選士審判員として栄誉を博し、後範士九段の最高位を允許され、一等有功章を授けられた。昭和二十四年七月二十五日、病没された。

茲に碑を建てて先生の精神を不朽に伝える。――

というのを見てもわかるように、日本の剣道界でも、当時群に抜きんでた剣士であった。

『剣聖植田平太郎伝』の中で、持田範士は次のように語っている。

――昭和四年の天覧試合の時は、準決勝戦で植田先生と合いました。わたしも、ほんとうに、身のひきしまる思いで、一所懸命でした。

まず最初に、小手を一本、植田先生にとられました。つぎにわたしの突きがまともに入って、一対一の勝負となりました。幸いにして、わたしが小手を取って、どうにか勝たせていただきました。

決勝戦には、当時満州におられた高野茂義先生と顔が合いましたが、わたしが二本取って優勝しました。

植田先生はわたしより少し年長でありましたが、とにかく大へん親しくおつき合いを願っておりました。植田先生と香川出身で神戸におられた渡辺栄先生が、まず関西のキリン児とうたわれた方です。

わたしが、教員養成所時代、植田先生はすでに刑務所の先生をしておられましたね。たしか、明治四十年の春でした。翌四十一年五月の京都大会に、わたしははじめて植田先生と顔が合ったのをおぼえています。

わたしが養成所を卒業してからは、たびたび植田先生にお願いしました。当時は、四国中国での、武徳会支部の試合には、いつもきまって先生と顔が合いました。香川、高知、愛媛の試合も全部組み合わされ、勝ったり、負けたりいたしました。

とくに試合については、実によく研究された方で、試合の都度作戦を変えて来られる。一度として同じ手でやるということはありませんでした。まったく見上げたものであり、われわれとしても、大いに学ばなければならない点がたくさんあったと思います。

香川県あたりへは、全国からよく武者修行の剣客がやっていく。そんな時、たいていのものなら門弟にやらせて、自分は試合なんかしなかったが、植田先生は自ら出て、無名の剣士と試合をされたということを存じております。

これも先生の、武芸熱心のあらわれで、常々からその心がけがちがっており、いつでもどんな時でも剣を握って立つという心構えができておったと思います。

剣豪というより、剣聖という方がぴったりとしたのが植田先生でした。——

植田範士は、父平太郎範士のことについて、こんな風に語っている。

「父の剣道のことについては、私自身三十五歳頃まで共に暮らし（父が亡くなるまで）、ことごとに訓育を受けていながら何等それを吸収、実践出来ず、剣道における父の非凡さに今さら驚いているような始末です。厳しい道への追求と、熱烈な指導の自己加虐から自らを開放して、時たま一本の酒を飲んでは赤くなり、寝ころんで〝ここは朝鮮北端の……〟と、鴨緑江節を口遊んでいたご機嫌の父を、今も懐しく思い出します」

範士はまた、父の剣道のことについては、

「私の父も四国の高松で一生を過ごしておりまして、天下の持田、斎村、小川という先生方と試合をお願いできていましたのも、間合の掛け引きが、田舎の練習において生かされていたのだろうと思われます。

その練習ぶりをみていますと、初段の者とやるときには初段か二段ぐらいに、三、四段とやるときには四、五段ぐらいに、六、七段とやるときには七、八段ぐらいに自分をおいて稽古をしていたようです。

それがため、相手は大木にぶっつかるような気持ちにならないで、初段の者も五、六段の者も一様に父に対して飛びかかって汗を流していたようです。

父もまた二束三文の稽古をしないで、結構十分な稽古が出来ていたのだと思います」

稽古に当たって、相手のレベルにおりて稽古をするということは、簡単に出来ることではない。

専門家への道

範士は、中学から高松高等商業学校へと進み、剣道は父平太郎範士に武徳殿で教えを受けた。

「男兄弟が四人いる中で、一人は専門家になってもいいだろうということで、私がその後を継ぐことになりました。上の二人の兄は、もう故人になりましたが、五段までいきました。いずれも実業界に、下の弟は教士六段、金川造船（代表取締役）に行っており、専門家の道へは進みませんでした。

高松高商を出て、父のもとで助手をやり、昭和十二年、県立の高松商業学校の武道教師になりました。

昭和十五年には、高松高等商業学校の武道師範を兼務しました。

私が、専門家の道で修行を始めたのは、この頃からだといっていいでしょう」

母校の剣道教師にもなった範士は、平太郎範士から指導を受けながら、専門家の道を歩んだ。

範士は、大きな試合に出場し、香川県、また四国を代表する選手でもあった。

「昭和八年、十年には、明治神宮国民体育大会に出場し、個人、団体で優勝しました。

昭和十一年、また京都青年大会に優勝しています。

昭和十七年には、満州国十周年記念の奉祝日満交歓剣道大会の日本代表選手として渡満し、そのときは、日本軍が優勝しています。

昭和十五年三月、応召を受けて丸亀の連隊に二等兵で入りました。

ところが、林銑十郎大将、荒木貞夫大将から贈られた日章旗を持っていましたので、二等兵が大将から贈られた日章旗を持っているので皆びっくりしていました。

一所懸命で勤め、三カ月少しで解除になりました。

荒木大将には、『丹心抱忠貞』、林大将には『尽忠報国』という言葉を書いていただきました」

剣道の中心は間合

剣道一筋に歩んで来た範士は、戦後の剣道禁止のときには、一時実業界にも身を投じたことがあった。

しかし、高松では、比較的早く剣道をやることが出来た。剣道が復活すると、国家地方警察の香川県警察隊の剣道教師になり、後に県警本部剣道師範になった。

範士は、修行によって得た間合について、その蘊蓄を傾けるのであった。

「私も良く稽古をしていて、近い間合にいるときは打たれることがありますが、いざということで、ちゃんと間を取ってやると、私自身の間があるので、そう打たれることがありません。

間合というのは、距離と時間と虚実、それにアルファの総称です。

距離については、彼我竹刀をとって相対したとき、一歩踏み込めば直ちに相手を打突し、一歩退けば相手の竹刀をはずすことが出来る、いわゆる一足一刀の間合、つまり通常六尺といわれていますが、これは竹刀の長短とか、進退の遅速、各人の体格、精神の鍛錬、技の熟否などによって異るべきで、必ずしも一定にすることは出来ないと思う。また、練習内容によっても変わるのが普通で、こうした距離というのは三つに分けて考えることが出来ます。

昔から剣道には、『三つの間合』という教えがあります。初心者に対する場合、お互い同士とする場合、試合のような場合の三つの場合ですが、初心者と相対するときは、間合を近くして種々の技術を試みて練磨するのがよいとされています。間合を近くしても相手を圧迫し通すのではなく、相手にも稽古が出来、自分も稽古が出来ることが必要で、たとえ段が違っていても、やりようによっては結構お互いの稽古になると思います。

同格の者とするときは、一足一刀の間合をとって、心を残さず、失敗を顧みず十分に働き、目的を現在におかず、将来の大成を目標に、一所懸命打ち込む機会と打ち込む技の練習をすべきです。

試合のように、その時が大切な場合は、やや間合を遠くして、直ぐに打突の届かない位置にあって、相手の起るところ、退くところ、はずれるところを打ち込み、相手が出れば退き、相手が退けば自分は出るというように、間合を十分注意しておれば、容易に打たれることがなく、そうして相手の尽きたところ、隙を窺って勝ちを制することが出来ます。

これが三つの間ですが、時間については、打突する場合、竹刀の運用に要する時間と、体を運ぶに要する時間をいうのであって、相手を打とうとするとき、竹刀をふりあげて打ちおろすその時間です。

間合の遠い際は相互の距離を接近させて、竹刀の届くところまで体を前進させて打つのでありますが、これに要する時間が間合です。

私も昭和十四、五年頃だったと思いますが、教士号をいただく二、三年前、いっとき、横面（半面）が得意の時代がありました。

試合の時ですので、相手と竹刀を合わせているときはちょっと剣尖は離れていますが、遠い方の間合で、これから横面を打つのですから、距離的にいったら、その位置から左足を踏み出しただけでは横面は届かないので、盗み足と申しますか、右足を少し前に踏み出し、その踏み出した右足を軸にして左足をさらに大きく踏み込んだ横面をいったものです。

これが、実によく当たった時代がありましたが、その機会は相手が小手を用心して剣尖を少し下げるとき、その機を狙って今の要領で横面に出るのですが、その相手の剣尖の下がるときを見越して右足、さらに左足、そして同時に横面に出る。

これを全く一つの目的のために時間をうまく按分する。こうした打ちは、さきに申し上げた距離と時間とを測定に入れての間合だと思います。

剣道の試合で、その打つ時間は最も早いのがよい場合と、必ずしもそれを必要としない場合とがあります。

かつて陸軍の大島鎌吉氏のお話を聞きましたが、記憶に誤りがなければ、野球の場合、投手のボールが手を離れてからキャッチされるまでに〇・五五秒（アメリカ人選手十人の平均）。バッターがバックスイングしてからホームの上をバットが通るまでがまた〇・五五秒。それで球の球質を見抜いて打てる者がスピードの優位性をもっていることになり、勘のいい者となるのです。

また陸上競技において一〇〇メートルを走るとき、ピストルの音を聞いて行動を起こすまでに〇・七―八秒かかるのが、なれた一流選手になってくると、〇・四―五秒ぐらいでできるのだそうです。

剣道でも百三・四十匁の竹刀をもって相手に打ち込む。もちろん早いに越したことはないでしょうが、野球のピッチャーが速球だけでなく、チェンジ・オブ・ペースで強打者を簡単にうちとる。そのように剣道も、早い技の中にも、また相手とのタイミングを考えた時間が本当の相手に対する時間的間合だと言えます。

私の父と私が稽古をやっておって、父が上段で私が中段の場合、父の上段からくる面がこちらにもわかりきっていて、しかも何にもなすことなく面を打たれる。

本当に早い面でなく、ゆっくり飛んでくる面であって、それがまた、まことにうまく当たる。これなどは、この時間的間合に、精神作用が影響していたものだと考えられます。

虚実とは精神作用上のことで、その緊張と否とによって打つべき間（空隙）の生ずることを言います。

剣道では、『敵より遠く、我より近く間をとれ』と教えます。これは姿勢についても、構えについてもできるけれども、多くの場合、心持ちによるものです。

即ち、虚をつき、実で押さえる場合でありますが、相手の出端、引き端、あるいは起こり頭、技のつきた場合などは実より虚に、虚より実に変わる刹那で、打突に最も大切な間合であって、この場合、相互の距離に甲乙はないが、利・不利からみれば、我より近く敵より遠いということになるのです。

勝敗というものは、一に間合によって決するものであって、竹刀の長短や、身体の大小、力量の強弱などによるものではなく、機に処し変に応ずるのが間合の極致であって、剣道修行の大部分は、殆ど間合の研究であるといっても、決して過言ではないと思うのです。

一刀流の伝書の中にも、『勝負の要は間なり、我れ利せんと欲せば彼も利せんと欲し、我れ往かんとすれば彼また来たる。勝負の肝要此の間にあり……』と書かれてあります。

プラスアルファとして、虚実ではないが、やはり精神作用上のことで、間合に影響することがあります。

その一つに気品とか気位というものがあります。人と向かい合って話をしていても、人物の出来ている人には、なにか気押された感じがします。

そうでない者に対しては、なんらそういうことを感じません。むしろ気楽に対することができます。私が常に尊敬している先生方と向い合ってお話を伺っていると、なにかこう、その人格に打たれるものがあります。剣道具を着けてそういう先生方とお稽古をお願いしていても、やはりそこに先生方の風格からにじみ出てくる圧迫感を感じます。

そうしたものが剣道、いわゆる狭義の場合の竹刀を合せている剣道の間合から、また違った間合を作り出してくるもので、先生は常と少しも変わった間合ではないが、私の方は間合のとり方が大変狂ってくるのです。こうした人間的な幅の広さ、人格の深さが必要となってくるのは申すまでもございません。

会場の雰囲気ですが、例えば私は今までに大きい試合では、戦前の宮内省済寧館、明治神宮の日本青年館、満州国新京の神武殿、北支天津の武徳殿、戦後は蔵前の国技館、両国のメモリアル・ホール、外苑の都体育館や日本武道館等でそれぞれ試合をしましたが、いずれも自分が常に練習している一般の道場とは構造が違っている。

つまり普通の道場は会場にひっついて、すぐ横に壁とガラス窓がある。そこでその雰囲気になれている私は、蔵前の国技館のような（第一回全日本選手権大会のとき）試合場から擂鉢式に見物席があって、そして横の壁ははるか向うにある。また日本武道館のように大きいドームのような会場で、試合場から離れて見物席が二階、三階とあって、窓はこれまた大分離れて向うの方にある。そうしたところで試合をするとき、必ず常と異なった雰囲気を感じ、そこに間合の齟齬をきたしてくるのは極く自然でありましょう。

もう一つ観衆の雰囲気があります。相撲の本場所のテレビを見ておりますと、中入り後になってようやく熱をおびてくると、入幕してからまだ間もない連中は、観衆の雰囲気におされて相当堅くなっている。

それが三役どころになると、土俵上にあがって四肢を踏み、蹲踞し、塩を撒くその動作一つ一つにも興奮している雰囲気にとけ合った、心にくい程のタイミングのうまさが感じられる。

それがさらに横綱になってくると、こんどは自分の動きで観衆をひっぱって行くだけの貫禄と落ち着きがそなわって、反対に観衆がひきずられて、一つの雰囲気をかもし出してくる。なかなか立派なものだと思いましたが、剣道の試合も同じで、見物席をひっぱって行けるだけの実力が出来ればもう大したものだと思います。

こうした雰囲気というものをあらかじめ計算に入れて、それをうまく活用するところに、試合者の試合なれというか、うまさを見受けるわけです。

要するに間合というものは、あらゆることに生きてこなければならないものと思います。我々道場で剣道やっている者は、ただ道場だけの剣道におわらないで、そのきつい毎日の修錬を通して鍛え磨かれる精神が、自分の人格と結びついて、社会生活に顕現されてゆくものでなければならないわけです。

間合についても、それが人生のあらゆる面に生きてこそ、本当の間合が分ったと言い得ましょう」

袴は日本人の心

範士は、昔から稽古をしていて気がついたことは、袴をまるめて防具袋に入れることだと言う。これは、剣道をやる者にとって、大変残念なことで、そこから袴の研究を始められた。

袴は長い歴史の中で、日本人の心を育てて来たのである。

「袴は、前側から見ると五本のひだが出来ており、これは先人が袴を使用するにあたって、人間としての日常の心掛けに結びつけて作ったもので、『五つのひだは、五倫、五常の道を訓したもの』とかつて古文書で読んだことがあります。

従って昔の人は、君臣、父子、夫婦、長幼、朋友または、仁、義、礼、智、信等の道を、この袴をはくたびに頭に浮かべ、心にきざみ、折目正しいという言葉がそこから生れて来たものと解されます。

また、裏側から見て、一本のひだが通っているのは、二心のない誠の道を示したもので、私は日常袴を用いるたびに、その意義をよく考え、効果をあらしめるよう使用すべきだと、何時も若い人たちに話しています。

私どもの警察の剣道選手は、もう十何年も前から、試合用の袴は申すまでもなく、練習用の袴にいたるまで、軽い霧水をかけて布団の下に敷き、すっきりと折目のついたものを着用し、また終ってからは丁寧に畳んで納めておく習慣を身につけています。

彼らが試合している姿を細かく観察すると、そうした心掛けが自然に形に現われ、正しい心、美しい姿、しかも気品をもって戦っています。袴の前紐は長く胴を三回り、後紐は一回りあって、前紐、後紐の順にそれぞれを締めることによって、下腹部に力を入れやすくし、なお剣道具（範士は防具という言葉を使わない）の垂れは、これを一層強化するのに役立っているようで、チャックやボタンで簡単にすまさず、袴の紐をわざわざ長くして、何回も腹を巻いて締めること、即ち諸芸道において最も重視されているところの、養気の術、丹田に力をいたす結果を招来するものだと思います。

我々日本人は昔からの日本の衣食住、日本の言葉によって生活して来たもので、その日本人が日本の良さを失ってはならないと思います。

我々は祖先が残してくれた立派な遺産である日本精神を受けついで、日本人の象徴である袴を、せめて剣道の稽古ぐらいのときにははき続け、大いに日本人たるべきであると考えています。

いろいろ精神上、肉体上、行動上に好結果をもたらす袴、その由来を知り、意義をわきまえ、これを心して使用すれば、その利点おのずからにして身に及ぼしてくるというものです。

藍の色匂う折目正しい剣道衣、袴に剣道具をつけて、凛々しく立ち上った姿、そこには美的価値すら見出せます」

範士は袴について実に詳しく、なぜあのような袴を着けるのか、いろいろな面からその理由を説明されるのであった。

三つの言葉

範士は、長い剣道生活の中で、その時々に得た座右銘について、

「『和合一体』、『温古知新』、『至大至剛』というのが、私の剣道修行の過程において得た心境です。

和合一体については、昭和三十八年、四十九歳のときに、剣道八段を允許されたとき。また、温古知新は四十四年、五十五歳で範士の称号を頂いたとき、その祝賀の席で心境を述べたものです。

和合一体は、文字どおり、相手と自分と融け合って一つになることで、つまり相手を打ってやろうと意気込みすぎるのではなく、相手の中へはいり、また自分の心の中、動きの中へ相手を引き入れてくる。そこには決して無理のない渾然一体の姿、そこで初めて正しい真のわざが生れてくる。

日頃稽古している相手が、即ち自分の師であると考え、自分だけの剣道ではなく、相手とともにある和合一体の状況に

おいて剣道の道を行ずべきだということを、齢五十に近くなったその頃、つくづくと感じたものです。

今もなおそうであるが、稽古をした後で、ほのぼのとした互いの余韻が残る気品と風格ある剣道を、今後とも修行し続けて行きたいと心から願っています。

温古知新は、〝古きを温めて新しきを知る〟でありますが、論語の中に『子曰く、故きを温ねて新しきを知る。以って師と為すべし』とあるように、古い物事を究めて新しい知識や見解をひらくことで、語源的には『肉をとろ火で煮つめて、スープのような知恵のエッセンスを得る。それが現在のことがらについて新しいものを教えてくれる』との意だそうです。古い形式や、考え方を重んじる剣道において、古いことだけにとらわれすぎると進歩がなく、新しいことに走りすぎると迎合に陥り易くなる。

古いことに失しない。新しいことにかぶれない。絶えず過去と前途を正しく見つめて、しっかりと進んで行く。ここに温古知新たるゆえんがあり、其の立派な剣道の探究、向上が得られるものだと思う。

至大至剛は、現在の心境で、これは今香川大学の道場にかかげてあるが、奈良武次大将の筆で、父の道場にかけてあったものです。

〝大きく育て、剛く育て〟の願いをこめて書かれたものです。

武蔵剣法の特長は、〝直道以って極となす〟ということで、その修行の第一として、『心に邪なきことを思う、世々の道にそむくことなし』をあげている。

直とは、至大至剛で大悟にいたるまでの真直ぐな道である。邪なきは心の迷いなきことであり、道にそむくことなきは、天理遵奉の大精神であって、これこそ剣道の最終であります」

範士は、父平太郎範士の心を受け継ぎながら、さらにそれを乗り越えようとされているのであった。

基本に徹して

剣道範士　小田　傳道　先生

〈小田範士の略歴〉

明治36年7月13日、福岡県北九州市に生れる。

小学校で剣道を始め、東筑中学にすすんでから武専卒の古沢繁雄先生に指導を受ける。大正13年古沢先生のすすめで武道専門学校に入学。内藤高治範士をはじめ、小川金之助、近藤知善、佐藤忠三、黒住龍四郎などの先生方から本格的に鍛えられる。

昭和3年武専を卒業。柳川の伝習館をふり出しに宮崎の都城、筑豊の嘉穂中学など終戦まで九州内の中学校教師をつとめる。

戦後は昭和35年福岡県剣道連盟北部地区連合支部会長、北九州市剣道連盟会長、同39年北九州市八幡西高校教諭、同53年福岡県剣道連盟理事長、同54年九州剣道連盟理事長など、地元剣道界の中心となって剣道の普及発展に尽している。

昭和39年剣道八段、同44年剣道範士。

武専出の中学教師

範士は、地付きの人で、十六代目である。明治三十六年、北九州市八幡区力丸町で生れた。

「ここは（北九州市）私の家の代としては十六代目です。ずっと地付きです。

家のもので剣道をやったものは、あまり聞かんけれども、私が剣道をやるきっかけになったのは、そういうこともあったんではないかと思うのは、私の家に剣道具があった。

気付いたのは、小さい頃小学校入ってからで、剣道具が二組あった。小学校に入ったのが二人ほど、付けたり、はずしたりして、遊び道具に使った。竹刀はなかったようですが……。

小手も、わりと新しく、我々が中学時代に竹の防具を買わされたが、あれのようなもので、そう古いものではない。

そういうものがありましてね。父あたりがやったというのも聞かんけど、田舎の青年がちょこっとやって、親父が青年会のいろんなことをやりおったものですから、それが家にあったんでしょう。それを遊び道具にしておった。

そして中学に入った時には、剣道は正課だった。皆防具を買わされた。私は家にあるのでいいですか、それはいいということで、小さいときから防具扱っていたから、他の子供とは扱いが違う。

そういう点から、先生が直ぐ小田と言うて引き出してやる。得意になるですわね。

そして、練習もそういうふうで、他の子供とちょっと違うところがあったんでしょう。直ぐに私を引き出してやる。

こっちは嬉しくてたまらんし、そういうことが結局、剣道に親しんだ原因になった」

範士は、東筑中学校に入学したが、他の中学生とは違っていた。子供のときから防具に親しんでいたので、自然に剣道にも熱が入っていった。

「中学では、クラブもあったようですが、私ども中学に入って、クラブに入った記憶はない。

が、しかし町の方から来た子供は、二、三人放課後も先生と練習しているということは聞いておった。

私は、田舎から来たので、そんなところへ行って稽古していいもんやら分からんし。そうしておって、そして三年の時に、そういう経験のある、クラブで練習しておったのを跳び越して、私が高専大会を主催しておった戸畑に明治専門学校というのがありますが、その大会に出るようになった。

朝、学校に行ったら、選手の名前が書いてあった。私の名前が書いてあって、びっくりしていたら、『小田、お前は補欠じゃ』。これはまた嬉しくてね。

そういうことから剣道やって、中学の卒業のときに、私の先生が、四年生のときに武専を出られた古沢という六回卒業生で、津崎先生あたりと同期ですが、その先生が見えまして、ずっと指導受けて、五年のときに、『お前武専を受け』と言われ……。

『そんな学校あるかどうか知りませんよ』と。

しかし、そう言われるから受けましたら、通りまして、それからが、剣道の始まりですよ」

内藤高治先生の言葉

範士は、佐賀県出身の武専第六回卒業古沢繁雄先生に、中学時代指導を受け、先生の助言通り、武道専門学校に入学することになった。大正十三年の春だった。

「あの頃、学科の試験は、ここ（福岡）の武徳会の支部でやりましてね。

そのとき、福岡でやっぱり三十人ぐらい来ておりましたかな。そして、次に京都にまいりましてね。

行ったところが、剣道では三人ぐらいしか来ていなかったですね。柔道は何人かおって、通って来ておる。

京都の吉田山の下の方にあった、あすこの道場で審査がありまして、その時、三十人ぐらい来ておりましたか……。

実科を受けましたが、皆身体のいい人ばかりで、やって、一番最後に二回やりました。余り悪かったから、いま一遍やらされるのかなと。

戦々恐々としていたところが、午後の発表のときに、通っていたものですから、喜んで帰りました。当時は十五人入りました」

こうして範士の武専での生活が始まる。

「一年間は全寮制でしたが、それが廃止になりまして、下宿に入りました。

実科は午後の稽古で、私、中学出るときに初段を貰っていましたが、一応初段はおあずけで、白いもの（面紐）になりまして、皆一色で切り返しを練習させられました。

そしてやっと、一年の二学期の終りでしたか、初段になり、今まで初段でなかったものも初段になった。当時も序列はありまして、私どものときは、卒業するときは三段でした。次の年から四段になりましたが……。

私は四段貰ったのは福岡に来まして貰ったわけなんです。京都の方に行ったところが、十二月に福岡県で受けまして、本部におったために遅くなった。

そんなことは問題にしておりませんでしたが、いただきました。

その当時、福岡県で四人ぐらい四段を受けましたが、私一人が通りました」

武専では、当時錚々たる先生がいたが、範士は特別の先生に師事することはなかったと言う。

「私は特定の先生はございませんでした。内藤先生（高治）、小川先生（金之助）、近藤先生（知善）、佐藤先生（忠三）、私が入りました頃は、佐藤先生や黒住先生（龍四郎）は助手だったですから……。

失礼ですが、佐藤さん、黒住さんと言っておった。非常に心安く、そういう関係で指導を受けていたので、受け易かった。

まあ、内藤先生や小川先生はゆくのもこわかったですからね。ものもよう言わん。しかし、私、実は、こういう身体（範士は小柄の方）だったので、気はあせる。ちょっと稽古を過度にやって、身体を悪くしましてね。

暫く稽古ができんような状態になりました。別に、悪いところはないんですが、体調をこわしまして……。

それから、内藤先生、恐しかったが、今思うと、よく行ったなと思うが、先生のところにお伺いしましてね。こういう小さな身体で、稽古はどういうふうな……ということを聞いた。伺ってみると、別に何もおっしゃらずに『自分の身体をよく知って練習をなさい』と言われた言葉が、ちょっとその時は分からなかったが、そのまま帰って、当時は稽古ということで、いっぱいにやりますから、身体を調節して、ということだろうということで、ずっとやって来て、それが非常に薬になったと思いますね。

今でもその言葉は忘れずにおります。それで、その言葉の、身体をよく知れということは、年とってからだけれども、いわゆる物事には、背伸びをしてやると、失敗するぞという意味にもなりますから、そういうことを先生の言葉として、今でも忘れずにおります。

よく大先生のところに行ったなと。盲蛇におじずで、しかし、その言葉は今でも忘れずに、いろいろな面に、剣道だけでなく、守っております。

佐藤先生、黒住先生はまだ若くて、私たちをほんの後輩ということで指導されました。

津崎先生が見えまして、津崎先生からも本当によく稽古していただきました。

それと、先生の言葉で思い出すのが、中学で古沢という先生に教わりましたが、武専に入るときに、そのとき私はそんなことあるかなと思っておったが、苦手といいますか、厳しいといいますか、そういう人と稽古を忘れないようにお願いしないといかんぞ、ということを、中学のときは分からんかったけど、だんだん上級生やなんかにも、いやな稽古をする人がいます。

いきたくないなと。ああここだなと思って、そういう人に本当に砂を噛むような思いで、いったことを覚えておりますね。こういうのが何ぼか薬になったんではないでしょうか。

当時、武徳殿は稽古のときに、柔道と剣道が半分ずつ使ってやった。狭いところだったですね。

しかし、狭いところで、練習は本当に、スレスレのところでやっていました。だから、結局、必然的に縦になることが多いわけです。

あれは、武徳殿の一つの稽古の特長ではないかと思いますね。とにかく、先生方もぎっちり、こっちもぎっちり、狭い幅で練習をやって、やれんことはなかったですから、鍛われたのですから……。

形などは、週に二回やったと思います。一時間ありました。そして、終ってまた稽古に入りました。

とくに、黒住先生は形がなかなかお好きで、非常に鍛われました。

佐藤先生には、印象を持っていただいていた。福岡にこられて、こちらに泊まられたときに、お伺いしたら、一杯呑みながら、ああいう調子で、よくやったなと印象持ってもらっていた。

先生とは、とくに変ったことはないが、普通に私たちは、ぶち当ってゆくだけで、そういう記憶にはとどめてもらっていた」

武専の稽古は、剣道における幹と根を作るということで徹底していた。従って、試合というものは殆どしなかった。

「武専に入った年だったと思いますが、自分の母校に帰って、一つ稽古してやろうと。ところが在校生の優秀なのと練習すると、どうもいかん。

古沢先生、ニタニタと笑っておられる。確かに、やると打たれてしまうこともある。

とにかく、私たちは試合というのは全くやったことがなくて、とくに寒稽古ときたら、二十日間、切り返しばかりだったですね。

時間は始めから終りまで、切り返しで終る。それで、四年間やってきましたね。その後も寒稽古はそういうやり方で来たと思いますが、私どももそのようにやったですね。

私どもとしては、それがもとで今日が在る。そういうことを思いますね」

範士は、武専を昭和三年に卒業し、九州の中学の教師として赴任することになるが、殆ど九州の学校ばかりで、他には出なかった。

「私は剣道の教師でまいりましたが、柳川の伝習館にまいりまして、そして、宮崎の都城に行きましたが、行っているときに、私の中学の先生が、筑豊の嘉穂中学の方へ来いと。これはいい機会であるし、向ごうの校長にお断りしたが、なかなか聞いていただけなかった。

しかし、無理を言って、嘉穂中学（今の嘉穂高校）に行かしてもらいました。それから、ずっと、終戦まで嘉穂です。

武専を出て、学校三つ変っただけで、終戦までやりました。

学生の指導も、基本が中心の指導でしたね。高校生だから、一学期間は全く基本。道具もつけませんでした。

一学期終ると、道具を渡し、来学期からやるぞと、だいたい二学期からやりました。

それが、終戦後だったと思いましたが、田舎の方の大会に行きましたところが、私が教えたというより、大会の合間に、ちょっと練習過程を披露した。

基本練習をやりました。見たような基本練習をやりおるなと。私の教えたのは複雑な技ではなくて、体の運びと、打突を主にしたものです。

聞いてみたら、先生から習いましたと。恐縮したが、内心嬉しくもありました。

あまり、工夫せずに、単純な基本をやってきました」

範士は、戦後から現在に至る、とくに現在の学生の試合の傾向について憂いている。

「私は、剣道の試合中心の傾向について心配しているんです。

この剣道というものは、我々の先達の大先生方が、長い間の経験を積んで、今日までもって来た貴重な民族文化ですから、これをそれに近い剣道にして後世に伝えるのが、我々の任務じゃないかと思う。

近頃は、試合本位でくる。結局、我々の時代のときも、スポーツ化された剣道だが、それ以上に現在はスポーツ剣道になっている感じがしまして、これは何とかうまい指導法はないかなと思っています。

だが、そういうこと言っても分からんし、審査会の先生方などにも、形はもう少し厳正に審査してくれと言います。これは一つの剣道の練習上の基礎にもなりますから……。

今まで、せっかく実科で通っておったのを、形が悪かっただけで、というお情けがありましたから、お情けはいかんと。それをお願いしておるんですが……。

近頃、剣道がこういうふうになったことは、試合が多いことと、それと道場が殆ど少年です。指導者、道場が営業化してきた。そういうことから、こういうふうになってきたんじゃないかと思うし、なかなか難しい問題じゃないかと思っております。

まあ、少なくとも我々が引き継いだときの剣道ぐらいまでには、引き戻したいという気がするんです。それには、形はいい基本になる。今形やっとっても、夢のようにやっているんですね。刀の筋道だけ。その理合なんか、ことに初段、二段、三段までは分からんですけど、四段、五段ともなれば、そこまで分からなければ……。

今度、福岡県下の四・五段の審査をしますが、そのときは審査員も専門家に近い先生方ばかりですから、それを強く、厳しくやってもらおうかと思っているんです。

それは、廣光範士（秀国。範士九段）あたりとも協力して、やりたいと思っているんです」

長く続けられるのは基本

範士は、現在稽古も続け、また少年の指導もしている。

「私は毎週武道館には行きます。道場では機動隊あたりがやっていますが、ちょっと心臓痛めまして、もう私の年齢で、ああいう専門的なものとはちょっと遠慮して、自分の家の側で小さな道場がありますので、そこで練習をしております。私の稽古としては、ちょうどいいのではないかと思っています。

少年が百二・三十名いまして、それに時折、稽古して……。私の子供が直接指導主任でやっております。私は顧問という恰好で……。

少年の指導をやっていると、少年の父兄あたりが、剣道は年とるまでやれる。だから家の子供も剣道をやらせると言う。そんなとき、ちょっと奥さん待ちなさい。剣道は年とるまでやれるけど、誰も彼れもやれんですよ。これはやっぱり、基本を正直に鍛え上げて、そして、剣道をやる。竹刀を握っておる間、基本というものは反復練習せにゃいけませんよ。

私たちも、基本は常々やっています。だからこの年齢まで出来るんです。

よく地方で、剣道年とってやっているというけれど、私どもから見たら、あれは剣道ではないですよ。基本とは、稽古で竹刀を持って、相手とやっているけれど、剣道の練習ではない。ただ竹刀持って、道具つけてやっているというだけで、やはり剣道やるには、子供を指導するときでも、剣道の道からはずれた指導は、やっちゃいけない。あなたたちは素人だから、その点はよく分からないけど、俺は剣道やっていると思うけど、剣道というのは、そんなものではないですよ。

と言って、奥さんたちに説明したことがあります。よく言いますね、剣道は年とるまでやれると。やれる人は、そうたくさんいない。これは、やっぱり若いときの基礎練習。それから終身、形というもの、基本というものは忘れずに繰り返して練習する。

私は、よく職場あたりの連中に、君たちも例えば、ハンマーを打つのに、ハンマーの基本があるだろう。それで訓練されて、そして現在職場で仕事しておる。

ハンマーの打ち方は、時々やらせられるのではないか。

この前も、私、消防署に行きまして、ちょうど地方の人が学校に来て基本をやらされている。それを例にとって、あの通りで、何でも基本をやる。

あれは、実際の火事のときに役に立たんそうです。しかし、基本というものは、絶対必要だから、ああいうふうに来てやっておる。

君たちも、剣道も同じことだと。基本通りやっても、試合したり、稽古したりしても、稽古になるもんかと笑いながら話しをするんです」

範士は、長い間剣道を続けて来られたのは、若い時代の基本の稽古にあると。剣道を指導する場合も、その基本からはずれたものは、剣道ではないと。

「剣道をやる限り、基本は忘れてはいかん。わずかでも、やらなければいかん。

その稽古の一つとしては、かかり稽古もやらないかんし、打ち込み稽古もやらなければいかんし、ということは言えると思いますね。

それと、今子供たちにもよく言いますが、あの稽古の中に、例えば打ち込み稽古をやる場合に、君たちの稽古は長すぎる。

そんなに長い稽古が出来るのは、体力があるんだからいいと思うが、しかし、自分の体力を三十秒、一分の間に尽くして、へとへとになる練習が出来なくてはいかんと。

あとは、喉が渇いてハーハー、ハーハー言うて、そういう練習も出来なくてはいかんと。何時もやれと言うわけではないが。

そういう練習が出来なくてはいかんぞと申しております」

範士は、とくに座右銘はないが、と前おきして、

「全剣連の、〝剣道の理念〟を細かく砕いて説明しておるんですが、あれを何時も繰り返して指導している。

やっぱり子供には、また言いよるというぐらいがいいんじゃないか。私も繰り返し言っているんです」

何の飾り気もない範士の言葉の端々には、長い間剣道で生き抜いてこられた、含蓄に富んだ内容がこめられている。

露堂々

剣道範士　池田勇治　先生

〈池田範士の略歴〉

大正3年3月13日、山形県遊佐町に生れる。

小学校3年のときに剣道を始め、斉藤信治先生に手ほどきを受ける。酒田中学（現酒田東高）に進んでからは、佐藤貞雄、長谷川壽、斉藤正利、榎本正義などの各範士が指導を受けた武内重六郎先生および安藤行蔵先生（新潟在住）に師事。

昭和8年京都の武道専門学校に入学。同郷の大先輩、佐藤忠三範士に特に師事。佐藤先生の薫陶を受けて、持前の負けん気を発揮して小さい体の不利を克服、血のにじむような努力の積み重ねで席次を上げる。

武専卒業後、昭和13年3月に兵役につき満州で入隊。同17年召集解除。その後堺の工業学校教師をつとめる。同18年再び召集を受けて満州へ。終戦後、繊維会社に入り、営業部長、総務部長などをつとめる。

戦歴は、国体個人優勝をはじめ、都道府県対抗、東西対抗（大将2回）、七段、八段範士各選抜大会等に出場。

全剣連理事・普及委員、大阪府剣道連盟常任理事・審議員、大阪大学剣道部師範、朝日新聞大阪本社剣道部師範、大阪市立修道館講師などをつとめる。

昭和39年剣道八段、同44年剣道範士。

寝屋川市の京阪電鉄の駅から、池田範士はご自宅まで道案内をして下さる。範士と一緒に歩く道々、範士の歩き方が小さく軽快であるのを見て、剣道の足使いの素晴らしさを感じた。

小・中学生時代

範士は山形県酒田市の出身で、現在は大阪府寝屋川市に住まわれている。

「私は酒田の小学校三年から剣道を始めました。たまたま、酒田には本間家という財閥がありまして、尋常高等小学校で希望者だけだったのですが、防具が百組ぐらいあったんですね。全部寄付です。高等科なんかは、県下で優勝してました。剣道教える訓導の先生もいい先生がおりました。四・五人、師範学校出た剣道をやる先生を採って来ておりました。あの当時は、まだ酒田町といっていましたが、私設道場が竹内、荒木とかいった、あんな小さな町で二つ三つありました。

なかなか盛んなところでして、一年から六年まで担任してくれました斉藤信治という範士、亡くなられましたが、八十幾つまで稽古されておりました。昔の恩師です。この先生なんかは熱心でございましてね。

思い出といたしましては、寒稽古、この辺とは全く天候が違いまして、その当時は目覚し時計も何もなかった時代で、適当に起きて夜中の一時か二時だったりして…。小使いさんも心得ておりまして、道場、昔の雨天体操場ですね、火鉢に炭をおこしておいてあるんです。

モチを持っていって、焼いて食べたりして、そんな思い出ありますね。朝早いもんですから、学校から帰って来ても、夕食時など眠くて、箸持って、そのまま寝たこともありますね。

庄内地区は、小学校でも剣道をやっていたところが割り合いありました。寒稽古なんかも、少なくても五校か六校ぐらいは交歓稽古に来ておりましたから……」

範士は小学校を出ると、酒田の町に出来た県立の中学校に入学したが、中学でも剣道部で剣道をやった。

「中学は酒田中学（現酒田東高）です。酒田中学の第八回の卒業生です。というのは、今までは、鶴岡に県立の中学がありまして、酒田には商業学校しかなかった。

県立の中学が出来たのは新しいんです。ですから、私たちより七、八年上の人は、中学だったら全部鶴岡に行っていた。佐藤忠三先生が出られた鶴岡に行ったわけです。（中学が）酒田に出来て、私が第八回です。

一年に入ったときは、柔道と剣道両方やらされましてね。二年から選択で、どちらか一方やりました。

中学の剣道の先生は、武内重六郎先生といって、この先生は、東京の佐藤貞雄先生、亡くなられた先輩の斉藤正利先生などを教えられた。

佐藤貞雄先生が、私の他に教わった者は、大阪の池田、亡くなった榎本（正義。範士八段）という若手がおると記事に書かれたことがあります。

それから、今新潟におりますけれども、昔の高等師範出た安藤行蔵先生、あまり表面に出てきませんが、まだご健在ですけれども、その先生に習いました。

私は、先生に恵まれていたと思います。昔はこういうことは、金の草鞋をはいても師匠を探せというのが、第一条件になっていました。それが本当に、それから後もそうですが、全く恵まれたと……」

英語が嫌いで

昭和八年、範士は京都の武道専門学校に入ることになるが、武専に入った動機を次のように語っている。

「本当のことを言いますと、英語が非常に苦手だったんです。

とにかく、小さくて、茶目なものですから、それで一年生（中学）のときに、先生は昔長いムチを持っていたでしょ。

私をたたくんですよ。コラッといって。

俺は日本人だ、そんな英語なんかやるかといって、それで英語の時間に他の本などを読んでいたら、池田、お前はうるさいから出てゆけというわけです。それでは出てゆくと、出て行ったんです。

そして、あの当時、どこか英語の試験のない学校はないかと。武専だとか国士館があるんですよ。

安藤先生が、勇治、お前どこへ行くんだと。

どこか剣道の学校へ…と言ったら、私は池田勇治といいますが、その当時、私は養子に行って佐藤といったんです。武専に入って池田に戻ったんですが……。

私の方では（郷里の山形）、〃佐藤、斉藤、ネコの糞〃といいまして、佐藤、斉藤姓がものすごく多いわけです。三十人のクラスだったら十人以上おるわけです。ですから私の故郷では全部名前を呼ぶんです。

例えば、佐藤忠三先生なら、鶴岡に帰りますと〃忠三さん〃ですから。後になって佐藤先生と我々は言っていましたが……。田舎では古い人は、忠三はん、忠三はんと言っていた。従って私は勇治ですね。

お前はどこへ行く。高等師範というところは、中学校の先生を養成する学校である。京都の武専というところは、剣道の専門家を養成するところであると。

ところが、身の程も知らず、それだと思ったんですよね。生意気に。それで武専を受けに行ったんです。

紹介状を書いてもらって、真直ぐに佐藤忠三先生のところに行った。私は落第して一年浪人して入ったんですが、一緒に行って通ったのが、当時柔道で、伊藤徳治といいまして、武専の助手もし、大阪府警本部の師範もしていました。六尺豊かな大男と一緒に行ったものですから、よけい小さく見えたんですね。

一年目は文句なしに落第しましてね。武専には講習科というのがあると。ところが武専受ける一浪、二浪が講習科にはずらりといるんです。

武専の学生がやっていると思ったら、その人たちが皆受けるんだというので、驚いてしまって…。それがあるからというので、講習科に残って、もう一年やらしてもらいますと。

忠三先生、若林先生など、まだ若くて、当時、佐藤忠三先生は独身でございましてね。昭和七年、武専の直ぐ側に下宿しておられた。若林先生もまだ独身で、二人でそこに挨拶に行ったわけです。

これは後日談ですが、卒業するときに六反田君が大将で私が副将だったわけです。『池田お前よくやったな』と。『お前は最初落第して、講習科に残ってやると言ったときには困った。よっぽど、お前は少さくて見込みがないから、残る必要ない、帰れと喉まで出たけれども、お前があまり涙こぼしながら、やりますと言うから、僕は若林君と顔を見合せて、困ったなと思ったけれど、とうとう言いそびれた』と。

それがこんなになるとは、夢にも思わなかったと、そういう言葉を頂きました。

全く、体格的に専門家になるような身体ではなかったんです。

私は、その当時十四貫なかった。十三貫ちょっと。鉄砲玉みたいな稽古だった。私のクラスでは、私が一番小さかった。今は十六貫越えていますが、全く小さかった」

範士は、一年間講習科で修行し、昭和八年武専に入学した。

鍛えられた武専の稽古

難関を突破した範士は、小さい身体だったが、文字通り激しい稽古に耐え、専門家の道に進んだ。

「二十人しか採らなかった。あの当時、十何倍でしたね。その当時は、武専が二十人、高等師範が十人、国士館が五十人だった。

武専の四年間は、切り返し、体当たりですね。打ち込み体当たりですか。

とくに寒稽古は一ヵ月間ですからね。一月の八日から始まって、一月いっぱい。それが切り返しと体当たりだけです。徹底して。

それも、今のように、こちらの者が向こうにゆき、向こうからこっち来いと、そういうことは一切ない。

全部自主に任せておく。やりたいものはやれ、やらんものは一本もやらんでもいい。それも、武徳殿の戸を皆開けますからね。

後ろにいるのも一苦労です。寒いですから。凍てついている。武装見学も大変なんです。その寒稽古を生命がけでやった男が、最後の勝ちですね。

従って、入ったときに三段とか、私なんか高野先生の初段を持っていたが、武徳会では認めないですからね。

講習科におって、午前は皇宮警察で稽古して、午後は本部で。私らは三段以上でないと、一時半から三時までの本科の稽古に出られない。他府県の警察の委託生でないと出られない。講習科の稽古は三時から別なんですが、一日二回稽古しておりましてね。あの頃としては一所懸命やったつもりですが、一学期の終りに昇段試験受けましたら、一級ですよ。私はどうしようかと思いましたね。

それで、二学期にやっと初段に上がった。入学しますと、三段は三段、二段は二段でも、取った月が同じ月に取ったら、本部で取ったものが上席です。

席順が決まる。私のクラスは上から二人落第して来て二十二人おった。

身体悪くして、休学したりして。だから武徳殿の玉座ありますね。右側に教授以下十二人、左側に先輩あるいは京都府警の師範の先生方、一年生、二年生、三年生、四年生と席順が決まっている。

そして、二学期に私は二段になりました。入学したとき初段が五・六人おりましたから、二段になったときは、筆頭です。

今度三学期になったら、二段の一番トップに上がる。試合なんか関係ないんです。校内試合が一学期にいっぺんぐらいある。これなども問題にしなかった。

結局、学期毎に昇段の発表、例えば、三段、筆頭がトップです。その通り学期毎に席次が変わるんです。それでやる者はガンガンやる。入ったときに三段で、今さら切り返しなんか出来るかというのもいる。

私なんかみたいに、稽古終って、飯も喰えないくらいに、夏だったら血の小便出るくらいにやったわけですけれども、二年生の終りになると、下の者に抜かれるでしょ。池田みたいに試合弱いのが上にきやがって、と稽古やらなくなるでしょ。そうすると、ますます下がる。そういうふうに厳しかった。

それが、どこへ行っても、俺が大将だと上席なんです。寒稽古でも、私は一年生入ったときに、尻から二番目。立って玉座に拝礼なんです。座って上に礼、そのときに後ろの畳に上がって面をかぶるわけですが、私は面をこちらに向けておいて、礼というと後ろを向いて、ひょっと、かぶって走るんです。

助手の人が一番早いですから、ダダダと走るんです。そうすると、小川先生が、道場を走ってはいけん、とおこられる。次の日また走る。

誰だ、池田か、あいつは仕様がない。そういう看板とらないといけない。それで、ガンガン、ガンガンいって、ぶっとばされ、伸ばされて、一本終っても後ろに引っ込まない。蹲踞して待っている人の前に座るんです。後ろへゆけ、とおこられる。三人目ぐらいになると、面金を床につけてハーハーし、ちゃんとしておれない。

元立が蹲踞したら、三人ぐらい同時に構える。元立を先に打った者が次の稽古の権利を得る。私は一朝に最高二十三本ぐらいやりました。

ぶっとばされ、ぶっとばされですからね。三・四本が一番つらいんで、それを通り越すと、後は惰性でゆくんですね。

ところが、新潟の佐藤毅先生、二期上の、私は武専のレコードホルダーではないかと思っていたんですが、いや、池田、俺はお前より一本か二本多いはずやと。これは、あの先生は真面目な人で、当時は小使いさんがおって道場ふくのに、あの先生が来て道場ふいている。先生だったら、そういうことがあると、頭を下げたことがありますがね。上には上がある。終ったら、まるでもう、便所にもしゃがめない。飯は喰えなくなりますしね」

武専には小川金之助範士はじめ錚々たる先生がいたが、範士は同郷ということもあって、佐藤忠三範士には、特別に師事した。

「やっぱり、自分の郷里の先生、とくに佐藤忠三先生は同郷なもんで、非常にお世話になっておりましたけれど、金がなかったら、先生のところへ行って、風呂わかしたり、犬散歩させたりして、奥さんに電車賃下さいなんて、甘えておったもんですから……。

先生は、稽古とか、そういうことは余り申されなかった。

やっぱり、いわゆる薫陶を受けましたね。とりわけ、戦後こちら（大阪）に来られたら、こんな小さなところでも、私の仲人ですからね。必ずここへ一緒に寝て、泊って下さる。

夜十二時、一時になっても、酒一升ぐらい呑んでも、夜中に尺八を吹いて聞かしたり、朝起きたら『池田』、尺八をちょっと構えて、『昨日の形のな、君のこれはな』と、いろいろお話を伺いましたけれど……。

私が、『武道専門学校でありながら、どうして理論的なものがなかったんですか』と聞いたことがあるんです。

『うん、匂いだよ』と言われる。ハッとして、私はガクッと来ましたね。生きた模範を示している。自分で出来ないところは、口で補うのだ。口の多いほど駄目なんだと。

それは、薫陶という匂いだよと。ガクッと来ましたね。昔の教育というものは、今の教育と全然違う。それですね。

だから、本真ものが出来た。求めて、望んで、言ってくれないから。今の人は先生が教えてくれる。自分から求めるのではなくて、教えてくれるのを待っている。

あらゆる芸事、それと違いますか。先走って、知ばかり求めて、体得ということ、盗み採る、学ぶということは〝まねぶ〟である。

私は六十幾つになって、先生から言われてハッと来ました。これだなと」

範士は、佐藤忠三先生から受けたものを、熱っぽく語るのであった。

「私は学生にもよく言うんですけれども、行う〝行〟ということが大事であって、水泳だって、本読んで、オリンピック選手になれるか。努力しなくて、なれるはずはない。

昔の禅でもそうですし、『啐啄同時の機』ということをよく言いますね。『啐啄の機』ともいいますがね。

卵の中に雛がいますね。育って来て、下から生まれようと思って、盛んにつつくわけですね。つついたり、なめたりするわけです。

それを親鳥が表からコンと。それが同時でなくてはいけない。盛んにつついたり、なめたりしているのに、ほっといたら、ちっ息してしまいますね。

それが早くつついたら流れてしまいます。下から盛り上がったところに、ヒントを与えたら、ものになると。教える方、教えられる方、両方とも意味があると思います。

ということを、盛んに佐藤先生なんかでも言っておられました。しゃべっても分からん。そのことは、稽古して、稽古して、そのうちに分かる。やれと。

佐藤先生は、武科と文科、武専始まって以来の一番ですからね。黒住先生が言っておられましたが、僕は頭が悪くて、試験前になると、佐藤君にノート借り、持っていっても読まれへんのや、字が変体仮名で書かれているのでと。

同期で、天下のずぼらと言われた、佐藤先生と一番仲のいい、藤井寺に今中宗十郎という先生がおられた。藤井寺に行って、ここに泊まる。尺八をやっておられたんです。

佐藤先生も、武専へ行ったときには、ものすごく不器用だったようです。『私は不器用でな』と言われるから、『先生どうされました』と。『素振りをやったな。人が寝てから毎晩やったな』。

小川忠太郎先生が静岡の講演の中で、申されていますね。

講演の記録の中に、『三昧』ということで、出ています」

小川忠太郎範士の講演のその部分を抜粋してみよう。

――剣道では、器用、不器用よりもまずこれ（三昧）が元である。佐藤忠三という先生があった。もう亡くなられた人ですが、大した人物でした。

京都の武専に入った時は、一番ビリだった。皆が、あれは不器用だからものにはならないと話していた。然し内藤高治先生だけは、いや、佐藤は人間がおっとりしていて、眼がいいから、教士号位にはなれるだろうと言っていた。その当時の教士号というと大したものです。大正五、六年位の時ですから。

佐藤忠三先生は、武専に入学してからは、夜になると道場に独りで行き、素振りばかりやっていた。二千本位はやったでしょう。毎晩毎晩、学生生活の四年間、これをやり通した。

そうしたら、二年三年と過ぎた頃には、他の人達と稽古しても問題にならなくなって来た。四年生の時は、武専の主将までやった。それは何故かというと、剣道で一番簡単な素振りを、然も夜に、三昧力を養った結果です。

この四年間で自分の一生涯の基礎ができたのです。十九か二十歳でこれをやり通し、武専の中であれ程のものがと言われるまでになったのは、この三昧を修行したからです。――

基礎にかえる

昭和十二年、範士は武専を出ると、兵隊にゆくことになった。それから戦後復員するまで、剣道をすることができなかった。

「武専を出たが、残っていました。研究科というのがあった。研究科は徴兵延期の対象にならないので、その年の六月に兵隊検査があって、翌年（十三年）の三月に満州に入隊しています。

ということは、早く行っても、寒くて訓練出来ないものですから、三月に入隊する。北満のジャムスというところの騎兵隊に入隊しまして、騎兵学校、昭和十六年には戸山学校と二遍ばかり帰って来ていますけれども、十七年に内地の騎兵八連隊に配属になって、召集解除になっています。

その後、堺の工業学校の先生してまして、その間ですよ、昭和十七年ですね。野間寅雄さんと武徳会の大会であたって、私がまぐれ当たりで勝って、私が初めてあの年に達士になったんです。

教士が達士になって、試験制度になった第一号です。中野先生などと皆一緒です。

十八年に召集、また満州です。終戦になってシベリアに四年、幸いに生きて帰りましてね。

帰って来たら、剣道出来ないもんですから、会社に。本町の繊維会社の丁稚になりまして、それからずっと商売人で、六十五歳でやっと出してもらったんです。

営業部長、総務部長もやり、会社員で、二足の草鞋をはいておったわけです。

剣道仲間があったんで、続きました。人をだましたことがない。だまされたことがない人間でしょ。

剣道の世界、兵隊でしょ。これが商売人になったら、だまされて、社長によく言われました。お前は剣道五段、六段になっていて、何だ、だまされてと。

おこられてね。いつ辞めようかと思ったけれども、稽古に行くと、剣道仲間に、何をしゃべってもいいですからね。有難かったですね。

大過なく六十五歳まで勤めさせてもらいました。辞めては困ると言われましたが、もう……」

範士は大阪大学の剣道師範もしているが、学生の指導について、こう語るのであった。

「切り返しを見たら、その人の剣道解りますが、正しい切り返しを出来る人が少なくなりましたね。

大阪大学剣道部なんか、ピックアップして入るわけではなく、十人入ったら、五人は初めて竹刀を持つものです。

それがために、試合もそこそこ現在いっているんですが、先ず、徹底して大きな切り返しをやります。

学生に、君たちは稽古も毎日出来ないし、稽古時間も短い。一分間に一番竹刀を振れる稽古は何だと言いましたら、切り返しだと返って来た。ではそれでいこうと。大きな切り返しを徹底的に直します。と同時に、合宿に行きましたら、半日はびっしり形をやらせます。

基礎が出来ないうちに、いくら稽古しても駄目なんだ。寒稽古十日間、徹底して武専式の稽古。それでパワーを作れと。ガンガン体当り、かかり稽古ばかりです。惜しむらくは、時間があまりとれません。でも卒業してから皆よくなります。

試合は口では教えられないと言うんです。自分で覚えろと」

範士は、大きな試合に出場しているが、試合のことについて、

「本当の昔の試合という意味は、高野先生が『剣道』という本にお書きのように、先ず、強くなろうと思ったら、基礎を。そのためには形をやれ。その次には試合だと。

その次は打ち込み稽古。この三つだとおっしゃってます。それは、昔の本当の意味の試合で、今のは全く競技ですね。やっぱり温故知新、昔に返さなければならんのではないか。試合するものの態度、いわゆる英国のラグビーというのがありますね。

紳士道だと、難しいルールはいらないんだと。野球というのは、ルールにとらわれてやりますね。ラグビーのような、精神を尊重した、昔のいわゆる試合に帰らなければいけないんじゃないか。

昔の武徳会の試合規則は十三項しかない。天覧のとき、十六項か十八項に増やしたと記憶しておりますけど、それに戻して、試合者そのものの態度を…。昔は勝っても、何だあんな勝ち方はと、負けてもよかったと、本質を師匠に言われたものです。

今のままで行ったら、日本の剣道変ってしまうと。例えば高野先生、持田先生方の試合を、目に残している人が死んでしもうたら、再現しようもないと。

今のうちに返さなければならんのじゃないかと。そうなると、審判者が、ものすごく高度なものを要求されますね。

三人制というのは、合理的で非合理ですからね。実際の試合でも、一番見えている人が無しにしているのに、見えていない方が二本上がって、とられていることがある。

試合は精神的な面が大きい。正しい試合をしたら、試合一本は稽古百本に勝る。精神的に……。

これが試合のつかみどころなんだ。対人間勝負どこ。今の試合は全くスリだと。第三者の審判にオーバーに見せて、お面とか、小手とか。全く考えてみたら、はずかしいと思わんか。

むしろ、剣道というのは、相手の心を打ち、心を打たれると昔から言われている。お互いに稽古しても、相手がまいりましたと言っても、いや、不充分でした。今腰が残りましたからとか、刃筋がとか。攻められて、ちょっと拳が浮いて、小手を打たれても心を打たれているわけだから、参りましたと。そういう稽古をしてこそ本当の稽古になるんであって、小手、小手とか、ああいうふうな卑劣な稽古をするものではない」

また範士は、修行している若い人たちに参考になればと次のように語ってくれた。

「昔から、千利休なども言っておられることですが、こういうことは、一に始まって、十に至り、しかりしこうして、また一に戻る。

もう一遍基礎に帰ってゆかなければ。それと、四角な机に対角線を引いてみる。下は気、上を年齢として、そこでグラフで年齢をきざんでみると、対角線は身体と気とで技として現われる。

若いうちは気が少ないけれど、年とったら、体力は小さくなるが、気は無限だと。

生命がけの気ということを忘れてはいけない。それにちなんで、人間、生きとし生けるものである人間は、身を守るというのが本能なんだと。

だけども、自分が防いではいけない、相手に防がせろと。守るから、小手を守るから面にゆかれる。面を守るから、こちらの手が空くんだと。

とくに足を勉強せよと。先という気と足だと。逆に言うと真剣勝負というのは、捨てるんだと。やっぱり商売でも何時決断するか。それで反省、残心ができる。

剣だって、攻める、捨てる、残心。捨てるから残心がある。細かいことはありますが、基礎的にはこれです」

範士は、とくに座右銘はないが、敢えて言えばと、

『明歴々、露堂々、花は紅、柳は緑』という。何でもさらけ出して、いい恰好するんじゃない。気持ち的なことは自分で考えているんですがね」

と、座右銘は『露堂々』であると語ってくれた。

ざっくばらんなお話の中に、鋭く本質をつく範士に、修行の深さを感ずるのだった。

左文右武

剣道範士　佐藤　毅　先生

〈佐藤範士の略歴〉

明治45年2月23日、新潟県新発田市に生れる。

県立新発田中学に入り正課剣道を始め、剣道部にも入って金谷為吉師範をはじめ、太田黒勇雄、先輩の長谷川壽、斉藤正利などの先生に指導を受ける。

昭和6年武専に入学し、津崎兼敬先生をはじめ、多くの著名な先生方から徹底的に鍛えられる。武専卒業後、名古屋の私立東海中、岡山県立閑谷中、静岡市立第一中で教鞭をとる。

戦後、昭和24年に郷里に帰り、新発田市立南高、県立中条高に勤務。つづいて巻町立浜松中、新発田市立猿橋中の校長をつとめる。郷里に帰って以来、新発田市剣連で少年指導に力を尽す。

国体、東西対抗、教職員大会、都道府県対抗など、多くの全国大会に選手、あるいは監督、審判員として出場。

新潟県剣道連盟副会長・審議員、新潟大学教養部講師、日本歯科大新潟歯学部剣道部師範、剣道誠雄館々長などをつとめる。

昭和39年剣道八段、同44年剣道範士、同50年居合道八段。

剣道の名門中学に

新潟県新発田市に生れた佐藤毅範士は、県立新発田中学に入学し、剣道を習うようになった。
「私が中学に入学して習った先生は、和歌山県出身の金谷為吉先生（居合道範士九段）で、一年から三年までご指導いただきました。

中学先輩の中野八十二先生（範士九段。東京）は、五年間、卒業するまで習われた。

金谷先生は、ご出身は海軍で、中山先生の門下として剣道、居合道を勉強され、新発田中学の剣道の先生として赴任された。

ご指導は、基本の徹底的なくりかえしで、その正確、緻密な示範のお姿は、今でもはっきり覚えています。それに和歌山の方言でしょうか、越後では聞きなれない言葉を使ってすすんで接してこられるから、一ぺんに懐にとび込んでいったのでした。

ですから、先生も目をかけて下さるし、剣道部に入っても特に指導していただくということになり、県外への遠征、合宿にも連れていっていただきました。

あの頃、有段者は多くいなかったが、私は二年のときに初段、三年で二段になり、今にしてみますと、金谷先生のご指導の賜だと思っております。

金谷先生の言うことさえ聞いておれば、間違いないんだと、そういう感じで、本当に良く勉強しましたね。

金谷先生は、その頃四十歳前後ではないでしょうか。時おり居合道の練習をやっておられましたので、基礎ですけれども、少々習ったことがあるんです。

三年生の終りに長野県に転勤になり、直接的には途切れましたが、戦前戦後を通じ、ご他界されるまでご指導をいただき、真に終生の師であられました。

四年生の一ヵ年は戸山学校出身の白岩先生でして、五年生の春、熊本県出身で、京都武専ご卒業の先生がご来任されました」

範士は、中学時代から剣道を始めたが、先生に恵まれ、剣道ひとすじに励んだ。

「太田黒先生にお習いして、武専というものをお聞きしたし、太田黒先生は結婚ホヤホヤの時でして、元気一杯で、こちらは真正面からぶつかっていって、先生には激しい稽古をつけていただきまして……。

その頃、私の新発田の中学の先輩で、長谷川壽先生、斉藤正利先生、この二人が武専を卒業されまして、私が四、五年の頃、休みを利用して稽古にみえました。

武専の剣風というものに憧れる気持ちになっているところに来られたので、するすると武専入学を志すようになって……。

もちろん、中野先生も来ておられましたが、私が一年のとき中野先生は三年でして、金谷先生のご指導を一緒にいただいたのは、三年間でした。

五年のときは、県下の試合はもちろん、金沢の四高の大会にも一緒に行ったりもしましたが、私はあまり勝運には恵まれなかった。

ただ、私が五年のとき、太田黒先生に連れられて京都の大会に行きました。全国中学校剣道大会です。ベスト四まで残りまして、それが私の中学時代最高の大会でした。実力では県内では高いレベルにおったんでしょう。

金谷先生の指導は、基本の通りに剣道するんだということで、私ら技などは余り持たなかったんです。

打ち込み、切り返しを主にして、元気に、機を見て小手、面に打ってゆくんだという考え方の稽古です。

稽古は、授業が週二時間、そして剣道部の活動をやっていました。

今の子供の稽古と変らないと思う。子供の指導をするとき、金谷先生が教えられた、基本的なものを主として、正しい打突というものを指導しています。

私たちが中学の頃は、対外的に試すという試合の場が、非常に少なかったですね。寒稽古が終って、全校生が柔剣道に分かれて試合するぐらいが、校内の唯一の試合です。今は年間十何回も試合がありますよ。だから、試合のために稽古しているみたいです。そういうところが非常に反省させられる。

そういうところは、私たちの中学のときとは違いますけれども、自分が教えたり、やっている内容は、本質的には変りないと考えています。

どこまでも、基本の確実な稽古をするんだということと、試合のために稽古するんだという気持ちのもってゆき方では、全然違うんですね」

剣道しかなかった武専時代

範士が武専に入ったのは、昭和六年四月であった。太田黒先生や、斉藤、長谷川両先輩が武専の出身であることから、ごく自然に武専に入るようになった。

「是非入ろうという、武専を志す下地というものが、環境が、そろっていましたから……。それがほんとうに、幸いにも憧れの武専に入れたということですから、本気になるのはあたり前ですね。武専に入りましても、長谷川先生、斉藤先生、研究科生で週に一ぺんか二へんは稽古に来られますしね。大先輩を目の前に見て、上手にならんといかんということ、ただそれしかなかったんです。言うならば、剣道やる以外に何もなかったということです。自然に一所懸命にやらないかんという一念にかたまっておったと思いますね。

自分から呑みにゆくことはなかったし、タバコも吸わなかったし、ただ稽古をやるということでしたから、皆さんには真面目に映ったのでしょう。

熱心であるということは、内容的に密度が濃い稽古を数多くやるということだと思う。

私はああいう先輩に追いつかないかんという気持ちがあったんで、一所懸命やったんで、稽古の数も自然に他の学生諸君よりちょっと多かったと思う。

ことに切り返しなんかは、寒稽古は二週間切り返しだけやるんですから、どうしても本数が目標になった。本数を数えながらやった。

そういうところを、皆さん見て、熱心だとおっしゃるんだと思う」

武専での範士は、誰よりも熱心に、数をかけて稽古にはげんだ。

「私も二段持っていたけれど、入学時にそれは入学と同時に全部返上して、一年の一学期に初段、二学期の終りに二段になった。入ったときは剣道科は二十一人、その中の真中に席順がありました。

学年が進むに従って序列も上がりましたが、一番は常に鹿児島の方で、もう亡くなられましたが酒匂さんという強い人でした。この人はとても追いこせる人ではなかった。

井坂さん（賢一郎。範士八段。大阪）と私が二位になったり、三位になったりしていました。

四年になるときに酒匂さんが一位で、私は二位だったんです。

それで、卒業の前年、昭和九年に天覧試合の予選がありまして、そのとき酒匂さんがまだ休みで帰っていて上洛してなかった。

私がちょうど上洛しておったものだから、酒匂がいないから、お前出ろというので予選に出たのです。幸いにして勝ち残って、京都府の代表になった。これも稽古の賜物でしょうか。

学期の終りに、一度試合がある。序列はそれに勝ったからというわけでもない、負けたからというわけでもない。

毎日当たって砕けろの稽古していますから、試合などしなくても、直ぐ分かるわけです。誰が真面目であるか、回数が多いか、先生方皆知っています。

学生諸君も、私が長谷川先生や斉藤先生の後輩であるということで、余り悪友も寄りつかなかったのではないでしょうか」

武専での稽古は、文字通り激しいものであったが、範士は四年間その稽古をやり通した。

「武専では、私の中学のときの最後の先生、太田黒先生のご心配で教授の津崎先生に保証人になってもらいましたし、また、一年間私どもの主任をして下さったということから津崎先生には一番胸をお借りしました。

先生が張り切れば、こっちもなおさら張り切って、よしやろうとなるものだから、自然に何か津崎先生に一番数多くお願いしたような感じを持っていますね。お宅にも伺いましたしね。

とにかく稽古、稽古に凝り固まっちゃったですね」

四年間の修行が基礎に

昭和十年三月、武専を卒業した範士は、名古屋市の東海中学を皮切りに、教師としての道を歩むようになった。岡山県の県立閑谷中学、静岡の第一中学校で教鞭をとったが、この間現役と召集で二度兵役に服している。

戦後、昭和二十四年に、故郷である新潟県新発田に帰った。そして中学の校長として教職を終った。

この間、剣道は続けていたが、武専の四年間の稽古が範士の剣道の基礎になったと述懐する。

「何と言っても、私は中学時代、正しい基礎を教えていただいたということが、生涯の剣道を通じての、先ず一番大切なことだったと思う。

その大事なものを教えていただいておって、武専で四年間、錬り上げると申しますか、本当に生涯の土台を大きく、深く固いものにしたのは、やはり武専です。

私は本当に、転々として、最後に新潟に帰り、稽古にも恵まれない環境になってしまったが、今日まで何とかかんとかやってこれたのも、中学五年間正しい基本を教えていただき、その上に四年間の修行時代があったということによって、今日があるんだと痛感しますね。

ただ、付け加えなければならんことは、卒業してからの、一社会人としての職歴を通しての修行ですね。幸いにして、全国大会などに行って、いろいろな試合に出していただいて、そういう面での修行ができたということです。

武専時代の錬るという修行を、内容的にもっとほぐして、それを立派なものにしてゆく、大きな動機というものは、私の社会人としての今日までの勉強によるものだろうと思います。

どの先生もそうですけれども、他へ行って稽古試合をすれば、その稽古試合を何時までも忘れないようにして、反省材料にして工夫する。そういうことが、稽古に恵まれない社会人としての私の剣道で、生涯の中でそれが常に繰り返されて来たと感じます。

それが出来たのも、やっぱり武専時代の修行があるからだと思うんです。その武専時代の苦しい四年間の修行が出来たのは、くりかえすようですが、やっぱり金谷先生始め、本当にいい基本を教えていただいたからだと、しみじみ感謝せざるを得ません。

ですから、私は少年の指導を今日やっていましても、子供たちも余暇を利用して剣道をやるわけですけれども、指導者自身が子供たちの剣道の焦点を、どこに置くかということを見定めて指導してゆかなければいかんと思う。

そうでなければ、本当に日本の剣道というものの練習にはならないんではないか、という気持ちが非常に強い。

今は、子供より父兄の方に熱があるので、うっかりすると、指導者もついつられてしまう。

もう一ぺん少年剣道というものを見直す時期に来ていると思います」

範士は、自分の修行とともに、少年剣道も熱心に指導し、その在り方について語るのだった。

「基本試合は、今指導要領にも載っていますし、実際やっていらっしゃるところが多いのですけれども、大変結構なことだと思うんですね。

今、小学校一年とか、小学校二年の部とか、学年別あたりの試合なんかもさせているようですが、そういう小学校低学年の子供たちが、果して試合をやるところまでいっているのか、そういう子供に試合というものをさせていいものなのか、少年指導の面から考えて、非常に疑問だと思うんです。

そういうときに、今日一般の試合という形式ではなくて基本試合、すなわち誰が面を正しく打ったか、打てるか、切返しを正しく出来るかということで、勝負を決めてゆく。

そういう基本試合を、すでに関東あたりでやっていると聞いていますが、結構だと思うんですね。

そういうことを実現してゆかなければ、いけないと思います。とくに四年生以下でしょうね。ともかく土台をしっかり固める必要があります。

小学校だけでなく中学校でも、入ってはじめて剣道やる人もおるわけですから、中学の一年か、一年半ぐらいあたりは、基本試合でいいと思いますね。

そういうところをよく考えて、子供たちの指導に確固たる方針を持ってやりませんと、ただもう打ち合うだけ、礼もよく出来ない、小手を打てばはずれて床の板をたたいてしまう。

そういう段階で、試合などして何の意味があるかと思わざるを得ない。基本試合なんかは、別に場所を設けてやる必要はなく、日頃の練習のときに、いつでも気軽に出来ますし、いいと思いますね。

試合に出している以上は勝たなければならんということになりますから、これはどうしようもないと思います。ただ、指導者も父兄も、試合というものは、試合のための試合ではないんだという認識ですね。日頃の稽古の一つの指導の場なんだと、自分の指導を確かめるために出すんだという考え方ですね。

そういう考え方を意識していないと、試合のための試合に出すということになってしまう。叫んで応援することになってしまう。

その点、とくに剣道の指導者は気をつけて、ただ試合に連れてゆくということではいけませんね。

同時に、試合は今申したように節目ですから、節を越すならば、越すには越すだけのものを教えておかなければいけないし、越したならば、越した後の、どう越したかという指導ですね。

つまり前後の指導ですね。そういうことに、もっと気をくばる必要があります。剣道連盟の試合、あるいは各市町村の試合とか、最近のように、スポーツ少年団の試合とか、各地の試合がいくつもありますよ。そうするとその試合の前後に指導をやっている暇ないわけですよ。そういうことでは、もはや、試合のための試合に走ってしまいまして、もうちょっと、自分の教えている子供たちの成長、進歩に合わせ、段階に合わせ、試合の前後の指導を充分にやりながら、試合を一つの指導の節目と考えながらさせてゆく、というふうな指導の原点に立ち戻りませんといけないと思うんです。

例えば試合をさせて、どうしても打ってゆくときに足がもつれるということがあるとすると、その足がもつれることを子供が直して、その直ったもつれない足で、試合をやるのに、何カ月要するかです。

月に二回、三回も大きな大会があったら、直るはずもないし、直せない。そのとき指導者は断乎として、試合の回数を選ばなければいけませんね。

試合がいけないのではないのです。自分の大切な少年ですもの、どの大会にも皆出なければならないということはない。ありがたいけれども、うちは今度、この大会は指導上ご遠慮いたしますと、断わるぐらいのものを持たなければいけませんね。

指導者が、日頃自分たちが教えている剣道のいい反省材料なんだと、大事に考えて試合に出すようにしなければいけませんね。

だいぶしゃべりましたが、要は基本動作をしっかりと身につけさせることの大切さを言っているわけです。すり上げ技、返し技の応用ができるのも、基本がしっかりできているから、それが可能なんです。こういう剣道指導が、少年たちをして人の道の基本をわきまえさせ、みずから真に正しい人間の在り方を確立していく。そのために私たちは剣道という道にとりくんでいるわけです」

剣道にとって根本的な問題は、竹刀が刀の代わりであるということである。指導の面でも、このことが忘れられると、根本のところで違ってきてしまう。範士はそのことについて語る。

「基本に立ち返って、子供を指導する当初から、刃筋の問題を考えていないといけませんね。

これも、指導者の問題ですよ。もういい加減やってから、さあ変えようと思っても、なかなか直ぐ変わるものではありませんね。

構え方一つでも、おかしくなったら刃筋が通りませんから、本当に剣道の第一歩からそのことを考えていきませんと、出来ないことだと思いますね。

それも、丸い竹刀を持って、刀のような刃筋を考えるんですから、根本的に理解の困難なものだと思いますが、しかし、やはり現代剣道においては、刃筋ということを抜きにしてはいけないと思います。

ですから、これも大半は指導者の問題ですけれども、指導の第一歩から刃筋を忘れない。刃筋ということは、刀を真直ぐに下ろすということですが、それを真直ぐ下ろせるような幾つかの条件があるわけです。

先ず、姿勢とか、姿勢も足の踏み方、腰の入れ方、握り、手の内等、そういうところがいろいろあるわけでして、そういうところを、綿密に一歩一歩指導していかんと、刃筋というのは生れてこない。

試合なんかは、表面に出て来ている問題ですけれども、刃筋なんかは、ややもすると、いわゆる現代剣道という名のもとに隠れてしまう危険性がありますね。

とかく目に見えにくいことですけれども、よく考えてゆかなければいけないことです。

それから、刀を持つ機会というのも少ないですから、実際六段、七段の試験を受ける方が、竹刀を帯して出て来るときに、刃の方を下にして立会いの間合にはいる。そういうのを何回か見ています。非常に大きな問題ですね。

そういう、六、七段の高段者で竹刀の持ち方が反対になっている方は、どうやって子供を教えるかと思いますけれどもね……。本当に子供は気の毒ですね」

剣道の修行とともに、社会人として巾広い生活をしてきた範士は、文と武の目標についても信条を持っている。

「武の方の修行をやっておって、ことは足りないとは言っていない。武の修行を専心やっておられましても宮本武蔵先生は、絵の名人でも、書の名人でもありました。武の修行だけで事が足りないということはない。

武の修行だけでも事足りる先生もおるし、なかなかうまくゆかない先生もあるし、また、武だけを一生懸命やりたいと思っても、なかなか現代の社会情勢では、それを可能にすることができないような環境、社会情勢があるわけです。

そういうときに、どこでもって武と対面するようになるかということが、問題になってくると思うんですね。

そのときに、武というものの内容を濃くする、広げるという意味も含めて、もう少し武以外の外部のものに目を向けてゆかなければいけない。

そういうものを広くひっくるめて、文というものを考えている。文学とか、勉強とか、それだけでなく……。だから、お医者さんが、医道にはげみながら、傍ら剣道をやっているのは立派なことであるし、山本孝行さんの新聞がありますね、剣道新聞。

あすこに、小川忠太郎先生が書いておられる。一番最近出たのが九回か、あすこにも、文の修行といいますか、武の深い位にゆくには、必ずしも武だけの修行だけでなく、文の修行によっても、そういうところまで到達出来るのだと、書いてあります。

私もそうだと思うんです。現在、私はある団体の新発田支部というところにいますが、過去の生活とは縁もゆかりもない生活をやっているわけですよ。

その生活の中で、本当に投げ出したい気持ちになることもありますが、そういう剣道以外の職場で苦労すること、その苦労を克服する心構えなり、精神力なりが、やはり武に生きてくると信じています。またそうでなければいけないと心に決めています。

だから、本当に医者の修行をこつこつ一生懸命に勉強されたら、それなりの精神力を持って剣道が出来ると思いますし、また実際そのように実践していられる方を知っている。巾広く吸収して、真に堂々たる剣道を行いたいものですね。

そういう意味の左文右武でありまして、とくに今日のような試合試合の時代には、どうしても剣道剣道と、稽古だけに目が向くということがありますけれども、やはり自分の今の生活、仕事を大事にしながら、そこから吸収出来るものは吸収して、剣道をやる大きな心掛けでないといけないと『左文右武』と言っているのです」

最後に範士は、モットーについて、

「金谷先生にお書き願ったんですけれども、孫子の『敵に因りて変化して勝を取る者、これを神と謂う』そういう言葉を書いていただきました。ずっと前のことですけれども、それが家に掛軸にしてあります。達人の境を思いつつ、味読している次第です。

それから、新発田という田舎におる者が、たまに堀口先生にお願いしたり、小川忠太郎先生にお願いしたり、長谷川壽先生、松本敏夫先生にお願いしたり、こういうお稽古が、もう非常に大きなはげみであり、激励ですね。

先生から、それは無理だよと言われれば、もうそれっきりです。そしてそれがなによりも大きな研究題目になるわけですから……。

努めて、先生方にお稽古を願い、研究する。つまり柳生流の〝三磨の位〟でありまして、教えていただいて、習って、工夫して、それを磨く。それが修行ですね。

京都の朝稽古で、忠太郎先生に、君間合が近いじゃないかと教えていただいたことがありますが、貴重なご指導でしたね。そこでどうして間合が近かったか工夫するでしょ。工夫して、間合を近くしないように、誰とやっても、一所懸命間合に気をつける。これは錬磨です。おのずから三磨の位は生きている。

先生方に、お稽古お願いする。何か言われなくても、稽古の中の内容が自分にとって、いいご指導で、それが錬磨次第で、だんだん自分のものになってゆく」

範士は、修行で得た巾広い剣道に対する考え方を、飾り気なくお話しされるのであった。

率先場にのぞむ

剣道範士　小澤武次郎　先生

〈小澤範士の略歴〉

大正1年8月28日、神奈川県横浜に生れる。

小学校5年頃、父・横松勝三郎氏に剣道の手ほどきを受け、水戸東武館に通って小澤豊吉先生に本格的に仕込まれる。

昭和5年武道専門学校に入学し、小川金之助、宮崎茂三郎、四戸泰助、佐藤忠三、黒住龍四郎等の先生に師事。昭和9年武専卒業後は警察官を拝命（神奈川県警）。同11年水戸東武館の小澤家に入籍。

昭和15年大阪高等工業学校助教授、同19年水戸中学校教諭、同24年水戸第一高校教論。昭和30年より茨城県剣連理事長、同副会長、水戸地区剣連会長、水戸市体育協会副会長、茨城県学校剣連会長、茨城県体協理事等を歴任。

昭和40年剣道八段、同45年剣道範士。

水戸東武館に小澤範士をお訪ねすると、範士は道場に先に来られて待っていて下さった。

東武館へ稽古に

範士は神奈川県横浜で大正元年に生れた。父が県警の師範をしていたところから、子供の頃から剣道に親しんだ。

「私の父親というのは、神奈川県の警察剣道の中心の師範でした。

横松勝三郎というのが父親なんです。その次男として生れて、小学校の五年ぐらいから引っぱり出されて、道場へ行って稽古が始まった。

本格的に私が稽古を始めたのは昭和二、三、四年頃で、ちょうど中学校は工業学校だったんですが、ここの東武館道場に来まして、この道場で中学の頃から剣道を本格的にやったわけです。中学の三、四、五年でしょう」

横浜から水戸東武館に通って、範士の剣道は本格的になった。

「だいたい中心に私を指導して下さった方は、東武館の初代の小澤一郎さんの養子として入られた小澤豊吉という先生。

この方に道場で本格的に仕込まれた。

学校の夏休み、春休みの時期を狙って、私は横浜からここへ来て、三年、四年、五年の時代に、豊吉という方に、東武館の稽古ということで指導を受けた。

ここの道場の稽古は、小澤豊吉という人もさることながら、先代からずっと、非常に荒稽古ということが名物で、組み打ち、体当たり、そういうようなことを非常に盛んにやったんです。

道場の広さも、今は十間に十間ありますが、もっと狭く、この三分の二ぐらいの道場でした。

ここで、体当たり、組み打ち、そんなことを中学校頃来て、小澤豊吉先生を中心に、ここには門生が大分おりましたから、門生の方と演練を加えられたということです」

中学時代、範士は水戸東武館に来て稽古するようになったが、それにはわけがあった。

範士の父親、横松勝三郎は水戸東武館で修行を積んだ、東武館出身の剣道家であった。

「親父が東武館の門生であるということで、小澤一郎の未亡人のひで子という方が、可愛がってくださって、母屋に泊めて、そして夏休み中はここへ来て生活をしておりました。

親父は、若い頃ここで、小澤一郎という方の門生として入って、修行をしました。

ここに五、六年はいたんではないでしょうか。栃木県芳賀郡の出身で、茨城に近いところです。

昔、東武館の切り返しというのは面白い切り返しでして、普通は左右に切り返しをやるのですが、今は道場でもあまりやらないのですが……。

右を五本ぐらい打ってから、左を何本か打って右に、受ける方が迷ってしまうような打ち方の切り返しをやりました。

ここでは、闇打ちをやりました。目を隠して、音だけで…。その時代はやりませんでしたが。

ここへ初めて来た昭和三年か四年頃、中学の三年頃、夏やって、その次の春、横浜の市民大会などありまして、無段者の少年の試合で、十何人も抜いて優勝したことがあります」

強い修錬は人間を変える

範士は昭和五年、武道専門学校に入学することになった。

「私は、五年に武専に入学しました。私の父親が、この道場の出身者で、先代の小澤一郎という方に教わった。

その関係で、私もここへ修行に来たんですが、小澤豊吉という人、この道場の未亡人でひで子という人、このあたりの強い希望で『あなたは武専にいって、専門家になって、将来どういうかたちになるか知らんが、東武館のあとを一つやってもらいたい』というような空気だったんでしょう。それで、昭和五年に武専に入学しました。

その頃、学費もだいたい東武館から出て、後は両親から出してもらった。そういうかたちで武専で勉強したんです」

現東武館館長の小澤武範士が喜代子夫人と結婚し、東武館に入ったが昭和五年であり、若き日の横松武次郎青年が武専に入学したのがまた昭和五年であった。

「武専の頃の先生は、殆ど全部故人になりましたが、小川金之助先生が主任で、宮崎先生、四戸先生、佐藤忠三先生、黒住先生、若林先生、管先生、そういう方が私たちが入った当時の武専の教授陣でございました。

武専の稽古は武専の出身の先生方が話されていることと同じですが、入学のときの人数は十六名ぐらいだった。

私は二十回の卒業ですが、現在は七名ぐらいです。現在剣道を続けてやっているのは、重岡（昇。範士九段）、私と崎本（武志。範士八段）の三人が範士で、後は七段の方です。

入学の一学期、四月に入りまして、四、五、六、七と暑中稽古までは、毎日打ち込み切り返しで過ごしたということで、七月の夏休みの稽古が終って、始めて今度は四年・三年が元立で、かかり稽古から互格稽古、あるいは試合稽古の順番でやったんです。

とくに今振りかえってみて、苦しかったと感じるのは、暑中稽古よりも寒稽古の切り返しでしたね。寒稽古の切り返しは、一時間、一年生あたりは十本以上、十五本ぐらいはやらないと時間がたちませんで、きつい稽古だったと思いますね。

道場あたりの寒稽古は、二週間から十日、暑中稽古も二週間から十日ですが、あすこは三週間やりました」

範士は、こうして剣道家への道を歩むようになった。

「私が入学しまして、東武館の稽古と通ずるものがありましたから、特異な稽古ではありませんでしたから、そんなに苦労ではなかったと感じました。

我々の時代は、武徳殿がございますね。東の方半分が剣道で、西が柔道の道場というふうに、分けて授業をやった。

それが、私が三年ぐらいから、柔道場が脇の方に移りまして、剣道全体で使えるようになりましたが、上席に小川先生をはじめ、師範がずっと座る。

それから研究科、学校を卒業して二、三年経ったような助手的な人が並んで、四年生、三年生、二年生、一年生と、四年の大将が一番上で、毎学期序列をつける例があり、下がったり、上がったり、いろいろするんですが、四年生の主将が上でずっと四年生、三年生の主将が上で三年生と、こういうようなかたちで並ぶ。

そして、三年生ぐらいまでが元に立つ。助教の方々も。二年生、一年生はかかり稽古です。週に必ず、我々のときは水曜日に稽古がなくて形を一時間半。最初は木剣でやらせたが、二年、三年、四年あたりは、全部真剣でやりました。

この形だけは、武専の稽古としては、他の専門学校いろいろありますが、一番よく研究したんではないでしょうか。

我々のときは、佐藤忠三先生が形の中心をおやりになっておりました。

そういう関係で、戦後ずっと剣道連盟では形を中心でおやりになった。

今は重岡さんが中心で、東の方は小中沢さんと中村伊三郎さんがやっていますが、武専では、稽古のとき打太刀、仕太刀を決めて、お互いに始まる。

終りますと、両方から入って来て、真中で会釈して、打太刀、仕太刀が変る。そういうかたちで一時間半の授業で、三回か四回相手をかえてやる。

武専時代、私なんかは一番尊敬したというか、近づきになりたいなと思ったのは佐藤忠三先生あたりです。

それから、津崎先生という方。佐藤先生、津崎先生ぐらいが、一番面倒をみていただいたからかも知れませんが。

それから、昭和八年に武専の武者修行がありました。四年生のとき、私らは南鮮を、朝鮮から満州に行った。それには津崎先生が付いてゆかれた。

小川先生あたりになりますと大先生で、我々武専も、四年生ぐらいになりますと、可愛がってもらったという気持ちがしましたが、一年生や二年生の頃は、もう夢中でしたから……。

ただもう、切り返しやって、かかり稽古やっておしまいというような…」

特別に師事した先生というより、親しくしてもらった先生について、範士はこう語っている。

それで結局、武専の四年間で得たものは何だったのか。

「私が一番、武専の修行始まって、帰ってきて、びっくりしたことは、一年生の一学期に入って、夏休みに帰ってくるが暑中稽古終って帰ってきたとき、横浜の青年会など、そういうところに行ってみると、とても身体ができているんですね。楽に剣道がつかえるようになった。なるほどな、武専というところは、皆強くしてもらえるんだなという感じを強くしましたね。

身体がとても出来たですね。一学期間切り返しをずっとやった。帰ってきたら稽古が楽になった。

夏休みは、ここ（東武館）へ武専の一年生ということで、来てやりましたから、随分稽古が楽になったなという感じがしましたね。

やはり、極端な強い修錬というものは、これだけ自分を変えるのかなという感じを強くしました。

気持ちのこともさることながら、身体が出来たということです。

剣道は、身体で覚える技術ですから、基礎的なことをしっかりやるということが大事ですね。そのへんのことを強く感じました」

茨城県代表選手

武専を卒業した範士は、警察の方に勤めることになった。

「昭和九年三月に卒業しました。その頃は学校関係の就職が厳しく、口がなかった。

親父が警察におりましたし、警察に入ってくれというので、神奈川県警の教習所（今の警察学校）に入った。

身分は神奈川県巡査ということでしたが、やることは、殆ど教習所の剣道と、剣道の方での警察の指導をやりました。

ここでは、九年に入ったんですが、十年一年は兵隊にとられ、十一年から十二年、十三年、十四年、十五年と四年間、県の警察に勤めました。

昭和十一年に、小澤の籍に入り、水戸に来ました。

それは、ここの道場は、小澤武という館長でやっていますが、この方は、小澤一郎の長女（喜代子夫人）と一緒になって、私は一郎の次女（千代子夫人）と一緒になって、武と一緒になってやれということで……。

県警に職がありましたから、直ぐに神奈川県に家内を連れていって、向こうで生活していました。

横浜では、十五年ぐらいまで、ずっと生活しておりました。

この間、警察中心で剣道の修練をやったわけです。

昭和十五年、この道場関係の越川秀之助という範士がいたんです。

大阪の警察の主任のこの方が、修行のために、大阪、関西方面に職を求めて一ぺんやってみないかということで、越川という方にひっぱられて、大阪の工業学校に行った」

大阪高等工業学校に入って剣道を教えることになったが、間もなく範士は、また兵隊にとられた。

「十年に現役で北海道に行きましたが、水戸に籍が入ったもんですから、北海道でなくて、水戸の第二連隊にとられました。

第二連隊にとられたんですが、第二連隊というのは北満に行っていた。私は歩兵でなく、輜重の部隊で、後方部隊に入ったわけです。

ちょうど、昭和十六年に大きな召集があったんですが、ソ満国境に二連隊あたりも全部配置をして、ソビエトに対する戦争の準備だったんではないでしょうか。

そして、歩兵と後方の輜重から全部完成した師団が出来た。昭和十六、十七、十八年と三年間行っていました。

水戸の二連隊が満州の百二連隊に入り、嫩江（ノンジャン）というところに行ったが、三年間で帰った。

昭和十八年八月頃、召集解除になり、大阪も、もう戦争であぶないということで、水戸に引き揚げてきた。

ここに引き揚げてきたときに、ちょうど水戸中学に剣道の先生がいなかったので、先生として入ったわけです」

範士はそれ以来、ずっと水戸で生活するようになった。県警から学校関係の剣道を指導することになった。昭和二十四年、戦後は茨城県立水戸第一高等学校の先生になり、教員畑で勤め、昭和四十年には県の運動公園管理事務所所長になった。

戦後のこの間、昭和三十二年、三十三年、三十五年と、全日本選手権に三回、茨城代表として出場している。

「試合は、剣道の一番大事な修行の方法であると思います。

これは、試合をやる本人の心がけでずい分変ってくるのではないかと思います。

私なんか、一般に指導する場合には、試合は非常に大事なことであるけれども、それにとらわれて、勝ち負けだけに走るような気持ちはいけないと。

そのように子供たちには言うんですが、自分自身で考えてみて、やっぱり試合というものは、剣道では一番大事な修行の手段であると思う。

それに余りとらわれて、本人でなく、囲りがとらわれてやるという空気は、剣道にはマイナスではないかという感じがしますね。

結局は、本人の心の修行は、試合あたりによって出来るんではないでしょうか。

ただ、それが余り囲りでワーワーやるというようなかたちは、とくに未成年の少年あたりでは、私は害があるようなこともあるように考えるんですが……。

だが、なかなか、ジレンマに陥って難しい。少年の試合、今盛んですからね。

盛んというより、父兄が自分の子供に勝たしたいんですね。

そのへんが、指導者の一番ポイントをもってゆく大事なことであると自覚しているんですが、なかなか難しいと思いますね」

多くの大きな試合を経験している範士は、試合によって養われる修行と、指導する立場の試合についての考えをこう語るのであった。

率先場にのぞむ

昭和四十八年に学校関係を退職した範士は、東武館で指導を行うようになった。

「戦前は、道場は館長（小澤武範士）がやっていましたから、私はだいたい学校の方が中心で、週に一回ぐらい道場に青年が集まる、特別稽古ですね。

そういうときに出て指導しました。道場で正式に兄貴と一緒に始まったのは、昭和五十年頃からです。

昭和四十八年三月に退職したが、四十九年に茨城県の国体があったもんですから、四十八年に学校辞めてから、県の国体選手の養成というか、強化というか、それをやりました。

また、国体のときの審判長もやりました」

学校関係や、また道場で多くの青少年を指導してきた経験を持つ範士は、指導の面に触れてこう語るのである。

「私は人間が生真面目の方ですから、子供たちを道場に集めて錬成を加えるというんですが、私が心がけていたことは、子供たちを道場でやらせるならば、自分が率先して道場に行って、子供たちを待っていてやるというようなこと。

先生が後から行ってやるんではなくて、生徒が道場に集まるのを見てやる。

そして後、技術は同じようなことを勉強するんですから、同じようなことでしょうが、子供の集合、最後の納めといいますか、成果が上がったか上がらないか、最後のけじめはしっかり見てやりたいなと思って、ずっとやっています。

今道場の方の少年の指導もやっていますが、そういうようにして、なるべく率先して、場にのぞむということ。

それから後始末をしっかりして帰すという、こういうことを中心にやっています。技術の問題は、甲乙いろいろありましょうが」

百数十年の歴史を持つ水戸東武館の副館長として、兄の小澤武館長と、水戸学の武道教育の中心である文武不岐を高く

かかげ、少年指導をしている範士だが、

『文武不岐』の教えは近代武道教育にも通ずる名文である。武道とは文字の構成から考えてみると、武は『戈』と『止』から成り立ち、人君が干戈の威力により兵乱を未発に止める義である。治国平和の義である。

道は『首』『辶』の二つから成り立ち、『首』は到達点、目的地であり、『辶』はそこに達する筋みちを示している。

武道の一つである剣道は、古来より伝わる剣技、術を使って身心の鍛錬を行い、その大事な目的は、人間行為の規範を学ぶ手段の一つであることを示している。

文による学問と、武による実践力とにより、人格完成を期して、文武一如の教育が水戸学の教育方針であることを明示している。

近代剣道教育においても、技術の探求が重要分野であることは言をまたないが、その教育の主眼とするところは、『人の道』の研鑽にあると信じている」

と、剣道教育の目的を語っている。

また、範士のモットーとしては、

「私はやはり、『誠実』という言葉をモットーとして座右銘にしている」と誠実をあげられた。

誠実というモットーの通り、接する者すべてに温かく思いやりのある人間味を感じさせる範士であった。

拙守求真

剣道範士　大森　玄伯　先生

〈大森範士の略歴〉

明治44年8月5日、岡山市に生れる。

幼少の頃、出生地において剣道の手ほどきを受け、旧制中学入学後は奥村寅吉範士に師事。昭和6年、国士館専門学校に第3期生として入学し、斎村五郎範士をはじめ大島治喜太、小川忠太郎、岡野亦一、小野十生等の各範士に指導を受ける。

昭和10年国士館を卒業し、斎村先生の推薦で東京鉄道局に勤務。また旧制早稲田中学、杉並中学、国士館商業、鉄道教習所、興亜専門学校にも勤める。

昭和18年応召を受け、終戦後は郷里岡山に帰る。大島功氏の推薦で法務省に採用され、広島勤務となる。剣道の再開により、広島県警師範、広島大学師範として指導にあたり、のちに山陽高校教諭となる。

広島県剣道連盟副会長、広島県警察剣道名誉師範、広島大学剣道部師範、広島県剣道道場連盟会長、中四国学生剣道連盟副会長、広島ＹＭＣＡ体育専門員、山陽高等学校講師をつとめる。

昭和40年剣道八段、同46年剣道範士。

国士館で剣道を

明治四十四年、岡山市で生れた大森範士は、小さいときは病弱だったという。

「中学時代までは岡山におりました。

岡山には奥村寅吉というご立派な先生がいらした。ご尊父は奥村左近太寅吉といわれて、明治時代、二刀流の名人で、その方のご子息が奥村寅吉という先生です。昭和の初め頃、教士の称号をお持ちの先生は、地方の県では二、三人でしたが、岡山では奥村先生が教士の筆頭でした。

わたしが中学校に在学していたとき、その奥村先生が、京都から帰郷されて、中学二年から先生のご指導を受けたわけなんです。

わたしは、小さいときは筋骨が非常に弱かったんです。それで、父が身体を丈夫にしなければならないということで、剣道をさせられたんです。

岡山の田舎に、剣道の先生が一人いらした。その先生に最初剣道を習いました。小学校に入る前、七歳くらいの時……。今は段の感覚が違いますが、田舎のその頃の二段だったか三段くらいの先生で、その先生に最初教わりました。

中学に入りました当時は、亡くなりましたが、衣笠という先生で、ご指導の非常に上手な先生でした。

ところが中学生になった途端に病気になりまして、肺結核の初期というのでしょうか、あの頃は肺腺カタルという名前でした……。

わたしの家は、親父が医者をしておりまして、それでこんな名前（玄伯という名前）が……。その親父が家で治療してくれましたりしたんですが、兄弟に感染する恐れがありますので、約半年ほど病院に入りまして、学校は休学しました。

退院後、学校を変りまして、そしたら、奥村先生がちょうど教員としてお帰りになった。そのようなことで、中学時代、奥村先生に指導をしてもらいました」。

わたしが、骨組みが大きくなりましたのは、あの頃の肺結核の治療法はカルシウムの注射ばかりなんですね。親父が毎日、血管注射をやってくれる。それで骨組みが大きくなったんではないか。あのような病気をしたことを現在、感謝しておるんです。

長男ですが、豚児というか、不肖の子というんでしょうか、名前の通りにゆかないで、家は弟が継ぎました」

病弱だったが、範士は剣道をやり、だんだん剣道の魅力にとりつかれていった。

「奥村先生の推せんで、斎村五郎先生のいらした国士館専門学校にまいりました。

国士館に入学しましてから、一年生の秋でしたか、また病気が再発しましたが、ほどなく恢復して、休学するまでにもいたりませんでした。

昭和六年の入学でしたから、三回生です。現在この京都大会（京都大会の会場近くでインタビュー）においでになっていらっしゃる、吉武先輩、神尾先輩は、一期上です。

わたしの入学当時は、開校間もない頃ですから、それまでに、武道の専門の学校としては、武専があり、高等師範があり、それらに負けないようにということで、斎村先生が、正課の授業時間として、朝稽古をお始めになっていたわけですね追いつけ、追い越せで……」

岡山の中学を出ると、範士は東京の当時開校して間もない国士館に入り、剣道を専門にやることになった。

「斎村先生という大きな一本の柱がありましたから、試合など考えない、もう全部捨ててゆく、という稽古ですね。そのために、基本、切り返し、かかり稽古をしっかりやらされまして、今の国士館とは、ちょっとイメージが異りますけれども、試合などは全然考えなかったですからね。

一年に入りましたときに、主任で教えていただいたのが小川忠太郎先生です。もう面一本打てなければ駄目だということで、真直ぐな捨てた面をということで、基本をしっかりとされまして、寒稽古が終ってからですか、初めて地稽古をさせてもらいましたですね。

それも、二時間の授業のうち二十分ぐらい。それまでは基本、切り返し、かかり稽古ですね。手先の稽古は駄目だということで、言行一致。小川先生はご承知のように真直ぐな面をお打ちになる」

国士館の稽古は、斎村先生を中心に基本を身につけるという稽古であった。

「わたしは非常に不器用で、わたしより不器用な人はいない。もう本当に不器用なんです。この不器用なわたしが、今剣道を続けてやらせていただいているのは、斎村先生の教えの基本ですね。

かつて教わりました基本が元になって、どうにか将来まで続けられるんじゃないかと思います。

皆さん非常に器用な技を自由にお使いになる。うらやましいですよ。

我々のときは、試合があまりなかったので、試合などに出してもらう機会はなかったですね。

寒稽古のときは、一ヵ月間切り返しだけなんです。一回生と先生方が元にお立ちになって、今日は何本、今日は何本と競争でやるわけなんですが、途中でえらくなって、面をとると上級生からやられるから、顎を空けて、窓のところへ行って、息を吸う。また続けてやる。

それで寒稽古は朝の四時半からですから、世田谷の松陰神社の横は、吹き抜けてましてね。

今は家が出来ておりますが、梅が丘の根津山方面は原っぱでしたから、吹きつけて、粉雪が降る日は、道場の中へ入ってくるわけです。非常にいい修行をさせてもらいました。

とくに、正しく、正しくということを教わりましたが、今、それが柱になっておりますね」

斎村先生に師事して

範士は昭和十年に卒業して東京で中学校の教師となり、剣道家としての充実した期間を送るのであった。

「東京の国士館に入れさせてもらいまして、卒業してからも、東京におらしてもらいました。

それで、常に斎村先生、ご存命の小川忠太郎先生、また堀口清先生の教えを受けていますから、そんな関係で非常に恵まれていたと思います。

堀口先生は、わたしたち学生のときは、国士館の学校の方には正式にはお入りになっていなくて、朝の稽古にはおみえになっていました。

わたしが卒業しましてから、堀口先生はお入りになったようです。堀口先生は学校の近くに家をお持ちで、ずうっとお出でになっておられました。

卒業しましてから、斎村先生にお願いしまして、東京でどこか就職させてもらうようにしまして、最初東鉄にお世話になりました。東鉄には早稲田出身の山形治郎さんが入っていまして、同郷、同門の関係で、ずいぶんお世話になりました。

朝、国士館で稽古をさせてもらい、それから東鉄へ。斎村先生が東鉄へ指導にいらしていましたから……。

約二年、東鉄におりまして、現在の早稲田高等学校である早稲田中学校に、斎村先生の関係で、勤めさせてもらいました。

それと、現在は中央大学の付属になっています杉並高等学校、杉並中学というのがありまして、そこへ兼務で行っていました。

それと鉄道教習所。立教大学の直ぐ横にありまして、斎村先生のご推せんで、ずっと東京で稽古させてもらいました」

よき師に恵まれた東京での稽古は、範士の貴重な時期でもあった。

「卒業しましてから、東京に昭和十八年まで約八年間、足かけ九年でございますが、その間一番稽古も、いろいろの先生から、ご指導もお受けする機会もありましたし、また自分でも稽古のできる状態にあったもんですから、そういうものが、一番の土壌になったと申しますか、それで、現在まで続けられていると思います。

家内もらいまして、笑い話で今でもするんですが、一月の十日に結婚式やりまして、十一日からの国士館の寒稽古に出なければならないので、新婚の女房を連れて、東京へトンボ返りです。

その頃、国士館の高等学校、夜間のがありましてね、その方にも勤めていましたから、夜の授業があるんですね。

帰りますと、九時半か十時。それで朝四時半ですから、もう四時前に起きて、一日に三時間ぐらいしか寝ないから、女房がびっくりしちゃって……。

家内は岡山で、あの頃薙刀をやっておって、そういうことで知り合いましてね」

範士は稽古に明け暮れる毎日が続いた。

「早稲田中学に、小川忠太郎先生がやはりお勤めでございまして、小川先生の助手のようなかたちで中学校でやっておりました。

早稲田中学の寒稽古が、やはりありまして、わたし、斎村先生のお宅の前に家を構えておりまして、今の専務（全日本剣道連盟専務理事の斎村龍雄氏）のお宅の前に。あすこから梅ケ丘に出まして、小田急の一番で新宿まで、それから国電で高田馬場、そして馬場下の学校まで歩くわけです。

小川先生もやはり一番の電車に乗っておられて、あの頃、小川先生、朴歯の高下駄を履いておられて、馬場下まで、あのあいうご修行なさっている先生の側におって、お供して歩いているうちに、いろいろな話がございますから、そういうものが、全部記憶してなくても、ずっと参考になっているんですね。

国士館は、今はあの道場はなくなりましたが、我々のときは、うなぎの寝床のような、四百畳の長い道場がありまして、入口の横に師範室がございましてね、大きな火鉢がありました。そこには、在学生は道場当番以外は入れないところなんです。

卒業してから、そこへ。そこでお待ちしていますと、斎村先生、小川先生とか、堀口先生、岡野亦一先生、小野十生先生、小城満睦先生方がおみえになり、斎村先生が火箸を持って、灰をかき混ぜながら、いろいろなお話をされます。

それを隅の方で、お聞きしている。いろいろのお話を。生活、日常を拝見していますと、稽古以上のものがあります。やっぱり、ああいうお姿にならなければいけない。先生のあれを真似しなければいけないなと、稽古そのものよりも、そういうような平生の態度、そういうものを我々は汲み取ることが多かったんではないかと思うんです。

小野先生とか小川先生が、斎村先生に、お稽古をお願いなされるときは、やっぱりああいうふうにしなければいかんのだと……。

言葉の端々のことは直ぐ忘れてしまいますが、そういうお姿というのは、なかなか、いつの間にか身体に染み込んでいますから……。

斎村先生は、雲の上のような方で、家も近くにおらしていただいていましたが、常に先生に接する機会も多かったんでございますが、ご承知と思いますが、先生は余りものをおっしゃらない寡黙な方でございましたから、何をしても〝うん〟〝うん〟。あまりおっしゃらなかったですね……。

やはり、卒業してからも印象に残っておりますのは、常に高い気位を持って相手に接するように稽古の場合、小者の気持になってはいけない。お言葉をいただいたことは、残っていますですね。

道場で先生方や学生が並んで持っていますね。斎村先生が溜りからお出になる。さっと、鶴が舞い降りたように、他の先生方とは位が違う。

もう動じない。泰然として、今のご子息より、ご立派な体格で、ずっと大きい感じでございましたね」

王者の剣を

範士は、剣道を自分でも教わりながら、また教師として、指導にもあたっていた。

「卒業してからの約十年間。この間が一番充実していましたね。

東京で斎村先生のお膝元に置いていただいたという一つの自覚を持ったんではないかと思います。

中学で教えるときも、斎村先生が平生、学生時代に、ちょっとおっしゃることが、頭に残っていて、つい出るんです。

切り返し。大波がザーッとうねるように押し寄せる。スーッと、またワァーッと切れのないこと。そういう切り返しでないといかん、と先生はおっしゃった。それをやっぱり生徒に教える。

チャ、チャ、チャ、では駄目だ。ワァーッと。やはり何時の間にか、ご薫陶を受けたことが出るんですね。

本当に現在、このように剣道をさせてもらっているのは、斎村先生のお蔭であると非常に強く感じますね。

やはり、いいお師匠さんに巡り会わないと駄目ですね。二人と得難いお師匠さんに巡り会えたということが、一番だと思います。

斎村先生に本当に心酔されていた岡野亦一という先生がおられましたが、岡野先生が、斎村先生のお伴をして歩かれるときは、常に先生の左後を三歩下って歩いておられた。

自分のお師匠さんをもう親以上にして、ああいう姿、今では学生や生徒たちが横からものを言う。どうして前に来て言わないか。歩いていてもサッと行ってしまって、挨拶もしない。わたしのお師匠さんについては、こうなんだと、岡野先生の話しをするんです。

剣道は、たたき合いだけではないと、そういうように、師を尊ぶそのこと自体が、剣道の一つの稽古になっている。

そうしないと、教えをまともに受ける気持になれないですね。

中学時代に奥村先生というご立派な先生、国士館に入りましたら斎村先生にご指導をいただいたということ、これ以上幸福なことはないと思っていますね。

斎村先生のご薫陶を受けていらっしゃる小川先生、堀口先生に、またいろいろご指導いただいているわけですから、これくらい有難いことはないと思います」

範士は昭和十八年に応召になり、終戦とともに帰って来た。

「終戦後、東京に帰ったんですけれども、剣道出来なかったので、岡山に帰りまして、ぶらぶらしておりました。

そのときに、大島功先生（現全日本剣道連盟副会長）にお目にかかる機会がありました。わたしが中学時代に、大島先生は旧制の岡山の第六高等学校の選手で旧知だったんです。

ちょうど終戦後、先生が東京地検にいらして、お目にかかったときに、お前は今なにをしているか。学校の方、剣道無くなりまして、岡山でぶらぶらしていますと……。

それでは、法務省に来いと。ちょうど公安調査庁が出来たときです。それで世話をするから上申書を書けと。それで採用していただくようにお願いしました。そうしましたらお蔭で採用されまして、広島勤務になったわけです。

広島にまいりまして、剣道復活しましてから、公安調査局の局長の推せんもありまして、三十一年に広島県警にお世話になることとなりました。

二十五年に法務省に、五年と半年ほどあすこでお世話になりました。

広島県警にお世話になって、法務省から続いてずっとですから、今広島の生活が一番長くなりました」

戦後、範士は広島に勤務し、現在も広島の剣道界を担って、指導にあたっている。

「県警の方にゆくときに、広島大学が、新制大学になってから、剣道部を再興したいということで、お話しがございまして、剣道部のお手伝いをさせてもらいました。

それからずっと広島大学に関係しています。現在も師範を続けさせてもらっています。

警察を昭和四十六年に退職しましたものですから、私立の高等学校ですが、山陽高校というのがありまして、教育現場に久し振りに帰りました。六十五歳になりましたときに、一応退職し、引き続いて講師で勤務いたしております。

広島大学に関係していますので、中四国学生剣道連盟を植田一先生とご相談してまとめまして、副会長として、直接学生と接触してくれというので、四国は植田先生、中国はわたしというコンビでお世話をしています。

県道場連盟も、浅川先生から広島に作ってくれと言われまして、道場連盟作りまして、それの世話を……。

今、一つ道場をあずかっています。県の方にお願いしまして、専修学校にしまして、武道専門学校です。学生二十人程、子供の方を別科で『尚武館武道専門学校』といいますが、武道の専修学校は今日本で一つしかないんではないでしょうか。県が認可してくれましてね、本科よりも、まだ別科の方が主になりましてね。子供の方が、別科に四十人ぐらいいます。わたしは週二回ぐらい、夜ですから、担当を二回にしてもらっています」

範士は、現在の剣道のことについてこう語っている。

「わたしは、現在の試合本位でいったら、剣道ではなくなってしまうんではないか。いわゆる竹刀術になって、精神的なものを剣道で求められなくなってくる。

精神的なものは、試合の場である程度は求められるであろうが、現在の稽古の傾向を見ると、ただスピードをつけるとか、パワーをつけるとか、そういうことが主のようで、如何に巧妙に竹刀を操作するかの技術のみを探究しているように見える。そこに何か剣の本質からはずれてくるんではないか、という非常にあぶな気な気持を持っている。

わたしは、広島大学に関係しておりまして、剣道部の学生には、君たちの練習は、試合に出て勝つことのみの追求ではないんだ。最高学府を出て、社会のエリートで進むんだから、剣道で正しいものを見つけ、それを社会に出て指導者になったときに、終生後輩を指導する基となるような剣道の練習をやってもらいたいと言っています。

全国大会で優勝するということも尊いが、それよりも他に大きな目的があるんだから。私立大学だったら、学校の宣伝の大きな力となるんで必要であろうけれども、あんたたちは、そんなことは考えることはないんだから、それよりも正しい剣道を、この道だけが一本だというものだけ求めなさい。

わたしは、始終学生に言うわけです。試合そのものを追求しなさんな。平生の稽古でも、もう真直な稽古と、それから相手に負けないだけの……。それにはまず自分に勝たなければならんから、自分に打ち克つように、しっかりとかかり稽古を、これをやれと、そういう指導をやっておるんです。

専修学校の方は、あんたたちは、高校だけを出て働きながらやっているんだから、働くための一つの基盤は剣道である。それでおやりなさいと。

基本と剣道形を主として、今やっております。働きながらやっていますから、考え方が真面目です。非常にいいですよ。わたしが教えられることが多いです。

いわゆる剣道の専門家になるんじゃないからと常に言っています。

剣道には、覇者の剣と王者の剣がある。あんたたちは覇者の剣ではなくして、王者の剣を学ばなければいけない。もう村正でなくて、正宗になりなさいと。そういう気持でやってもらえば、わたしが教わった先生の教えが、そういうものだったからと。

常に王者の剣を使わなければいかんと」

範士は、剣道に対する考え方をこのように語るのだった。

「わたしは、非常に不器用でして、拙《つたな》きを守って、真《まこと》を求める。『拙守求真』といいますが、器用な真似は出来ないんだから、器用な真似をして崩れちゃったら駄目だから、下手は下手なりに、まともに。

非常に好きでして、拙守求真。不器用なものは、正しいものだけをコツコツとやっておれば、これでも通るんではないかな。だれでも努力ですが、不器用なものは更に努力をすれば……」

静かな中にも、確信に充ちた言葉で語られる範士に、最高の師を持たれた喜びが溢れていた。

講武養心

剣道範士　岳田　政雄　先生

〈岳田範士の略歴〉

明治42年4月28日北海道根室に生れる。

大正12年網走中学(現南ヶ丘高)に入学、小野派一刀流の村上重吉先生から剣道の手ほどきを受ける。

昭和2年、中学5年のとき、全北海道中等学校大会に初優勝。東京で行われた二つの全国大会でも準優勝と3位を獲得。後、警察大会、国体、東西対抗、都道府県対抗などに出場し優秀な成績を残す。

昭和5年上京し、京都府巡査を拝命。翌年大日本武徳会本部武道専門学校剣道講習科入門。警察および武徳会において、小川金之助、宮崎茂三郎、四戸泰助、中島寿一郎、津崎兼敬、佐藤忠三、若林信治等の先生方から本格的に指導を受ける。

昭和14年巡査部長となり、以後、警部補、警部、警察学校教頭、警ら隊方面隊長、警視、警察署長、警視正と昇進。昭和39年依願退職。勲六等単光旭日章受章。

全剣連・全道連評議員を経て京都府剣連審議員、京都右武館・宇治右武館神明道場館長、陸上自衛隊大久保・宇治駐屯地師範、ユニチカ技術学院剣道講師、日産車体京都工場師範等をつとめる。

昭和40年剣道八段、同46年剣道範士。

宇治蔭山の自宅の一室には、収集された古陶器が数百点、ところ狭しと並んでいる。茶を点てながら、岳田範士は修行の話しをされるのであった。

中学で剣道を習う

明治四十二年、範士は北海道の根室で生れた。

「私は根室（根室市和田）で生れたんです。親父は力蔵といって、岳田家の養子でした。五男二女の長男として生れ、小学校を卒業する前に根室に鉄道がひかれ、厚床までつきましたので、和田村からそこへ移り、小学校を出ました。

叔母に子供がない関係で、網走にまいりました。ちょうど網走に中学（旧制道庁立網走中学・現南ヶ丘高等学校）が出来まして、行ったら入学試験が済んでいましたので、一年間は尋常高等小学校に入り、それから中学に入りました。

中学で正課として剣道を村上重吉先生に教えていただいた。

村上先生は小柄で、金ブチの眼鏡が光り、笑うと金歯が美しく見える優しさがあったが、小野派一刀流を学んだ先生は肩の張った、古武士的な面影のある剣士らしい先生であった。

村上先生の剣は、今想うと立派な中段の構えで、常に先々と気迫で攻め、正しい打突をされる方で、防具を着け、道場に立った姿の美しさには品位があった。

子供心にも、私もいつかはこのようにと心をときめかしたものでした。

基本動作を習っているうちはそうでもなかったが、応用動作に進展して来て、始めて剣道というものは、簡単なようで、なかなか難しいものだと知った。

村上先生のご指導は、さすがに函館師範の二部出だけあって上手で、技一つの指導についても、納得のゆくように説明され、演技して見せ、繰り返し繰り返し演技させせました」

中学に入って、正課剣道を学んだのが範士の剣道との出会いであった。
しかし、範士の中学時代は決して平坦な道ではなかった。

「北海道の夏はまだしも、冬の冷厳ともいうべき寒さは想像以上で、オホーツク海に面した流氷の街、網走の冬は殊のほか寒く冷たい。

雪が深く膝まで没して、学校へ行くまでの新聞配達は大変なことでした。勿論そういうことで、悲愴感はありませんでしたが、人並に修学旅行にいけませんし、事業に失敗した親から送金がないため新聞配達の金で学校の月謝を払わなければなりませんから、いつでも滞納、未納の紙を貼り出されました。

新聞の朝刊を配った足で、街外れの高台にある中学校に走るのは、体の保温と剣道の稽古前の準備運動も兼ねておりました。

馴れているとはいえ、冬の朝稽古の辛さは、雪国とくに北海道の者でないと分かりません。広い体育館は、床は真白です。それを竹箒で掃いて、稽古をするのですが、その冷えきった床のつめたさは、素足で氷や雪の上を歩くのと同じで、足の感覚などありません。

少しでももたもたしていると、村上先生の大きな雷が落ちて来ます。先生は小柄でしたが、声はすごく大きく、館内に響きました。

私達下期生は、あわてて用意して待っている上期生（二年生）の須藤清五郎、神章吉、下谷与三次などという先輩の、うるさ方のところに走り、力一杯切り返しを始めるのです」

想像を越える厳寒の中での稽古は、身体を鍛えるにはまたとない条件であった。それに加え、中学と言っても、内容は少し違っていた。

「一年生、二年生と言っても、年齢差というものはあまりないものですが、創立したての網走中学は、第一回の入学生というのが、昔の尋常高等小学校を卒業し、一度は社会に出て就職していた連中が多く、まちに中学が出来るなら入ろうかと、向学心に燃えて入ってきたものですから、十七、八歳はざらで、中三になると徴兵検査を受け、甲種合格で翌年入隊するものが多かったのです。

そういう学校でしたから、一年上と言っても、大きな兄貴に体当たりして、もんで貰うなどという甘えた考えで行くと、彼等は土地柄、皆子供の頃から剣道やっている連中なので始末が悪く、こちらの体当たりを幸いに、お返しがきつい。

雪が解け、床がツルツルした頃は、ステンステンと転がされました。転んだところをポカリですから、剣道修行というものは、なかなか辛いものだ、苦しいものだ、痛いものだと、第一歩で存分に体得させて貰いました。

こうした想い出の中で、幾年も鍛えられ、また上級生となって、多少鍛える側になりましたが、先輩や同期生に強いのがいて、一度も選手として対外試合にも出して貰えず、中学五年となりました。

その頃の網走には有名な網走監獄があり、久光源左衛門という老剣士がおられ、看守に剣道を教えられていたし、警察には北見庸蔵、要害留五郎（後いずれも範士）先生が在職しておられ、署の稽古もはげしく、中学との三ツ巴で、神社の奉納試合などは賑わっていました。

選手外でしたが、私はこの先生方に可愛がられ、機会あるごとに署の道場でお稽古をいただきましたが、お巡りさんの稽古は痛いものでした。

選手にならなくても、剣道は好きでしたから一心に稽古しました。そして、汗と涙のカクテル稽古で満足しました。

私の新聞配達は、中学を卒業するまで続けられました。そのおかげで身体も健康、剣道の練習にも耐え得ましたし、また校内の長距離ランナーとして、対外試合には必ず出させて貰いました。

ひたむきに行じ続けての一直線独歩は、時に海に向かって大声をあげて叫び泣く日もあったが、私の苦学を知ってくれていた同期生が、皆で、私をかばい、包んでくれていた。私は当時を振りかえり、その一人一人に礼がいいたい。

五年間近く、寝食を共にさせてくれた心友瀬川徳造君の御霊と、ご一族に私は常に合掌をしています。

私は、五年生になった時、村上先生の鶴の一声で副将に選ばれ、非常に驚きました。主将は上期生で同期生となった鈴木幸吉（日体大出、教士七段、網走剣連会長）、吉野兄喜（日体大出、教士、教員、戦死）、ほか山喜吉、寺屋、遠藤、秋田春蔵君など、錚々たる陣容で船出しました。

校内では吉野が群を抜き、鈴木、岳田の三羽烏で本陣を堅め、対外試合に臨むことになりましたが、その試合の第一歩は、八月中旬に札幌で行われる全北海道中等学校剣道大会でした。

私は初陣でしたので、それこそ必死の稽古をしました。私達は一日七時間の稽古を約一ヵ月続けました。もちろん、健康管理も厳しく、水泳は厳禁、稽古時間遅刻は一分でも五銭の罰金でした。

私達は、それこそ十二分の稽古を積んで、昭和二年八月の大会に出場し、幸い連戦連勝で遂に初優勝し、網走駅に着いたとたんに花火があがり、駅から中学まで三キロ近く優勝パレードをさせて貰い、町中挙げて祝福してくれました。

続いて、私達は北海道代表として東京に行き、一つは早稲田実業に決勝で敗れ、一つは巣鴨中学に準決勝で敗れましたが、入賞し、一躍有名校になりました。

北海道代表として東京の地を踏んだのが、私の中学生としての修学旅行で、ひとしお全国大会というものが印象に残っています。

森寅雄君の強さには、びっくりいたしました。

これらの大会での私の働きは、下積みの長さが爆発したように好成果をあげ、このことが私が今日剣道という長い道をひたすら歩く素因となったと喜んでいます」

範士にとって、中学時代の大会出場が、それからの範士の生き方における大きな転機になった。

「これは、古流の厳しい格式を身につけておられた村上先生が、身をもって範を示して教えて下さったし、試合は生死の境に立っての闘いだから、敗けてはならないと、徹底して精神面の教示も、繰り返し繰り返しなされたこと、この身構え、心構えこそ、剣を学ぶ者の忘れてはならないことではないでしょうか。

私は剣を学ぶ第一歩で、良師に恵まれた。先生は段位は低く、剣道界では無名に近い士であったろう。しかし私達網走中学の剣道部にとっては至宝に価する良師であったと確信しています。

『尚如在』（なおあるごとし）、私は先生を忘れません。

今一人、網走の黄金時代に絶大な支援をいただき、個人的に言うなら、私の今日への芽生えに光を与えて下さったのは、同郷の先輩後藤美基先生です。

先生は、居合道教士八段、剣道教士七段であり、最近まで大阪学連会長や、歯科医師会長をしておられたが、昭和二年七月帰省された当時は、大阪歯科大主将で、私達の大会前の練習に、毎日朝から晩まで試合運びのコツ、時間の使い方等々、高専、大学の試合での勝点の挙げ方を、田舎中学のぼんぼんに、それこそ徹底的に叩き込まれた。

色々な相手を想定し、それを崩して勝つ方法の作戦指導に、村上先生の正攻法、後藤コーチの柔軟な試合法のミックス汁をのまされては、自信もつき、結果、サイン通りの試合運びで快勝し、先生へのご厚情に報いたわけです」

柴田万策先生との出会い

範士は、昭和三年三月中学の五年を終え、上級の学校（陸士）へと志したが、それに失敗し、教員生活を送ることになった。

「私は金に心配のない陸軍士官学校を選び受験準備を始めました。睡眠時間を惜しんで勉強もしましたが、陸士の受験には算数・幾何でしくじり、見事失敗、不合格になりました。

浪人して暇が出来たので、中学に剣道の練習に行っていると、後輩の父兄が支庁の教育委員をしており、小学校教員が不足しているから、代用教員にならないかと好意ある話をされた。

村上先生に相談すると、小学校教員出身の先生は、『やれ』と激励して下さったので、九月一日付で、網走支庁管内常呂郡中佐呂間村中佐呂間尋常高等小学校に赴任しました。

中佐呂間は、佐呂間村の中心で、役場もあり、小学校には校長以下八人の先生がおりました。

村は剣道も盛んで、小学校の先任山口愛光先生（クリスチャン）が二段で中心、早速私もお相手をさせて貰い、村の人とも一遍に仲よくなりました。

剣徳といいますか、武徳というべきでしょうか、下宿の真向いが巡査部長駐在所で、所長さんは服部という勉強家の部長さんで、剣道やるなら本署に行って汗かきなさいと親切に言ってくれるので、日曜日には馬に乗って、約十二キロほど離れている遠軽警察署に行き、思い切り稽古して帰りました。

その内に、いつまでも代用教員の腰掛けではと考え、武骨な節の高い手で、オルガンを弾くことを学び、音符に苦労し、また心理学や教育法の本を借りて勉強し、準訓導試験を受けたところ、運よく合格し、代用教員という名にお別れしました。

昭和五年の夏、七月の末に札幌武徳殿支部で夏期講習があり、山口愛光先生が、用事もあるから一緒に行って受講しないかと誘ってくれた。

ちょうど夏休みだし、渡りに舟と同行して、受講の申し込みをし、兼ねて網走にお出の折、いろいろご教示いただいた道警本部の剣道師範高橋善三郎先生宅にご挨拶に伺ったところ、家から稽古にゆけと言われ、居候をきめこみ、毎日先生のお供で道場に通い、稽古に汗を流しました。

講師の先生方は、高橋先生の外には、大沢藤四郎先生（高野佐三郎先生門下の逸材）を筆頭に、甲源一刀流の富田喜三郎先生、砂金石之助先生、本間治助先生などが並ばれ、東京警視庁から柴田万策先生が見えられた。

受講生の中には、今北海道剣道界の重鎮の音喜多保憲範士、佐藤篤範士、細間清志範士などの若い姿が見え、大変な熱気でした。

柴田万策先生は福岡出身で、高橋先生と一緒に若き日の武徳会本部で、講習生として寝食を共にされた剣友ということで、柴田先生もまた高橋先生宅にお泊りになり、偶然にも私がお食事の給仕役をすることになり、大変親しくお話しをしていただきました。

三日間の講習で、私は全身全霊を傾けて柴田先生にお稽古いただきました。

そして、心と心の触れ合いで、共に許し合って話していられる両先生を拝見し、私も剣士として、こんな人になりたいと心に決し、千載一遇の好機とばかり、両先生に、私も剣道をしっかり学びたい、そして先生のように剣道の先生として生きたいと話しましたところ、それは良いことだ、剣道したかったら、京都に行って修行しなさい。京都武徳殿こそ剣士としての修行の場で、われわれの心の故郷だと賛成され、気の早い両先生は、早速、京都の角田穣先生や、大森小四郎、田中知一先生にも添書を書いて下さいました。

人生における転機というものは、なかなかうまくゆかないものですが、私は千載一遇の好機に接し、京都行きの決心を固め、講習終了後、山口先生に事情を打ち明け、校長への口添えを頼み、辞表を提出し、夏休みを幸い、自然退職のかたちで、添書を懐に、防具一つを肩にして、京都に直行しました。

私は、今もなお剣道という長い道を六十年も歩き続けていますが、その出発点に立たせていただいたのは両先生であると、亡き両先生に低頭合掌です」

警察官、講習科生として

昭和五年、範士は上洛し、剣道一筋に打ち込むことになった。しかし、それは警察官としての出発とも重なっていた。

「北海道から、京都まで防具を担いでの四十八時間の汽車旅は長かった。八月十日過ぎ、京都に着いて、駅近くの七条署横の角田先生宅を訪ね、柴田、高橋両先生の添書を出し、ご挨拶したところ、よく来たと迎えられ、さらに二階に下宿していられた森田鹿蔵三段（七条署員）を紹介して貰い、狭いが一緒に暮らせと言っていただいた。

森田鹿蔵三段（後範士）は、佐賀の出身で、葉隠れの流れをくむ、古武士の風格があり、許し合って交際出来る人間味をおぼえ、信頼度を深くしました。

この直感は誤りなく、彼の生存中はもとより、亡き後も家族ぐるみで親交しています。

とにかく、本部講習生としての修行には、先ず衣・食・住の安定を考えねばならないし、しっかりした職を探さなければと聞いてみると、多くの講習生は、社寺仏閣の守衛をしながら剣道の修行をしていると言うが、角田先生や森田さんの言葉もあって、警察官になることが剣道修行上良く、我々も、この道を歩いていると教えられ、幸い試験が十五日にあるから、受けてみてはと言われ、府庁北の警察練習所に、森田さんに連れられて行き、受験しました。

不況な折であったから、応募者は多く、百人中合格者は二人で、幸いにも私は合格者の一人で、今一人は高野山大学出の橋本隆春君でした。身許調査があり、十月八日私は京都府巡査の辞令を貰い、地方公務員となりました。

警察練習所に入ると、剣道の出来る巡査が入ったので、テストということで、特練生の野村高次二段（現岐阜県の範士八段）のお相手をさせられた。

これが縁で、野村先輩とは、今日もなお有縁の士としてご教示をいただいています。

四カ月の教習を終え、昭和六年一月三十一日、教習所を卒業し、武徳殿近くの川端署に配置され、仁王門派出所詰になった。

川端署は署長も武道家（柔道）、次席は現居合道範士八段、剣道教士七段の倉橋常茂先生、係長は亡くなった盛山広武さん（範士）で、道場で一日でも竹刀の音がしないと機嫌が悪いという、剣道好きの幹部がいる署ですから、剣道を修行する者には、とてもうれしかった。ですから、元旦の式が済むと早速稽古でした。

師範は、技の打突については、徹底的に鍛える中島寿一郎先生、助教は角田穣先生で、よく動きました。

署員には、全国警察官大会個人優勝の海軍出身の新山源蔵五段を筆頭に、倉橋、盛山、竹下（親義。範士）、皇宮から出向の林、それに畑山、福島、高見沢など有段者がごろごろしていました。

こんな猛者揃いの署に配置されたのですから、剣道修行という点で、実に得をしました」

範士の警察官としての第一歩はこんなふうにして始まった。

「私は、川端署に配置された翌日、二月一日に、森田先輩の案内で、武徳会本部講習科に入門し、月謝五円を納め、西入口に近い道場の端に座りました。

講習科は三段になると月謝免除で、剣士として認めていただけるのですから、当時の三段は権威がありました。

そんなことで、三段以下の講習生の稽古には気迫があり、火花を散らしていました。

私は、一応二段という免状をいただいていましたが、そんな地方段は認めない、白紐から出直せと言われ、切り返しから始めました。

川端署に落ち着いての私の剣道修行は、午前中署の道場でたっぷり鍛えられ、昼頃に交番に行って仕事につき、午後一時になると武徳殿に走り、武専生の稽古にもぐり込みました。先生方に切り返し、かかり稽古をお願いし、午後四時から講習科の本番稽古に大威張りで前に出、人より一本でも多くと、稽古に数をかけました。

武専の授業にもぐるのは違法ですが、受け持ちの署の巡査だし、数少ない武専生の稽古に、一人でも多ければ楽だと生徒は感じたであろうし、先生方の多くは、小川先生始め、宮崎、四戸、黒住先生など、警察の先生方がいられたので、黙認して下されたと思っています、
ともかく、この先生方の外に津崎兼敬、佐藤忠三、若林、佐藤（金）、小川（政）、松本幸吉、斉藤正利、箱崎佐九馬等の腕の立つ先生方が獲ものを狙うに等しい太刀風で、生徒を打ち突き、ねじ伏せていました。

武専、講習科の午後の長時間の稽古で、私は『めくら蛇におじず』のたとえのように、ただ夢中で先生方に、お稽古をいただいた。

小川（金）先生の巌の身、宮崎先生の剛剣、目もくらむ横面、突き小手の打突、津崎先生の担ぎ小手、体当たりからの小手面等、いやというほどいただいた。心魂に徹する苦行の連続に、一人前の剣道の先生になるには、大変な苦労がいると思いました。

私は、感情も強く、好き嫌いもはっきり表現する方ですから、自戒していますが、剣道練習についても、小川先生を始めとする大先生の外は、大体東北系の先生方に多くお願いしました。

佐藤忠三先生の事理一致、柔の剣風に品位、風格があり、大好きでした。後には、私のみか、家族までご厄介になりましたが、稽古の後のご教示に心の温かさがあり、口をすぼめて、ホホホと笑われる姿に、たまらぬ魅力がありました。

佐藤先生の外は、若林先生でした。箱崎、斉藤、長谷川壽、後に土田博吉先生、和田勝太郎先生など、今日の私を培ってくれた方々がなつかしい。

この武徳殿の稽古を終えて、また交番に帰って、勤務、午後の七時頃になると、巡回と称し、防具を担ぎ、小川金之助先生の仁王門頂妙寺山内にある弘道館に足を運び、道場の先生方にお稽古をいただいた。

やっと八時過ぎ、交番に戻り、ホッとするが、一日を振りかえるとき、道産子の頑健な身体を資本にしての修行とはいえ、よく身体がもつなあと、感無量でした。

非番の日は、これに輪をかけて稽古に走った。寒稽古のときは、七条烏丸の角田先生宅から、四条烏丸まで駆け足し、一番電車に乗って武徳殿通いをしました。

三週間の寒稽古は辛かったが、一本一本の稽古が、血となり肉となってゆくのが分った。

『酒も煙草ものまん奴に巡査が務まるか』と不粋な人間としての酷評もありましたが、人並みに煙草をのみ、酒をやり、碁、将棋をしていたら、稽古する時間と、資本の身体を休息させる時間がないのですから、稽古することと、眠ることにしました。

古い先生方はご存じと思うが、武徳会本部の稽古は、遠間から正しく大きく振りかぶって打つことを要望していたので、自然に身体に張りがあり、堂々としていました。

そして努力の重ねが認められ、それにふさわしい段位を認定していただけました。また講習科生は、皆年輩者が多かったので、技の進歩、上達も要件の一つでしたが、一定段位を得ると、地方に戻り、教師として剣道の指導に従事するので、日常の稽古を通して、その人間の生き方、言うならば、剣道を行じて自己形成への根養い、修行道への取り組み方、過し方を観察し、昇段させるようでもあった。

私は先生方が、剣に言う観見二つの見方で、正しく行者の平素の練磨を観察され、それにふさわしい評価をされていたと感謝し、深い敬意を惜しみません。

私も早く三段になりたいと希い、それこそ青春のハケロを一気に爆発させるように大声をあげ、先生方に体当たりの肉弾戦法も試みたが、軽くいなされ、反対に迎え突き、応じ返し、打ち返しの打突でしごかれ、喉にはいくつもの先革の花が咲いた。床にもはった。

そして、あの高い天井がくるくる廻った数は忘れたが、太い柱にようやくつかまり、青息吐息の若い日の汗と涙のカクテルの味は忘れることができません。

武徳殿は、やはり、剣士の心の故郷であるとしみじみ思い浮かべる昨今です。

京都で人一倍の負けん気で修行したのも、私は嬉しくても、悲しくても、そこには自分しかいないのだという、孤狼にも似た心境で依頼心を捨て、自分の初心を貫く道をしっかりと拓けと自分に言い聞かせ、苦労を買って、その苦労を積み重ねる修行に懸命になり、足腰の立たぬまでしごかれた。

そして漸く、三段を允許された時の喜びは大きかった。武徳殿に来て三年目でした」

剣・禅・茶

範士の苦行僧にも似た、ひたむきな剣道への挑戦は、しかし徐々に花が開いていった。

「警察部では、毎年近畿二府二県対抗や全国警察官大会に備えて、四月から十月末まで、警察練習所道場（今の警察学校）に全署員の中から二十名前後の剣士を選抜し、特訓することになっていた。

師範は、小川範士の外、各署担当の先生十三名が、我々二十名を鍛えに鍛え、午前、午後、これでもか、これでもかの猛攻に、私ども特訓生は、ゲッソリ痩せました。

昭和十年、錬士四段になってから、私の連続府警代表選手時代が続くことになりました。

私は、私の努力が開花しつつあることに誇りを持ちましたが、一面心の中に不安も湧きまた壁に突き当たるようにもなり、迷いに苦悩の日も多くなりました。

こんなとき、私は巡査でただ一人警察の教官（郷土誌と教練担当）になりました。

そのとき、私は警察官の精神講話に見えた、妙心寺の後藤瑞巌老師に接し、老師のお人柄にひかれ、学校に行く前の短時間、毎日妙心寺の禅堂に通い、座らせていただきました。

只管打座です。公案など遠慮し、数息観を教えていただき、座ることに一心になりました。

後藤老師の外、後の東福寺管長林恵鏡老師の警策は、ことの外痛棒でしたし、また後に大徳寺管長になられた、小田雪窓老師の心経外の法話は、心に解け込んで行きました。

雪窓老師と瑞巌老師には、警察官としても剣士としても、いや人間として、『随処在主』（ずいしょに主となる）の心境を会得せい、しっかり自分の歩く道の脚下を照顧せよと教示され、また閑宴修道の場これを道場と言うと。

人間形成への道、場は生活の中にあり、触れるもの皆師、在るところ皆道場と、人生観、社会観、世界観への視野を拓いての修行をせいとの心訓は、私の人生に間口の広さを与えていただいた。

雪窓老師には、上級幹部になっても教えを乞い、脚下に低頭合掌しました。

このような禅への有縁が、また署長になった時、西山の光明寺の五山和尚（管長）が、剣道教士七段で、署長は左文右武を立証していると賞辞され、一文をいただいたので、額として飾った。

また、八段になった時は妙心寺の古川大航管長から『寿』の一字で祝されたが、範士になった時は、九十五歳の大航管長は『慎』一字を贈って下され、この『慎』の一字は、警策のきびしい痛棒より、これからの範士としての身の処し方、生き方について心にきびしく感じました。

本当に私は、剣のみか禅においても、良師に恵まれたと、心に誇りさえも覚えるのです」

範士は、剣道のみでなく、禅の道も修行し心の眼を広げていった。そして茶道にも通じていった。

「警察学校教官になったことで、学校の茶道の宗匠裏千家十四代宗室宗匠（淡々斉）にめぐり逢う機縁に恵まれ、宗匠の円く温かいお人柄にひかれ、宗匠の膝下に三拝し、流儀の末弟に加えていただき、割稽古から学び、心の在り方、禅道と裏表一体の『随処在主』、人としての悔なき真実一路の生き方を教えていただいたし、少しでも茶の精神の『和敬静寂』の真諦が理解し得られるようになったのも、剣を学び、簡素の中に無限を感じ、一本の竹刀に生涯を托す機運に乗じ、在洛し、剣禅茶道のそれぞれ登る道は異るが、登れば同じ高嶺の月に等しい表裏一体の人間形成の道程で、それぞれ最高の良師に教導され、今日を得たことは望外の喜びであります。

こうしたことで、私の剣道修行への道のりの幅が拓かれ、大きく変転したことは、うぬぼれかも知れないが、自負しています。

剣の道は長く、深遠きびしい道程であったが、これにもどうにか耐え、今日に及んでおり、憩う間もなく、真理探求の果てしない道に歩を進めている私。

これは、あの冬の辛苦に耐え抜き、北海の風雪と闘って培った、開拓精神にも似ている私の根性を失なわずに生きてゆきたいと希うし、そして、あのオホーツク海の怒濤にも動かぬ故郷の帽子岩に、不屈と未来への期待と勇気を与えてくれた故郷に感謝の念で一杯です。

今過去を回想し、胸中白雲自去来しているが、私の人生はこれからである。

『白雲自去来、青山元不動』不退転の心で生きることに懸命の日を続けたい。

不動明王は私の守護尊。不動の山、山、山、山に合掌!!です」

心底から湧き出ずる泉のように、範士のお話はよどみなく、剣・禅・茶の広がりをもって迫ってくる。それは、真実を生きた人間の証しへの感動であった。

山々雲

剣道範士　中尾　巌　先生

〈中尾範士の略歴〉

大正4年9月23日、米子で生まれ、すぐ大阪に移る。現在は姫路市に住む。

小学校3年のとき剣道を始め、大阪の武徳殿に通い、高田直人、秋山多吉郎先生に指導を受ける。北陽商業に進み、2年のときから選手となり団体優勝10数回、個人優勝20数回を数える。大学は早稲田に進み、高野佐三郎先生をはじめ、斎村、柴田、高野弘正等の先生方に指導を受け、専門家以上の猛練習を積む。

大学卒業後は、昭和12年の大阪憲兵隊剣道師範を皮切りに、大阪武徳会少年部、伊丹中学、憲兵分隊、扇町商業、関西大学、大阪中部二十二部隊、日本生命、伊丹自衛隊、神戸市警察局、兵庫県剣道連盟、甲南大学、立命館大学などの師範を歴任。鉄柱館道場、巌剣修会、姫路市剣道連盟師範、兵庫県剣連審議員（師範）、全日本剣道連盟監事（指導研究委員）などをつとめる。

戦歴は、昭和4年、明治神宮大会15歳未満の部に準優勝したのをはじめ、大阪府下大会、明治神宮大会（昭和8年）、皇道義会大会、関東学生大会、全日本学生大会、東西対抗、全日本剣道選手権（第二回大会準優勝）、香川・八王子国体、関西剣道教士号大会、中部日本大会、全日本七段八段選抜大会、全日本都道府県選抜大会などに団体および個人優勝を飾っている。

神戸市スポーツ功労賞受賞。神戸市防犯協会、第三管区伊丹自衛隊総監より表彰を受ける。

昭和40年剣道八段、同46年剣道範士。

新幹線の姫路駅に着き、改札を出ると中尾範士が、いつもの笑顔で迎えて下さった。

そして、姫路城の東方、城下町の同心町にあるお宅でお話しを伺った。

小学生で神宮大会に

範士は、小学校三年生の頃に剣道を始め、大阪の武徳殿に通った。

「一番上の兄貴が剣道初段とったのです。それでお父さんに剣道習わして下さいと言ったら、『馬鹿者』と言って怒られました。

お前みたいに勉強もせんし、やんちゃ坊主が剣道なんかしたら、どんなことになるか分からんと言われましてね。

剣道というのは、勉強も出来、おとなしいものがやるもんだ。そうなったら習わしてやると。

それまでは、学校で一番勉強が出来なかったんです。近所の子もよく泣かしましたし。しかし、お父さんにそう言われたものですから、ようしということで、おとなしくなり、近所の人が、巌さんおとなしくなったなあとビックリしてました。

勉強も一所懸命しまして、その年に一番ビリから二番になりました。そして進歩賞というのを貰いました。

黒い時計を貰い、うれしくてぐちゃぐちゃになるまで持っていましたよ。

そういうわけで、剣道習わしてもらったんです。そして、大阪の武徳殿に通うようになったんですが、半年くらいは切り返し、打ち込みばかりです。

そして、ようやく道具つけさしてもらいました。そのとき稽古つけてもらったのが、秋山多吉郎先生でした。最初の基本は高田直人先生から教えてもらいました。

秋山先生は、赤い胴をつけて、その真中に丸に士という字が書いてありました。士学館の先生をしておられたそうです。

当時、八十二、三歳になっていました。

後で知ったんですが、秋山先生は、桃井春蔵の長男だった。桃井先生が廃藩と廃刀令で何もすることがなく、大阪に来られたんです。

そして、船場にあった紺屋から、養子にくれんかという話があり、養子に行って秋山姓になったそうです。

秋山先生が二十一、二歳の頃は非常に強かったとの事です。その孫が今、和歌山におります。

このことを後で聞いて、いい先生に習ったんだなあと思いました。

武徳殿では、大阪の錚々たる先生方に稽古をつけていただきました。チビの中尾と言って可愛がられました」

剣道を始めてから三年余、範士が明治神宮の全国大会に、大阪代表として出たのは昭和四年のことだった。

「六年生のとき、大阪代表で明治神宮大会に出ました。十五歳未満の部で、私が十一、二歳の頃です。

そのときに、先生方はまあ一、二回戦いったらいいとこだと話していたらしいが、ポンポンと勝って、優勝戦まで行ったんです。

しかし、優勝戦で負けてしまって、控室で悔しくてワアワア泣きました。

それから、遺恨五年と言いますか、北陽商業に入ってから、また出ました。そのときは優勝させて頂きました。二十歳未満の部でしたが、十七歳だったと思います。

中学では、山中林三という先生に習いました。剣道部に入って二年から選手でした。

その当時、北陽商業は強かったんです。京都大会でも、大阪の大会でも、全国優勝しました。

昔の試合は抜き勝負でしたが、大阪の大会で、四国の植田一さんの弟さんと優勝戦で試合しました。強かったですね。

それに何とか勝たせてもらい、大きな黒い優勝旗をもらいました」

範士は、中学時代多くの試合に出場し、十数本の優勝旗を集めた。小さいときから試合は抜群に強かった。

心に残る高野先生の言葉

当然のことながら、範士には関西中の大学から、入学の誘いがあったが、結局は心に決めていた早稲田大学に進むことになった。

「私が中学五年のとき、後で南海の球場の社長をやった村山先生から、早稲田大学の剣道部が来るから来ないかと言われ、南海の道場に行ったのです。

高野佐三郎先生をはじめ、斎村五郎先生、柴田万策先生、高野弘正先生など、皆来ておられました。

われわれは、大先生にはいけませんので、学生と稽古さしてもらって、後は見せてもらいました。

そしたら、松本先生や他の先生方など、掛っていくと、パッ、パッとさばかれる。どうしても打てない。

松本先生は、試合もうまかったんですが、ああいう先生が当たらんとは、大したもんだなと感心して見ておったわけです。

そのとき、同じ大学に行くんなら早稲田へ行きたいなあと、それで勉強し出したんです。

関学や商大や大阪の大学から、僕を引っぱりに来ましたが、ちょっと頭悪いからだめですと言って、内緒で勉強してたんです。

それで早稲田を受けて、何とか受かったんですが、嬉しかったですね。八人に一人の倍率でした。

それから、早稲田で早慶戦出さしてもらったりして、七人抜いたのは初めてだなどと言われました。今はもっとたくさん抜いた人がいますが、早慶戦はそんなに抜けるものではありませんでした。

早稲田に入って、高野先生に認めていただいたのは、東鉄の藤本さん（二刀流・天覧試合準優勝）と試合させてもらったときです。

毎年、東鉄や警視庁と試合やってたんですが、藤本さんは早稲田から東鉄へ行かれたんです。

そのとき僕が運良く勝たせてもらったとき高野先生が、『ちょっといらっしゃい。あの攻め方誰に習いましたか』と。

『いえ、誰にも習いません』『そうか、よく見ましたね。あの人は、あそこしかないんですよ』『ああ、そうですか。私知りませんでした。無我夢中でいきました。またご指導お願いします』と。

それで名前覚えてもらって、それから可愛がっていただきました。先生のお宅へ遊びに行ったりしました。専門家にはこわいけど、我々には優しかったですね。色々な話をして頂きました。

高野先生、斎村先生にもよく稽古をつけていただきました。斎村先生は、我々がガンガンいっても、軽くホッ、ホッと……。

僕はよく足を掛けたんです。足癖悪いと言われましたが、甲子雄(弘正)先生にはいくら掛けても駄目でした。

高野先生を筆頭に、斎村先生、柴田先生、弘正先生などがおられて、今考えてみますと本当に幸せだったと思います。

学生時代は、稽古はよくやりました。専門家以上だとよく言われました。朝稽古するでしょ、昼からは学校の稽古、夜は修道学院へ行くんです。

黒崎先生などは、足掛けて、膝つかれると、オッいいとこあるな、でもグッと入られてガクッと突かれると、バーンと飛んで玄関のところまで飛ばされる。ごっつい先生でした」

師範、そして警察へ

範士は、早稲田を卒業すると、剣道師範としての道を歩み始めた。

「早稲田を卒業してからは、雇ってくれるところはいくらでもありましたが、父が『お前なあ、直ぐ召集くるんやから、その間好きなことやっとれ』ということで、剣道やらしてもらったんです。

昭和十七年に軍隊から帰ってきて、あちこち大分教えました。憲兵隊をはじめ、武徳会少年部、伊丹中、扇町商業、関西大など八、九カ所教えていました。

ところが、昭和十九年の大動員で、召集が来ました。皆のところに挨拶に回りまして、ところが、前の日に区役所から呼び出しが来まして、ちょっと赤紙（召集令状）持ってきてくれというんです。

行ってみると、内地で青少年の指導をしてもらいたい、赤紙を返して欲しいという。喜んでいいのか、しかし、どこにおっても国のために尽くすのは一緒だからと、それから一所懸命教えました。悲しんでいいの

ところが、その部隊は満州に行き、抑留されました。私は剣道のお陰でこうしたおられるわけです。行ったら死んでいたかも知れません。

戦後、自衛隊で教えてくれというので、伊丹の自衛隊教えていましたが、生活も大変だったので、自衛隊に入ろうと思った。

三佐で入れてやるという。それではお願いしますと。しかし試験がある。試験なんか大丈夫だと。ただ、三管区あるから、その三管区を指導に回ってもらいたい。大会をやったりしてもらいたいと。喜んでやりましょうと。

ところが、昭和二十七年頃、京都大会がありまして、それに出たんです。そこで私の稽古を神戸から来た先生や、警察の人が見てたんです。

四回戦ぐらいまで行ったんですが、前が皆負けてしまって、私は副将だったんですが、まあ、遊ぶと言ったら失礼ですが、チョッ、チョッ、ポンとやったわけです。

すると、あれどこの先生だ、あんな先生欲しいなということになったそうです。神戸の市警教えていた高橋先生が呼びに来まして。しかし、私は余り警察好きではなかった。

実は自衛隊に入ろうと思っているんですというと、そう言わんと何とか考えてもらいたいと。いや自衛隊に行くと約束してしまったんです。

そんなら自衛隊にかけあいに行くというんです。ところが私は渋っていたんです。

まあ、一ぺん稽古に来て教えてやってくれと。そんなら行きましょうと。武専というのがありまして、今の特練みたいなものですが、二十四、五人いるんです。

皆、二段、三段、四段です。その二十四、五人を稽古しました。

矢野太郎先生なんか、柔道三段です。それでも足かけると、こけるんです。私も柔道やってましたから。

もう一回来るというので、またやったんです。よく二回も続くと皆びっくりしていたらしいです。

それで余計私を欲しくなって、どうしても来てくれということで、自衛隊へ一緒に行きました。

中尾先生の気持ち次第ですということになった。それで警察に入ったんです。

昭和二十七年に、正式に入りましたが、三十一年に警察が一緒になって、鶴丸、静先生などが入ってきた。

私が主席師範したとき、剣道と逮捕術を受け持ったんです。割合と研究してましたから、警棒持って、警察官がやる技、いろいろありますが、あれを作ったんです。

警視正をもらいましたし、退めるとき、皆が刀を贈ってくれました。嬉しいことです。

終戦後には、剣道出来なくなって、撓競技をやり、日本生命の剣道部を教えました。三、四年間は苦労しましたが、親父の金が少しあったし、何とかやってこれました。しかし、剣道はやめませんでした。

その当時、昭和二十二、三年頃から大阪で名剣、増田、安宅、森下、佐藤、そういう人たちと大阪剣道連盟作ろうといって、作ったんです。

その時代は、今日はここ、明日はここと、森下仁丹の仁丹千場でやるとかカネボウの道場でやるとか、一週間ずつ変えてやりました。

そのとき、学生がよく稽古しているのを聞いて、宮崎先生も来られました。それが大阪剣道クラブといって、大阪で初めてのクラブでした。それが二十七年になって、連盟になったわけです」

まだ掛けない範士の額

戦後も剣道を続け、警察畑に入った範士は、剣道に対してユニークな考え方を持っている。

「とにかく私は、剣道で苦労したと思ったことはないですね。人が見たら苦労したと思うかも知れないが、自分では思ったことがないです。好きだから当然だと思っていました。

冬なら、寒いのは自分一人ではなく、相手もそうだと。当たり前のことです。剣道やって痛いのは当たり前。

初めから修行しようなどと誰も思っていません。後でふり返ってみて、ああ苦労したなあ、修行したなあということです。そのときは当たり前のことです。

しかし、ふり返って、苦労したなあということはありますが、私はそれを修行だとは思いません。

私の修行はこれからで、本当の修行、心の修行だと思います。

家内がまだ範士の免状を掛けさせてくれません。この間、もうぼちぼち上げてもいいですかなと言ったから、そんなのいかん、どうぞ上げて下さいと手をついて言うまではいかんと冗談を言ったんですが。

それは、人が聞いたら、何だそんなことと思うかも知れませんが、自分ではまだだと思っています。

私は威張るということが大嫌いなんです。子供でも年下の者でも、誰とでも友達のように接してしまうんです。それが性分なんです。

だから、八段とか範士の格がないとよく言われます。しかし私は格というのは、そんなもんじゃないと思います。

人格とか、立派な人というのは、自分で作るもんじゃないと思います。あの人は立派だ、格がある、偉いと言うように人が言ってくれるんです。私はそう思っているんです。

私は、皆と仲よく、剣道を通じて話したり導いてやるというような気持ちでいます。ですから、誰とでも付き合います。

こうしろ、ああしろと命令はしません。友達みたいにやっています。だから皆ついてきてくれます。

子供でも、大人でも、根気と愛情で一所懸命教えます。他人のようにハイ、ハイ、ホッ、ホッと軽くあしらうといった教え方はしません。

子供でも本当に一生懸命やります。子供を伸ばすようにやるんです。相当きついことやっても、愛情と根気でやれば、子供はついてきます。

本当に厳しくやりますから、先生は稽古のときは鬼だといいます。面とったら仏さんだと。友達みたいに話しますから。

今は、学校でも、剣道の先生でも、いいこと教えます。しかし、教え込む、習い切るということがないんではないかと思う。

私は、教え込むんです。だから面打たせるときでも、変な面打つと、悪いとろをたたいて、こうだと、直るまで、正しくやるまで教え込みます。そうすると、向こうは習い切るんです。

また、私は教え子を弟子とは言いません。心では思っていても、口では言いません。

ある人が、私の前に来て、私は先生の弟子ですと言います。その人が別のところへ行って、お前誰に習ってるんだと聞かれると、はい私は〇〇先生に習っていますと別の先生の名前を言うんです。そういうことがあります。

教えたから弟子ということはありません。あいつは教えたから俺の弟子だと、これは先生の言うのが無茶です。

教え子とか、指導した子とか、これは言えます。師弟関係の弟子とは、自分の方から言ってはいけないんです。向こうから弟子だという気持ちが起こってくるんです」

上には上がある

範士は昭和十七年の武徳会少年部を皮切りに、根気と愛情をもって今日まで少年指導に情熱を傾けている。

「昭和二十七年に剣道が復活して、二十九年に神戸の武道館（中央道場）が出来た。そのとき警察に勤務しておったんですが、家が池田で遠かったし、神戸に住もうということで移ってきた。

そこで長男に剣道やらさなければいかんということで、友達二、三人と一緒に教えていたんです。

すると近所の子供たちが教えてくれと言って来た。そんなら入ってこいと。それが二十人、三十人となり、一年経つと百人になった。

もちろん、無料でした。警察で給料もらってましたから。警察の特練のものに手伝ってもらったりしながら、段々増えていって、二百人、三百人、しまいには四百人近くになった。

一年に二回大会やったり、茶話会やったり楽しくやってきました。私が警察辞めたとき連盟から、連盟のモデル少年クラブにすると言ってきたので、それならやってくれといって、私はしばらくいましたが、辞めました。

辞めて四ヵ月ぐらい経ったら、父兄が三人嘆願書を持ってやってきた。子供がもう一度やりたいと言っていると。私は子供が好きだから、子供のことを言われると弱いから、じゃ行きましょうと。今のカナデアンスクールを借りてくれて、そこへ行ったんです。

二十三人来てました。それから二百人くらいになりました。現在は少し少なくなっていますが。

巌剣修会と言いまして、この間、三十周年をやったんです。昭和十七年に大阪の武徳殿で、子供の指導始めてますから、神戸では三十年になりませんが、三十周年やったんです。

そのときに、手拭に『山々雲』と書きました。これには、ちょっとわけがあるんです」

範士の書いた『山々雲《やまやまくも》』には、実は面白いエピソードが秘められていた。

「私は柳生の中堅指導者講習会に、ずっと講師として行かせてもらいましたが、あるとき座禅の後で、芳徳寺の橋本老師が警策を持って回り、帰るときに〝山々雲じゃ〟と言って帰ったんです。

それで、その夜、下で食事して坂を上って来たんです。師範室（芳徳寺の一室）へ行こうとして、道場の脇を通ったんです。講習生は道場（正木坂道場）に寝ています。

すると、先生ちょっと来て下さいという。行くと、先生、今日橋本老師が言った〝山々雲〟というのは、どういう意味ですかと。

私も分からん。あれは禅の言葉だから、何にでも通じる言葉だろうと思うが、私は分からないから、他の先生に訪ねなさいと言うと、他の先生は訪ねにくい、先生が一番話しがし易いと言う。

そこで、私は本当の意味は分からないが、自分なりに考えていることはある。君たちも考えたらいいんだと。

しかし、考えようとしても、根本が分からないから、どう考えたらいいか分からないと。

それなら言おうかと。間違っているかも知れんが、剣道で言えば、山の上に立ったということは、一つの大会で優勝したことだと。一所懸命やって、優勝したと嬉んでおったが、アッと後ろを見たら、まだ高い山があった。まだ高い山があったかと、また一所懸命やった。ついにそこまで登った。四方を見たら何もなかった。ああこれで登りつめた。そこで油断したら、その人はそれで終りだ。

ところが、もっと遙か向こうを見ると、まだまだ高い山があった。まだあったのかと想像を絶するような苦労、努力をして、ついにそこへ到達した。

ああやっと登ったと。ところがそこには何もなかった。空だ、空即ち無だ。無心、無我である。それで悟りを開いたんじゃないか。だから剣道でちょっと勝ったから、優勝したからと言って威張ってはいけない。過信してはいけない。

とにかく、修行に修行を重ねて、剣道の目的である、無の境地に到達するような人間になるよう努力しなければいけないということではないだろうか。

私がそう言うと、皆そうだ、そうですと。ところが、私は自分が言った責任もあるし、帰ってから、どうしようかと、えらいことを言ってしまったと。

夜寝る前、色々な本読んだり、書いたりするんですが、何かの本を読んでいたとき、上には上があるもんだ、と言うことが書いてあった。

そこで、はっと〝山々雲〟〝上には上がある〟と、これがいいと思ったわけです。それから、何時も〝山々雲〟上には上があると教えているんです。

坊さん、漢文の先生など、随分色々な人に聞いたんですが、はっきりしたことを教えてくれた人はいませんでした。

それから、四年ぶりでまた柳生の講習会に行ったんです。すると、橋本老師の息子さんがおりました。そこで、その話をしたわけです。

するると、先生それはいい解釈ですね。私が親父から聞いて研究したのはこうです。山を画く、しかし、山だけでは整っていない。そこに雲をサッと入れる。すると整う。そういうことです。

なるほど、整うということは、人間が整うということを言っているんだなと。人間が整うというのは、立派な人、学問もあり、常識もあり、完璧に近い人間だと。人間というものは整わなければいけないんだということだと私は思いました。

しかし、先生の解釈の方がいいですね、と言ってくれましたが…。それで手拭に〝山々雲〟と書いたわけなんです。人間やはり見せかけでなく、真に整った人間になるよう、上には上があるということを心得て、努力しなければいけませんね。

そういう意味で私の修行は、まだこれからです」

修行の話しを伺いに行った範士から、修行はこれからと聞かされ、本当のものを求めておられることを強く感じました。

剣心活人

剣道範士　鷹尾　敏文　先生

〈鷹尾範士の略歴〉

大正4年1月11日、三重県伊賀上野に生まれる。

三重県立上野中学に入り、高畑校長にすすめられて剣道を始め、武専出の桑原九十九、高田茂吉の両先生に指導を受ける。

昭和7年京都の武道専門学校に入学。津崎兼敬、佐藤忠三、宮崎茂三郎などの先生方に厳しく鍛えられる。昭和11年武専卒業後は、三重県立尾鷲中学教師をふり出しに愛媛県立今治中学（現今治西高校）教諭、松山高校助教授、愛媛県立越智中学（現今治南高校）教諭、三重県立上野高校（母校）教諭、皇学館大学教授、皇学館高・中学校校長をつとめる。その間、11年にわたり剣道レベルの高い大阪に通って津崎先生を始め多くの先輩と稽古を積み、武専で基礎を築いた自己の剣道の仕上げをめざす。

全日本剣道連盟理事（資料委員）、全日本学校剣道連盟常任評議員、三重県剣道連盟理事長、三重県学校剣道連盟理事長、三重県なぎなた連盟副会長、皇学館大学剣道部長などをつとめる。

昭和40年剣道八段、同46年剣道範士。

宇治山田の閑静な森の中に、皇学館高校がある。この高校の校長をしておられる鷹尾範士を校長室にお訪ねし、修行のお話しを伺った。

テニスから剣道へ

範士は、大正四年、三重県伊賀上野の在で生れた。

「忍者の後裔ではないんですが、上野の在です。

小学校のときは、テニスの好きな、上手な先生がいらっしゃいまして、三人おられたと思います。その先生にテニスを仕込まれました。

テニスはもちろん、軟式ですけれども、小学生としては上手だったんです。滋賀県で優勝したり、かなり子供なりに強かったんではないかなと思います。

中学に入って、庭球部へ入ったのは当然です。

一年間やって、一年の三学期の寒稽古、剣道は正課だったですから、その寒稽古のときに、当時の校長先生、(高畑浅二郎先生)が剣道の先生と一緒に、道具をつけられて、子供を相手にされたんでしょうね。

その先生に、たまたまかかっていった。そしたら後で、何かクラブに入っているのか。ハイ、テニスやっていますと。テニスもいいけど、剣道をやったらよくなるんじゃないか、と言われまして、校長先生から声をかけられたんですから、家に帰ってそのことを話しますと、両親も教師でしてね、自分の好きなようにしたらいいじゃないかということで、部に入ったんです。

ですから、一年の終りに入ったんです。それが、剣道のきっかけでした。小学校のときは、村の試合は紀元節に、あの寒い日に一人ポツンと行っては見ておった……」

範士は、小学校時代はテニスをやり、県立上野中学校に入ると、一年生のときは庭球部に入って、テニスをやっていたが、校長のすすめで剣道部に入り、剣道をやるようになったわけである。

「一年に入ったときは、桑原九十九、この先生が一年、二年の剣道の先生だったんです。武専を出てこられた先生です。その先生に教わったんですが、私が三年になるときに、高田茂吉、この人も剣道の先生で、佐藤忠三先生と同期です。学校にこられまして、三年から教えてもらったんです。この先生が、非常に厳しい先生でしてね。厳しい反面、非常に指導力があったと思います。この先生が、お前たちが五年になるまで三年計画で強くすると。その当時は、三重県ではランクとしては一流ではなかったんです、剣道は。その時分、師範学校ありますしね、津中学というのがあった。尾鷲中学というのもあって、そのへんが上位を占めていた。

上野はその次になるかならないかというところにおった。三年計画で、三重県で優勝させてみせる、俺についてこいと。厳しい稽古をお願いしたんですが……。

私は、一年、二年は調子よく、少年の部ではよく勝って、あちこちで褒美をもらった。

だが三年になって、青年の部に入ります。そうしますと、なぜそういうふうに落ち込んでいったのか、勝てなくなってきた。同級生にも二人、しっかりした強いのがおりまして、それに勝てないもんですから、私自身ちょっと面白くなくなるし、さぼり出した。

すると、三年生の十月、二学期に入って間もなく、二学期といいますと、五年生が引退して、四年生が後を継ぐ時期です。

四年生につかまえられまして、さぼって帰るときに、こっぴどく叱られた。そのとき、どうせ浮ばれぬならやめてやろうと思った。

ところが今やめたって、四年生に三人、三年生に二人いいのがいるし、五人のチーム編成にさしつかえないわけです。そこで俺がチーム編成になくてはならん人間になってやめてやろうと思いまして、またそれから妙な気を起こして、一所懸命やり出しました。邪心ですね。

そういう時期というのは早いものです、伸びるのが。またたく間に自分ながら感心するほど伸びていったと思うんです。誰もこわくなくなりまして、かかっていったのが上級生か先生。遮二無二先生方や上にかかって、みるみるうちに伸びて、四年生もこわくない、三年生もこわくない、となってくると今度は面白い。四年生になってもやめられん。そのまま四年、五年と続けました」

合格証を懐に

中学の五年生のときである。上の学校に進学する話しが出てきた。

「最終的には、父親も母親も教員ですから、師範学校に入れようと。三重高農（今の三重大農学部）、名古屋高工（現名工大）などからも、よく誘いがありました。

その頃には、そこを受けて、ある程度受かるかな、という自信ほどではないが、気持ちは持っていた。

そういうところへ、親が願書を出したんです。私は、士官学校へ行きたかったんです。やんちゃですから。ああいう活発なのが好きでしたが、一人息子で、長男で、それは駄目だと親から言われ、心ひそかに私は武道専門学校受験を決意した。

もともと好きな道だし、ここまできたのだからこれで一つやろうと自分なりに言いきかせ、幸い剣道の先生も校長先生、配属将校もすすめてくれたので、いよいよ意志を固めたのです。

身体はあまり強くなかったので、親に言ったら、親は反対した。

剣道の先生に頼んで、願書を内緒でもらって、三月の二十六日から試験です。三重高農は二十二日、二十三日、名古屋高工は二十四、二十五日です。

武専が二十六、二十七、二十八日でした。父親には、じゃ津へ受けに行きます、名古屋にも行きますと。金をもらって二十一日に家を出た。直ぐ京都に飛んだ。津も名古屋もいかずに、そして武専を受けた。

二十六、七、八日とやって二十九日の夕方に発表になるんです。発表になっても、どうせ駄目だと思った。ところが通っていたんです。

幸か不幸か通ってたんですが、早速合格証明書を事務でもらって、黙って家に帰った。もちろん、二十五日に名古屋が終りますから、二十五日に京都から電報を打った。京都の友達のところへ来ていると。二十九日に合格証明書を懐に入れて帰ってきたんです。三十日、三十一日になっても、合格通知が届きません。三重も、名古屋も。四月一日、二日待って、三日が休み。その日に父親が、とうとう駄目だと。

あきらめて予備校行くかということになった。行ってもいいけれども、実はと言って恐る恐る武専の合格証書を見せた。父親喜びましてね。

それで結局、念願の京都へ行くことになったんです。その代り、親の反対を押し切って行ったわけですから、当座は喜んだとしても、心配かけますし、身体はあまり強くなかったので、最終的には随分親は心配しただろうと思いますが……」

密かに理合を考えて

自分の希望を達した範士は、京都の武専に昭和七年四月に入学した。

「ところが行ってみますと、一年生のときは、打ち込みと切り返しばかりです。たまに稽古といっても、かかり稽古でしょう。かかるのが、三年以下で六十人、上に立つのが二十人の四年生と研究科の先輩と先生を入れますと四十人ぐらいいる。

そんな中での稽古ですから、しかも私のような強健でない、小さい、華奢というとおかしいですけど、頑丈でない者がどんどん、どんどん、かかり稽古や打ち込み、切り返しやってますと、人並に続かないですね。いじめられて、苦しいわけですね。

面をかぶったままで、泣けてくる。といって今さら帰るわけにはいかず、我慢に我慢を重ね、自分で選んだ道だから、ということで一年をやっとすごした。二年になりますと、やや楽になりましたけれど。そして、三年、四年とこうして、どうにかもっていった。

一番苦しいと思いましたのは、一年入った当座の、かかり稽古だとか、打ち込み切り返し。寒稽古は一年から三年まで、一カ月続けますから、一時間ずつ朝、打ち込み、切り返し、体当たりばかり。これは苦しかったですね。この苦しかったのが、この年になるまで、剣道のできる元になったと思います」

自分で選んだ道だからと、範士は苦しい稽古に耐えて頑張った。

「佐藤忠三先生が、切り返しと打ち込みは大事だと。稽古の上達を数字で表わすわけにはいかないけれど、十のうち、打ち込み、切り返しで八上達するんだ。後は稽古なんだということを言っておられました。

その寒稽古は、今はとてもできませんが、あれが、私のようなものが、この年になっても若い人と一時間、あるいは二時間ぐらいは立ち詰めで、稽古ができる下地を養ってくれたんではないかなと…。

それと同時に、私は身体がひ弱いものですから、他の頑強な人と同じようなやり方ではまずいんじゃないかと、いい聞かせまして、そういうかかり稽古や打ち込みなんかをやりながら、少し技の練習をしたわけです。

自分で考えながら、一人前のかかり稽古をやりつつ、激しい身体を張った稽古を表向きはやりながら、一面理合というものを考えてやってゆきました。

だから、試合には、校内試合にしても、かなり巧者の方だった。時には稽古中に、ついそれがホッと出て、先生に叱られたことがありますが……。

お前は、分を争いすぎると。しかし、ハイと言いながら、身体の大きい頑丈なものと、私のようなものが同じ稽古ではいけないと、常に自分に言い聞かせながら稽古をしていた。

ただ、身体を張って、めくら滅ぽうどんどんいくんではなくて、そういうことをやりながら、やっぱり頭で考える、小さいですからね。

武専の稽古というのは、真直ぐな稽古です。一直線上。小さいものは、真直ぐいったら駄目なんで、やっぱり、ちょっとずれないといけない。横の間合を考えないといけない。

そういうことで、人並みの稽古を表向きはやりながら、理合というか、それを自分に言いきかせながらやったが、よく先生におこられました。

武専のときの先生は、それぞれ特長を持っておられましてね。私がとくに可愛がられたのは、そして、よく叱られたのは、鹿児島から来ておられた津崎先生、それと佐藤忠三先生。三重県からは宮崎茂三郎先生が出身ですので、そういう面では、特別に見てくれていたと思います。

稽古そのもので、毎日かかっていったのは、津崎先生なんです。佐藤先生は、かかっていっても、ややゆとりを持たせてくれた。

津崎先生は、ガンガン、ガンガン打って来られる。非常に特徴というか、違った稽古だった。

そこから、何を覚えたかと言いますと、佐藤先生からは、佐藤先生なりの理合というものですね。

津崎先生からは、非常に激しい稽古をどうして打ち破ってゆくかと。厳しく打ってこられる。それをどのように堪え、打ち破ってゆくか、そういうようなことを学んだ気がします」

戦後十一年の修行

範士は、昭和十一年に武道専門学校を卒業すると、県立尾鷲中学校に赴任し、長い教員生活が始まるのである。

「武専時代は、剣道の基礎的なものができたと思います。剣道をやる下地ができたと思います。

そして、研究科にしばらく入ったんですが、どうしても就職せよと言われまして、卒業して最初に尾鷲中学に行って、前任者の岡本という警察官上がりの方でしたが、その先生に稽古をお願いしたことがあった。

私は武専を出たんだということで、テングでしてね。その先生は、私より小さい。かかっていったんですが、しっかりしているんですね。打てないんです。

手許がしっかりしておって、身体も小さいのに、打てない。自分ながら駄目だなと思いました。

それから今治中学（愛媛県立）、今の西高校ですね。そこへ行って、ここにもいろんな人がおられたんですが、もう亡くなられた、東大出の光藤太郎という先生がおられたんです。

その人はアマチュアですね。我々は専門家です。毎日学校で稽古して、夜は警察の道場で稽古する。

その人たちも集まってくる。その人は私がプロだというので、立ててかかってきてくれるんですが、なかなか、私が上に立つのとは違うんです。

その方も、非常に地味な稽古です。しっかりしているし、剣先はききますし。

私より年が十以上も違った。私は当時、二十三か四でしたが、毎日暇を見てはその道場に行って、学校の稽古後、その先生にお願いする。

他の人は、それほど思わなかったですが、光藤先生だけはしっかりしているなと。我々四年間に習った稽古というものは、まだ駄目なんだということを悟らされた」

教師として範士は剣道を続けると同時に、自分の稽古にはげんだ。

「それから、私軍隊に行った。召集されて帰ってきたのが昭和十八年。十四年に中国に行って十八年に帰ってまいりまして、そのとき達士の試験があった。

これは通りまして、十九年にまた二度目の召集で行って、四カ月で帰ってきましたので、十九年の三月には社会人になっていた。そして、また今治に帰りました。

そして今治から、松山の旧制高校に行きました。中原喜一という私の大先輩がおられたんですが、交代で私が助教授として行ったわけです。

学生と稽古しながら終戦を迎えて剣道が無くなった。それからまた、今治に帰った。

越智中学といいまして（今の今治南高校）、県立は県立ですが、稽古できないので、野球部長をしておったんです。

そんなことをしながら、昭和二十二年頃、剣道をやるために、警察の道場を借りてと思ったが、貸してはいけないというので、貸してくれなかった。

剣道駄目なんです。そのときに斉藤国警長官が同じ伊賀で、中学の先輩でもあるんで、直訴したんです。

直ぐによろしいときたわけです。それから警察の道場で、また今治の連中が寄ってやり出した」

教職に戻った範士は、戦後も剣道の修行は欠かさなかった。

「そういうことをやりながら、ですけれども本格的な稽古はできないままに昭和二十五年に三重県の上野に帰ったんです。

上野に帰っても、稽古は殆どできませんし、二十七年だったと思いましたが、西宮の大会がありまして、最初の全国大会です。

西宮の小西酒造の胆入りでやったんです。そのとき、選手だったんです。三重県からも出て、団体戦で、私もその一人でしたが、負けました。

その負け方も、剣道そのものの中身というのは、実につまらない中身でしてね。駄目だなと思いました。

ところが、大阪とか、兵庫とか早くからやっていますから…。

大阪にも、兵庫にも近畿地区には、私の先輩連もおれば、後輩もおる。

奈良には西川源内、大阪には池田勇治、先輩では長谷川さんとか、重岡さんとか、そういう人たちがおるわけです。

国士館出の西善延とか、高師出の小森園とか、ああいう人たちに言われたんです。今日の試合のざまは何だと。先輩もっと稽古にきなさい。

それから私、十一年ぐらい、大阪へ通いました。津崎先生がおられて管区学校の道場がありまして。私は上野高校に帰ったんですけれども、上野高校というのは非常に複雑でして、定時制がありまして、一般の定時制、定時制の分校というのがあったんです。

農山村が主でして、農繁期に休むという昼の定時制の高校なんです。それが、私のところの近くにあったんです。私の村なんです。上野高校の教諭なんですけど、分校の主事として行ったのですから、授業数は少ない。生徒数は二百人あまりですけれども……。

金曜日の午後、土曜日の午前は、私の授業を組まなかったんです。

金曜日の午後から行けるんです。夜も稽古できる。土曜日は朝稽古。泊ってできれば日曜の夜の稽古もやるし、なければ日曜の晩に帰ってくる。

日曜夜の稽古やりますと、月曜日の朝でないと帰れませんので、月曜の午前にも授業を組んでなかった。

それを、大阪に行って、フルに稽古に使った。もし、金曜、土曜に用事で行けないときは、日曜の朝五時に家を出まして、関西線で管区学校の朝稽古に行って、津崎先生にお願いしておった。

そのとき、先輩後輩、皆集って、お互いにやる。錬って錬って錬りぬいたのですが、必ず津崎先生にはかかってゆく。先輩にもかかりますが、津崎先生には必ずかかる。それを、丸十一年続けました。母親からも、家内からも言われました。出てばかりいるものですから、身体をこわすので、ちょっと軽減したらどうかと。やめろとは言わない。私は言わんとすることは分かっているんですが……。

私から剣道をとるんだったら、親子の縁を切ってくれと。家内にも、お前も帰れと。冗談半分ですけれども言って、私から剣道をとることはあきらめさせたんです。

その大阪の稽古が、武専のときの基礎づくりの上に、私の仕上げになった。と申しましても、まだ本当に仕上がったわけではないですが、大まかに言って、武専のときの基礎の上に、大阪の稽古が仕上げになり、尾鷲で、あるいは今治で、先生にお願いしたのが、味付けにもなっている。

剣道いうものは、深いものだということで、若さだけでは駄目なんだ、ということも知りましたし、そういうことから今もなお、楽しく稽古ができるのじゃないかというふうに思っています」

直心是道場

範士の剣道修行は、その場所、その場所で続いた。そしてその修行の中で常に考えながら自分のものを求めてゆくという道であった。


「今治で稽古したとか、大阪へ行くときとか、必ず私は行く前に本を読むんです。

剣道の、例えばすり上げ技にしろ、返し技にしろ、そういうものを読めば、なるほどなと、自分で分かるんです。

皆分かっているわけです、知識としては。その中のこれを今度の稽古にはしてやろうと。ところが、いくつかその稽古で試してみても、いい技でも、自分で出来ない技がある。どうしても出来ない技がある。

ある程度やっていって、その中で、物になりそうなものを自分のものとしてやってゆく。私は、今も好きなんですが、出頭面が好きなんです。

大阪の修道館で稽古したときなど、突きが得意なのがおりましてね。どんどん突いてくるんです。田舎から来たというので、突いたのかも知れませんが、上手なんです。私はそのときは、出頭を稽古しようと、もう動けば打つ、動けば打つです。

けれども突きの方が早いんです。徹底的に突きと面でやり合ったことがあります。そのときには物にならなくても、行く度にそれをやってやろうと。

突きと面とやり合いして、結局は私の方が物になったんではないかと思うんです。

そのときには、真直ぐの線しか思い出せなかったんですが、真直ぐ突いてくるのに、真直ぐ打ってゆけば突かれますから、それを斜めにはずす。

そういうものをやって、結局突きはずれる、面はいける、ということで、物にしたことを覚えていますが……。やっぱり、基礎がやってあったから、そういう技が出来るんだと思うんです」

範士は、昭和四十六年、望まれて皇学館大学の教授となり、皇学館高校および皇学館中学校の校長という要職にもついている。

「私は今でも、道を歩く場合でも、若いときからそれを心掛けたんですけれども、剣道は足はこびが大事ですね。姿勢も大事だし、自分の姿勢が常にどういうものであるかを思い出す。

歩いているとき、爪先が横向いていないだろうか、靴の踵のへり方まで気にすることがあるのですが、とにかく自分が常に剣道をやる姿勢というものを考えながら道を歩く。

しかし、しょっちゅうそのことばかり考えているわけにいきませんので、忘れることもあるんですが、またそれを思い出して……。

座っておっても、今もこうしていますが、座敷に座りましても、先ず正座をして、背筋を伸ばすということ。こういうふうに考えております。座敷は道場ではありませんが、道場は心の中にあるんだということを、言い聞かせながら…。学生生徒にも、それを言っています。

書道でも、空筆というものがありますね。筆と墨と紙がなければ書けないということはないので、空に書いても書いた字がどんな字か分かります。これは心がけ次第です」

『直心是道場』というのが、範士のモットーである。範士はまた、座右銘として次の言葉も好きだと語っている。

『剣心活人』も好きな言葉です。私が範士になったときは、どういうのを手拭に書こうかと思って、『剣の心は人を活かす』と。これが好きなんです。

技でなくて、剣の心、これが人格を作る。剣の心で人を作る。

直心是道場と剣心活人の二つが好きなんです。学校で日本間作って、茶室作って、千宗室さんに掛軸を贈ってもらった。

『直心是道場』と書いて贈って下さった。茶も剣道も同じだと思いました。

範士は、剣の心は人格を作る、人間を作るという剣道の理念を目標に、修行に、後輩の指導に当たられている。

そして、今剣道は原点に帰らなければならないと強調されるのであった。

忠恕

剣道範士　小中沢辰男　先生

〈小中沢範士の略歴〉

大正5年1月7日、神奈川県に生れる。

小学校5年のとき剣道を始め、木曜会で小野政蔵、井上研吾の両先生に指導を受ける。

横浜市立横浜商業学校に進み、大和田金明先生に師事。昭和8年、京都武道専門学校へ入学、小川金之助、佐藤忠三、黒住龍四郎などの各先生に指導を受け、昭和12年卒業。

昭和16年より19年まで茨城県立水戸商業学校、昭和19年より48年まで神奈川県立商工高等学校で国語、漢文の教鞭を執る。

全剣連監事、神奈川県剣連副会長、神奈川県学校剣連会長、南区剣連会長などをつとめる。

昭和40年剣道八段、同48年剣道範士。

横浜市南区中村橋の橋の袂に、古くから続いている酒屋さんがある。その酒屋さんの主人でもある範士の小中沢辰男先生をお訪ねした。

Y校から武専へ

生粋の浜っ子の範士は、小学校の頃から剣道を始めた。

「私は、小学校の五年のとき、横浜市で、今は歯科大学の校舎になっていますが、昔三吉小学校と申しまして、その小学校が横浜市から道具を二十組ぐらい保管を依頼されまして、大人の人々の稽古とともに、学校の生徒にも、希望者はやってよいというので、大きな大人の真黒い革の胴をつけて、生徒三、四十人一緒にやったのが剣道の始めです。

小学校のときの先生は、小野政蔵という方です。それと井上研吾先生。この二人が毎週木曜日にまいりまして、木曜会という名称なんです。

小野政蔵先生は、子供を仕立てるのが上手でして、時間の許すかぎり、交替で皆であらそって稽古をお願いしました。少年指導は上手だったですね。

あの方は、本当に子供の心をつかんで稽古するのが神様のような方でした。ですから、ちっとも苦しいなんていうことはなくて、剣道へ行くのが楽しみでした」

範士は家が酒屋だということで、横浜商業学校（Y校）に入った。

「Y校に入りました。大和田金明という水戸の東武館出身の方が師範でございまして、剣道を教えてもらいました。この方も非常に子供を仕立てるのが上手な方で、先生には恵まれました。大和田先生は水戸の東武館で修行されましたが、ご存知のように、今の京都大会というのが、昔から五月三日からありますが、武徳祭と言ったんです。

そのときには全国の先生方が集まるんで、京都のことをよく知っておった。水戸の東武館出身の内藤高治先生、門奈正先生など、水戸の出身の方が、武専の基礎を作られ、あの学校の柱となっていた。

そんなわけで、私を京都に送りたかったんではないかと思います」

横浜商業でも剣道をやり、先生に恵まれた範士は、上級の学校へ進むときが来た。一人息子の範士は、家業を継がなければならない立場であった。

「私の父は、剣道好きでしてね。あの当時ですから、今のように竹刀剣道ではなくて、古流の馬庭念流ですね。

そのお弟子さんの道場が、この川のほとりにあったんだそうです。今の医大の付属病院のところの橋が、道場橋という名前なんです。

めずらしい名前ですが、その当時の道場で、馬庭念流の先生に形剣道を教わった。

防具をつけなくて、座布団みたいなものをつけただけで、革でつつんだ古い袋竹刀を使って、無構えとかいって楽しんでいました。

道具は、戦災で焼けるまで残っていました。いい袋竹刀ですね。革でつつんであって厚い鍔でして、革の紐でとばないように結んである」

このような父親だったため、範士は商売の後継ぎであったが、範士を武専にやることに反対はしなかった。

「私は別に、武専に行くという気もなかったんですが、Y校出て、酒屋の後継ぎをしようと。私には兄弟がいなかったもんですから、親父もそれを期待していたんですが……。

大和田先生あたりが、京都にこういう学校（武専）があるんで、是非そこへ行ったらどうかと言うので、親父にも相談にまいりまして。

いや、うちは伜一人しかいませんから、そんな学校行かれると、酒屋がいやになるからと、大分お断りしたんです。

身体も、背が高いし、非常に自分としてはたくさんの教え子がいるが、商業学校ですから、剣道ずっと続けてゆく卒業生がいないので、是非試験受けるだけ受けさせてもらいたいと。

そういうふうに、囲りの先生が言われたので、『じゃ、受けるだけ受けて、受かったら四年間の学費は何とか面倒みてやるけど、お前みたいのは、おっこちちゃうよ』と言うので、私も受けるだけ受けようと。そしたら、うまく入っちゃいましてね。自分自身も、専門家になろうとは思わなかったんですよ」

恵まれた同期生

非常に競争率の高い武専に入り、範士は武専の学生として、修行をすることになった。

「横浜の方からは、あと二人受けましたが、皆落ちてしまいました。あすこは、関東県人会というのは少ないんです。九州とか、小川金之助先生の地元である愛知県、山形、秋田あたりには佐藤忠三先生、若林信治先生そういう先輩がおられるので、自然に人が集まる。神奈川県は東京に非常に近いので、高等師範あたりにゆく人があったかと思います。国士館は、私たちが入ったときは、まだ三期あたりかも知れません。一期が大沢衛さんの時分ですから……。あすこには割合い行ったんですね。

私たちのときは、武専は下宿生活でした。二年から卒業まで吉田の近衛町というところです。学校まで七分ぐらいで行ける便利なところでした。

一年のときは、西福の川というところがありましたが、学校にもっと近いんです。そこで一年のときは、水戸の小沢武次郎先生、旧姓横松と言いましたが、あの方が非常に熱心でして、私が受けるというので、いろいろ世話をしてくれ、卒業までずっと一緒でした。

あの方にはお世話になりました。大先輩で、私が入ったときの四年生でした。

二年になりましてから、茨城の土浦中学の出身で、今は大根、もと松岡善次と言いまして、東京で信武館道場をやっていますが、あの方が関東県人なものですから、小中沢、俺のとこへ来いやと、その下宿に移ったわけです。

松岡先生が卒業した後も、そこで。私はあまり動くのが嫌いで、床屋でも銭湯でも、いいというとそこばかり通って……。ずっと卒業まで、近衛町の服部さんという家で、お世話になりました。

あすこの学校は、ありがたいことには、指導の先生が十二名ぐらいおられました。それから研究科の若手の錚々たる連中が、これも毎日七、八名来られ、それに四年生、こういう方が元立ちになって教えてもらいました。

一学級二十名で、剣道科だけだと、途中病気などで脱落して五十名ぐらい。そのわずかな学生に対して、小川先生以下の錚々たる先生方が並んで、稽古をいただけたということは、今の学校では見られない、恵まれたところですね。意地悪いことされるということは全然なかったですね。

文科の先生も、立派な人がいまして、主任教授は鈴鹿野風呂という、俳句では高浜虚子と並ぶような立派な方でしたし…。

文科の先生にも四年間教わりましたが、もっと私も真面目に勉強しておけばよかったと思っているんです」

武専の二十三期は、学生も錚々たるメンバーが揃っていた。

「体格に恵まれていましたから、池田君（勇治範士八段）あたりに較べれば、案外楽だったと思います。入ると、だいたい二カ月か三カ月、全部打ち込みと体当りばかりです。血の小便が出るとか、関節が痛くて二階のハシゴ段を登れないというのは、誰でも経験することでして、さして、苦しいとは思わなかったですね。

私たちの二十三期というのは、つぶのいいのが揃っていましてね。ですから、あいつが二十本稽古したら、俺は二十五本というように、ライバル意識がありましたから、辛いとか、今日はさぼろうという気は起こらなかったですね。

あの（二十三期）前後に較べまして、私たちは競争相手には恵まれました。

稽古のとき、面をつけ、小手を持って先生の前に行く。面紐を通していられない。それが先ず、しょっぱなの競争です。もたもたしてると、小川先生に四年間掛ったことがないなんて……。

やっていると、上級生がちょっと待て、なんて後にされちゃってね。ようやく回ってくると、『今日はわしもやる』なんて、忠三先生が小川先生に掛ったりして……。

皆稽古やめて拝見ですね。ああいう立派な先生の掛り稽古と、それを受けて立つ小川先生。こんな強くなれるのかなと思ったですね。

忠三先生、津崎先生あたりが掛っても、問題にならないですね。宮崎茂三郎という、すごい先生がおられましてね、あの先生は私は拝見しなかったんですが…。

私たちと入れ替えの松本功君(二十七期)たちのクラスが一度、宮崎先生が掛るのを見たそうですね。パッパッと掛ると、ウン、オーと簡単に剣先で捌かれる。わずか十秒たらずでやめちゃったそうですが……。

あんな鬼のようなすごい宮崎先生でも、駄目かなと。それだけ違ったんですね。盛んなときの忠三先生、津崎先生、それから助手をしていた土田博吉先生(大阪。範士八段)、そういう先生が掛ったって子供の掛り稽古ですよ。それほど強かったですね。

それで、ちっとも気負ったところがないですね。大したもんでしたね。余計なことは全然言わないですね。手が上がったとか、真直ぐ打てとか言わないで、黙ってアッアッアッと前後に、左右に開く、あの大きな身体が、羽の生えたように。

そういう先生に一本でもいいからと、ケンカになるんです。もう貴重な一本ですからね。

いい学校で、文科と武科の先生には恵まれました。

黒住先生は真面目でしょ。さあしっかり来いなんて。でも四年生ぐらいになると、寒稽古の打ち込み体当たりで、さあしっかり来いというので、ボーンとゆくと飛んじゃうんです。

おかしいな、しっかり来いと言うんだが、真直ぐ受けるので、あの当時六尺ありましたから、ボーンとゆくと、越中褌がはずれちゃったりして……。

真面目な先生ですな。ご迷惑かけて申しわけないと思っていますがね。お酒は全然やらなくて、俳句は四郎(黒住龍四郎)の四を紫と書いていましたが、俳句はうまくなかったですね。

忠三先生、若林先生にはかないませんでしたね。忠三先生は後に家にも三回泊ってくれましたが、腰に二つ折りの尺八とステッキ、これはもうどこでもはなしませんね。

京都の先生は、和服着ても似合いますね。私たちは、日曜は和服です。教練のときだけ靴をはく…」

刃引の剣道形

範士は、武専に昭和八年に入学した。そのときは、ちょうど剣道形が増補になった年である。形は週一回、必ず稽古したという。

「毎週水曜日でした。この日は、普通の稽古なしで、形専門なんです。

大先生が、くるくる回って、手を取って教えてくれますから、形だけで一週一日つぶすということは、昔は冬なんか、前の日に濡れた稽古着でつらかったですけれども、今考えると、あれだけの形を身につけられたということは、有難い指導のお陰だと思っています。

四年生になりますと、刃引きですから、形をやっていても中頃になりますと汗が出るんです。

面白いことに、先生によって皆形が違うんですね。

一年のときは宮崎先生、二年のときが佐藤忠三先生。あまり一人一人細かいことは言われないですが、気魄の入れ方だとか、間合などはうるさく言われました。忠三先生は一人一人回って六本目のすり上げを教えられる。

学校で教わったそれを、第二回の中堅指導者講習会を朝霞の自衛隊でやったとき、ちょうど忠三先生がお見えになって、我々ずっと並んで講習を受けたが、あのときは武専が多かった。

やっぱり昔のとおりでしたよ。次六本目と、一人一人やって、説明して、あまり固いと君のは払い小手だよ。手を取って昔と同じように教わりまして、懐しくなりました。

忠三先生がよく言われましたが、普段の稽古を理論的に組み立てられたものが形であって、これが元にならなければならない。稽古は、形をある程度理解してから入ると、稽古の方も上達が早い。ただ稽古ばかりやっていると、理論の説明とか、理解というものはおろそかになる。

稽古は形のごとく、形は稽古のごとく、こういうような気持ちでやらなくてはいけないと言われましたが、私もそう思いますね。

大きな大会で、いろいろな方が形を打ちますが、やっぱり私たちの先輩のやる、長谷川壽先輩とか、お亡くなりになりました斉藤正利先生、ああいう方の剣道形には及ばないところが多いですね。

形というのは、自分でこれはよく出来たということは絶対にあり得ないですからね。

長谷川先輩と斉藤先輩が、大阪の都道府県大会で打った形、ああいう域にまでゆきたいと思いますね。

昭和八年の改訂、増補のとき一年生だったので、それをそのまま忠三先生に習いました。だから恵まれています。

私たちが入ったとき、有難いことに、初めは木剣なんかでやっていましたが、三年のときに岐阜県の関町の関刀剣株式会社から、当時満州事変が起こって、ああいうものが盛んだったので、古いレールを使ったんだということですが、非常にレールというものは純度の高い鉄だそうですね。

あれで形用の刀を作って、二十組ぐらい寄贈してくれました。それまでは、武徳会にある刃のぼろぼろになった刀を使っていたのですが、それが大量に入ったので、四年生あたりは、いつも刃引きでやりましてね。

刃引きでやると、木剣と違った感覚で気魄が入るし、うっかりしていますと怪我をしますから、あれは非常にためになりました。

それから、昔の四段の錬士の試験のとき、刃引きを使ったら、地方で刃引きを使った経験のない人が、三本目なんか両方でパッと突いて、突き上げられたことなどありましたが、あれ持っちゃうと、あがっちゃうんですね。

熊野神社の後ろの府立病院へ行って手術をうけましたが、そういうこともありました。

上級になると刃引きで、鎬ぐやつとか、何とか言葉がありますがね、鎬ぎで向こうの力を抜く、これを鎬ぐというんですね。

それが、木剣ではなかなか鎬いでも、分からないんです。刃引きでやりますと、刃のそりと鎬ぎの角度で、スッと突いても萎すと、本当に力が抜けます。

あれは、竹刀や木剣ではちょっと分からない。刀でやると、アッこれか、とすぐ分かりますね。

形の講習行きまして、終って受講生の中から、五組ばかりを選んで、刃引きを持たしてやると、始め固くなっていますが、何回も練習させて、馴れてきますと、スッスッと自然に力を萎せる。

今の模擬刀だと、腰が弱いから、ガサッというんです。昔は火花が散るんだけど、今のは、メッキがパラパラと散る」

範士はまた、刀剣について造詣が深く、小さいときから刀剣に親しんで来た。

「親父が刀好きでしたので、旧制中学の二年生ごろから、せびると買ってくれました。ですから、一人っ子という恵まれた環境かも知れませんが、親父は刀持ってくると、これは高いから返してなんて言わないで、買ってくれました。

集ったのが二十二本ぐらいあったが、戦災で皆焼いてしまいました、空襲で五月二十六日（昭和二十年）でした。

剣道の専門家と昔の陸海軍の高級将校は、案外刀というのはお好きではないんですね。

刀が見れるのは、黒住先生だけでしたね。小川先生あたりのお供で行って、見て下さいというと、うんこれはいいね。黒住先生は見えました。先生はお亡くなりになるときに、十五、六本持っていた。私が遊びに行くと、好きでしたから見せてくれましたが、重要刀剣を二振り持っていらっしゃった」

範士は、武専の先生方に、四年間基礎を仕込まれ、手本と仰いで、自分の剣道を磨いていった。

「理想像と申しますか、それは小川先生の剣風ですね。

大波が打ち寄せるように、ちっとも力を使わないですね。

これは、今の小川忠太郎先生も、二年間講習生で行って、京都で修行されたけれども、小川先生のような、大きな風格のある剣というのは、まずいないねと。

三沢からの帰り、汽車の中で、お話しを拝聴しましたがね。大きな波が打ち寄せるときは、少しも角がない、あれと同じですね。

いつの間にか、その中に吸収されてしまいますね。後は、じっくり構えて、ちょうど網でくるんだように、最後に一発ポンと出る。

佐藤忠三先生は重厚な剣、若林信治先生は、これまた腰の入ったピッピッという動きと捌きで、打ってくればパーンと胴を抜く。

武の本物は、小川先生が一番でしょうね。重厚なのが忠三先生、剣よし、俳句よし、酒また強い、人間的にも立派なのは若林先生、よけいなことは全然言わなかったですね。

超然としておられましたね。この三人の方は、とくに私は敬服していますね。

ああいう風格を持った人は、ちょっといませんですね。そのときに修行できたことは、本当に有難いことです。

私たちが卒業してから、黒住先生も兵隊に引っぱられたし、松本先生も戦死されています。そうとう入れ替ったようです」

文科と武科

昭和十二年、範士は武専を卒業すると、現役で兵隊に行き、帰って来て水戸の商業学校に奉職した。国語、漢文の先生として。

「武の方は、吉川忠衛門さんという、昔の特務曹長です。戸山学校出た、その人が持っていました。

私は、国語と漢文、殆どでした。一年生と二年生の剣道ちょっとお手伝いして持ったことがありますが、ずっと国漢の方でした。

そこで二回目の召集ありまして、帰って来たら、もう敗戦が濃厚になっていまして、あちこち爆撃受けていますから、親父も、どうせ死ぬなら、親子一緒のところで死のうなんて、是非帰って来てくれと……。

昭和十九年、水戸の校長さんに頼みまして今の神奈川県立商工高校（横浜市内にある）、あすこに代った。

それから、あすこに満三十年おりまして、退職しました。まだ停年まで三、四年ありましたが、学校が保土ケ谷の田舎に越してしまったので、とても通い切れないから、やめたよと女房に言うと、『お父さん結構ですよ』と言ってくれましたので停年前に辞めました。

ずっと国漢の先生でしたから、武道教師が戦後皆クビになったときは大丈夫だったんです。

水戸商業の時は、放課後の稽古は皆私がやったんです。今のクラブ活動ですが、それは私が面倒見た。

今でもそういう連中が呼んでくれまして。有難いもんです。一番最初に教えたのが、もう六十過ぎていますから……。

いい生徒も出征して、戦死したりしまして、教え子の戦死というのは、一番悲しいですな。

商売は、私のところは、この辺の町内会の配給所になりましてね。焼け跡でしたが、田舎もないし、ここにいなければ申し訳ないと、焼けトタンで家を作りまして、配給所やってました。

商売は、女房が酒屋の娘でしてね、皆取り仕切ってくれまして……。

それから敗戦後、剣道が復活しましたが、私は学校終ると稽古楽しみにしてましたからやりましたが、そのときにやめてやらなかった人は、いい素質持っていた人も駄目ですね。私は恵まれていたと思います。

戦後、宮崎先生やら黒住先生は、剣道なくなったために、東京の国家警察に主任級の先生方集っても剣道出来ないので、原爆やなんか落ちたときの救急法なんて、包帯の巻き方やなんか教わったそうです。

お帰りのとき、うちに呼びまして、同じような後輩、警察の連中、家に七人泊まりましたかね。

そんな話しましたけれど、こっちは黒板でやっていればよかった。助かったですね」

武専には、武科と文科があり、剣道、国語、漢文の教師の三つの免状を持って出るものは、四分の一ぐらいだったという。

範士は、戦前、戦後を通して国漢の先生として教壇に立ってきた。もちろん、その間、剣道も続けていた。だが教職を離れた今は、もっぱら剣道を楽しんでいるという。

「週二、三回楽しんでいるんです。有難いものです。この年になっても、七段の若手あたりとやれますからね。柔道などはちょっと…。剣道というのは、本当に有難いですね。

私は武専に入ったときに、毎日打ち込み、切り返しとか、ようやく稽古できると、掛り稽古で、こんなことやって、剣道勝てるのかなと思いました。

郷里に帰って、あちこちで試合やって、ポコポコ負けちゃうんですね。大器晩成とか、先生方言っているけれども、本当になれるのかなと。でもやっぱり試合の駈け引きの早い人は、四十過ぎて、脚力が落ちてしまうと駄目なんですね。なるほど、先生方はうまいこと言ったもんだと。先に立って合同稽古（全剣連の）でも何人か八段、七段を相手に出来るのは、あの時分の振り回されたりなんかした、短い間に、たくさんの稽古やって、苦労した掛り稽古のお陰だと思いますね」

範士は、寿剣友会という横浜の剣友会でも若手と少年を指導している。

「指導していて私は注意することはいやなんですね。向こうで質問して来たときは、いわゆる明快な答えが出来るようにとやっていますね。

面をどう打て、こう打てと言ったって、過程も違うし、自然に修行の年数に応じて、難しくなるんですから、その過程で、分からないことを、こういうこと言ったときに、腫をふっきるように、ちょっと、腫がワーと出て軽くなるように。わからないで質問するのは受けて説明しますが、こっちからそうじゃない、こうじゃいけない、そんなことは言えませんし、それだけの力がないと思いますが……。

それと、後は正しい、思いやりの気持ちを持った人間の剣道をやれといいます。子供などには第一にそれを教えていますね。

いわゆる巾着切りみたいに素早い技なんかやらなくてもいいんだ。真直ぐやっていれば、そのうちに面白くなるんだから……。

小手先ばかりの技を教える人がいますが、ああいうのより、先ず人間形成というのが大事ではないかと……。子供などは一緒になってやってますな。今試合で勝たせるために、闘犬仕込むみたいな、あれは嫌いです。爪先立ちするような剣道はやめた方がいいですね。その年齢、その身体、修行段階に応じて、それなりの人間を作ってゆけばいいんで、始めからもう相手の空いているところを打って、かっさらう。飛んでくれば抜いてやる。こういうふうに教え込まれると、何だかもう試合こそ剣道だと思って、ある段階にゆくとパタリと止まるんですね。不思議なもので、指導する人の目標は違うんですが、やっぱり人間性の裏づけのない剣道は駄目だと思いますね。高校へ来て、私のところへ来た連中は、試合は下手だけれども、七段に合格する率は県下一番ですよ。学科の方、座学の方は第二として、クラブ活動を教えて、試合はうまくないが、審査で一回とか二回目あたりに受かる現実の結果を見てみると、恩師の教えは誤りではなかった、ということを確信できて、嬉しいですね」

範士は武専の文科の先生から受けた言葉を座右銘にしている。

『忠恕』、その言葉を文科の三木先生、哲学の三木清の弟さんですね。

卒業のときに、先生、人間というのはどういうふうにして生きてゆけばいいんですか、『言っても分からんけど、思いやりのある人間になることっちゃな』。

思いやりとは何だと、孔子の言われた『恕』だよということを。それから恕の精神を忘れずにやっているんです。

今の子供の稽古でも、恕の精神で、思いやりのない人間は、いくら剣道がうまくなってもこれは本当の剣道ではないというふうに思って、思いやりのある人間を一人でも多く作ろうとやっています」

悠揚迫らぬ範士の温かさは、武専時代に培われたものであることを強く感じた。

剣・禅・槍

剣道範士　西川　源内　先生

〈西川範士の略歴〉

大正5年9月18日、奈良県御所《ごせ》市に生れる。

奈良県立五條中学一年で剣道を始める。剣道部に入り武専出の佐藤才吉先生に指導を受ける。昭和10年京都の武道専門学校にすすみ、本格的に剣道および国漢の勉強に打ち込む。昭和14年武専を卒業し茨城県立境中学に武科と文科の教師として赴任。

戦後は一転して川崎重工に入り、営業畑を歩む。慣れぬ仕事の勉強に苦労しながらも稽古を欠かさず、出張先に防具を持参し、各地の先生方に教えを請い修行を続ける。その間、剣道の究極は心だということで禅に入り、心の修行に取り組むとともに、故石田和外先生（元全剣連会長）より宝蔵院流高田派槍合せの型を受け継ぐ。

昭和40年から奈良県剣道連盟理事長、同52年より全日本剣道連盟常任理事又は評議員をつとめ、また奈良市中央武道場の指導責任者として子弟の教育に励む。

昭和42年剣道八段、同48年剣道範士。

五條中学から剣道を

西川範士は、大正五年九月御所《ごせ》市古瀬で生れた。古瀬は万葉のふるさとである。源内という名前から、寺の関係が想像されたが……。

「私の方の田舎は、万葉時代、巨勢の里と言ったところなんです。

万葉の歌に、家の裏に流れている巨勢川、山は巨勢山、つらつら椿という椿の歌があります。

それで有名なところ。そういうところで、天変地変ということに殆ど関係がない。山に囲まれた谷中に、川が流れている。自給自足できるところなんです。

そういうところで、源という字は、ずっと先祖から伝わっているものなんです。内というのは、お寺さんからもらった。

そのへんどこを掘り出しても、いろいろなものが出てくるが、寺所の集落であったかも知れません。

巨勢山の下にある小さい池は家の田圃の用水になっている。

私は末っ子なんですけれども、源内という妙な名をつけられている。どこに行っても、病院に行っても一番はじめに覚えてくれるのは私の名前です」

範士は土地の小学校を出ると、近くの旧県立五條中学に入学した。そして剣道をはじめることになった。

「中学一年ですから十三の時です。旧制の奈良県立五條中学、二十分ぐらい汽車に乗って和歌山の方に行ったところです。

この間、馬鹿話ししたんですが、野村という校長がいまして、これは東大の文科出た先生で、なかなか立派な先生。この野村伝四校長が、全校生徒を、忠・礼・武・信・質と五つに分けまして、運動その他で、それぞれ競争さすわけです。

それでどんなに勉強したって、最終的には身体がものをいってくるんだと、自分を基本にされたようです。

最後は身体がものをいうんだ、だから先ず身体をこさえよ。そして、それに勉強を継いでゆけばいいということで、心身の鍛練ということを第一義においた。

五つあった中で、私は忠節の部に入って、一年のときに剣道の試合で、五年生の胴を一本取ったんですよ。久保添という当時の配属将校が武専の先輩で、佐藤才吉という先生に、西川の剣道は切れる剣道だと言ったというんです。

先生が『西川、久保添教官が、お前の剣は切れる剣だと賞めておったぞ』と。それでは剣道やったろうかというので、やりはじめた。

余談ですけど、私自身は三年になって、陸軍幼年学校に行こうと思っていたんです。そして飛行機に乗ろうと思った。それで願書を出そうとしたところ、当時ですから父兄の了解の印がいるわけです。それを持って帰って、叱られましてね。

その当時は、軍隊に入るということ即死というふうに思っていましたから……。『お前は死なすために養っとったんと違うんだ』と。家ではおじいさん夫婦と、親父夫婦と兄貴夫婦と三夫婦がいましたから、先ず、おじいさんから一喝あって、親父が一喝、母親が一喝、それでもうやめて……。

仕様がないから、三高へ行ってやろうと思って、その時分にはちょっと勉強しておった。ところが、『島の娘』とか『濡れつばめ』とか、ああいう歌があったでしょ。

それを覚えたいもんだから、学校中で一番こわい、エンマという数学の先生だったんですが、課外授業の時、まさか後ろに来るとは思わなかった。

本を立てて楽譜をうつしていた。先生はそれを見たんですね。数学やっているんではなくて、楽譜をうつしていた。げんこつで「ガン」とたたかれ、あごを机にいやというほど打ちつけた。

今で言う、反抗ですか。エーイこんなもの勉強する必要ない。出てゆけというので、出ていった。数学なんてどうってことないと。それから課外授業は勉強しなかった。

当時は四年から上級学校の試験受けられましたから、行こうと思って見たら、全部数学がある。どこの学校見ても、とくに数学は……。

よわったな、どうしたものだろうと。四年から受けられても、数学が全部出来なければ、初めから落ちるのに決まっている。

困ったと思ったが、やめとけ、五年から受けようと。五年から受けるつもりで、もう一度数学を勉強しようと考えた。ところが一年間全然やっていないもんだから分からない。

いや困ったな、陸士とか海兵が盛んで、いろいろあったんだが、どこを見ても皆数学がある。数学がないのは武専と国士館……。

どうしようもない。先生が切れる剣だと言ったから、武専でも受けてやろうか、ということで武専を受けるようになってしまった。本当は飛行機に乗りたかったんです。

四年のとき、武徳会で全国青年剣道大会というのがあったときに、八位になった。三百か四百校だったが、先生がびっくりしてしまって、あわてて学校へ電報打ったりして……」

心に残る忠三先生

範士が京都の武道専門学校に入ったのは、昭和十年の四月であった。

「剣道を選ぶということは、おじいさんの一言で最終的には決まった。私は水泳とか陸上とか、小学校では選手でやってましたが、裸になるのはいかんと……。それで、おじいさんがやれということで剣道やって、だから専門家になろうという気持ちは全然なかった。

学校からいきますと、その当時は師範学校を含めた国漢の先生でゆけるということで、学校さえ入れたらいいんだというところだったんです。今から考えれば何とまあ……。

やっているうちに、だんだん剣道やるようになって、それがまた、専門家につながるということではなく、ただ稽古やっていたらいいんだと……。

武専の場合には、試合に出さなかったですね。大きな幹と根っ子を作りなさい。枝葉というものは、自然に出来てくるんだと。先ずは根っ子と幹をこさえよということで、試合というものは度外視していた。

四、五年経ってから、学連の試合なんか出たでしょうが、それまではいっさい出さなかった。

入学は十二人に一人で、その点ではむずかしかった。

同級生には、岡山の石原、島根の大西、私ぐらいが、範士八段になっているんですがね。今三人ですか。その他に教えておられる先生が何人かいますけれど、交際しているのは三人ですね。

私は下宿をよく替りました。三年になって落ち付きましたけれど、それまでは十六回替った。一番短いのは一週間、一年居てればいい方ですね。

余り替るものだから家で心配して、そのとき兄貴が同志社大学の英文科に入ってましたから、御所の側に、京都の梨木神社というのがあって、その横に家を一軒借りて、おばちゃんを一人付けて下宿させたんです。

ところが兄貴が英文科だったものだから、送ってくる金の三分の二以上は兄貴が使う。俺は原書買うんだから、原書は高いから、漢文国語なんか、古本屋に行けばたくさんあると。

一年半ほどやってましたかね。こっちは下で酒盛りばかりやっているし、上はやかましい、やかましいと言うておるし、同志社なもんだから、女性の生徒がいるんです。英文の関係で友人など、お客さんばかり来る。

それで俺もうやめると。やめてまた下宿の方に替っていった。

そのかわり、荷物まとめはうまい。本は大分持っていたんですよ。文科の成績は良い方でした。ところが、剣道は尻から二、三番。道場では順番に座らされる。

その時分、そんなことはあまり感じなかったんですが、後ろ見たら、二、三人しかいない。何時になったら上にあがるんだと。そのときは無関心でしたが、二年になってもあがらないし、これはいかんなと。

それでちょっと頑張りましてね。三年のときに担任が佐藤忠三先生だったんです。そのときスポンと上にあがって六番目に入ったんです。

それから四年になって、五月に昇段審査でしょ。四段で錬士の称号持っていたのが、一番いい方です。十三年に錬士の称号とったんです。

三年から四年になるときに四段もらっていましたから。賞状とって、漢文・国語と文科もとって、もらうものだけもらって…。それまで大変苦痛でしたが、頑張って、何とかかんとか出ました」

範士は昭和十四年に武専を卒業したが、武専は武科と文科があり、剣道と国語、漢文の免状を持って卒業した。両方持って出たのは武専でも四分の一ぐらいであった。先生については、

「私の場合は、奈良県でしょ。奈良県出身の先生というのは、いらっしゃらなかった。近畿でもいらっしゃらなかった。後は東北とか、九州とか、非常にそういう面では、立場は恵まれていなかった。しかし、自分で慕っていたのは、佐藤忠三先生でした。

宮崎先生とかには、可愛がられましたが、心で慕ってゆくというのは、やっぱり忠三先生に何か惹かれて、ああいう剣道をやらないといかんな、という気持ちが途中から湧いてきたですね。

力まずに、パッとやられる。どうしてあんなことできるのかなと思いましたね。毎朝あそこ（武徳殿）では朝稽古をやりましたし、先生方にはだれかれということなしに…。

しかし忠三先生については、別に惹かれるものがありましたね。今から考えれば、心の問題でしょうか。

忠三先生のことで印象に残っているのは、三年のときにバンとあげていただいたということで、有難いということが一つ残っていますが、それは外形的なものです。

お前は、攻めるときは非常によく攻めるが、その次の攻めと攻めとの間にギャップがあると。兎のフンのようにポロポロになっては剣道は駄目なので、一つにつながったように修行しないと駄目だ、と教えられた。今も心に残っています。

今考えると、なるほどその通りだった。自分で、どんどん打ってゆくときは、かなり激しくいったらしいです。その次の動作にゆくとき、わざわざ間をあけているわけではないけれど、心に何かあったんですね。それを先生は一本ずつつながったものでなかったら、剣道とは違うよとおっしゃった。

行ずる、これでなかったら駄目だ。赤鉛筆で書いてきましてね。そのときは、ああそうかという程度ですけど、今になって大変そういうことが、身にしみてよく分かってきましたね。

武専では、先生方今のように、ああだ、こうだと手をとって、指の先のことまで言わないです。

自分でやれと、方向を言われて、後は自分でやってゆかなければ駄目だという教え方でしたね。そういうことを分かってくるということは、いろいろな点を求めて、いろいろな話をずっと聞いてみると、やはり肉体的なものではなくて、心の問題だということになってしまうわけです。

三十年前に、打ち合いでなく、心の問題を考えないといかんですなと、ある先生に話したことがある。『若ぞうのくせに何を言うてんだ』と叱られた。

競技力というのは、二十代、三十代とずっときて、ダウンカーブになる。そこで初めて心の問題が出てくる。心のつながった剣道になり、心の剣道になってくるわけです。

そういうことを頭で考えて、人に言ってみたら笑われた。こんなことは人に言うべきことではないということで、人に黙って心の問題のことをやり出した。それが禅の方に入ったきっかけでもあります」

範士が禅に入ったのは、今から五、六年前であったが、そこまで来るのに、武専を卒業してから戦前・戦後の修行の期間があった。

剣と仕事と

範士は、武専を出ると直ぐ、茨城県の境中学校に、文科と武科の両方の先生として赴任した。

「茨城県の一番はじっこで、茨城、群馬、埼玉の境ですね。古河からちょっと南に下ったところにある茨城県立境中学校です。そこへいった。

文科と武科の両方やった。給料はよかった。東大出が八十円で、私は七十五円でした。ボーナスというんですか、あれは殆どちょっと上ぐらいにおいてくれている。私の場合は一緒に入った先生と比べて、お前の方が上やな、お前はチャンバラやっているから……。大変優遇してくれました。

十四年（昭和）ですから、十四年に入って十四年の終りに滋賀県の八日市中学校に転任した。

茨城では水戸の小沢先生などには、いろいろお世話になったんですが、その後、変った就職をしました」

範士は戦地に出て、戦後帰ってきて、会社勤めを始めるのであった。

「野戦から帰って、大阪商船系統の会社へ、社長が親戚におりましたから、戦後集中排除法がありましたが、商船系統の中にそういう部があって、そこに行ったんです。

二年ばかりいましたが、女房の兄貴が川崎重工にいたもんだから、来いということで、昭和二十四年に川重に入った。

しばらく資材関係やっていて、それから営業をずっとやって、退社するまで営業やっていた。

これは涙物語です。国語・漢文やっていて、一流会社の営業をやるということになると、大変なことです。

これは、自慢というようなものでなくして、本当に苦労しました。

夜遅くまで勉強した。営業をやるということは、設計との関係、向こうさんとの関係、向こうさんには、それぞれいろいろな競争相手がいる。

川崎重工の営業だと出ていって話しをするための知識が必要です。相手というたら、三菱、石播、日立、決まっているんです。

そういう連中と話しするためのもの、何もないでしょう。剣道やって、国語・漢文やって来たら、直ぐ営業ですよ。フランス語とか、いろいろあっても、英語に変ってくる。設計の連中のしゃべるのは、英語の特殊単語でしょ。それを覚えるのに、一苦労でした。ゼロから始まった。これは全く、ときどき四十度ぐらいの熱出すほど勉強しました。それで、やっと設計と自分の担当の営業の話しが出来るようになり、その話を向うに持っていって、話しをする中で仕事をとらなければいけない。

それにはまた、テクニックがいるわけです。そういう三角関係で、当初ヒラのとき随分苦労しました。それで、これでは身体こわすからと、ずっと稽古していました」

範士は、忙しい仕事の中でも、剣道は欠かさなかった。

「私の一つの特色は、一人の先生について剣道を習ったというのではなくて、そういう立場を利用して、武者修行的に全国を回る、その点の中で先生方に教えてもらって稽古をした。

営業で出張するときは、道具を持ってゆくんです。東へ行ったら東京で、講談社に行ったり、夜は別のとこへ行ったりして、その間に仕事をする。

そういう稽古をずっと続けてやっておったわけです。係長ぐらいになりますと、ひまを作れるものだから、ちょっと行ってくるぞと……。

初めは、本社は神戸ですから、兵庫県で大分稽古をしました。そして大阪に寄って大阪で稽古する。それで家に帰る。奈良には寝に帰るだけでした。

そういう中で、あちこちに、まだ古い先生がおられました。そういう点を求めて出張した。それで、そういうことをいろいろやりながら、その間に八段もいただいて、範士もいただいた。

仕事の最後の受注のときになってきますと、ちょっと無理ですけれども、合間にはかなりいろいろな先生方にご指導をいただきました。

私は道具担いでいって、点の集計が一つの修行であった。だいぶ回りました。だから、悪口言うのは、お前道具持っていって剣道して、旅費浮かしているんやろと。

心の問題を求めて

範士は、剣道を修行する過程で、剣は心であるということで、心の問題を求めて禅に入っていった。

「禅に入ったのが五年ほど前ですか、得度して、三松寺、九條というところにある禅寺です。本山は永平寺です。

そのときに、石田和外先生（元全剣連会長）が臨済宗で、鎌倉の臨済宗でおやりになっているということは知らなかった。この時代は、先生とおつき合いしておりましたが……。

曹洞宗はいいですね。只管打坐（ただ黙って坐る）、臨済宗は講話がある。言葉が多すぎていけませんね、という話しをされた。

先生のところに行ったが、まさか先生が臨済宗だったとは知らなかったので、それで私分かりませんけれども、言葉でゆけば、文章読んで、それを覚えていったらいいのと違いますかと。一杯いただきながら話しをしていたんです。

私も曹洞宗は好きですよ、とすっかり先生に丸めこまれました。赤恥をかいたようなことで、得度したことを先生は何も言わず、非常に喜んで、それは結構ですと。

それから、心の問題と真剣に取り組むようになったんですが、それまでに、本を読み、医学的見地から見た禅とか、大森曹玄さんの本など、いろいろやりました。

けれども、そんなものは何もなりません。やっぱり自分で坐って、自己淘汰をするのが禅ですね。

剣道も口でいくら口頭範士がおっしゃっても、自分でやって、そしてやりこなさなければ、例えば一つの技、面技、小手技でもこなれてこない。

自分が体得しなければ、禅のこなし方、ただ黙って坐る、ということだけで、坐っていればいいんだということだけれど、まあ、坐っていると、雑念がいろいろと出る、出る、出る。

大体一時間ですよね。道場で今やっているのは、日曜日に、朝七時から八時までですが、皆来て坐っている。

その他に坐っていますけれど、大体一時間ですよ。初めなんか、随分いろいろありますね。言えんことばかり。

一休禅師の道歌に、皆心の問題だと何やかやいいますが、『心とはいかなるものを言うやらむ。墨絵に描きし松風の音』というのがあるんです。

これはやっぱり、その人がその境地になってみなければ分からない。口でいくら言っても全然分からない。

大先生方から、いろいろなことを教えてもらっていますが、先生これはお願いしますけれども、先生の年齢になって、先生と同じぐらいの修行を積んで初めて分かるわけで、今聞いたからといって、できんじゃないかと言わんで下さいよと。

心の整理には、坐禅が早いように思います。自分自身で、自分に勝って行くのだから、早いのではないでしょうか。

剣は相手があるから、相手が動くにつれて、驚懼疑惑があるでしょ。動中動になりやすい。

ところが心というものは何かというと分からないわけだ。心技一如とか、無念無想、平常心とか、いろいろある。

それは、どんな境地か、あまり分からない。分からない人が話しているのだから、聞く方はよけい分からない。

小川先生（忠太郎範士九段）なんかは、自分でお坐りになって、お話しされるから、聞くものにとって、その範囲内において話しが人を引きつけてゆく力がある。

他の人はお話しされるけれども、最終的にはこうなりますよ、と言われますが、ああそうですかでおしまいです。

肉体的なものは、もう我々の年代になって来たら、ずっと落ちますわね。そして、打つ即切るという剣の方向に行きますと、これはなかなかそんなにうまくいかないです。

だから私は、いろいろ考えているんですけれども、古流の形を見ましても、そんなパーンと打つような面など、一つもない。

それで先ず、そういう思想からいきますと、やはり、小手しかないと思う。実は、柳生流に出ている、拳を切れ、どこを切れというのは、先ず小手しかない。

小手に打撃を与えたら、人間の身体は戦闘力、殆どゼロです。切るということからいけば。そうすると、私は小手が一つの目標だなということで、懸命に小手を勉強しているんです。

それは、ぐっと位で押してゆく。そして道場の半分から、三分の一ぐらい押していって、向こうが打とうとするところを、パッと小手を打つ。そういうことで稽古しているんですが、なかなかうまくいきません。

今は、スポーツの問題も入ってきていますが、私はそういう姿を残していきたいなとやっています。

槍をやりますと、これは競技力的な問題の姿として、相手をやっつけるというんですか、相手も長い槍を持ってくる、こっちも長い槍を持ってゆく。そこに一つの形の上での争いがあるわけですが、勝つのは心でしか勝てない。

そうすると、鎌槍兵法百首の中に読まれているのは、やはり心の問題を全部とり入れて、何々皆伝、何々皆伝、以下口伝と。槍の場合は単純ですから、書かないで、皆口伝になっている。

随分資料集めましたけれども、これ読みたいなと思って読んでいくと、以下口伝。剣道はどの本読んでも、いろいろ書いてますね。槍の場合は身体の、ここを突くと決まっている。馬に乗って槍を持って突くのは、どうするかと、そういう姿が決まっている。それを言うと、他所の流儀が真似するわけです。だから以下口伝で教えない。これとこれとは、一切口外すべからずと。

そういう古文書ずっと読ましてもらったりしまして、三つの問題（剣と禅と槍）から、いわゆる本来は剣道ですが、心というものをどういうふうに持ってゆくか。さっきの『心とはいかなるものをいうやらむ、墨絵に描きし松風の音』。とにかく自分でやらなければいけない。その境地に達しなければわからない。

やって体得するためには、先ず禅をやる。禅をやらなければ剣道ができないということではないと思う。でも、一番早く心の整理ができるのは禅です。

剣道の形の上からゆきますと、稽古するときに、道場の三分の一へ相手を追い込んで、稽古をしているというのが一番。

チャンバラやりますと、真中でバラバラやっています。私の場合は年齢的に高くなってきますと、先ず相手を気攻めでずっと、立つところは一緒のところですけれども、気攻めでいろいろ攻めてゆきます。

ぐっと攻めると、今度は退がらざるを得ない。そして道場の向こう三分の一で稽古をする。

それから、相手に対して先ず自分を捨ててしまう。さあ打って下さいと。打ってやろうと思うと、力が入る。打って下さいと自分をまかせ切ってしまう。相手は無理にパッとくる。小手、面とか。それが本当はこちらの心の隙をついて出てくるんではなくて、ただ一つの動作として出てくる。

全然こちらは感じないですよ。また退ればずっと追ってゆく。そういうことが心と姿との合ったところだから、稽古の場で、道場の三分の一以内に相手を追い込んでゆくということ。それが一つの現れだと私は思う。こちらが追い込もうと思っているんではない。相手が退がらざるを得ない。無形のものなんです。

先生真中へ行って下さい、真中へ行って下さいと言う。いくらでも真中に行くが、お前自分から勝手に退がっているのと違うかと。そういうところがちょっと見え始めたような感じがしますね」

理想剣

範士は、石田和外先生から伝授された宝蔵院流の槍も修行している。禅も槍も、範士にとっては、剣道の修行の心の問題と混然一体となっているようだ。

「本当の剣の道ということを考えてゆくと、心の剣しかないと思いますね。で、昔の本を読んでみても、いろいろ書いておられます。自分がやって、そのときにこうやったから、それがいいんだ、ということを、やり方を自分の流儀としてとり入れて、いろいろやっている。

槍でも、宝蔵院流高田派も、そういう問題を書いています。

全部、禅にしろ、槍にしろ、剣道にしろ、最終的には心の問題に落ちつく。心の問題にどこまで深く入り込んで、人さまにこれを応用してもらうか、というようなこと、それが本来の目的になってくるんではないでしょうか。大変難しいことです。

私は、今度初めて、前奈良市長鍵田さん、百万巻般若心経上げられた、三十二年ほどかかって百万巻。坐禅は毎朝五時から坐っておられます。ということで、心の面では体験のある方です。この人には申し上げましたが、私の理想剣というのは〝浮雲の剣〟というんです。

浮雲の位。これは春日神社の御蓋山、御蓋山は春日神社の真上にある。そこに浮雲の峰というのがある。

そこは、石田先生にも一緒に上がってもらいましたが、浮雲殿というのがある。それが昔はそこにあったのが、現在は春日神社のところにさがって、お祀りしてある。これは武の神様ですが、本にも書いてある。

で、白鷺の間というのが、一つのテクニック的な問題を含めたものです。心の問題としては、浮雲の位、浮雲の剣が私の理想剣です。

とてもではないが、達成できません。けれども、私の剣の道として、遙かに高いものを目指して勉強させてもらっているんです。それが現状です。

今のところでは、浮雲の位まで一歩でも近づくように勉強したいと。理想像ですね。

それには、剣と禅と槍とを三つ混ぜて、何とか少しでも、一歩でも二歩でも前進したいと思ってやっているのが現状です」

剣は心なりと断言され、高い理想の剣に向かって心の修行をされている範士のお話しは、修行の真髄に迫っていると感じられた。

観心証道

剣道範士　菊池　傳　先生

〈菊池範士の略歴〉

大正6年12月1日、静岡県賀茂郡南伊豆町に生れる。

神奈川県横浜の本牧中学に入ってから剣道を始める。中学卒業後、専門家を志して昭和11年4月、高野佐三郎範士の修道学院に入塾。6年間の厳しい修行の後退塾して兵役につき、昭和21年復員。昭和28年神奈川県警察剣道教師となり、48年主席師範。昭和47年から現在まで神奈川県剣道連盟理事長。その他観心館館長、友愛武徳殿館長、神奈川県警察名誉師範、横浜国立大学講師、東海大学講師、神奈川大学師範、東京税関師範、尚道館師範、全日本剣道連盟用具施設委員をつとめる。

大会関係は、東西対抗沖縄大会の個人選抜試合3位入賞、東照宮創立三百五十周年記念日光大会で準優勝したのをはじめ、全国各地で行われた選抜試合や全日本選手権、国体、全日本都道府県対抗などに出場。

昭和42年剣道八段、同48年剣道範士。

中学から始めた剣道

神奈川県横浜市西区に住んでいる菊池範士は、剣道を始めたのが中学生からであった。静岡県伊豆出身の範士は、小学校二年のときは、もう横浜に住んでいるから、神奈川県出身のようなものである。

「小学校一年は伊豆でやって来ているんです。父親の関係で、二年になる三月頃、横浜の方に出て来た。それから、ずっと中学まで横浜で過ごしたが、私は初めから剣道をやっていないんです。

小学校の頃は、ずっと野球をやっていましてね、あの頃（大正末期）小学生の神宮大会というのがありまして、それで神宮大会に出るつもりで頑張りましたが、結局予選決勝で負けて出られなくなってしまって……。

そんな関係で、中学に行って、二年までは野球をやっていたんですよ。

その当時は、剣道は正課だったですから、正課では週一時間ずつやっていた。クラブ活動としては野球だった。ところが、二年のときに部内で事情がありまして、というのは、私にキャッチャーをやれと言うんです。ところが一年生に、昔高等科というのがありましたね。高等二年卒業して入っているのが同級生にいる。体格もいいし、一年のときから正キャッチャーなんです。

私はグローブを持っていったわけです。五年生が、お前ちょっとミット持ってみろ、といって何の気なしに球を捕った。お前ミットの扱いがうまいから、明日からキャッチャーになれと。それでは同級生に正キャッチャーがいるのですから、これは五年生までサブだなと思って、サブじゃやめたというわけで二年の初めですか、部をやめて何処へも所属しないで、ぶらぶらしていたら、剣道部から迎えに来た。

それが、私が剣道の練習に身を入れてやる始めですかね」

範士は、中学校の三年から剣道を一所懸命やるようになったが、小学生から中学の始めまでは野球少年であった。

「卒業の年まで、剣道を専門にやろうという気はなかった。

五年になって、将来ということを考え始めたときに、高野（佐三郎）先生が名誉師範として、神奈川県警へ来ておられることを知った。

その頃、代稽古として黒崎稔先生が水曜日に来ておられた。それで、そうだ高野先生のところへ行くという道もあるなと……。

父は、全然私の剣道家志望ということは認めないわけです。

私は、その頃武専しか知らなかった。武専志望を父に話したら、初めから蹴飛ばされてしまった……。

高野先生のところへ行って、町道場で修行するという道もあるんだなということで、今でいえば特別練習ですね。各署の助教が伊勢佐木警察に集まって稽古しているのを覗きに行ったわけですよ。

そうしたら、あれがそうだと。いや大きな人がね、神奈川県でもパリパリした憧れの的だったような人を、犬ころみたいに扱っている。

私はびっくりして、さすがに日本一の先生のところは代稽古でも、あのくらい強いのかと。自分もそういう道場で思いきった修行をしてみようと上京を決意した。

そこから、私の専門家的な修行の過程に入った。中学を卒業すると直ぐでしたね」

昭和十一年四月、範士はこうして横浜の家を出て、東京神保町にあった修道学院の門をたたくことになった。

修道学院の塾生として

修道学院といえば、高野佐三郎範士の主宰する、当時剣道界にその名を知られた道場である。その道場の塾生として住み込むことになったのである。

「ところが、東京に行ってみて驚いたですね。あの黒崎先生の稽古見てびっくりしたが、そういう先生がずらりと並んでいるでしょう。それで今晩からやれというわけですよ。

その晩から、突かれる、投げられる。三日ぐらい経ったら、喉のところがみみず腫れになっちゃって、それで、稽古の方法を知らなかったんですね。

横浜では、田舎剣道で、専門家を作るようなものではないので、楽しませればいいというので、初段ぐらいのうちから間を取って、ヤーヤーやっているわけです。

そんなことしたって、レベルがこんなに違うんですから、殆どかかり稽古なんです。ところが、かかり稽古の要領を知らなかったわけだ。

先生に向かって、ヤーヤーと始めたわけです。あのやろう生意気だというんでしょうね。

だから、突きまくれというわけだったんだと思うんですよ。

皆かかり稽古をやっていたが、私はかかり稽古の要領がわからなかった。一週間程したら、黒崎先生から『お前、見込みないから帰れ』と言われましたよ。

見込みないと、自信あるつもりで来たんだけれど、素質がなければ、駄目だな、しまったなと思った。

帰れと言われたって、家には啖呵切って出て来たんだから、帰るわけにはいかない。行くところがないわと、さすがに淋しくなって、屋上にあがって星を眺めながら涙をこぼしたことがあったですよ。

思案にくれて泣いていると、先輩が屋上まで上がってきて、どうしたと。『素質ないから明日帰れ』と言われた。よわったんだと、話しをしたら、黙って明日も残ってやって来い。『死ぬ気でやれ』と。

当時塾生の最古参が、今の奥山範士（東京）ですよ。あの人が国学院をでて、就職が決まらなくて、道場にごろごろしていたんですね。

その人が言ってくれるものですから、気持ちをとり直して、本当に明日は死ぬ気でやってみようと思って……。

黒崎先生も、お前帰ったんじゃないかとも言わないんですね。黙って稽古受けるんですよ。

それで、必死になってやったもんですから、そうだ、そうだ、その調子だというわけです。それで、かかり稽古のコツを覚えた。

必死になってみると、文句言われないんだから、どこか違うんだろう。結局、私のは遊びながらやっていたわけだ。無駄な時間が多いわけですよ。一本打っては休みがあるんです。かかり稽古にならないわけだ。それに気が付いて、必死になってやってみたら、おおその調子だというわけですよ。なる程、こういう稽古やらなくてはいけないいんだと思って、それから必死にやりましたね」

厳しい専門家への道

名だたる修道学院の稽古は、こうして範士の身にだんだんついていった。死ぬ気でかかる稽古、範士は身をもってそれを体験した。

「もう、あんな稽古は出来る所もないだろうし、そういう稽古をしてくれる人もいないでしょうね。有難いと思っていますが、その当時は苦しかったですね。とにかく毎晩、息の根が止まるかというくらいですからね。立っておれないんです。立ち上がる体力もなくなっちゃって。そこまでやられちゃうんですから……。ですから、もうこの辺で良かろうと動けない恰好していると、ちょっと襟首持って引き上げてポンとはなす。いくらかでも余裕があると、落ちる時に踏ん張りますよ。

こいつ、まだ余力があるじゃないか、ということで、こんどは、こてん、こてんです。襟つかまえられて引き上げられても、ぶら下げられたたこみたいなものです。こうした稽古が毎晩でしたね。

これがだいたい、半年ぐらい続きましたかね。それをやっているうちに、今度長持ちしてきますからね。力もついてくるから、扱う方も今度は骨が折れますよ。段々楽になって来ましたが、半年間はつらかったですね。あの学院の稽古でも、ああいう修行をさせられたのは、私が終りじゃないですか。

その後で、私の後輩で、ものになって現在やっているというのは、金沢文庫〈横浜市〉に居る高野君（武。範士八段）

ぐらいのものですよ。

戦争にひっかかって、そういう先輩連中が、皆応召で出て行かれた。私なんか、二年のうちには、元に立つようになりましたが、それ程力はないんですがね。まあ、私が鍛えられたのは、ちょっと稽古の強度が違うと思うんです。そういう意味で、今になってみると、やっぱり、それだけ苦労した甲斐があったんだなと思いますよ。

その当時は、うらめしかったが、今は感謝していますね。あの過程を通らなければ、専門家にはなれないんだと考えています」

血の滲むような毎日の稽古、それを耐え抜くことが、専門家への道であった。

「ですから、今の学生の剣道は、素質のいいのが皆学校に入っていますね。だけども、百人もの学生、国士館は五百人とか八百人とか言っていますね。

その中から、先生が特に特定な人間を選び出して、それだけの稽古をつけるというのは、人手が足りないですね。そうした意味で、私はよほど、本人のしっかりした心構えがないと、昔のような力のある剣道家は生れないんじゃないかという気がしますね」

範士の当時の修道学院には、きら星のごとく剣士が居た。

「トップでやっていたのは、大村先生、黒崎先生、小島先生、大沢竜先生、今もうやられませんが、千葉の大沢亮一先生の甥になるのかな……。小川忠太郎先生、佐藤貞雄先生もしばしばお見えになられた。

学校が休みになると、仙台から乳井先生、弘前から鶴海先生、そのクラス、全部九段ですね。

亡くなられた方もおりますが、その当時の先生というと、小川、佐藤、小島先生（範士九段。長崎）が健在です。

だけど皆生きておられれば、今の剣道界のトップクラスですから、そういう人がまだ三十代でずらっと揃うわけですよ。

どこへ行ったって、歯が立つわけないですよ。

だから、始めから終りまで、休むことがなかったですね。

少しでも休みたいと思って、道場に檜の丸い柱が四本ぐらいあるんですよ。その陰にかくれるんです。なるべく、きつい先生に見つからんように柱の後ろにかくれたもんですよ。そうすると、直ぐ見つけ出される。見つかったときは、ひどいんだ。

歴代、そういう指導されたのかね。便所に行くと、細い紐がぶらさがっているんですよ。行った当時は、何かなと思ったが、全身痛くてしゃがむことも、立ち上がることも出来ない。それで、その紐にぶらさがって徐々に沈むんですね。立ち上がるときは、紐を持って体を引き上げるんです。そんなでしたよ。

稽古終ると、階段上がれなかったですよ。もう手をついて、腹ばいになって、はい上がるようでしたね。まあ、行ってから半年間の苦労は、今でも忘れられないですね」

鍛えるということ

範士は、昭和十一年四月から入門し、昭和十七年一月に入隊するまで丸六年、高野佐三郎範士、弘正範士の弟子として鍛えられた。

「高野先生は、膝を痛めておられて浦和におられましたから、もう弘正先生が修道学院の運営を任されていた。それで、高野先生に稽古をお願いしたというのは、六年間居るうちに、前後三回ですよ。

それも、かかり稽古でしょ。自分がかかっていたときは、何をやったか分からなかった。

ですから、いい稽古をもらったとか、高野先生の稽古はこんな稽古だったという印象は、自分がかかっての印象はないですね。

ただ、ワーッといって、もう力一杯気を入れてやらなければ。それで二十秒か、三十秒ぐらいなもんでしょ。

自分のかたち、先生のかたちを見るなんて、自分がかかった経験では分からなかった。

ところが、私なんか鍛えられる黒崎先生あたりのクラスが、ヒーヒーいってかかっているわけですよ。さらさらと捌いてね。パッと打つと、ちょうどいいところに当たっているんですね。余り速くないんです。やっぱり、上には上があるもんだなと、しみじみ感じましたね。

先輩達のかかるのを見て、今でも頭の中で、こんなかたちだったなと、先生のかたちを思い浮かべるだけで、自分がかかってこんな味だったというのは、分からないですね。

ただ、年に一回、満州の高野茂義先生が、五月の京都大会に来られるんですよ。その帰りに東京に来られるのですが、そういうときには、充分なかかり方をしていましたが。

上段なんか上げさせられて、追い込まれて、はめ板にぴちゃっとつけられてしまって、下ろせないんですよ。はめ板を背負っちゃって、動けないというような……。やっぱり、茂義先生は強いんだなということを感じたですね。

弘正先生は、私が行くと、直ぐアメリカに行かれたですよ。三年程行っておられて、帰ってこられてから、塾生は朝晩稽古やれ、私も出るからと、九段からわざわざ毎朝通ってこられて、朝稽古やられたですよ。

何ていうか、天分というか、強いというだけではなくて、まねのできない立派な稽古でしたね」

高野先生を始め多くの先輩たちから鍛えられた範士は、いわゆる戦前の道場で錬る稽古を積んできた。現在いわれている、錬る剣道の不足ということについてこう語るのであった。

「とにかく、身体に教えるという、私なんかも、お前あすこが悪い、ここが悪いと言われたことがありますが、こうだからこうならなくちゃいかんという具合に理論的に教わったことはないですね。

悪ければ、ひっぱたいて、それでも分からなければ、突き上げられるというように、身体に覚えさせると。悪いところは、なおるまで、ピシピシひっぱたけというようなやり方でしたね。

要するに、身体に教え込んだ。実際はそれでなければ、ものにならなかったんじゃないですかね。頭でそうだと考えたって、それが出来なければどうしようもない。

今の傾向は、どちらかというと理論の方が先にいってしまって、鍛え（錬り）が足らんという感じがしますね。

ですから、私らのような修行過程は出来なくても、もう少し鍛える面が必要ではないですかね。

弟子の数が多すぎて、いくら先生が鍛えようと思っても、先生の方もまいっちゃいますから、さっきも言ったように、芯から鍛え上げたという剣道家が、無くなるんじゃないかと、まあ心配をしているわけです。

その点恵まれているのは警察の特練の連中です。どこの県でもやっていますね。

神奈川県の場合は、先生が十五人いますからね。特練というのは二十五名そこそこですから、全部かかれば、二対一ぐらいで稽古をもらえる。

しかも、月給もらいながら朝晩稽古出来るというのは、これは幸せですよ。

だけれども、人間、生活が安定して幸せになり過ぎると、油断が出る。

腹の決めようが、なまぬるくなってしまう。私らの過程から言うと、月給もらいながら、朝晩時間もらって稽古できたら、どんなに強くなるのかなと期待するんですが、そのわりに、私らが考えているほど育たないというのは、人間というのは、真剣になるためには、背水の陣というのですか、そういうように追いつめられたような環境に、この環境から飛び出すのには、強くなるほか仕様がない、という環境に何時でも自分を置いた方が、本当に真剣に、一日を過ごしてゆき、力もつくようになるんじゃないかと思う。

真剣にやってますって言ってますけど、私らの真剣というのは、本当に気絶するまでやられる。だが、それに耐えて、逃げ出すわけにはいかんと……。

親父に大見栄を切って出て来た以上、もう逃げ場所はないわけです。それを耐え抜いて、早く苦しいところから抜けるには、強くなるしか手がない。

命を賭けた真剣さ。特練なんていう連中でも、真剣にやっていますよ。だけれども、自分では真剣になっているけれども、私の真剣というのは、命を賭けた……。今の連中は真面目にやっていますという程度の真剣さなんですね。

ですから、修行時代に恵まれてしまってはいけないんじゃないか。

そういう意味で、学生は四年間過ぎれば、教員の免許をもらえて、直ぐ高校の先生になれるとか、高校の先生になれば、食いっぱぐれはない、というような教員の資格取って、就職すればいいんだと。

しかも、百人も一緒に稽古やっていれば、さぼろうと思えば、いくらでもさぼれる。手抜きはできるわけです。

そこに一日、一日の稽古でも、逃げ場が出来ちゃうわけです。ああ、今日は疲れたというと、ちょっと人の後ろに隠れて、うろうろしているうちに、やらずに済んでしまう。

数が多いから、先生の目にもとまらない、ということになっちゃって、四年間居ても、一日も無駄なく、良心的に務めたというのは、先ず、いないんじゃないですか……。

そういう意味から言っても、よほど自覚してやらないと。武道の専門学科のある大学がたくさん出来ていますね。こういう中から、あの程度の稽古で、本当に心底から鍛え上げられたという人間が出てくるかなと思う。

私は、しみじみ感謝しているんですが、荒木先生（敬二）、警視庁の師範しておられたですね。

あの先生はね、始めの頃は余り見えなかったですが、先生方が出征されまして、少なくなってくると、時々やってきては、稽古つけてくれました。

本当に今でも印象に残って、有難い先生だったと思っている。日曜なんか、ぷらっとやってきて、『道具つけろ』と。二人きりで教えてくれたですよ。

一人のために、これは有難かったですね。忙しい身体でしょ。警視庁のほかに立教大学も教えておられたが、その間に、神田までやって来て、私一人のために稽古してくれる。

あの先生あたりになると、後輩というより子弟に近いんで、同門になるけれども、年もそのくらい違うし、そういう人が、忙しい中をさいて、一人のために稽古をつける。同門という、先輩、後輩の血の繋がった関係、これは私は学校にも同窓、先輩、後輩はあると思いますが、こういうものでない、もっと身近な家族関係のような、そういう絆があるんじゃないかと思います。

それは、学生生活の中にはないですね」

相手に感謝する試合

戦後、昭和二十一年、範士は復員し、横浜の運輸関係の会社で働いていた。二十八年になると、剣道が復活し、神奈川県警の方に迎えられて、剣道の師範として活躍することになった。

そして、昭和四十七年からは、神奈川県剣道連盟の理事長として剣道の発展のために尽すのだった。

範士は戦後の剣道界の大きな試合には数多く出場しているが、試合についてこう述懐する。

「今は試合ということは勝つこと、勝つということは審判に手を上げさせること。うちの先輩あたりの試合の考え方は、試合というのは、自分の修行の結果を、相手を選んで試すということなんだから、ちょっとさぐってみれば、これは俺よりも強いな、あるいは、これは俺が勝った、これで勝負は決まっているという。

己より強いと思うものを、ああやって、こうやって、ひっぱたいて勝ったといっても、気持ちでは負けているはずですよ。手を上げさせれば、俺は勝ったと、皆それを勝ったと思っている。

剣道には間があるから、一刀一足の外にいれば、打たれる心配はないんだと、お互いがそうした気持ちでは勝負にならない。

どちらも充分な体勢で、もっと技を競うという気持ちがなければ、試合にはならない。

相手の油断をついて、向こうが攻めてきたらなるべく間で逃げて、機会だけを狙って、巾着切りが、人のふところを狙って、さぐるようなかたちで勝ってみたところで、これは勝ったことにはならないと思うんですがね。

今まで試合やって、気持ちよかったなという、有難かったという試合は余りないですね。

そういう試合は、やった後で相手に感謝するような気持ちが起こりますよ。

私も何年か前に、東京都の剣道祭で警視庁の森島先生とお願いしたことがあります。それまでに警察官の現役のときにも、日光でも当たっているし、何回もお願いしていますが、そのときのような気持ちにはならなかったですね。

お互いに一、二合しか打ち合わなかった。

どうしても打てない試合だったですね。

それでいて、充実した満足感と、すがすがしさに満たされて早速礼状を出そうかなと思っていたら、森島先生もそう感じたらしい。私が出す前に先生の方から手紙が来たですよ。

今まで何回やってもお互いにそういう気持ちにならなかった。今でもその試合は印象にありますね」

心を見つめて

今、範士の胸中は、剣道についての修行と本質的な心の問題が離れない。

「昔から剣道は心身の鍛錬ということをいいますが、今の打ち合い剣道をやって、いったい身体を鍛えるということでは目的を達するでしょうが、心を鍛えるということができるかと疑問を持っていますが……。

私のところの道場に『観心館』とつけたんですが、剣道では常に『無心になれ』ということをいわれますが、そういう高いレベルに一気に到達することは困難なことで、そこへ到達するためには、どういうふうな過程が必要か。

それには、立ち会いながら、または終った後、自分の気持ちに雑念がいろいろと動いているはずです。試合などの場合はとくにそうです。

どういうふうに動いたかを、常に観察して反省し、その次には雑念を生じないように、自分の気持ちを見つめないと、勝った負けたで終りになってしまう。

そういう具合いに私は、立ち会いながら、稽古しながら、常に自分のそうした気持ちの動きを見つめているということが、心の鍛錬の寄りどころなんだと考えます。

自分の心を見つめるという意味ですね。『観心証道』という言葉がありますが、そういう意味ではないかと、自分なりに解釈している。これが心の鍛錬の寄りどころだというふうに考えている。

持田先生に、亡くなられる二、三年前ですね。用事がありましてね、お宅にお伺いしたことがありましたが、その頃私が五十半ばぐらいです。

そろそろ、体力もおとろえかかった時期でしたものですから、今後の修行の目標は、どんなところへ置いたらいいかと伺いました。

先生しばらく考えておられましたが、『やはり心だな』と言われましたね。

体力がおとろえれば、やはり気力もおとろえる。心だけは変らない。だからこの辺を目標にして修行していかなくてはならんと。

先輩からも言われたし、私もそう思って修行してきたということを言われました。

やはり、あのくらいな方になると、竹刀打ちだけは、皆よく見るけれど、そうした心の動きということを、観察する目を持っている人は少ないわけですね。

ああいう大家になられる人は、竹刀振りだけではない、そうしたものを常に反省して、稽古やっておられるのだなと。

私も、その通りだと思う。それが身体の鍛錬とともに、心の鍛錬が出来てくると相まって、それが今度は技に現れてくる。

そういう考え方でゆかないといけないと思う。その辺が、これからの私の修行の目的であり、そういう方向に今後の剣道もゆくのが一番望ましいと思うんです。

私は今の剣道の弊害というようなものは試合にあると思いますよ。本当の目的を失って、勝つことだけ、名誉欲の現れですね。無心になれというのに、欲のかたまりになったんでは。

それにもう一つは審査ですね。これも名誉欲ですね。これを欲しがっているうちは、本物ではないはずです。無くしてしまえば、そういう欲望だけは消えると思います。本質的に無くさない限り、他のかたちで現れる。やっぱり、最後には心を鍛錬してゆかなければ、名実ともに備ったところの剣道は出来ない。そんなふうに考えますね」

詩情豊かな範士のお話しの中には、鍛え抜かれて来た剣道についての深い心境が、身体を伝わってほとばしるようであった。

守破離

剣道範士　中村伊三郎　先生

〈中村範士の略歴〉

大正4年10月17日神戸市に生れる。

昭和8年滝川中学に入り、渡辺栄先生についで剣道を始め、植田、阿久津の両先生にも指導を受ける。保証人となった四戸泰助先生の力添えで剣道を修行。同9年京都の武道専門学校に入学。若林、菅原、松本、小川政之の各先生に師事し4年間ひたすら剣道を修行。また劉、鈴鹿の両先生につき文科の勉学にも励む。昭和13年同校研究科を卒え、大阪府豊中中学に奉職。同13年12月現役入営。満州、ジャワ、ビルマを転戦。同21年帰国。

戦後は、昭和33年岩手県警察本部剣道師範をふりだしに、同39年皇宮警察本部剣道師範、同53年皇宮警察本部剣道名誉師範、同年トッパンムーア株式会社剣道師範。その他、警察大学講師、日本武道館剣道講師、東京都剣道連盟審議員、全剣連用具施設委員などをつとめる。昭和48年全剣連派遣海外使節として東南アジア及びヨーロッパ5カ国を訪問。

昭和42年剣道八段、同48年剣道範士。

千葉県浦安の秋空は抜けるように青い。建ち並ぶ高層住宅の三階に、中村伊三郎範士のお住いがある。部屋番号を探しながら歩いていると、ひょっとドアが開いて、ヤァーと範士のお姿が現れた。見事なタイミングである。まさに先を越されたかたちであった。

中学から武専をめざして

神戸で生れ育った範士は、兵庫県滝川中学に入学し、剣道を始めるようになった。

「中学に入ると、渡辺栄という範士がおられ、その方の指導で剣道を始めた。

渡辺先生は、香川県の植田平太郎先生なんかと兄弟弟子の方で、昭和天覧試合に準優勝戦まで出られた先生でしたが、その先生について始めた。

私は不器用な男だったけれども、おだてて教えていただいたんでしょうね、好きになってしまいましてね。一所懸命やっていたんです。

そしたら、四年のときに、植田善一という先生が、武専（昭和六年、第十七期）を卒業して、初めて専属の専門家として来られた。

その植田先生に非常に可愛がっていただきまして、その先生が、お前は身体も大きいし素直な稽古をしているから、専門家にならないかと言われ、自分でも武専を受けるということで、決心をしてしまいました。

それまで、中学のときは悪い子でね。勉強はしないし、剣道ばっかりやっていて、困りものだったんですが、その先生に救っていただいて、武専ゆくならば国語、漢文を勉強しなければ駄目だし、剣道は勿論だし、一所懸命やれという。

それならばと精神入れかえて、ただ私も池田先輩（勇治範士。大阪。武専23回卒業）のように英語嫌いで、しかし国語と漢文だけはやらないといけないから、先生俺は国語と漢文はやるが英語は免除してくれと先生に頼んで、平均点だけは取らないと卒業できないので、平均点取ってあとは勉強せんからと、そんな馬鹿なことやって、一所懸命にやりました。

そしたら植田先生が、私が五年になるときに現役で入隊することになり、福岡に帰って入隊されたんですが、身体の具合が悪くて、即日帰郷になりまして、そのまま福岡にとどまられた。

福岡の豊津中学に行って、そこで今の野正兄弟、中根八段がいますが、福岡で教えられた教え子です。範士は今のところ私一人ですが、八段は三人います。

その後へ、阿久津振先生（昭和三年、武専第十四期）が、阿久津先生は宇都宮の居合も範士の方の次男坊です。阿久津先生の同期は、秋田の本田重遠、静岡の大長光敏、長野の町田貢先生、こういう人たちだった。

阿久津先生の奥さんが、非常に立派な人で、家にごはん食べに来いと家に呼んでくれまして、いわゆる礼儀作法、マナーをすっかり教えられた。

人様から手紙をいただいたら、直ぐに返事を出すということを始め、人の家にあがるときの下駄のぬぎ方、挨拶の仕方、そういうものをみっちり仕込まれた。それは本当に有難かったですね。

私は今だに頑《かたく》なだ、頑なだと言われるのは、そのときの習慣が身についているんだと、非常にいい教えを受けたと思っています」

紋付と洋服と

昭和三年三月、範士は滝川中学を卒業すると、武道専門学校に入るべく準備を続けた。

「卒業して勉強していなかったものですから、私も一年講習科に入ったんです。講習科に入ったときに、阿久津先生の世話で、『関常』という味噌問屋に下宿して、劉須先生のところへ漢文を習いに三好（旧姓橋村）と一緒に一年間通いました。

劉須先生は、武専の四代目の校長です。この人のお父さんは孝明天皇の漢文の先生だったんです。漢学者です。午前中は劉須先生のところで漢文を習って、午後は講習科で剣道をやって……。

一年、昭和八年に講習科やって、昭和九年に武専に入ったんです。入って一緒に卒業したのは、亡くなりましたか石川大治、福田国夫なんていうのがいましたが、皆戦死しました」

武専に入学した範士は、それこそ馬車馬のように剣道に、勉強に打ち込んでいった。

「私たち二年生のときから、午前中の授業は制服着ろと言われ、一年のときは前の根岸和一郎という先生が校長だったんです。二年生のときに、森寿という陸軍中将の校長が来られた。

一年のときは、学校に行くのも、稽古のときも紋付で、服は着ろと言わなかった。教練のときに、今のレインコートみたいな上っぱりを着てやる。

中学のときの服でも何でもいいからというが、皆服を着ない。紋付羽織袴で帯剣して、鉄砲持って、武徳会の前のところで徒歩の教練やって、戦闘教練になると岡崎のグランドに行くわけです。

行って突撃になると、下駄をピッと脱いで銃剣付けて、ヤーッとやる。面白い教練やったもんです。

ところが、この校長が来てから、やはり学生は学生らしく、登校のときは制服にしろということで、やかましく言われた。

朝の稽古のときと、午後の稽古のときは着物でいいと。朝服を着てゆくと上級生からおこられる。朝は紋付羽織で来いと。

帰って朝食を食べて出てゆくときは洋服を着て、昼帰りに食堂で飯を食べて自分の下宿にいって、また着物に替える。

先輩がいろいろな遠征にいかれるときは、京都駅まで行くのは紋付羽織でなければいかんと。洋服なんか着たら生意気だと。

その時分、喫茶店寄ったら、見つけられたら、明くる日なぐられたですから。そんなんなら酒呑めと。酒呑んだ方が元気がつくと、やられた。

それでも、稽古だけは負けないようにやりました。今、合同稽古（全剣連の）なんかで見ておっても、面をつけるのが遅い。

あんなの見ると…。我々は礼をして終ったら面をつけていた。小手をはめるのは走りながらはめて、先生のところにパッと並ばないと。

それで先生に今日は何本お願いしたと手帳につけて、お前ここが悪いぞ、あすこが悪いぞと言われたことを書いて、そういう点は一所懸命にやったですね。

我々のときは、研究科が大阪の斉藤先生、島根におられる古瀬先生方がおられた。

先生方がずらりと並ばれて、研究科がおるでしょ。それから四年生が大半元へ立つ。元立だけで三十人はいます。かかるのが六十人。

昔から突きは突く、足がらみはある。あの道場で、きたない話ですが、面とって武者溜に、便所に行く間がなくて吐いてしまう。そんな稽古をしましたよ。

ちょっとだらだらした面打ちを始めたら、面打たしてくれなくて、道場を何遍往復したかわからないような稽古をやらされました。

それと、一年生入ったときは、二学期の終りごろまでは、切り返しが殆どです。かかり稽古もやらしてくれない。

二学期になってやっと稽古が入って、三学期の寒稽古も切り返しばかり。稽古を始めたというのは、一年の終りにやっと対というより、試合稽古的なかかり稽古。

それまではかかり稽古ばかり。私中学校で二段貰って武専行ったんですが、講習科の初段、稽古したら初段に叩かれる。はずかしくて二段だなんて言えない。武専入ると、皆ずらりと段言ってしまいますから、初段が三人ぐらいで後全部二段。三段はおらなかったです。そのときはしょうがない、二段と分かっている。

もう講習科の初段なんかの人には、かっこわるくて二段なんか言えなかった。そのくらい初段は強かったんですね。

一所懸命切り返しやるもんですから、神戸へ帰って、武徳会の支部に行くわけですが、自分が武専入ったといい、恰好て行くわけです。

行ったら今まで中学校のときに勝てる相手にポコポコ叩かれましてね。

それで、癪にさわるから、渡辺先生に、俺下手になったんでしょうかと言ったら、『お前は今、武専に入って将来のために大事だということで基本を仕込まれて、切り返しばかりしかやっていないだろう。それでいいんだ。今打たれるのは勉強だからしっかり打たれろ。来年はちょっと無理かも知れないが、三年のときに帰って来たら、あれらを叩けるから』と。

その点も有難かったですね。ちゃんと将来を見越して言っていただきました」

宮崎先生のスキンシップ

範士は、武専に入学していい環境に恵まれた。それは、剣道だけでなく、文科の勉強にも役立った。

「入学して、中学のときに勉強しなかったですから、先生がここへ入れと言われ、劉須先生の寮へ入りました。二階に三部屋ほど八畳の間があって、そこへ私と三好がとりあえず入ったんです。後からこの寮へ来たのは、鶴丸、石田、丸山、黒田などでした。

そして、寮生活を始めたんです。劉先生の六軒上が鈴鹿野風呂先生の家だったんです。鈴鹿野風呂先生は、そのとき武専の文科の主任教授で、俳文を主に教えられていた。

つれづれ草などやられて、一週間に鈴鹿先生とお目にかかる授業が三べんないし四へんありました。

それで、俳文があったもんですから、皆俳句を好き嫌いなしに勉強するようになった。

それと同時に下宿から近いもんですから、お客さんが来て俳句をするのに人が足らなかったりすると、次男坊が私を呼びに来られるんです。それでいやおうなしに俳句をしたんです。

私は、武専に入って阿久津先生、偶然ですが、四戸先生が保証人になったんです。四戸先生の妹さんが、宮崎茂三郎先生の奥さんなんです。

そんな関係で、四戸先生を通じて一年のときから宮崎先生に非常に可愛がっていただいて。講習科のときから四戸先生にも、宮崎先生にも可愛がっていただきましたが、とくに宮崎先生には……。

自分のところの家みたいにして、稽古上の疑問があると、お二人のところへ行ってお話しを伺ってということがありました。

私こんなに太っていなかった。中学校出たときにはちょっと太りぎみで、十九貫ぐらいありましたかね。

武専の講習科に行って、稽古がきつくて…。その時分は朝稽古と講習科の稽古は三時から一時間です。朝の稽古と講習科の稽古やって、夜は小川金之助先生の弘道館という道場があったんです。そこに行って、稽古お願いして、一日に四回ぐらい稽古しておった。

身体は瘠せてきましたけれども、芯が丈夫で、私は武専四年間皆勤した。完全皆勤というのは無かったそうです。

怪我して見学したことはありますが、学校休んだり、稽古に顔も出さなかったということは無いんです。三回ぐらいしか見学していません。よく頑張ったと思う。

私は不器用な男だったものですから、四戸先生も宮崎先生も、大きな稽古、まともな稽古ばっかりを盛んに言われた。

学期の終りに学期試験を兼ねて、お互い同志で試合をやるわけです。そうすると、若いですし、勝ちたいです。それで序列が決まり、並び方が変るんですから。少しでも上に行きたいですから、負けると癪にさわる。

四戸先生、宮崎先生のところへ何故負けたんですかと駆け込むわけです。

『先生、私は先生の言われた通り稽古していますし、稽古数も人には負けんぐらいやっているんですが、試合やったら一つも勝てない。どうしてでしょう』と。

『まず中村君、お茶を呑みなさい。お菓子を食べなさい』と。稽古のことは何も言わない。

『君は言った通り稽古はよくやっておる。しかし、勝てないのはまだ足らん』と。それだけです。もっとやりなさい、そして、ただ勝ちたいと言って、身体を曲げたり、おかしなことをしてやると駄目ですよ。

将来専門家になるんだから、そのときに通ずるような、正々堂々とした剣道をやりなさい。それが勉強ですよ。いいじゃないですか、あんたが一所懸命やって、そして負けて、それで序列が落ちるんなら納得するでしょう。やらないで、負けて落ちるんなら、あなた納得しないでしょう。だからもっと稽古しなさいと言って、はげましてくれる。

お腹空いたでしょう、とご飯をよばれて…。両先生とも酒は少しも呑まれないんです。ですから、ご飯をよばれて、有難うございましたと言って、それだけです。

それは、今になって思うと、いいご指導をいただいたと思いますね。宮崎先生のお宅は岡崎神社の近くにあった。それが二年生のときに太秦にかわられた。

そのときに、宿替えをお手伝いにいったんです。宿替え終って、一緒に銭湯に行って、宮崎先生は、『中村、今日は一所懸命やってくれたから、俺が肩流してやるよ』と、先生が流してくれる。『お前の身体はなんて細い。肉が一つもないじゃないか。一所懸命稽古しても、うまいもの食って肉つけないと駄目だぞ』と、しみじみ言われたのを今だに忘れませんね。いい先生だったですね。

昭和四十年だったですか、福島で東西対抗があったときに泊って、一緒に温泉に入って、先生、今日は私が身体流しますよ、と。流し終ったら、後ろ向けと、私らの背中流されるのですよ。

本当に律義といいますか、スキンシップが大したもんですね。そのときに、自分の娘婿の六反田なんかの悪口を言われる。

あいつは、相も変らず小さい稽古をしやがって……。先生何言うんですか、自分の娘婿ではないですか。いやそれとこれとは別だよと言われました。宮崎先生にはとくに可愛がっていただきましてね」

熱が入った形の稽古

武専では、週一回は必ず形の時間があった。範士が入学した昭和八年は、形が改正になったときである。九年から実施されたが、ちょうどこの改正の時期に入学したわけである。

「一所懸命に稽古やりましてね。一年のときは佐藤忠三先生が主任です。二年生が宮崎先生、三年生が津崎先生、四年生は小川金之助先生です。

三年までは順に代るんです。四戸先生はその時は講師で週二回だけ来られた。

一年の主任は忠三先生、主として我々の稽古上のこと、形も一年は三本目までです。これを忠三先生がおやりになる。

二年生になると今度は宮崎先生です。宮崎先生が四・五・六本と教え、三年生は津崎先生が小太刀ばかり。四年生になると小川金之助先生は刃引で一年間。

これは有難かったですね。週一回、金曜日が我々のときは形と切り返し。一時間半の授業で、一時間は形で三十分は切り返しをやって、その日は午後は稽古が無いんです。

稽古は三時から四時まで講習科の稽古がありますから、出てやりたいものはやる。こういうことで……。

一時間で形と切り返し。一年生二十人だけですから、三本目までやる。

道場では学年によって違ったものをやっている。

一年のときは忠三先生と助手は小川政之先生だったか、二人でお組みになる。先生もやりますから、先生にお願いする。

私ら、昭和九年でしょ。形が改正になったのが八年でしょう。九年から実施です。一番先生方の目の色が変っているとき、これを徹底するんだというときに入った。

お前らいいときに入ってきたと、先生方が一所懸命に教えてくれた。それが今だに形を好きな理由の一つです。

いい時期に入れていただいたし、佐伯（同期生）などとも形の話になると、昭和八年の新しいのを教わったんだと威張りますがね。

皆さん、武専の中で形がちぐはぐになっているということを言いますが、三人の先生が分けて教えられましたから……例えば、忠三先生は六本目のすり上げを非常に得意にされた。それにものすごく詳しいんです。他の技は簡単に流される。

宮崎先生は五本目のすり上げが、ものすごく詳しいんです。一所懸命にそれをやられた。お前らこれをやったら、稽古のときのすり上げになるんだと、五本目のすり上げについては厳しい。

我々は、ちょうど五、六、七本の宮崎先生の得意のところで、宮崎先生に当たっておった。徹底的に宮崎先生にすり上げを鍛えられた。

忠三先生が次の年に二年生にゆかれると、二年生は六本目を詳しくやる。そういう得意がありましてね。面白かったですよ。

四年生になると、小川先生の助手に黒住先生がなられた。黒住先生は居合もやっておられたし、形がお好きだったから、全体的に非常に細かく教えられる。

黒住先生は一本一本、微に入り細にわたってやられる。足の動かし方一つについても間違うと、君ッと言われて、厳しかったですよ。

仕上げに入ったときに黒住先生に教えていただいた。先生のいい時期に教わったし、宮崎先生、黒住先生は真面目そのもので一つも妥協は許されなかったです。

寒稽古なんかになって、他の先生方、あの近くにおられたが、寒いものですから、朝お酒入っているわけです。

我々の方も、一年生はそんなことしませんが、三年生、四年生になると、ちょっと一杯入るわけです。そうすると偶然切り返し受けてもらうとき、宮崎先生、黒住先生のところが空いているようになるんです。

そこにゆくと、宮崎先生は口では言われないが、五十分の寒稽古全然打たしてくれないです。あっちゆき、こっちゆき、走るか駈ける、ひどいもんだったですよ。黒住先生は終ってから、ちょっとこい、お前は酒呑んだと……。

要領のいいのは、小川先生とか、忠三先生、津崎先生などは呑んでおられるから分からない、そこへ行ってやっていた。先生の人柄も、よき時代だったかも知れないが、宮崎先生はきつかった。我々酒は呑まないが、島根の田中実さんと私は宮崎先生からものすごく可愛がってもらって、宮崎先生と組み打ちやって、三十分も四十分もやっている。

私と田中さんがいったら、犬がじゃれているように、終いには宮崎先生から面紐とられ、まだまいらんかと面紐で足しばられて、つりさげられて、中村まだかと尻たたかれるが、しばられているから動けない。

そんな稽古を大先生が我々に、本当に今の子供たちが見ると、なんだろうと思うような。我々は宮崎先生の稽古が好きになって宮崎先生、四戸先生がおられたら、どんなことがあっても、一番先に俺は行くんだと、かかっていってました」

修行時代、範士は脇目もふらず、ただ一筋に剣道に打ち込み、勉強に打ち込んだ。基礎の大切な時期に。

「我々三つの免状をもらっている。国語と漢文と剣道と。

剣道は我々卒業するとき、二十人のうち七人ぐらいが四年の三月の大会で錬士の試験受かりました。

三つもって出たのは、皆ではありません。三分の一ぐらいでしょう。国語とるか、漢文とるかで、我々国語、漢文の先生やる気はなかったんですが、いただくものはもらっておこうと。資格だしね。

劉須先生の家におって、鈴鹿先生の近くにおって、勉強できなかったら笑われますから、一所懸命に勉強しました。

恵まれた環境でしたが、何せ県大会だとか、クラス会だとかに行くときでも必ず先生に手をついて、先生今日は中村クラス会に行きます。少しお酒を呑んで帰ってきます。

九時頃に帰ってきて、先生ただ今帰りました。中村君、今日は少し陽に焼けておりますね。

酔っぱらうわけにはいかない。そのかわり、同期生には悪かったが、個人的に酒を呑みにゆこうと絶対に誘われなかった。

誘いに来ると、何用ですかと、先ず先生が出てくる。日曜日に鈴鹿先生のところにゆくというと、鈴鹿先生のところならおいきなさい。ここは呑ませんから……。

私は中学のとき悪くて、植田先生、阿久津先生に助けられて武専に入ったもんだから、その悪名をそそがなければいかんと、幌馬車の馬のように（剣道と勉学に）集中した。それがよかったんですね。

武専の四年間は、堅物で通り過ぎて、ちょっとつき合い悪かったんですが、修行時代はそんなことあってもいいんじゃないかと思います。

そのかわり、鈴鹿先生が何かあると、方々連れて行ってくれた。鈴鹿先生のことではいい社会見学をさせてもらいました」

忠三先生・貞雄先生の教え

昭和十三年三月、範士は武専を卒業すると、研究科に残り、大阪豊中中学校に奉職したが、その年の十二月現役で入隊した。

そして長い兵役の時代を経て、戦後二十一年にビルマから日本へ引き揚げて来た。

「戦後は、忠三先生呑んでおられると、こくこく始まるんです。ところが若林先生は一晩でも絶対に姿勢を崩さない。

そして、忠三君始まったぞ、一時間ぐらい黙っとれと。こっちで黙って先生寝ておられる。一時間ぐらいすると目をさまして、若林君まだ元気かね。忠三さん、あんた寝ておったじゃないか。いや寝ていないよ。皆の話を聞いていたよと。

それからまた始まる。一晩ですものね。

風格のある酒呑まれたですね。お二人で話しておられると、何ともいえんお話しを聞かしていただいた。

私、神戸から戦後、剣道が復活して岩手へ行くときは、池田さん（勇治範士）のお世話だったんですが、忠三先生が仙台におられたんです。

私は滋賀大学の先生になる予定だったんです。戦前、佐藤先生が彦根高等学校の剣道の先生をしておられた。そんな関係で。ところが三十三年に行く予定だったが、三十二年に滋賀大学が全国優勝してしまった。

中村優勝したよと言うわけです。優勝させた講師に辞めろというわけにいかんというわけです。佐藤先生、津崎先生に話した結果、佐藤先生が岩手の本部長から剣道の先生頼まれているから、お前岩手へどうだということになった。どこでもいいから行きますよと岩手に決めてもらったんです。

岩手におる間は、忠三先生は稽古上のことは一つも言われなかった。ただ岩手というところの剣道連盟の行き方はこういうふうだ。

先輩に佐々木という年寄りの方がおるから、その人方に絶対に稽古は負けてはいけない。それだけ頑張れと。偉そうに関西から、武専卒業したなんて言うなと。どの人とやっても、あの先生は強いという印象を与えるように頑張れと。お前の腕で、努力するかしないかで評価するからと。

そのとき、佐々木先生は七段で、私以下全部六段だったんです。

東北・北海道の試合に、六段の波岡さんを大将にして、七段をとった（三十三年五月に）私を副将にした。

それで私が佐々木先生に段の序列で並べるのが普通ではないかと言った。すると岩手の風習があると。

佐藤先生に電話して言ったら、俺が言ったことがそのことだと。風習に従って波岡の後塵をはいして副将で出ろと。

その試合で頑張って、いい成績を上げたら、黙っていても上に座れるからと言われ、佐々木先生に間違ったことを言いましたと、出ますと言った。

そのとき初めて準決勝に出て、負けたが三位決定戦になった。三人でやるというので、佐々木先生がやってきて、お前が大将で出ろという。そのとき初めて三位になった。

帰ってきて忠三先生に言ったら、黙って見ていろと。すぐに私を岩手の審査員にしたり、可愛がってくれました。

岩手というところは、京都と一緒で外から来たものには初めそういうところがあるが、いったん打ちとけたら大事にしてもらいまして、岩手にいるときは気持ちのいい思いをさせてもらいました」

範士は六年間県警察本部剣道師範として岩手にとどまり、昭和三十九年一月、皇宮警察本部の剣道師範に迎えられた。

「東京へ来てから、忠三先生は非常に私の稽古を注意して下さった。というのは、私の稽古そのものが、器用な稽古ではないことと、武専式の稽古で、担いでばかりおったんです。担いでしか打てなかったんです。それを来るときに仙台に寄って先生に挨拶したら、お前は東京に行けば、今度は東京で関東の奴が、武専が来たと目の色変えて待っているぞと。

これからは、お前は東京で本当の修行をせないかんのだから、武専の担ぐ技をやめろと。表から割って入る技をやったら、東京で行けるぞと。担いだら駄目だぞと、きつく言われた。

それから、一年か二年目に東京の剣道祭を共立でやったとき、森島さんと当たった。森島さんは身体の悪いときだったが、二本取った。勿論担いでですが。

小中沢先輩が見ていて、中村昨日は偉いことやったな。森島は東京で一番強いぞと。お前はあれを叩いたということは、株がもの凄く上がるぞと。えらい賞められたんです。

そしたら、直ぐ明くる日に警察電話で、忠三先生から電話がかかってきた。私は賞められると思っていたら、中村昨日は森島とやったそうじゃないか。

俺の言ったこと守らなかったのか。その勝ち方はなんだと、おこられて……。しかし有難かったですね。

あのとき、おこってもらえなかったら、それがいいと思って、それにまた戻りますね。そういう意味では恩師は有難いなと。

よかったときでもおこる。言われたことと反対のことをやったんですから。お前あれほど言っていたのに、担いで打ったと。

稽古の上で忠三先生にすごくお世話になって、ご指導いただいたし、いわゆる理合的なことは、来てから教わりました。それまでは何も言われなかったですね。本当に有難いと思います。

東京に来る経緯は、岩手にいたときに岩手の警察官を連れて済寧館に武者修行に来たんです。そのときに佐藤貞雄先生が私が武専だというので、済寧館はいわゆる済寧館流で固まりすぎていると。少し高師だとか、武専だとかを入れて、いわゆる雑種のたくましい剣道にしなければいかんという悲願を持っておられたんですね。

その手始めとして、中野先生、橋本明雄先生を講師に呼ばれた。ないのが武専だと。私が武者修行で遠征に来たのを見られて、これならばいいというので私を名指しになった。

私自身もびっくりして、何でご指名になったか分からんが、結局そのとき、佐藤先生が思っておられた、高師やら、国士館も入れ、武専も入れてということに私が乗ったんだと……。

私が来たときは、佐藤先生、佐土原先生がおられて、その下に私がお世話になったんです。来てからの稽古で、私は本当に佐藤先生にお世話になって、我々が武専で習わなかった、いわゆる東京式の剣道の良さを教えていただいた。

それから、これから我々がやってゆく上において、気持ちの上での指導者としての在り方、しかも年とってから自分に分かるもの、そういうものを教えていただいた。

とくに心構え、気構え、身構えということに対して、本当によく教えられた。

京都では厳しく、やることにおいては徹底的に鍛えるということでやりましたが、小さな問題かも知れませんが、着装とか、姿勢態度とか、そういうことに対しては、ちょっとないがしろでした。

東京に来てから、貞雄先生がそれをやかましく言われて、稽古着の着方、袴のつけ方、道具のつけ方から、一切ないがしろにしない。

びしっとしたものを身につけ、それの手本を示されないようでは先生としての資格がないぞと言われたですね。

それから自分のところの選手とやっておっても、気を抜いたような稽古をすると、非常におこられたです。でれっとしてやったりすると後ろから、ぴしゃりと叩かれた。有難かったですね。だから、今でも厳しい稽古をすると皆さんに言われますが、厳しい稽古をする根本は、皇宮に来て、再び佐藤貞雄先生に気構え、身構えを教わったお陰だと思いますね。

仕上げの時期になって、いいことを教わって、しかも持田先生という立派な先生が名誉師範でおられて、たまにはお話をうかがったりして、身近に拝見し、しかも一番身近で、毎日毎日後ろ姿を佐藤貞雄先生に見られて、そして、指導のやり方を教わったということは、いい勉強さしてもらったと思いますね。

私、本当にそう思いますが、京都で剣道を習って、いわば東京で仕上げをこれからさせていただける。いい先生に恵まれたと喜んでいます」

範士は、良き師に恵まれたことを熱っぽく語るのだった。

「私は、宮本武蔵の『有構無構』を座右の銘にしていますが、今人様にやかましく言っていることは『守破離』です。守破離と自分の後ろ姿を大事にせいと。これは自分のたしなみにしている。後ろ姿を大事にというのは、前の姿は作れる。後ろ姿は前の姿が自分のものにならないとできない。

皆さん我々の稽古を見られて、前から見たら強そうだなと思うが、何かあの人さびしそうだなという感じをされる人が多いと思う。

八段になる人の姿を後ろからご覧になってごらんなさい。もの凄く立派です。生き生きとしています。それを何時までも持続したいと。今の私の念願です。

私の守破離は、〝守〟は守り、先生から教わったものを一所懸命に守る。〝破〟はそれを破ってというんでなく、自分の教わったものをつぶしにくるものを破って先生の教えを守る。

〝離〟は明らかと読む。今までの教えを明らかにして、一派を盛んにする。そして伸ばす。そういう守破離を、有構無構でやっています」

帰りに、バス停まで送って下さった範士の後ろ姿は、本当に生き生きとしていた。

平常心是道

剣道範士　近藤　利雄　先生

〈近藤範士の略歴〉

明治44年4月20日、愛知県に生れる。小学5年のとき剣道を始める。半田中学、育英商業（半田中学3年のとき転校）と剣道部に所属。中学卒業後は名古屋の武徳殿支部で門奈正先生に指導を受ける。その後剣道の教育家を志し、武専出身の浅井季信先生のもとで修行に励む。

昭和7年から1年間軍隊に入り、除隊後私立東邦商業の講師となる。東邦商業に入って5年目に大日本武徳会主催の全国青少年大会中学の部で優勝。

戦後、浅井先生を中心に剣道復興に立ち上がり、昭和21年ジャパニーズ・フェンシング協会を設立。土川元夫名鉄会長などの応援で全国大会を開催。しない競技が誕生すると東邦商業から中京商業に移る。そして、中京商科短大、中京大学と、剣道部長および師範として中京大剣道の礎を築く。

その間、学生の指導に命がけで取り組み抜群の手腕を発揮。学生を日本一に育てるとともに自分も学生と一緒に修行。おもな弟子に榊原正、鈴木守治の全日本選手権者をはじめ、前田治雄、恵土孝吉、細田銉郎、林邦夫の各氏がいる。近藤勁助、重助の兄弟は子息である。

東レ愛知工場（全日本実業団3回優勝）、東レ名古屋工場（同3回優勝）、トヨタ自動車工業KK、新日鉄製作所、三菱重工名古屋製作所、三菱自動車、中部電力、松坂屋の師範をつとめるとともに、少年剣道指導に力を注ぎ、ナオリ剣道教室（140名）、明道館（120名）、いずみ館道場（140名）、健礼会道場（120名）、半田文化センター（80名）、中日文化センター（160名）などで少年の育成に情熱を傾ける。

昭和43年剣道八段、同49年剣道範士。

名古屋駅から地下鉄豊田新線で、原下車。近藤利雄範士のご自宅は、ほらがいの閑静な住宅街の一角にあった。奥さん、息子さんの勁助さんに囲まれて、家族的な雰囲気の中で、修行のお話をされるのだった。

ワンパクで剣道好き

「私が剣道を始めたのは、小学校五年生のときからで、その時分としては早い方でしたが、私の叔父が警察官やっていまして、愛知県の警察の剣道の先生でした。

そんなことで始めました。ちょくちょく、そこで教えてもらって、それが縁で、やがて半田中学という知多郡の中学に入学しまして、そこの剣道部でやった

剣道が何より好きで、叔父のすすめがあって、勉強はできなかったが、ワンパクを生かして、これで一つ努力して、その方向で身を立てたらということで……。

私の母親にすすめてくれましたが、私も将来中学を出たら、先ず武専へ行こうと思っておった。そういう希望を持っておったんです。

ところが、ワンパクが過ぎて、中学校で試験の点数が二十点という科目がたくさんあった。

そんな状態で、三年生のときに落第がはっきり分かったので、それに幾つか悪いこともしたし、ケンカばかりやっておりましたから、落第くわんうちに早くやめようと、三月にならん前に中途退学しまして、そしてワンパクが集まる育英商業というところへ転校しまして、そこで剣道をやっておったわけなんです」

半田中学から育英商業へと移った範士は、剣道が好きで、剣道は続けていた。

「そこを卒業しましてから、武専はとても受からないということで、名古屋の武徳殿の支部で修行したわけです。

その時分に、有名な門奈正という先生が、名古屋の主任師範やっておられた。もう大分おじいさんでしたが、非常に可愛がってくださったんです。

そのうちに、浅井季信先生、名古屋の一中、医大、警察そういうところの師範をやった先生ですが、君は見込みがある、ということで、浅井先生の家で主として先生について歩いて修行したわけです。

変則な道を歩きまして。私のその時分の剣友は、皆武専に行けないものは警察を志願した。私はどうも警察に行く気がしないので、どうしても、剣道の教育家として身を立てたいと……。

そして、学校出ていなくても絶対に俺は強くなってみせると言いまして、頑張ってやっていた」

浅井季信先生との出会いが、それ以後の範士の生き方に大きな影響を及ぼすことになるのであった。

浅井季信は、愛知県出身の武専第二回生であった。

そして、昭和七年、二十歳で範士は兵役につき、翌八年十一月に除隊になり、再び浅井先生のもとに帰り、内弟子として剣道を行うことになった。

校長との約束

もともと範士は教育家として身を立てようと望んでいたが、そんな頃、範士にとって幸運が訪れた。

「私立の東邦商業学校というのがありまして、そこの講師に推薦されまして、そこへ行くことになりました。

そこの講師をやりながら、先生に師事してやっておったわけです。

これが、私の修行経歴としまして、変則ながらも、剣道家として立って行ける糸口になった。

私は、学校を出ていない、だけど俺はやる、という気持ちのときですから、意気込みが違っておったんですね。

その時分に、東邦商業の校長は下出義雄という、大銅製鋼の社長であった財閥でございました。

その方が、最初校長室でお会いしたとき、月給を決めてくださった。四十五円だったですね。

お話だけ聞いて最後に、あなたの希望があったら忌憚なくおっしゃいと言う。それでは忌憚なく申し上げますが、月給を倍にしてもらえませんかと。

そしたら、下出先生がびっくりされて、天下の俺に、大変なことをいう青年だというので、私の顔をじっと見られた。それは、今でもよく覚えておりますが、しばらく様子を見ておられて、面白いことおっしゃるが、それをおっしゃるには何か覚悟がありますかと。それは覚悟があって言っています。どういうことかと。

その時分、東邦は野球が強くて、野球で全国優勝を幾度かしました。私立の学校というのは、そういう優勝というのは宣伝効果があるから、私が先生、五ヵ年計画で剣道を優勝させます。

そんなように自信を持っています、と言ったら、あきれたように、私の顔を見ておられて、ではいかなんだらどうすると。

そしたら腹を切りますと。うーん、腹切ってもらっても困りますが、あんたは面白いと。一つ歩み寄ろうということで、月給五割上げて、それで採用してもらった」

念願の教師になれる、という第一歩で、範士はその条件をこんなかたちで校長にぶつけた。

それ程、範士は意気に燃えていたのである。

「それから、体操の時間に全校生徒が一週間に一回ずつ正課で剣道やることにしまして、剣道部もそのときに作った。講堂のイスをかたずけては、わずかな部員で始めて、それから命がけでやったわけです。

命がけというのは恐しいものですよ。結局五年目、昭和十年、大日本武徳会主催の全国青少年大会というのがあった。それに中学生の部というのがあった。そこで初めて全国優勝したんです。ちょうど五年目だったんです。

それを、下出先生が非常に嬉んでくださった。

それから東邦商業の全盛時代が続いた。昭和十三年、十四年、以来終戦まで、殆ど優勝いたしました。

毎日新聞とか朝日新聞とか、当時八つぐらい大会あったと思いますが、その当時強かったのが済々黌とか、小牛田農林とか、九州学院とか、巣鴨中学とかでしたが、殆ど勝ち進んで行きまして、私がそこでようやく五ヵ年計画の実現ができて、責任を果たしたような気になったんですが……。

それからずっとそのまま続きまして、戦前まで中学では無敵東邦で通しました。それが、戦後の榊原正、鈴木守治、これらの全日本選手権優勝というところにつながっていきました」

弟子を育てるということに関しては定評のある範士だが、東邦商業の教師時代から、その手腕が発揮されていたのである。

「私は修行者として、正規の教育を受けたものではないですけれども、子供たち(生徒)と稽古しながら自分も修行してきたと思っております。

しかし約束どおり、日本一にするということは、並大抵のことではできませんから、本当に命がけでやった。

結婚した当時でしたが、その月給の半分は生徒たちにうどん食わしちゃったです。

選手は殆ど家におりまして、家の子供以上でした。

しかし私の性格が厳しすぎて、女房にも迷惑かけたんですが、その厳しい性格が子供たちに善意に解釈されて、子供たちが強くなってゆくのが私を益々刺激して、やがて上達して、寒稽古のときに、赤の大将が私で白の大将が生徒。

当時剣道が有名になって、先生たちも見にきてくれる。先生、生徒が見ている前で、大将試合をやる。三べんに二へんは私が敗ける。

生徒に打たれて、まいったと。生徒とともに、命がけで争ってきたが、それが続いて、生徒と争ってゆくということを、その後、中京大学でも続けました」

浅井先生の内弟子として

範士は、生徒とともに、命がけで剣道をやる一方、浅井先生にもついて剣道を修行した。

「浅井先生は武専の卒業ですが、当時愛知県では加藤七左衛門先生と浅井季信先生。

加藤先生が警察で、浅井先生が学校関係の先生の雄だったですね。

その方の内弟子としてやったということが、大きなものだった。人間的にも感化を常に受けまして、私の大きなものになってきた。

先生は名古屋市の嘱託になって、市立道場を受け持たれて、私がそこの講師をさせていただいた。そこで先生に常について修行しました。

人間的なエチケットとか、そういうようなものが、非常に厳しくて、それが私の今日を作った一つのもとになった。

この方は、剣道は天才でした。碁も天才でしたし、絶世の美男でした。

当時、県知事などに非常に可愛がられたですね。

この方は、剣道の先生でありながら、あっち、こっちでもてて、月給も俺は県知事ぐらいだぞと言われていたこともありました。

酒がお好きで、酒のエチケットを随分教えてくれました。そのかわりに、毎晩ご高説拝聴で……。

当時、先生の家のお勝手は板の間のお勝手でして、そこで静座して話しを聞くもんだから、やがて、たらい回しの話しになってきて、同じことの繰り返しで、鶏が鳴く頃になると、いよいよ酔いが回って、ちょっとよそ見するとつねられて、常に私のももは紫色になっていた。

そこへ、おばあさんが起きてきて、季信やいいかげんにしないと、ということでようやく寝かせてもらえる。思い出深いですね。

当時、中村藤吉先生が武者修行にこられて、武徳殿の愛知支部で稽古をしました。

私の先輩で、同じ内弟子が二人おったんです。平野正男というのが、背が五尺ちょっとですから、小さい男ですが、当時試合は愛知県で、それに勝つものはなかった。

その稽古をご覧になって、中村先生がこれを俺にくれと。ちょうど中村先生と背が合うし、形をやるのにいいし、剣道は強いし、彼が中村先生の方へもらわれていったのも、思い出深い話です。

浅井先生はやがて、戦後、まっ先に我々を召集して、剣道復興に立ち上がった。私や私の同僚の森というのを連れて、進駐軍の軍司令官にまで会われて、剣道は明朗なスポーツであるといっていろいろな角度から説明されて、ついに名古屋軍司令官下では、ジャパニーズ・フェンシングは明朗でよろしいと、大いにやれと激励された。

昭和二十一年暮にジャパニーズ・フェンシング協会というのを作って、亡くなられた元名鉄会長の土川元夫さん（一中時代の教え子）が応援して、全国大会などもやりました。しない競技の誕生までやった。全国で一番早かったでしょう」

範士は戦後の剣道復興のため、師とともに立上り、各学校に働きかけた。そしてそのとき中京商業の梅村学長と出会い、それから中京商業と深い関係ができるのであった。

「ジャパニーズ・フェンシングを作って、稽古は東邦商業でやっていた。そのうちにしない競技ができたが、東邦商業ではなかなか校長がとり上げない。

私の長男（勤助）が高校生になりましたが、その頃連盟で各学校にしない競技をすすめて歩いた。殆どの校長が逃げた。その中で、中京商業の梅村学長が、私の手を握って、よく来てくれたと。私はあんたが憎かった、と。東邦商業はいつも野球の競争相手だが、剣道はあんたのために殆ど勝ったことがない。今度は離さんぞと。全生徒を集めるから、しない競技を説明してくれと。講堂に生徒を集めまして、剣道との関係を話したところ、あんたは今日からわしのところへ先生になってきてくれと。

私は事業を一つやろうと思っていたんですがというと、あんたの顔は金儲けする顔ではないと。とりあえず、うちの職員として、講師として席をおいてくれと。そのかわり、来てもこんでもいいからと、私に三千円の月給をくれた。それが縁で中京へ……」

範士は、戦後、東邦商業から中京商業に移っていった。

「中京商業でも五カ年計画で優勝させますと言った。それは有難いと。そこでボス的存在になってしまって、長男が入ってやりましたし、道場がなくて、野球場の広場の草をとってやったりしたが、間もなく道場が出来て、そこから始めて、ちょうど五年目に、会津のインターハイのときに、長男が大将で優勝しましてね。

そんなことで信頼を得て、昭和二十八年に中京商科短期大学が出来ましたが、そちらにも剣道部を作りまして、そちらに籍が出来まして、そこから大学（中京大）が始まりました。

私の身分は、昭和三十年からになってしまったのですが、実際には二十八年からずっとやっていて月給もらっていた」

中京大学は昭和三十一年に出来て、商科短期大学は大学の商学部となったが、範士は中京大学の剣道部々長、師範として中京大学に奉職することになる。

梅村学長のもとで

中京大学は、昭和三十四年に体育学部が出来、さらに武道科が昭和四十二年に設立されている。範士は、戦後の中京商業から中京商科短期大学、中京大学商学部、体育学部と続く中京大学の剣道部の歴史の中で、師範として、部長として、教授として、中京大学とともに歩んで来た、いわば、中京大学の剣道にとっての育ての親であった。

「昭和三十一年に中京大学の商学部になりまして、三十二年に学生の全日本大会が東京でありました。

長男が出まして二位になり、その翌年に恵土孝吉というのが一年生で優勝、二年、三年と二位になって、四年のときにはまた優勝して全盛時代を作りました。

団体戦でも三十三年、三十四年と三位になりました。

それからも団体では二位、三位となりましたが、あの時分が団体と個人と一緒でして、その後も発展していきました」

範士は、自分の修行は、生徒とともにやった修行だと言い切る。

「私の修行時代は、生徒と命がけで修行したということで、生徒が先生だということになっていった。

生徒が先生だと思って一所懸命にやる。私にもまた皆がついて来た。私の修行時代は、本当に人様と変っている。

そして、生徒に負けないために、一人稽古、常に自分で素振りをやるとか…。

古賀恒吉先生が若いとき、私は武徳殿で立ち上がりに差し面をパッとやられた。

そこで私は無器用ですから、一番難しい人の真似をしようと思って、杭を立てまして、南豆袋で面をつけて、それに対して差し面を百万回続けましてね。

一回やると鉛筆で一を書いて、正の字を書いてゆくんです。今、差し面をやりますが、玉利先生（東京。範士九段）なんか、近ちゃん、片手で刀は切れないからやるなと言うけど……。

私はこれを百万回やったから、差し面だけは特別だから許してくれと。その代り私の差し面は相当強くゆくはずだと。今だにそれをやっていますけれども、年をとってから、それが非常によかったと思いますね。

そんなふうで、自分一人で修行して、生徒を強くして、それがために常に争って、榊原でも、鈴木でも、助教授の林（中京大の林邦夫監督）でも、常に私と三本勝負やって……。

退官の最終講義のときも、学生を笑わしたんですが、俺は常に生徒と三本勝負を争って来たと。

宮本武蔵は六十本だが、俺は、榊原以来ずっと、林まで今だに一本も負けたことはない。但し、審判は常に俺がやるから……。

生徒を相手にして、自分と闘って来たと。それがためには、あらゆる書物も読みましたし、先生たちの話も聞こうという気持ちがありましたし、そんなことで自分も遅れを取り戻したというような気持ちがしておりまして……。

そんなように自分というものの足らないものを取り戻そうという意識が続いたために、今だに身体が年をくわん方法を自分で見つけました。

例えば、腹の形まで変えた。そして道を歩いておっても、バスに乗っておっても、どんな時間でも私は退屈したことがない。

常に楽しみがありますから。一息一息に楽しみが出来たんです」

若い学生とともに修行したという範士は、身体を鍛える独特の方法を作り出し、実践している。それはまた、梅村学長の精神でもあった。

「梅村学長（中京大学）が、私らのために一所懸命に書いてくれました言葉、『尊聞行知』、まさにその教えを一番受けたもので、生徒に私の気持ちを言っておるんですが、『聞いたことを尊び、知ったことを行う』という気持ちを常に持っておる。

私の子供時代、ワンパクから人生を踏みはずしたのを取り戻すために、この尊聞行知ということが身に滲みて私の一生になって来た。それが私の修行の全部でございます。

そこへ、退官（中京大学を定年退職）するに当たって、尊聞行知ということに応える意味で『平常心是道』と書いて残してきました。

尊聞行知を常に行うことが、平常心是道であると。

平常心というのは、無念無想の境地です。それに向かって修行するんだということ。学長の尊聞行知に心から共鳴しまして、それが今だに私の生活の中に入って、呼吸の中にそれを求める。

一番これを求めるのは呼吸だと。そういう意味で、それが剣道の修行で私の支えになってきた。それは、学校に行きそこなった、このくやしさ、そしてその軽率さ、反省が今日まで続いてきたということです。それは今後も続いてゆくと思います」

範士は退官後、少年剣道に力を注ぎ、範士の信念は次代を担う子供たちに受け継がれようとしている。

「中京大学を退いて、青少年剣道に入ったわけです。

実は、自分で作って（明道館道場）、後は各施設を提供してくれる人がおりまして、そこで開設していて、今六つです。

八百人の子供を指導している。

勝負のことは別としまして、今の平常心是道、尊聞行知、何かを常に求めるということを教えようとして、それを中心にして彼らに教えたいという念願に徹してやっている。

非常に厳しくやっている。それがために、お母さん連中が手帳を持って私の教育を受けにくるというように、大学時代よりむしろ、充実した気持ちでやっている。

定年後のこれからの生活に非常な楽しさを感じてやっている」

上虚下実

範士の姿を拝見して目を見張ることは、年齢と比べて実に若々しい身体を持っていることである。

「私は、我流でやってきました。私は以前、古今の名刀は良質の鉄ではできない、粗悪なものに名刀ができる、という話しを聞きまして。

何故だと聞いたら、炭素があるから幾らでも打てると。私の我流でやってきた剣道が、まさにそういうものでして、そのために長い間修行ができるという長所を持ったわけです。

長所に拍車をかけて下さったのが、昭和三十六、七年だと思いますが、日本武道館で大会がありまして、昼食を食いにいこうということで、宮崎茂三郎先生、井上正孝さん、湯野正憲さん、私と…。

『湯野さん、宮崎先生に昼食をご馳走したいが牛肉のうまいところないか』と、靖国神社の近くの牛肉のうまいところへ案内してもらった。

すき焼きを食べて、気分よく出てきたときに、宮崎先生が、大きな手で私の肩に手をかけて、

『おい近藤君、剣道五十からだよ』とおっしゃった。

その時分、もう身体がむくんで老化していた。

『先生剣道五十からと、それまでは何ですか』

『それはマスターベーションだよ』

『先生粋なことおっしゃいますが、どういう意味ですか』

走ることなら二十歳まで。三十までやっているスポーツは少ないだろう。剣道はこれ（竹刀）を持っているおかげで、五十まではできる。

それは器用なものは器用、下手なものは下手、大して修行せんでも上手になれる。けども、五十からはそうはいかんと。五十からが本当の修行だぞ、分かったかと。分からないような気持ちがしたが、心に響いた。

家に帰って寝たときに、その言葉を思い出しまして、片足で立ってみたんです。とくに足が弱かったから立ってみましたら、四十数えるしか立てんです。

（範士はこうやって立つのだと、自ら立って片足を上げ、片足で立ってみせた）

よしと思いまして、明くる朝から始めた。片足立ちを。学校の図書館で、本を見ましたら、片足を上げて立つと、右足を上げたときは、肝臓が強くなる。

右足で立って、左足を上げたときは脾臓が強くなるということが載っていた。よけいに意を強くしましてね。

私は毎朝やりにかかったですが、後五回、後十回というところはとても苦しいですね。

そして段々と数を二回ずつ増やしていった。苦しいから、理屈つけてはやめる気になった。これはいかんと思いまして、どうしてもと、今度は歯を磨くときにやった。

毎日やって、九年かかった時分には、片足で四千、両足やると一時間かかった。今はやめましたけれども、千二百回ぐらいです。

九年間で足を百倍にした。それをやることが、タバコをやめることにつながり、ピース五箱喫っておったのをやめるし、段々とヨガに近いことになって行くんですが、いろいろ考えましで……。

常に足は鍛え、そして朝晩両手の指を百回ずつ揉む。全部の指は全部の臓器に続いていますから。五十から身体を若がえらすことを考えた。

そのとき、宮崎先生の言葉をいろいろ考えましてね、五十までの剣道はマスターベーションだと。五十から本当のものだとおっしゃったことを……。

これは一番大事なものを育てることを先ずしなければいかんと。何が大事だと。人生の価値観をもう一ぺん考えて、底辺をはっきりしなければいかんと。それは命だと実感した。

そして、せっかく生れてきた生命を、自分の生活が悪くて、おとろえかけた生命を、もう一ぺん若がえらせなければいかんと。

それをやるのが剣道だと思いまして、それに挑んだ。先ず足から、そして段々と呼吸に入っていった」

範士は、人の話を聞き、考え、自分の方法で実行する、非常に意志の人である。範士の健康法は続く。

「その時分に藤田式丹田呼吸法の先生に会った。東大出の村木晶弘さんという医学博士で、七つの体操を覚えて何十年とやっていますが、宮崎先生の一言が今の私の幅を作ってくださった。

段々に自分の身体を鍛えて、学生と千五百走りましても、十人中七番目ぐらいです。

非常に貴い宮崎先生の一言でした。今でも私は、家内が味噌汁がさめるといって叱るのですけれども、必ず朝一時間トレーニングする。

全部筋肉を伸ばすんです。各筋肉とも百数えるまでやる。

年をとると楽しくなる。こうやって何もなくても吐く息と吸う息とが、陰と陽が心の中に入ってくる。

平常心是道ではないが、そういうものが尊いという尊聞行知ということが、もう人生は呼吸以外にないんだと。

正しい呼吸をすれば、おこりたいときでも、おこれなくなるし、すべて心が平かになってゆきます。

上虚下実という言葉があります。鳩尾《みぞおち》が下がると力が丹田にいって、臍に力がゆく。鳩尾が下がることが理想の身体です。

体を上虚下実にすることが理想で、力を丹田に納める。それは呼吸法にある。

呼吸を強くするには座っているだけでは駄目です。足を鍛えることが大切です。剣道だけだと五十で弱った。足が弱ってくる。これを部分的に強くすることである。

コワくなった身体を強くするには呼吸法が一番いい。常に呼吸を注意してやる」

範士は、ここまで身体を鍛えた、上虚下実の身体にしたと身体を示してくれた。そしてそれは呼吸法であると。呼吸と剣道ということについて、

「剣道は道場でやって、黙想やりますけれど、一番初めにやる黙想を生かしてゆこうというのが剣道だと。礼から入って礼に終る。あの礼は私は儀礼的な礼と考えない。あれが剣道だということが分かった。息を吸ったときは、大脳が発達する。筋肉を伸ばすときに吐く、縮めるときは吸うのが原則で、吐いて最敬礼をすると筋肉伸びながら入ります。

息を吸って相手を見て、息を吐いて礼をして、息を吸ってまた相手を見たときは、尊敬の気持ちが出来てくる。礼の仕方は呼吸法ですね。

この呼吸法を真剣にやっていれば、人間は立派になると私は思いますね」

範士のお話を聞き、その実際を見るにつけ、これはただごとではない、剣道をやるということは、年齢とともに益々身体が若返ってゆく証明になるのだということを拝見して驚くばかりでした。

私の剣道修行

昭和60年2月1日　第1版第1刷発行　**定価3,800円**

●編　　者　「剣道時代」編集部
●発 行 者　小　沢　一　雄
●発 行 所　株式会社体育とスポーツ出版社
東京都千代田区神田錦町1—17
郵便番号 101
TEL (03) 291—0911 (代)
振替口座・東京 0—25587
●印 刷 所　新　時　代　社

乱丁本・落丁本はお取りかえいたします。

ISBN4-88458-165-2 C3075 ¥3800E

〈復　刻〉

©2005

私の剣道修行第一巻(オンデマンド版)

二〇〇五年八月二十日発行

編　者　「剣道時代」編集部

発行者　橋　本　雄　一

発行所　㈱体育とスポーツ出版社
東京都千代田区神田錦町二―九
電話　(〇三)三二九一―〇九一一
FAX　(〇三)三二九三―七七五〇

印刷所　㈱デジタルパブリッシングサービス
東京都新宿区西五軒町一一―一三
電話　(〇三)五二二五―六〇六一

ISBN4-88458-223-3　　Printed in Japan　　AB173